U0519943

应用语言学译丛

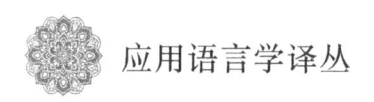

词语法导论

〔英〕理查德·哈德森 著

刘建鹏 译

杨炳钧 审校

商务印书馆

Richard Hudson
AN INTRODUCTION TO WORD GRAMMAR
Copyright © 2010 by Cambridge University Press
根据剑桥大学出版社(纽约)2010年版译出

《应用语言学译丛》

编委会名单

顾　　问　桂诗春　冯志伟　Gabriel Altmann　Richard Hudson
主　　编　刘海涛
副 主 编　何莲珍　赵守辉
编　　委　董燕萍　范凤祥　封宗信　冯学锋　郭龙生　蒋景阳
　　　　　江铭虎　梁君英　梁茂成　刘美君　马博森　任　伟
　　　　　王初明　王　辉　王　永　许家金　许　钧　张治国
　　　　　周洪波

中文版前言

得益于刘建鹏博士翻译,我的书有了中文版,跻身"应用语言学译丛",为此我非常高兴。

但愿本书前两个部分用中文容易理解——毕竟无论是用英文还是中文表述,人类心智相同,语言也同理。第三部分"英语运作的方式"主要针对以英语为母语的人,他们内化所有语言事实,并非显性得知。但我希望即便是这一部分,也同样对中国读者有些意义。

翻译此书及其中举例实非易事。因此译著面世,刘建鹏博士的工作值得高度赞誉。我希望中国学者将来也写出类似的书,其中全部用中文举例。

同时,此书的翻译有助于搭建语言学与心理学、教育学以及其他学科与应用之间的桥梁。

I am delighted that, thanks to Dr. Liu Jianpeng, my book is now available in Chinese in the TSAL series.

I hope the first two parts are easy to understand in Chinese – after all, the human mind is the same whether it is described in English or in Chinese, and the same is true for human language. Part 3, 'How English works', is aimed primarily at native speakers of English who know all the facts implicitly, but few of them explicitly; but I hope even this part will make some sense to Chinese readers as well.

Translating a book like this, including all its English examples, is not easy, so Dr. Liu Jianpeng deserves high praise if the translation works. I hope that, one day, a Chinese scholar will write a similar book, but with all the examples in Chinese.

Meanwhile, this translation will help to build bridges from linguistics to psychology, as well as to many other disciplines and applications, including education.

目　　录

致谢 ··· 1
引言 ··· 2

第一部分　心智的运作方式

1. 认知科学简介 ·· 9
2. 范畴化 ··· 12
   2.1　概念、范畴和样例 ··· 12
   2.2　分类法和 isA 关系 ·· 16
   2.3　概括和继承 ·· 21
   2.4　多重继承及选择 ··· 28
   2.5　缺省继承和原型效应 ······································ 31
   2.6　社会范畴和定势 ··· 38
3. 网络结构 ··· 44
   3.1　概念、知觉、感觉和行为 ································· 44
   3.2　关系概念、论元和值 ······································ 48
   3.3　选择、特征和交叉分类 ···································· 57
   3.4　关系分类的样例 ··· 60
   3.5　网络的概念、属性和缺省继承 ···························· 73
   3.6　网络需要模块化吗 ··· 81
4. 网络活动 ··· 89
   4.1　激活和长时记忆 ··· 89
   4.2　激活和工作记忆 ··· 93

4.3　构建和学习样例节点 ·· 101
4.4　构建归纳的节点 ·· 106
4.5　构建继承节点 ·· 110
4.6　约束节点 ··· 115

第二部分　语言的运作方式

5. 语言学简介 ··· 129
   5.1　描写 ··· 129
   5.2　详细信息 ·· 130
   5.3　数据 ··· 131
   5.4　差异 ··· 132
   5.5　分离 ··· 134
   5.6　发展 ··· 135
6. 作为概念的词 ··· 137
   6.1　类符与形符 ·· 137
   6.2　词属性 ··· 143
   6.3　词类 ··· 147
   6.4　合乎语法性 ·· 149
   6.5　词位和屈折形式 ··· 153
   6.6　定义和效率 ·· 160
   6.7　形态学和词法关系 ··· 166
   6.8　词的社会属性 ··· 172
   6.9　分析层级 ·· 175
7. 句法 ··· 182
   7.1　依存形式和短语 ··· 182
   7.2　配价 ··· 194
   7.3　形态句法特征、一致性及未实现的词 ··············· 204
   7.4　缺省词序 ·· 213

  7.5 并列 ··· 221
  7.6 特殊词序 ··· 230
  7.7 句法不具备模块 ·· 241
8. 使用和学习语言 ·· 246
  8.1 可及性及频率 ·· 246
  8.2 检索词 ··· 251
  8.3 听和说中的形符和类符 ·· 258
  8.4 学习总结 ··· 261
  8.5 使用总结 ··· 265
  8.6 词识别、句法分析和语用的约束 ····························· 269
  8.7 意义 ··· 279
  8.8 社会意义 ··· 306

第三部分 英语运作的方式

9. 英语语言学简介 ·· 313
10. 英语的词 ·· 316
  10.1 词类 ·· 316
  10.2 屈折形式 ·· 322
  10.3 词类属性 ·· 329
  10.4 形态学和词法关系 ·· 345
  10.5 社会属性 ·· 353
11. 英语句法 ·· 356
  11.1 依存性 ·· 356
  11.2 配价 ·· 363
  11.3 特征、一致性和未实现词位 ······························· 379
  11.4 默认词序 ·· 386
  11.5 并列 ·· 391
  11.6 特殊词序 ·· 395

图示列表 …………………………………………………… 409
表格列表 …………………………………………………… 413
参考文献 …………………………………………………… 414
索引 ………………………………………………………… 420

致　　谢

借此机会,我想感谢剑桥(大学)出版社的海伦·巴顿女士(Helen Barton)。她特邀我写这本书,督促我完成书稿。在整个写作过程中,海伦·巴顿的同事沙拉·格林(Sarah Green)一直耐心支持我。麦克·特纳(Michael Turner)详细评论了本书的写作风格,由此提高了本书的可读性,对此表示感谢!最重要的是,感谢我的妻子盖耶(Gay)!她十分支持我写这本书。退休后写点东西也很有意思!这一点很多人都有同感。

引　言

本书由三部分组成，每个部分涉及一个独立学科：认知科学、语言学（认知科学的分支）和英语语法（语言学的分支）。

第一部分是"心智的运作方式"，这与斯蒂芬·平克（Steven Pinker）的畅销书同名（Pinker 1998a），可交叉阅读。我选取了非常普遍的一些心理学思想，涉及概念与心智网络及其激活，还有一些新的东西，如缺省继承和节点创建。所选的概念思想是第二部分的基础。

第二部分是"语言的运作方式"，但我的理论角度与平克的完全相反。他沿袭了主流的乔姆斯基（Chomsky）传统（Pinker 1994）。平克发现了"语言本能"，而我发现的是一般认知。和其他认知语言学者一样，我认为语言非常类似于其他种类的心智。同时，我还认为语言学家发现的细节在很大程度上不仅能解释语言，而且也能从总体上说明我们一般的心智运作方式。从心智运作的方式（根据第一部分）看，我这个语言学者所知道的每一个现象，其实和您所料想的没什么两样。

最后，第三部分是"英语运作的方式"，我简单地概述了英语语法。本章句法简单地总结了我 1998 年的教科书《英语语法论》，也是本科生一年级的英语语法课所讲的内容。学生们似乎很乐意学画依存箭头，也认同将这一方法应用到几乎所有的英语句子分析中。

我认为本书的结构有点像心智结构：一个网络。我承认第一眼看它不像网络，表的内容是普通的章节层级结构。但如果再仔细研究，就会发现大部分的章节交叉对应这三大部分。例如，2.2 节讨论一般的分类原则，分类原则又在 6.3 节中的词分类原则中得以应用，词分类原则又引入到 10.1 节的词类。

章节结构及其之间的交叉联系对应知识图的两个结构，这一点我会有所呈现。层级结构对应学科分类：第一部分是认知科学的大类，其中包括语言学（第二部分），语言学又包括英语语法（第三部分）。每个学科都有自己的逻辑结构，使书中各章和各节尝试遵循这一逻辑。但是，交叉连接是本书的要点。它表明，认知科学的各种一般性思想适用于语言，并能解释语言特征。我不只是说语言有些部分类似于心智的某些部分，我的观点是整个语言本身可以这么解释。因此，第二部分的每一个章节和第一部分的某个章节之间的连接，可以用来详细证明我的观点。

幸运的是，本书中三大部分对应的章节次序完全相同，因为它们按照同一逻辑出现，这意味着您可以纵向或横向阅读本书。纵向阅读是从认知科学课程开始，到语言学课程，最后是英语语法课程，每个部分都遵从自己的内在逻辑。横向阅读可以从第一部分的某个章节开始，直至第二部分和第三部分相应的章节，您也可以根据喜好反向阅读。

至于如何阅读，当然要看您自己的选择。显而易见，可将纵向和横向结合起来。如果您采取这一策略，就可以从第一部分开始读起，读第一节，接着读第二部分与之对应的章节，最后是第三部分相对应的章节（如果有），然后从第一部分第二节开始，依次循环。我希望能够让更多的高段学生用这种方式阅读本书，为了鼓励他们，我在第一、第二部分的大多数章节末尾添加了注解，建议他们接下来阅读下一部分的哪一章节，那里（为了增加吸引力）有这一节的总结。这就是我所称的"**高级路线**"。不过，我也赞同一些读者采取纯粹的纵向路线来阅读此书，而不需要阅读路标。

如果您是教师，您可能想知道我是如何将这本书用作本科生教材的。这本书的课程设置为两年，第三部分讲给一年级学生，第一和第二部分讲给二年级学生。一年级学生当然可以应付第三部分的语法分析，特别是如果他们利用网站上的材料；事实上，这些分析都不是很难，这和很多国家普及的小学语法不差上下。探索文本"真实的语言"这一实践经验为第一、第二部分更理论化的探索打下良好的基础，大多数英语国家的学校不怎么教语法，对于这些学校的学生，这一实践经验很可能格外重要（Hudson and Walmsley 2005）。我已经制定了全书的"**初级阅读路线**"供学生来阅读第三部分，但有一小部分要延伸到第二部分的相应章节。"高级阅读路线"适合大二学生,他们在重读第三部分时明显会有自己的判断力。

如果您是学生,我要解释一下参考书目的依据。一方面我认为你们是典型的现代学生,能方便地访问网络、有更多的IT技能;另一方面我认为你们能跟进我引述的某些研究,而不必应付研究文献中密密麻麻的技术性细节。有了这两个想法,我决定充分利用维基百科(Wikipedia)(en.wikipedia.org)和Elsevier公司出版的第二版《语言和语言学百科全书》(*Encyclopedia of Language and Linguistics*)(Brown 2006)这两个资源,您所在的大学很可能提供在线版。

第一部分非常适合用维基百科,通过它读者可以轻松地访问我讲过的很基础的思想,但请记住也要有所保留。据我所知,我推荐的文章总的来说切合实际且具学术性,但有些观点和学术思想难免会引起争议,偶尔糊涂也是人皆有之。如果怀疑维基百科查到的东西,请尝试在谷歌(Google)中,特别是在谷歌学术(Google Scholar)和谷歌图书(Google Books)中进行搜索;第二部分的主要参考当然是《百科全书》。这两个来源的文章作者水平都高于我,我的主要贡献是把他们的想法以一种不寻常的方式组合起来。

更多材料可在本书网站(www.phon.ucl.ac.uk/home/dick/izwg/index.htm)找到,若想要训练书中第三部分要发展的技能,这一网站特别重要。这个网站不仅是英语语法和词语法的百科全书,还包含许多其他内容。

当然,若有人想要深入了解词语法,还有大量的出版物可供阅读,尤其是我最近的专著《语言网络:新词语法》(*Language Networks: the New Word Grammar*)(Hudson 2007)。检验思想最好的办法是把它们写成书,无论是专著还是教材,我的这本教材就是例子。在写《语言网络:新词语法》的选择集(3.3)、最佳界标(3.4.3)、并列和依存关系的标记符号(7.5)以及解决词序冲突的机制(7.6)时,我的想法有几点改变。这也不足为奇,毕竟,词语法是我心智中的思想网络,这一点我在第一部分已有解释,任何认知网络永远在变化以适应现实。

接下来阅读：

高级读者：第一部分，第1章：认知科学简介

初学者：第三部分，第9章：英语语言学简介

第一部分

心智的运作方式

1. 认知科学简介

尽管本书的主题是语言，但是第一部分关注的不是语言，而是整体**认知**（**COGNITION**），也就是"知识"。其目的是为第二部分讨论语言做背景铺垫。

认知包括所有您能想到的知识——关于人、事物和事件——或可以宽泛到所谓的"常识"，或具体到您对自己现在正待着的房间的了解。想要了解认知，我们必须先来回答以下几个问题：

- 认知在我们的大脑中是如何建构的？
- 我们如何学习认知？
- 在解决问题和计划行动时，我们如何利用认知来理解经验？
- 比如感情、行动和观念不是我们所称的"知识"，那么认知和它们又有什么关系呢？

本书的主要内容就是清楚地解释如何运用这些问题的答案来了解语言；或者从反面来说，如果我们忽略了已知的与认知有关的知识，我们就不可能了解语言。

鉴于认知非常复杂多样，其研究有一系列的方法也不足为奇。术语**认知科学**（**COGNITIVE SCIENCE**）通常是一个概括术语，指各种研究认知的不同学科，包括心理学、神经科学、人工智能、哲学和语言学[Wikipedia："Cognitive science"（维基百科："认知科学"）]。当然，目前就认知研究的发现和其理论存在大量争议，因此我不要求本书中的理论被所有的认知科学家认同。我自称不是认知科学的专家（认知科学和语言学不同，对于语言学，我确实多少算个专家），但我想说明的是，书中的观点与基础认知科学是兼容的。

尽管没有其他教材会把这种观点与理论具体结合起来，但这种结合在我的入门教材各个章节中都能找到。

研究认知的各种学科之间的差异主要表现在其研究方法上，所以此处将概括各种研究所用过的主要方法，其中着重介绍我的研究所用到的方法。研究**心理学**（**psychology**）有很多方法，与我们最相关的是测量时间的实验——人（受试者）坐在心理学实验室电脑前做非常具体的任务，其花费的时间（反应时间）可以由实验测得。**神经科学**（**neuroscience**）利用脑部扫描来展示大脑构造，并揭示在某个特定时刻大脑的哪一部分相对活跃。**人工智能**（**artificial intelligence**）利用计算机程序来模拟人类行为。**哲学**（**philosophy**）利用逻辑来论证知识和思想如何起作用。**语言学**（**linguistics**）利用的方法则多种多样，其中有著名的"合乎语法判定（grammaticality judgement）"和其他各种本族语者自我评量的方法。〔Wikipedia:"Psychology"，"Neuroscience"，"Artificial intelligence" and "Linguistics"（维基百科："心理学""神经科学""人工智能"和"语言学"）〕

由此可见，这些学科所提供的研究人类认知的方法是很宽泛的，而最理想的一种情况是各种方法相互支撑——比如说，实验室的研究结果与行为的观察结果以及脑部扫描结果一致。目前这还没有成为现实，但是主要的争论出现在各学科内部，并非学科之间。事实上，假如心理学家全盘接受神经系统学家对于大脑的研究思想，那也是很奇怪的。此外，各学科内部的研究多样性也很大，例如我在这里所讲的，就整合了这些学科至少一大部分的研究发现。

以上是对本书第一部分的说明。在这里我想提出一种统一的观点，它基于与语言直接相关的认知的各个方面的研究。有了这一铺垫，接下来我就可以展示如何把这一通用的认知方法运用到语言研究中去。最终，我想告诉读者的是：尽管语言有其明显的特性，它实际上也只是人类知识应用到某一特殊交际任务中的一个普通的例子罢了。

得出这一结果是令人欣慰的，一方面它可以为已知的语言属性提供最可能的解释，即这些语言属性正是产生于我们的心智机制。

另一方面，语言学也需要在认知科学中扮演特殊的角色。比起认知科学的其他领域,语言的结构是最清晰、也是最复杂的,所以只有语言学家才能详细地解释这一结构。因此,语言是观察人类大脑的一扇窗,通过这扇窗,心智结构呈现得尤为清晰,并向我们揭示了其他学科所无法触及的心智领域。希望读完本书,您不仅能很好地掌握语言的使用方式,还能了解心智的运行方式。

接下来阅读:
高级读者:第一部分,第 2 章:范畴化

2. 范畴化

2.1 概念、范畴和样例

心理学研究领域最重要的一个方面就是范畴化，它解释了我们如何对日常生活的各种经验进行**范畴化**（**CATEGORIZE**）[Wikipedia:"categorization"（维基百科："范畴化"）]。所讨论的例子也是非常熟悉且普遍存在的，比如鸟类、家具和生日聚会等事物。问题是人们如何用自己的方式去有效地了解这个熟悉的世界？如何得知事物的本质，以及这种本质信息的优点是什么？答案显而易见，且能对日常经验做很好的解释。

2.1.1 概念和属性

答案的关键是我们存储了大量的**概念**（**CONCEPT**）。每一个概念都包含一系列我们熟悉的、被称为**属性**（**PROPERTY**）的事物。[Wikipedia: "concept"（维基百科："概念"）] 例如，我们知道"鸟"的概念具有以下典型属性：

- 会飞。
- 有翅膀。
- 有羽毛。
- 会下蛋。
- 有两条腿。
- 有喙。

想要探究有关鸟类的知识,这些属性毫无疑问会得到扩展。

这些属性都是在回答"鸟是什么"这个问题,在界定"鸟"的一般概念的同时,使其区别于其他诸如"鱼""飞机"等等的概念。在心智中,人们可以通过反思对事物的了解,来探究事物的属性。家具是什么样子?生日聚会又是什么样子?在不同的情况下,我们所找寻的是一系列所知的或认为自己知道的、与目标概念有关的典型例证,包括那些具有区别性属性的事物。

简单地说,概念只是一个想法,它与真实世界(概念所依存的那个事物)中所代表的任何东西都不同。即使鸟会飞、长有翅膀,且概念的属性被用来匹配鸟的属性,但鸟的概念本身并不具有这些属性。同样,生日聚会或事故有时空属性,而其概念没有。

另一方面,概念可以是真实的,也可以是虚构的,这取决于它在真实世界里有没有匹配对象。概念所表征的事物可能存在,也可能不存在[比如说,"独角兽""圣诞老人"和"小飞侠的梦幻岛之旅"(*Peter Pan's flight to Neverland*)这些都是不存在的]。概念可以只作为人类精神的一个组成部分存在,用专业术语来表达就是,概念是**概念结构**(**CONCEPTUAL STRUCTURE**)的一部分,而概念结构的所指与我们日常用词"知识"(*knowledge*)这个词相同,但要补充的是,这里提到的知识有自己的结构。

本节的要点是,概念与其在现实世界中所表征的实物不同。另外,构建概念的唯一目的是它可以引导我们了解世界。所以,概念与真实世界的事物越匹配,我们对世界的了解就越透彻。

2.1.2 继承

概念是如何指引我们的呢?想象一下没有任何通用概念的生活,我们所面对的问题是全新的——所见所闻都是新的,我们不能受益于自己的经验。当我们把某种东西放入口中的时候,我们并不知道会有什么味道,甚至不知道它是不是食物。我们对"土豆""苹果"或者是"食物"根本没有概念。想开门的时候不会开,因为我们对"开门"或者"门"没有概念。

现在回归现实,迄今为止,我们已经在生活中掌握了无数的概念。看见土豆的时候我们可以预测其口味、成分以及饿的时候吃了它的感觉。我们怎么知道它是土豆呢？答案是观察。但是我们又怎么知道它可以充饥呢？我们虽然没看到或没尝过土豆，但心里却非常确定。刚开始，我们可以猜：一般来说，土豆可以充饥，通过观察（从它的外表）我们能猜出这是土豆，所以可以进一步猜想这种东西可以充饥。

认知科学家对这种日常猜想了解得很充分，他们普遍认为其涉及一个被称为**继承**（INHERITANCE）的过程，它将是我们后面章节的主题之一（从2.3节开始）。

上面讲到的门和土豆的例子说明了概念如何在生活中指引我们。总的来说，我们会分两步来认知经验（不管是人、事还是物）。

- 基于我们已知的，包括已经感知的属性（比如说通过眼见耳闻得来的属性），我们把它作为已知的某一概念的例证来分类。
- 通过继承这一概念的其他属性，我们推断出更多属性。

换句话讲，正是这些概念使得我们得以在过去经验的基础上，把已知的属性和未知的属性联系起来，进而构建新的知识。

接下来您会看到，这个体系虽并不完美，但总体来说它运行得还是不错的。最重要的是，它的运行速度非常快。人们在进行上述两个步骤时无须考虑，几乎是立即反应。比如说，当您在快速干道上行驶时，瞬间就能识别到其他车辆并做出反应。然而，这种极速思考的代价就是有可能产生失误。

概念并不仅仅表征简单的具体事物，还可以反映事件。以"生日聚会"为例，通常意义上它为庆祝孩子生日而举行，前门上会挂气球，聚会上有礼物、生日礼服、游戏、蛋糕等。众所周知，一次生日派对由许多子事件组成，它们以宾客的到来为开头，以其离场为结尾。在这期间，家长与孩子们都充分明白如何扮演好主人与客人的角色，假如您并不知道这些事，或是与小寿星的意愿相左，就会产生麻烦了。

目前我们讨论的概念都是一些普通的概念，如土豆、鸟以及生日聚会。您或许已经注意到,这些概念的意义都能在字典中找到,因此它们对于意义分析很重要(8.7),但字面意思只是概念意义的冰山一角。我们赋予单个词的意义都相当普遍、实用,被大众广为接受,因此在社会中它们通常被贴上了各种固定的标签。但大部分的概念更加明确,且转瞬即逝,如"未熟的土豆"和"电脑上的灰尘",这样的概念并不会在字典中出现,却常常出现在语言表述中。

2.1.3 范畴和样例

比上述概念更为明确且转瞬即逝的,是心理学家称为**样例**(**EXEMPLAR**)的东西——一种个体经验;与之相对的是**范畴**(**CATEGORY**),它由各种样例归纳得出,因此或多或少会比样例更为普遍。这种区分十分重要,有些心理学家以此将记忆分为截然不同的两部分(不是非常有帮助),分别命名为"语义记忆(semantic memory)"和"情景记忆(episodic memory)"。语义记忆与范畴有关,原因是范畴是有意义的;而情景记忆与人们脑海中的样例有关,因为样例正是人们经历中的"一段"情景。[Wikipedia:"Semantic memory" and "Episodic memory"(维基百科:"语义记忆"和"情景记忆")]

然而,这种基本的划分方式受到了质疑。有些心理学家相信,在单一的记忆系统中,这两种记忆信息是同时存在的(Barsalou 1992:129)。这与我的观点相符,在4.3节中,我将提到样例可以直接转变为范畴,而不需要任何从一个系统转移到另一个系统的过程。这两种记忆的区别仅在于程度的不同——确切程度、关于时间、地点以及其他内容的详细程度,以及在我们脑海中停留的时间长度。

由此,照这些说法来看,范畴化的目的即是对样例进行归纳。在接下来的两节中,我将解释通过范畴化可以得到的逻辑结构,以及这样的结构如何帮助我们理解自身的经历。

另一种较为普遍的区分方式是将知识分为"程序性知识(procedural knowledge)"和"陈述性知识(declarative knowledge)"——前者与如何做某事有关,而后者则是对事物真伪的判断[Wikipedia:"Procedural memory" and "Declarative memory"(维基百科:"程序性记忆"和"陈述性记忆")]。骑自行车或是开车这样技术性的知识属于程序性知识，通常我们难以用语言将它们描述出来；而鸟的各种特征则属于陈述性知识，我们很容易就能用语言描述这些知识。对于本书而言，至关重要的一种看法是，语言是一种程序性知识。

这样划分主要是因为程序性知识通常是下意识的，以至于我们难以将其描述出来。但下意识仅仅是程序性知识的一种趋势，比如说，驾驶教员能将驾驶车辆的过程一一描述出来，而对于学员来说这个过程绝非是下意识的。此外，假如我们能够描述类似生日聚会的事件，那么在驾驶时运用相关的程序性知识就很自然了。

较为合理的结论或许是，我们没有必要把知识分为程序性的和陈述性的，尤其是将过程中的各种概念从"动作技能"（我们将在 3.1 节中进行讨论）中分离开来。很显然，如果不对程序性的和陈述性的知识进行区分，就会削弱语言是程序性这一论断。人们的常识占上风，因为我们作为语言的见证者，显然是可以谈论语言的。本书第二和第三部分将对此展开论述。

接下来阅读：

高级读者：第二部分，第 6.1 节：类符与形符

2.2 分类法和 isA 关系

关于常识的另一个问题是，我们的概念是有组织的，而非零散的。当"鸟"这个概念出现在您的脑海中时，显然它一定跟"羽毛""翅膀""飞"等属性相挂钩。在 3.5 节中我们将深入探索这种关系，现在我们要讨论的是组织关系中最为常见的一种，即**分类法**（**TAXONOMY**）。

关于分类法，我们可以举一个简单的例子。在"生物""鸟"和"知更鸟"三个概念构成的层级中，"生物"处于顶部而"知更鸟"处于底部。众所周知，鸟是一种生物（我们至少可以从字典中"鸟"的定义推测得知，即鸟是一种有

羽毛和翅膀的生物,关于这一点上文已经提到过),知更鸟是一种鸟。但我们显然不能说,生物 isA 鸟,鸟 isA 知更鸟。所以 *isA* 并不是一个平等的关系。

这种关系是分类法的基础,它非常重要,以至于认知科学家们为其创造了一个专门的术语 **ISA**。所以,"知更鸟"isA"鸟","鸟"isA"生物"。[Wikipedia: "Is-a"(维基百科"Is-a")]

分类法与单纯的列表的不同之处在于,它允许在多个层面进行分类。比如说,"生物"可分为"鸟""动物"和"鱼","鸟"又可分出"知更鸟""麻雀"等亚纲(更实际的分法可能将鸟分为更高层级的水禽和陆禽)。用专业术语来讲,即"鸟"是"生物"的**亚纲**(**SUBCLASS**),是"知更鸟"的**总纲**(**SUPERCLASS**)。

2.2.1　分类法的重要性

在组织形式中,分类法最为基础,因为它仅涉及一种关系。同时分类法也是最有用的组织形式,其原因我们将在下一章给大家进行介绍。这也是为什么我们在生活的各个领域都会碰到它,如:

- 在超市里,货物根据其用途分层次摆放:食品饮料、日用品,食品下面又可分出早餐谷物,而早餐谷物还能继续划分出玉米片和粥。
- 餐馆的菜单根据菜名和食物类型分类列举。
- 电脑文件夹中的文件根据类型或主题分类排放。
- 图书馆或书店的书先根据主题分开,然后再根据作者进行分类摆放。
- 辞典中的词语根据意义进行分类。
- 一本关于野花的指南是根据植物学层次结构进行分类列举。

甚至可以这么说,您在房间里摆放物品时,毫无疑问,也是根据某种分类法进行的。

一旦您意识到分类法的存在,无论何地您都能发现它的身影。但是,它仅在人类社会中"自然地"存在;世界本身并不根据分类规则进行组织,它仅仅是人类组织自身对这个世界的认知方法。我们之所以认为它十分有用，是因为自己就是这样进行思考的。[Wikipedia: "Taxonomy"（维基百科："分类法"）]

2.2.2 分类标记法

尽管基本的 isA 关系很简单，但是我们概念结构的分类方法数目众多、形式复杂。因此，要想展示它们，需要有效的标记法，用日常语言来表述则显得不够简洁。比如，以下是一份相当简单且单调的菜单描述，其中我们使用 *isA* 充当一个比较特殊的动词：

- 豌豆汤 isA 汤。
- 鸡汤 isA 汤。
- 汤 isA 开胃菜。
- 欧芹酱香煎银鳕鱼 isA 一盘鱼。
- 烤比目鱼 isA 一盘鱼。
- 猪肝咸肉 isA 一盘肉。
- 香肠土豆泥 isA 一盘肉。
- 一盘鱼 isA 主菜。
- 一盘肉 isA 主菜。
- 开胃菜 isA 一道菜。
- 主菜 isA 一道菜。

如果按照从上至下的次序，将该菜单内容写成一段文字，看起来则非常糟糕：

一道菜可以是开胃菜，这道开胃菜可能是汤，这碗汤可能是豌豆汤或是鸡汤；也可以是一道主菜，这道主菜可能是一盘鱼，这盘鱼可能是欧芹酱香煎银鳕鱼或是烤比目鱼；还可以是一盘肉，这盘肉可能是猪肝咸肉或者香肠土豆泥。

如果按照从下至上的次序来写，读起来也没有好到哪去：

> 豌豆汤和鸡汤都是汤，汤是一道开胃菜；欧芹酱香煎银鳕鱼和烤比目鱼是一盘鱼；猪肝咸肉和香肠土豆泥是一盘肉；一盘鱼和一盘肉都属于主菜；开胃菜和主菜都是一道菜。

因此，菜单实际上并不采用这种普通的叙述方法，而是开创了独特而一目了然的分类展示方法，这点不足为奇。同样地，以上提及的所有其他分类法也是适用的。在每一个事例中，分类法的组织结构找到了自认为能方便指引用户看明白的方法。

我们构建日常知识所用到的分类法，并不比上述分类法简单，涉及语言的话则更复杂。因此，我们亟需一套视觉分类标记法。这很明显的机制是一种，与等级划分相关，且使用竖直排列的方式来呈现的分类标记法。假如我们用直线将不同类型的事物连接起来，我们得到的图表将与图2.1类似。

2.2.3　isA 标记法

上述标记法对于简单的案例来说十分好用，但大多数的分类都没有这么简单。此外，由于我们最终需要将 isA 关系与其他关系区别开来，而标记其他关系时我们用的也是直线，这就给我们造成了困扰；另一个问题是，这种标记系统过于僵化地要求分类结构处于垂直维度上，但有时我们想用垂直关系表达其他东西。

解决上述问题的方法是，我们需要使代表 isA 关系的线段既能说明它要表达的是"isA"关系（而非其他关系），也能表现出哪个条目 isA 哪个条目——即哪个是总纲，哪个是亚纲。

在词语法标记法中，指向总纲的线段末端有个小三角形，其最长边，即底边，处于较高等级项目一边，而它的顶点则指向亚纲。图2.2向我们展示了以这种标记法标记的菜单。此外，它还以上下颠倒的方式展示了这种标记法的灵活性。不过，该图所展现的信息与图 2.1 如出一辙。

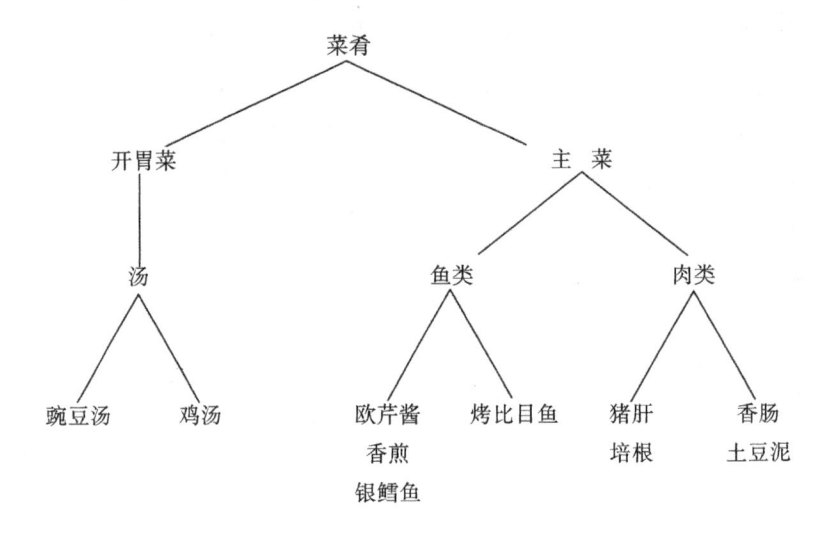

```
                        菜肴
                       /    \
                   开胃菜    主菜
                    |       /   \
                    汤   鱼类    肉类
                   / \    / \    / \
              豌豆汤 鸡汤 欧芹酱 烤比目鱼 猪肝 香肠
                          香煎       培根 土豆泥
                          银鳕鱼
```

图 2.1　传统标记法下的菜单分类

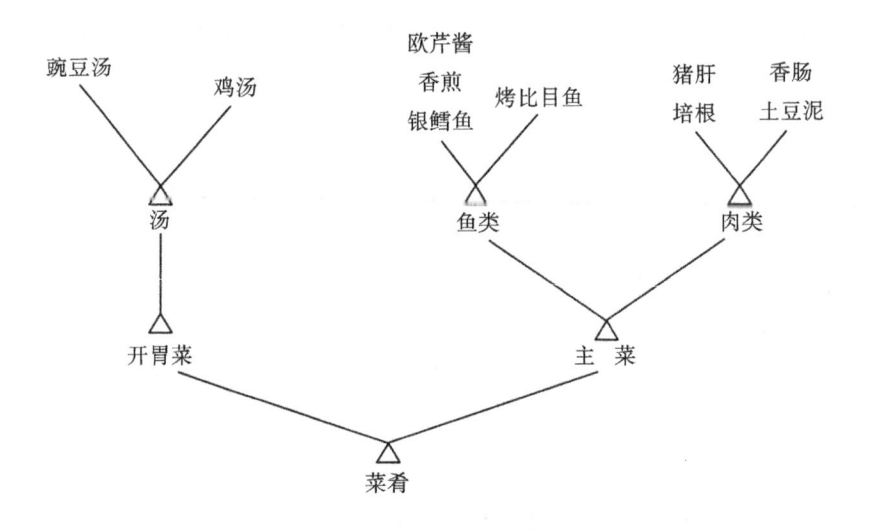

```
  豌豆汤  鸡汤   欧芹酱  烤比目鱼   猪肝  香肠
                香煎              培根  土豆泥
                银鳕鱼
     \  /         \  /              \  /
      ▽            ▽                ▽
      汤           鱼类              肉类
      |             \               /
      △              \             /
     开胃菜           \    主菜    /
        \             \   △     /
         \             \  |    /
          _____|___/
                        △
                       菜肴
```

图 2.2　词语法标记法下的菜单分类

这个菜单仅是一个实例，举例说明了我们如何使用分类法进行分类。在此，我想要表达的要点是：要将事物归类需要一个分类系统。您能想到的、接近我们生活的所有领域中,我们使用的这个分类法是一个复杂多样的概念,并且隐含在更为宽泛的概念里,而这些更高层级的概念又被其他概念所包含。在一个分类系统中,某个事物并非仅处于某一特定的框架中,而是包含在一系列框架中,层层排列直至顶层。打个比方,豌豆汤不仅仅只属于"豌豆汤",它还属于"汤""开胃菜"以及"一道菜"。

接下来阅读:
高级读者:第二部分,第 6.3 节:词类

2.3 概括和继承

为什么分类在人类的心智世界中起着如此重要的作用?人类是如何从这种概念组织方式中获益的呢?

简单地说,分类法使我们能够对事物特征进行归纳。以"鸟"为例,鸟的所有特征都可以归纳到各个鸟类的概念中:如果知道鸟有翅膀和羽毛,我们就可通过分类法知道知更鸟、麻雀等鸟类是有翅膀和羽毛的。

这样说人们或许不会觉得它能带来多大的好处,因为大家早已知晓知更鸟和麻雀是有翅膀和羽毛的;事实上,这种认知很可能是发生在我们对鸟类进行归纳之前(作为学习理论的一个问题,会在 4.4 节中再次进行讨论)。但归纳能在两方面帮助我们超越已知的局限:首先在面对陌生事例时;其次是在处理不可观测的事例时。

假设您在异国听到一只全然陌生的鸟类的鸣叫,即使对它一无所知,您也能通过对鸟类的归纳,猜测出它有翅膀及羽毛;再假设您看到一只鸟站在岩石上(您知道它是鸟,因为它有翅膀和羽毛),那么再次运用归纳所得的知识可知,它应该是会飞的,即使在那个时刻它并没有这么做。

正如 2.1 节中所讨论的,在整个生活中,从已知事物进行归纳并运用到未

知事物,这一点是至关重要的。知道某样东西是"土豆",那么其口味、质地、用途、产地、价格等等这些相关的整体知识都将从中涌出,这些都并非直接认知到的。类似的过程也将发生在关于鸟类、飞行、生日聚会以及其他所有我们已经讨论过的案例中。

2.3.1 继承的运作方式(1)

正如 2.2 节所提到的,我们以这样一种方式去传递知识,这一心理过程专业的称法是**继承**(INHERITANCE),一个计算机科学术语(并非心理学术语)。它基于一个隐喻,即某些概念会"继承"其分类中高一级概念的属性,正如一般的法定继承,其中子女可以继承父母遗留的财产。[Wikipedia: "Inheritance (computer science)"(维基百科:"继承"(计算机科学))]这一节的主题就是继承,这一概念十分重要,因此我们在后续的论述中会不断提到它,并构建理论框架来将其解释清楚。我们会在 4.5 节对这一解释环节做归纳总结。

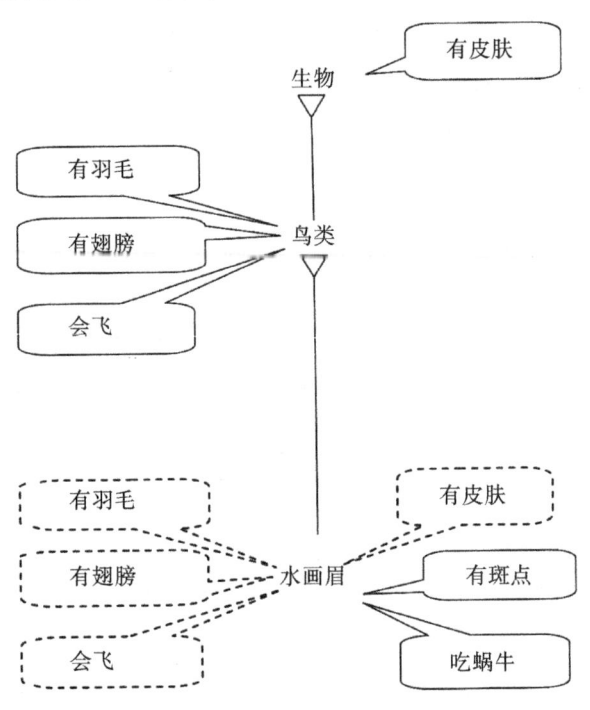

图 2.3 水画眉从"鸟"和"生物"继承属性

逻辑继承和法律继承还有另一个相似之处，即概念的属性会在自身所处的范畴中代代相传，不被遗漏，就好比是家族的传家宝。再以鸟的语境为例。如果鸟是一种生物（其中还包括动物和鱼类），那么任何被叫作鸟的生物不仅会继承鸟的属性，还会继承生物的所有属性。生物的一个典型属性就是它们有皮肤（水母和蜗牛除外），那么，无论这种生物处在分类的哪一层，它都应该具有"皮肤"这一属性。

图 2.3 应用继承理论展示了传说中的"水画眉"。如果简单地复制分类等级中的属性，语境如图所示。该图把表示属性的概念都放在小框里（得以继承的属性放在虚线框内），但这只是暂时的，在 3.2 节中我会用另一种图标来标识。还需要说明的是，在接下来对继承的逻辑进行论述之后，我会对此图进行修正。

2.3.2 心智存储概括信息的方式

图中所说的个例水画眉是假定的，它继承了虚线框中的属性，并把这些属性与自身特有的已知属性（有斑点并以海螺为食）结合起来。这一例子的关键点在于，这种鸟是不存在的，我们对它一无所知，没有办法从已知信息中进行总结概括。如果说，您赞同这种说法：水画眉既然是鸟，那么它必须会飞，有皮肤且长着羽毛和翅膀。那么，您已经运用了继承的概念来推出这些信息。

人们是如何得知心智以这种方式将信息分层级存储备用的呢？我们可以进行假设，想象有这样一些交错的信息排列，比如说其中之一是所有的信息反复分类存储。在这个存储单元中，尽管可以继承，但是具有皮肤这一属性会重复存储，分别存储于鸟类、鱼类、动物以及高级生物等范畴中。

然而，尽管这种排列在逻辑上是合理的，但它却不是现实中大脑存储信息的方式。首先，这只展示了一个人理解新例子的能力，但不能解释其整体存储。其次，心理学中测量继承所用时间的实验也是很好的例证。有一个经典的例子：受试对象需要回答一系列问题，这些问题需要他们运用继承来找出属性。其中一个关键变量是他们给出答案所花费的时间（反应时间）。这些问题都是判断对错题，比如，"金丝雀会叫""金丝雀会飞"或者"金丝雀有皮肤"。实验表明，如果某属性处在分类属性较高的一层，那么反应时间就会较长一些。比如说，确定会叫比确定会飞所花的时间稍短，而确定会飞又会比确定有皮肤所花的时间短些。(Reisberg 2007: 261)

  这一实验清楚地表明有些信息是可以继承的，让人振奋的是分类结构似乎可以不证自明了。同时实验还表明，有些信息实际上也附属于分类中低一级的概念。这些信息通常是可以预测的，所以从理论上说，这些信息是**冗余的**（**REDUNANT**）。例如，对于孔雀是否有羽毛这一问题的反应时间，要比麻雀是否有羽毛反应时间要短。这说明在孔雀这一概念里，我们已经存储了"有羽毛"这样的信息，从而就不用再通过"鸟"的概念来继承了。

  当然，这样的发现很常见，因为羽毛是孔雀最凸显的属性。实验证据表明，常识可以为我们提供一些信息，有时候这些信息在被继承前就已经存在，因为它们对于所讨论的概念来说很重要。但是，重点又在于，由于分类结构的存在，某些信息可以被存储在较高一级的范畴中，只在需要的时候才会由低一级的概念来继承。

2.3.3 继承实现的方式（2）

  在信息可以自由继承的体系中，您一定想弄清楚如何避免出现冗余信息。毕竟，如果要花费额外时间和精力去弄清楚麻雀是否有皮肤，那么存储这一论断以备用不是更有效率吗？但是，如果对于每一个继承来的信息单位都照这样做的话，每天就会涉及数千甚至上百万的计算，出现的冗余信息将会比实验预期多得多。例如，我们可以存储"金丝雀会鸣叫"这个信息，类似地还可以存储它"有羽毛"这个信息。但是，实验表明，确定"有羽毛"要比确定"会鸣叫"要花费更长的时间。

  结论必然是我们实际上并不会记忆继承来的属性。我们可以先弄明白金丝雀"有皮肤"，一旦知道了这一信息，就不会再把它作为金丝雀的一个属性来记忆。这有点奇怪，需要我们用继承理论来解释。

  就我所知，以下给出的解释是本书特有的。它描述了由瞬间记忆获得的临时样例和大脑记忆中事物的永久性分类之间的差异（2.1）。这一差异对于解释属性继承很有意义，因为它需要继承的是样例，而不是所存储的范畴。值得记住的是，继承使我们能够认知已知事物之外的知识，添加更多未知的或者说察觉不到的事物属性，比如说土豆的风味、质地和营养价值，生日聚会中可预期的行为等等。

每次我们都是将继承应用在样例中，并且正是样例在继承事物的其他属性。由此我们自然可以得出结论：继承**仅**适用于样例。

如果这一结论正确的话，那么继承的实现过程如图 2.4 所示。

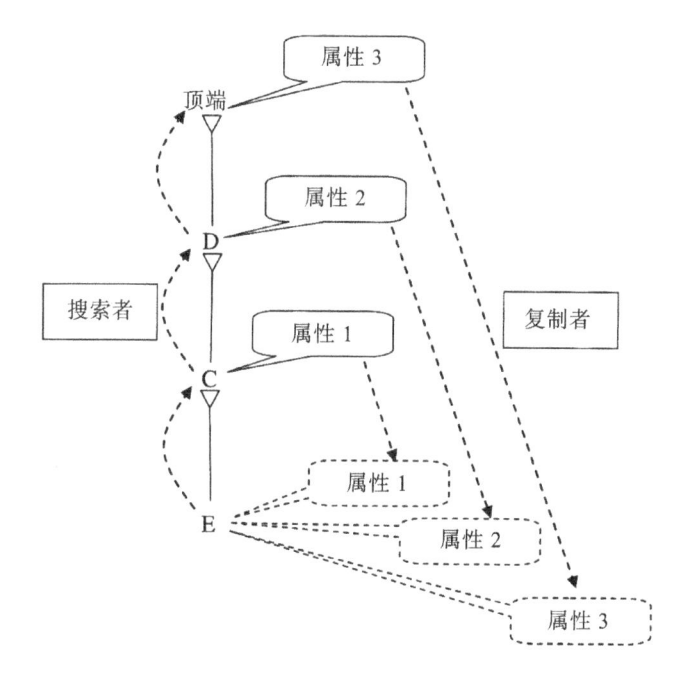

图 2.4　搜索者一层层向上攀爬而复制者直接传递复制的属性

该图假设有一个队伍由两个执行者组成：**搜索者**（**SERCHER**）从 C 点开始沿着分类体系向高处攀爬，一路搜寻可继承的属性；**复制者**（**COPIER**）则复制搜索者所发现的每一个属性，然后将这一属性直接应用于样例中。（可以参看 2.5 节的说明，实际上复制者对自身所复制的属性是很挑剔的，它不会复制那些与现有属性有冲突的属性。）

如果继承真是这样实现的，那么我们就需要对"水画眉"的例子进行修改。

我们需要创造一个样例节点"E"来实现继承,而不是由它自身范畴来继承鸟类的属性。结果如图 2.5 所示。

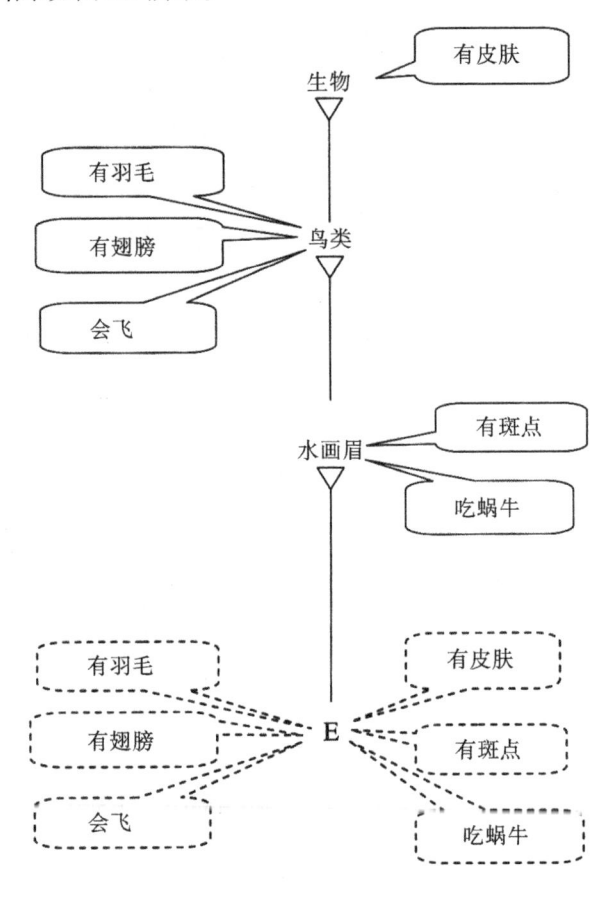

图 2.5 只有样例继承属性

但是,实验结果所关注的问题是类似"金丝雀"这样的一般范畴,而不是某种金丝雀的样例。那么,前面的继承理论怎样才能与这一实验结果一致呢?实验的重点是要说明搜索者花费了大量时间沿着分类层次寻找,而不是去区分样例和范畴。但是,搜索者的确表明范畴可以继承。

也许这只是一种错觉,因为人们实际是通过想象假设的样例来回答有关一般范畴的问题的。当被问到金丝雀是否有皮肤时,我们会想象出一只金丝雀(这就是样例),然后再确定它是否有皮肤,这是可行的。但是如果能有单独的证据来证明，答案就更可靠了。

2.3.4 继承与逻辑

在本章最后，我们来探讨继承理论与传统的逻辑概念之间的关系。传统逻辑源于古希腊，也是一种概括理论。[Wikipedia: "Logic"（维基百科："逻辑"）] 希腊哲学家提出了一种他们称之为"假言三段论（hypothetical syllogisms）"的理论，该理论与这里讨论的继承过程很相似。[Wikipedia: "Syllogism"（维基百科："三段论"）]

经典三段论的例子如下：

- 大前提：人终有一死。
- 小前提：苏格拉底是人。
- 结论：苏格拉底终有一死。

用词语法的术语来讲，大前提是某个具有一般范畴的属性（上面的例子中，"人"的性质是"终有一死"）；小前提是与这个范畴的 isA 连接，而结论就是继承的性质。现代的"谓词演算"就是基于这一逻辑发展而来[Wikipedia: "Predicate logic" and "First-order logic"（维基百科："谓词逻辑"和"第一级逻辑"）]，反之也为这一逻辑提供了很清晰的数学表述。

类似地，isA 图表准确地定义了小前提，标识性质的虚线框界定了大前提。在第 5 节我们将讨论词继承和经典三段论之间的重要差异。

同时，这里有必要指出使用词系统最直接的一个好处，具体举例如下。假设我们只知道苏格拉底是希腊人，"他是人类"这一事实是由"希腊人是人类"这一附加事实所推断出来的。在经典推理中，如果没有推断出"他是人类"，就不能推断"他终有一死"。但是在词体系中，继承系统可以自动延伸到分类体系的最顶端。

接下来阅读：

高级读者：第二部分，第 6.4 节：合乎语法性

2.4　多重继承及选择

前面我们提到，创建分类法给我们的经验赋予结构与秩序，由此我们可以记住不同范畴的相似之处。在 4.4 节中，我们将从理论的角度阐释分类法的习得方法。截至目前，我所陈述的分类法知识可能会让人觉得各类事物都是整齐有序地存在于这世界。如果真是如此，我将十分乐意见证，比如我很高兴看到桌上所有东西都是按照某种清晰的分类法整齐地堆叠起来的。

2.4.1　多重继承

如果真是这样就好了！但问题是，世界是很复杂的，事物间的相似之处杂乱无序。例如，有支钢笔和我一两天前用过的其他东西一起摆在我的书桌上，而另一支与其他还没用过的工具一起放在一个小塑料盒里。类似地，桌上有很多信件，一些堆在一起，而另一些则被归类成废纸等等。或许您的桌面也是这样杂乱无章的，一切的问题不在于懒惰或没时间，而是我们所面对的世界太复杂了。无论我们多么努力，都无法将桌上所有的东西进行完美地或"自然地"分类，使其各就其位。

世上的其他事物也是如此。事物会分属于很多不同的范畴，每一个范畴代表了事物诸多属性中的某一些属性。例如，宠物金丝雀是鸟，也是宠物，同时又可以是一种财产，对某些人来说还可以是礼物。在一些家庭里，宠物被视为家庭成员而不仅仅是动物，它们可以在房子里活动，有名字，学会了上厕所，饮食奢侈，生病了会得到照顾，死去的时候会有人哀悼。如果一个人类家庭指的是一群在一起生活的人，那么宠物的地位已经使它成为人类的一分子了。实际上，我们能想到的任何事物都具有类似的复杂性：一些属性和一些事物匹配，而其他属性又和其他事物匹配。

这种错综复杂的情况与我们的讨论并不冲突，我们赋予概念以分类学的系统，并认可继承在分类层级中的作用。但无论是样例还是范畴，这种系统都允许其属于一种以上的分类体系中。这就需要有一种稍微复杂一些的继承理论，我们称之为**多重继承**（**MULTIPLE INHERITANCE**），它对我们前面讨论的继承理论进行了小小的延伸。在前面的内容中，我们认为，事物的属性可以从一个以上的总纲继承。［Wikipedia: "Multiple inheritance"（维基百科："多重继承"）］

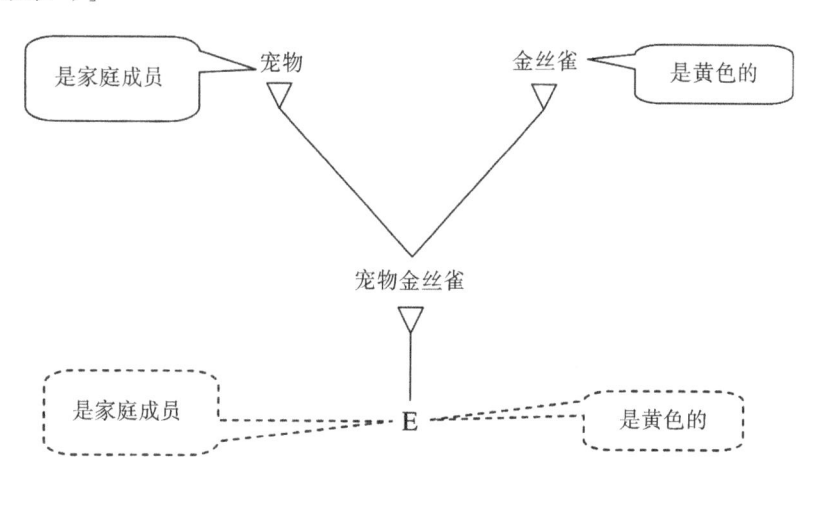

图 2.6　多重继承

图 2.6 展示了"宠物金丝雀"的例子，其中样例从"宠物"和"金丝雀"各自继承了不同的属性——地位属性来自一种总纲，而颜色属性来自另一种。

2.4.2　解决多重继承中的冲突

多重继承理论要解决的问题是如何化解冲突。虽然"羽毛是黄色的"这一属性本身并不会与"是家庭成员"的属性冲突，但还是会出现问题。

再以金丝雀为例来讨论。非人类生物是自然的一部分，而大多数西方家庭将自然界严格地定为室外的世界。如果一只鸟从窗户飞进房子就会造成混乱，直至其飞出去才停止。但是家庭成员是在室内的——事实上房子正是为它们而建。那么诸如金丝雀这样的宠物将被安放在什么地方？作为家庭成员，它们可以生活在室内；但作为非人类生物，它们是不能生活在室内的。为了化解冲突，我们利用一种逻辑原理来允许它们生活在室内（下一节将会讨论）。需要注意的是，在某些语境中，冲突是没有办法化解的。

文献（Touretzky 1986）中著名例子就是"尼克松菱形图"（"Nixon diamond"），之所以叫这个名字，一是因为涉及美国总统理查德·尼克松（Richard Nixon），二是因为当它以图表（图 2.7）形式呈现时，刚好形成了菱形。［Wikipedia: "Nixon diamond"（维基百科："尼克松菱形图"）］尼克松问题的矛盾在于，他既是共和党人又是贵格会教徒，而共和党和贵格会对于战争的看法是完全不一样的（共和党人认为战争能够解决问题，贵格会则在任何情况下都反对战争。）。仅从纯逻辑的角度看，这种情况下尼克松面对两难困境，因此无法做出任何决定。但实际上他选择接受共和党的价值观——与宠物主人选择将宠物视为家人是一样的策略，从而解决了心智冲突。图 2.7 展示了他的选择方式，即将"赞成战争"这个属性赋予"尼克松"这个概念节点。

2.4.3　选择集

化解此类潜在冲突的另一个办法是将其消灭在萌芽状态，在某些场合我们会用到这一策略。例如，我们会假设共和党人不能同时是民主党人，一支球队的支持者不能同时去支持另外一支球队，男人不可能也是女人，蓝色不能同时又是红色、绿色或是黄色，数字 1 不能同时又是数字 2 等。

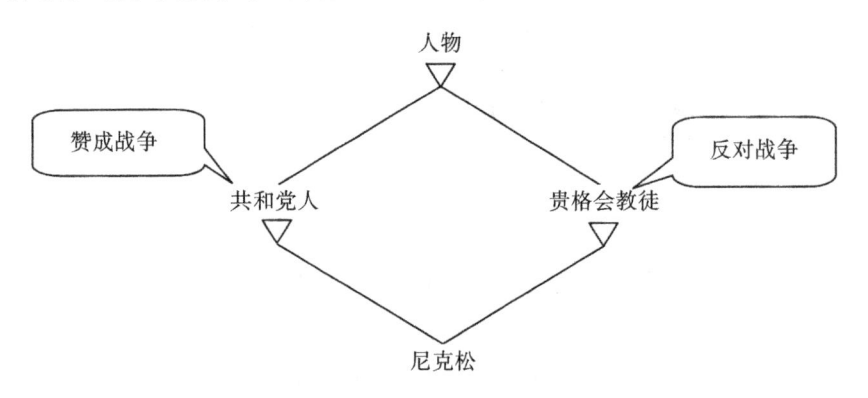

图 2.7　尼克松菱形图

换句话说，在每种情景下，我们会在一组相互排斥的选项中做出选择。用专业术语表达是：这些选项构成了**选择集**（**CHOICE SET**）。大脑从选择集的组织分类中获得的好处之一就是在多重继承的情况下，避免了继承彼此冲突的属性。当然也还有其他一些好处。

首先，选择集节省了脑力工作。一旦我们做出了选择，就可以忽略其他选项：例如，我们得知某人是男人后，就会直接假设他不是女人。

但最重要的是，选择集是一种非常有效的构建知识的方法，因为它会催生问题的产生。比如说，任何正式场合都会问到的个人问题：姓名、性别、出生日期或是年龄、地址、职业、国籍等。

因为这些优点，选择集成了我们心智构造的重要组成部分，因此我们需要引入一种机制对其进行处理（3.3）。从另一方面讲，"备选的所有范畴都是整齐排列的"这一假设是错误的。徒步者的身份不会阻止我们成为自行车手、机动车驾驶员、钢琴家或者是鸟类爱护者，所以选择集很可能并不涉及这些范畴。

接下来阅读：
高级读者：第二部分，第6.5节：词位和屈折形式

2.5 缺省继承和原型效应

真实世界的杂乱无序给范畴化理论带来了极大的挑战，不仅仅是因为范畴化有着多元系统，还在于我们在分类时所依据的属性并不一定是整齐排列的。换句话说，我们必须处理这些特殊语境。

2.5.1 特例和经典定义

例如，我们知道猫有如下属性：会喵喵叫，有毛皮，有主人且有四条腿。但是，假使某只可怜的猫在事故中少了一条腿，那我们该怎么看待它呢？既然

四条腿是最典型的属性，那少了条腿它就不再是猫了吗？显然不是，它只是变成了一只特殊的猫。

我们可以使用一些词来清楚地表现这种例外。对于预料中的普通属性，我们使用"和(and)"或者"或(or)"，但是对于特殊的，我们会使用"但是(but)"：

(1) It's a cat and/so it has four legs.
（它是猫，它有四条腿。）
(2) It's a cat, but it only has three legs.
（它是猫，但是它只有三条腿。）

值得庆幸的是，这种语境给我们日常生活带来的问题是极少的，因为我们的大脑已经很好地适应了杂乱的世界。但是，这些特殊语境给我们在2.3节中讨论过的经典范畴理论带来了很大问题。经典理论认为，每个范畴都有一个定义，每个定义都包含一组"必要充分条件"，且排除了范畴中我们可能知道的其他偶然事实。至少从原则上来说，这两种信息应该以两种不同的参考来记录：词典中的定义和百科全书记录的偶然事实。

例如，"偶数"这一范畴可以被定义为"可以被2整除（没有余数）的数"。那么，成为偶数的条件是：

- 是阿拉伯数字；
- 被2整除没有余数。

这些条件既是必要的（不满足其中任意一个条件都不能是偶数）又是充分的（满足两个条件的数必定是偶数）。总的来说，这些属性给出了您在任何英语词典中都会查到的经典定义。但从另一方面讲，您不能指望百科全书里能有词条来定义特殊偶数，因为这个概念已经形成定论——除此之外您还能找到其他的偶然事实吗？

经典理论太过陈旧划一,所以并不适用于绝大多数心智范畴。想一想,猫的必要充分条件是什么?

假设这些条件存在,那么词典编撰者就应该能够找到——但是他们没有。下面是两本优秀的现代大词典给出的"猫"的词条(Anon. 2003, Anon. 1987):

(3) A small animal with four legs that people often kept as a pet. Cats sometimes kill small animals and birds.

（一种四条腿的小动物,可以养作宠物。猫有时候会杀死小动物和鸟类。）

(4) A cat is a small, furry animal with a tail, whiskers and sharp claws. Cats are often kept as pets.

（猫是长皮毛且有尾巴、胡须和利爪的小动物。通常养作宠物。）

这两种定义共有的信息仅有:猫是小动物,可以养作宠物——但这些信息都没能把它们和兔子、豚鼠或者狗区分开来。此外,第一种定义提到了四条腿,但是我们知道三条腿的猫也是猫,所以四条腿并不是必要条件。

实际上,找出经典理论的例外情况,反而要比找出支持它的例子容易得多,如"偶数"。这些样例均来自于生活的各个领域,其中清晰的概念至关重要,比如说数学、科学和法律。原因是显而易见的:我们不是在发现自然界的范畴,而是从中创造范畴。范畴是我们理解经验的智力工具,所以自然界本身不需要范畴,只有会思考的有机物才需要范畴,比如人类。

2.5.2　范畴和原型

在探究更完整的范畴化理论前,我们先来详细地分析范畴到底是什么。前面我们了解到,范畴就是一些概括性的概念,个体样例可以从中继承其他未知的属性。所以,范畴必须能够适用于继承过程。但是,各种各样的概念都是可以想象出的。我们并不难去想象一些可能根本没用的概念,如概念中的事物具有57只角且有黄斑。心理学家有时也通过做"概念形成(concept formation)"实验来阐明人类学习任意概念是多么容易。[Wikiepdia: "Concept learning"(维基百科:"概念学习")]另外,我们还可以用词把概念表述出来,但问题是无法将这个概念存储起来以备用。

所以,对我们来说,什么样的长期概念才是有用的呢？答案似乎是,这种概念可以把属性联系起来,且这些属性作为同一事物的属性通常会同时出现。"鸟"的概念把鸟喙、下蛋、会飞、羽毛和翅膀这些属性联系起来;而"猫"的概念又把有毛皮、喵喵叫、四条腿、尾巴、胡须、爱喝奶和爱晒太阳这些属性联系起来。可见,将一组同现的属性牢记的好处就是这组属性来自于同一个小子集。当您看到某个事物用翅膀飞行,就会假设它有喙,且会下蛋。从范畴的角度来看,概念没有"定义",也不需要定义。概念只需要一组真实充分的属性,通过这些属性可以进行很多有用的假设。所以"猫"没有统一的概念也就很容易解释了。相反,我们广泛认同的猫的典型属性有很多,而它们都有同等的逻辑地位。

上面一句话中最重要的一个词就是"典型(*typical*)"。在上一段,我们是从典型样例中识别出了大量属性,"典型样例"在理论文献中被称作**原型**(**PROTOTYPE**)。[Wikipedia: "prototype"(维基百科:"原型理论")]

原型理论是词语法的组成部分,依照该理论,原型**就是**范畴。"猫"并不是一群猫或是一组猫的名词,只是典型猫的名称。我们是在构建核心样例——典型的鸟、猫、生日聚会等,而不是像经典理论想要在范畴间分出很严格的界限。这种核心样例具有所有共现的属性,所以在分类中扮演着很重要的角色。

如果分类的目的是为了能够根据已知事物来预测未知事物,那么赋予定义必要充分的标准,也许会带来一些不相关的问题。假设某个东西缺失鸟类某一决定性属性,但具备所有其他属性;且若这个定义是非常严格的话,我们就不能把它归为鸟类,也不能通过继承来获知其他任何未知属性。相反地,正常语境下,我们认为所有属性的地位都是同等的,如果没有了其中某些属性也无所谓。简言之,如果运用原型理论来研究范畴,而不是只关注界限和定义,那么范畴化研究的生命力会强很多。正是关注核心事例而非界限和定义,才使得我们能够灵活地适应世界所有的繁杂性与不规则性。

运用原型理论进行研究,不仅具有深刻的实际意义,而且心理学家也已经给出大量证据证明了这正是我们思考问题的方式。这些证据向我们展示了所谓的**原型效应**(PROTOTYPE EFFECT),在实验中它们是一些行为模式。假设在构建心智范畴的过程中创造的是典型样例,而不是严格的意义界限,那么这些行为模式就是最容易解释的。这一研究说明范畴成员之间是有差异的,并不是所有的都是"好"样例,有些事例是很边缘的,甚至在是否算作样例问题上具有争议。例如,比起"电视""椅子"是比较好的"家具"样例,而"烟灰缸"只能是边缘例子。

这些结论是从一些相对简单的实验得来的。实验用到了调查问卷,要求调查对象考虑某个具体范畴,比如说"蔬菜"或者"鸟",然后根据事物在其范畴内的代表性有多"好"(例如,典型程度)来评价事物。假设您被问到胡萝卜是不是蔬菜范畴中的好样例,您可能会将它评为最佳的一个样例——即满分为五分的话,它也许会得五分。那么土豆是不是好样例呢?如果给您"肉和三种蔬菜"的话,您可能不会把土豆算进来,因此它可能会得三分,而大米和玉米的得分会更加落后,得一、两分。无疑,如果将样例换作西红柿,问题就来了。因为它的食用方式像蔬菜,而其生长方式像水果,不过和樱桃等水果相比,它还是更像是蔬菜家族的成员。

如果许多人(比如说满满一教室的心理学专业学生)都来做问卷,结果会是:尽管有不确定因素,但所有人的意见都几乎一致。当然,意见一致的前提是他们有共同的文化背景,不同文化背景的人对事物的分类方式会有完全不同的看法。

另外,即使是有自我意识的问卷调查,其数据也必须真实,它们也许会与其他一些测量反应时间更精细的实验同时进行(我们在2.2节提到过)。例如,确定"胡萝卜是蔬菜"要比确定"土豆是蔬菜"所需时间要短些。这一研究还探究了许多不同的日常分类,如"鸟"和"家具",在每种语境中都发现了相同的原型效应模式。

基于原型理论的范畴化对理解日常生活是很有帮助的,因为它的复杂程度与我们所处的世界的复杂程度非常相似。因此,我们在能够认识到两种或是更多的属性趋于同现的同时,发现这种同现只是一种趋势,它并不总是规律的。例如,我们能够接受企鹅是例外的鸟类,烟灰缸是次要的家具。毫无疑问,当再回来谈语言时,我们会发现贯穿整个语言体系内也有很多的例外——不规则的词法、句法和语义。

2.5.3 缺省继承

我们先假设心理范畴是原型,然后再来思考这一基本观点是如何影响我们前几节所探讨的范畴理论。原型理论的要点是可能会出现例外成员,但是我们讨论的继承并不涉及例外语境,因为根据2.3节,在isA分类体系内,任何样例都会自动继承上一级概念的所有属性。

为了解释得更清楚些,图2.8展示了一个小型的鸟类分类体系,其中附加了几种属性。麻雀是典型的鸟类,所有麻雀(称作E1,即"exemplar number 1"的缩写)作为样例都继承了"鸟类"所有的预期属性;然而企鹅不是典型鸟类,这种非典型在于它们不会飞。但是,作为某种存在的事物,企鹅这一样例将会同时继承"会飞"和"不会飞"两种属性。有些东西待进一步讨论。

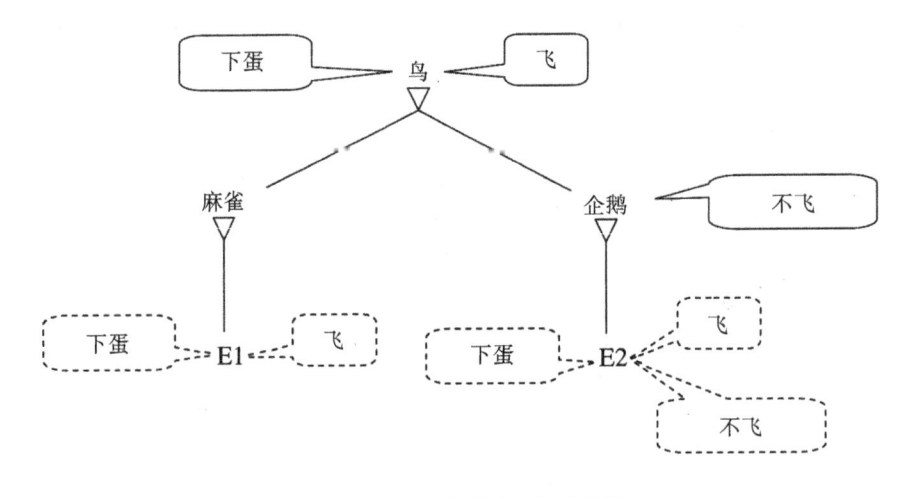

图2.8 例外属性造成了继承矛盾

我们可以用一种特殊的继承理论来解释上面的问题,即**缺省继承**(**DEFAULT INHERITANCE**)(也叫作"标准继承",参见 Frankish 2006),这一概念来自于人工智能和逻辑学。在普通英语中,"缺省(*default*)"这个词的意思是指某些事情是自然发生的,除非有例外出现。例如,电脑的缺省设置是厂商设定的设置,可以修改或是重置(**OVERRIDE**)。

缺省继承也是以同样的方式起作用的。总纲的属性是缺省的,因为在正常语境下这些属性将会得到继承。但是如果有例外语境,它们也可以被重置。在图2.8"企鹅"和"飞"的例子中,"会飞"是鸟类的默认属性,但"不会飞"覆盖了这一属性。换句话说,缺省继承为我们提供了解决冲突的方法,如图2.8的例子,在互相矛盾的属性中,底层属性,即从分类学最底端继承而来的属性更受青睐。

2.5.4 继承的运作方式(3)

缺省继承的基本理论是很简单的,但是想要用有效的电脑程序表达出来却不容易。大量的人工智能和逻辑研究已经可以帮助我们弄清楚缺省继承的方式,但我们面临的首要问题是,整个过程中在任意一点所继承来的属性都有可能被后面的点继承的属性所替代。这也就是说每一个继承结论都是暂时的,需要通过检查有没有可能的替代项来进行验证。在专业文献里,这种逻辑叫作**非单调逻辑**(**NON-MONOTONIC**),与之对应的是**单调逻辑**(**MONOTONIC**)。在单调逻辑中,不会出现前面所提到的替代语境(Bouma 2006)。

如果我们能够提前预知哪些属性会被替代,问题就不会太大。但是,实际上每个属性都是有弱点的,每一个继承来的属性都会触发对可能的替代属性的搜寻。对于计算机系统来说,这种问题可能是致命的,它可能会使最高效的计算机突然崩溃。然而,众所周知,人脑的工作速度要比现代计算机慢很多,且随时都会碰到例外情况,据此可得出结论,在人脑中,缺省继承通常是遵循单调逻辑的。但是,如果每一个归结的属性都可能会被重置,那么这种继承又是如何实现的呢?

词语法为这一显然的矛盾提供了理论上的解决办法。其原理在于"继承只适用于样例"这一规则(2.3节中有示),而样例通常在其所属的分类法的最底端。由于这个地方是"搜索者"开始的地方,因此它绝不会从中途开始沿着分类法上行。当"搜索者"从底部沿分类法上行,不可避免地会发现某些颠覆性的例外,并被"复制者"复制,继而成为缺省。这样一来,如果不是同种已继承的属性,复制者可以稳妥地复制搜索者给予的每一项属性。

换个方式讲,如果将每个属性当作一个问题的答案(例如:"会不会飞?"),搜索者不会去找已有答案的问题的回答。例如,图 2.8 中搜索者从 E2 开始,继承了"企鹅"的"不会飞"的属性,在到达"鸟类"分类法的顶端之前,它是不会继承"会飞"的属性的,因为它已经清楚 E2 不会飞的事实,所以直接忽略这个备选答案。

"搜索总是起始于分类法底端"这一简单原则,证实了首先找到的答案通常是正确的假设;也就是说,这种缺省继承是单调逻辑的。尽管我们解决了一个逻辑问题,但仍有新的问题待解决:如何判断哪些属性是"同一类"的,或"回答的问题是相同的",以便能进行取代呢?在第 3.5 节中,我们将重返这个问题。

接下来阅读:
高级读者:第二部分,第 6.6 节:定义和效率

2.6 社会范畴和定势

有些概念的意义之所以显得更丰富,这是因为它们有更多的属性。例如,人们对于一只家猫的概念意义要比对一只美洲豹的概念意义要多。意义最丰富的概念通常是那些我们用来构建人际关系的概念,我们称之为"社会概念(social concept)"。[Wikipedia: "Social cognition"(维基百科:"社会认知")]

这些概念是语言的必要基础,因为它们意义丰富且十分重要。一方面,我们会发现,语言中的知识模式和社会概念中的知识模式都是复杂的;另一方面,

我们使用语言的目的之一就是传递社会概念。在第 8.8 节,我们将进一步讨论"社会语言学"模式。

社会概念对于语言的重要性在于,在语言和社会中,我们不仅仅是旁观者,还是参与者。我们对于鸟和猫的了解并不会直接影响它们,但是了解社会和一门语言,可以帮助我们说这门语言并融入社会。这就衍生出了一个重要的反馈机制,这一机制可以巩固某些行为模式:我们会在自己的行为中,再现我们观察到的别人的行为,因为别人也在观察我们,他们也会再现我们的行为。纵然在这个过程中会存在个人创新,并且这种创新扮演着十分重要的角色,但社会行为和语言共有的最突出属性是如绵羊一般的顺从性(Hudson 1996:10—14)。

2.6.1 丰富的社会范畴

与其他认知领域的情况相似,社会范畴多少有些笼统,它可以指具体的人,也可以指一般的社会范畴。对于每一个人来说,自身精神世界里最重要的个体是自己,因此每个人都会有一个可以称为"我"的概念节点。但是我所指称的"我"和您所指称的"我"是不一样的。例如,我有一个属性是我叫"Richard",但您会有不同的名字,也可以是其他一些个人属性,如年龄、性别、身材、肤色、头发颜色等。

正是这些广泛的属性证明了我的如下观点:即使我们的社会概念是非常丰富的,我们也可以确切地设想其他人的这种固有见解,因为任何动物(包括人类)都明显地倾向于关注最具有共同属性的范畴成员。[Wikipedia: "Intraspecies recognition"(维基百科:"种内认知")]此外,我们每个人都认识许多其他人,这些人在大脑中都由不同的概念节点所代表,具有的属性有的多、有的少。

除了我们认识的人,对于其他更为概括的不同种类的人,我们也有与之对应的范围很广的概念范畴。例如,男人、足球运动员、守门员、驾驶员、英国人、伦敦人、专业人士、父亲等。每一个范畴都有其成员可以继承的一系列属性,如男性声音低沉、足球运动员尽力射门得分、守门员站在门柱之间等。您

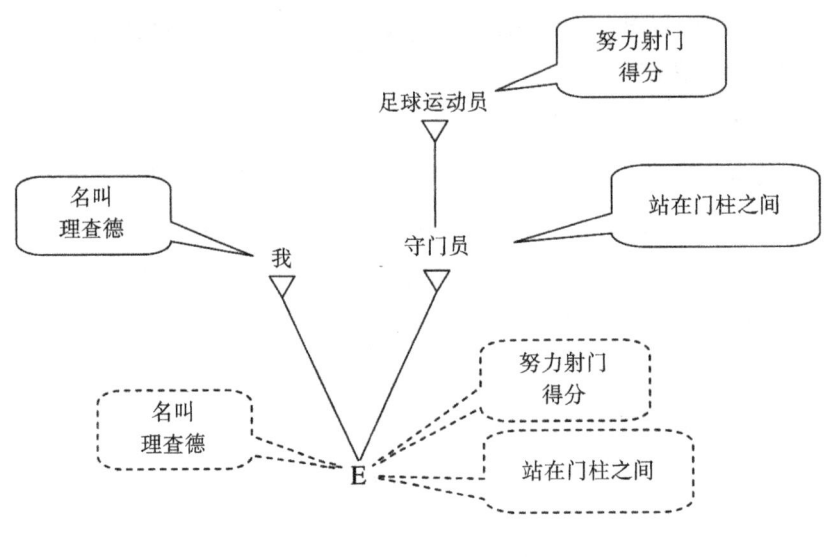

图 2.9 作为守门员的"我"

心智中的每一个个体，除了您已经专门为它们存储的属性，还可以继承其他各种属性。

举个很简单的例子，当我既踢足球又当守门员时（尽管这是不大可能的事情），我需要通过继承来知道我该做什么事情。图 2.9 展示了这一假设情况，虚线框内是继承的属性。

2.6.2　继承和定势

社会概念继承属性的方式与其他概念的方式是一样的。首先，只有典型样例才会继承（2.5），这也就是为什么图 2.9 不仅包括"me"，还包括"E"，其中 E 代表了继承后的样例。E isA "me（我）"的情况只有在我踢足球的时候才会出现，也许这种认知方式会让您觉得很奇怪，但这正是我们看待自己和周围人的方式。对于我们所关注的人，我们多少会有个永久的储备记忆库，但是我们又都有样例概念来指代每种具体情况。这也就解释了为什么当我们发现有些人不像我们记忆中的那样时，我们会说："不像平常的他们了（not being their usual self）"。同样这也可以解释为什么我当守门员的同时不能当球员。

社会继承与其他心智领域继承所共有的第二个原则是：社会属性常常需要多重继承（2.4）。图2.9中的E是典型的，它既继承永久的"我"的属性，又继承了"守门员"的属性。如果您知道我是来自伦敦的男人，那么您会同时继承一整套"男性"的属性和另一套"伦敦人"的属性。类似地，我身在其中的其他社会范畴都会有这种情况（例如，退休的人、父亲、祖父、丈夫、白种人、司机、骑自行车的人等）。如果幸运的话，所有这些总纲是以完全不同的属性为基础的，于是它们可以自由组合而不会产生冲突。但是也会有特殊情况造成冲突的产生，比如著名的"尼克松菱形图"（2.4）。当牵扯到社会范畴，以上的冲突极有可能发生，社会学家把社会范畴称之为"角色"，每种角色界定一套行为、权利和责任。[Wikipedia: "Role"（维基百科："角色"）]任何边工作边照顾孩子的父母都深知"父母"和"员工"这两个角色是如何反方向拉扯的。

第三个共有原则是缺省继承，原因是我们的社会范畴里可能会包含某些特殊的成员，它们不具有期望的属性。这一原则适用于人类的方式与我们所认知的鸟类和蔬菜的方式是相似的；它们的不同表现在于，对于人类来说，特殊性导致的消极影响要大很多，这是由于社会中存在文化传播的**定势**（**STEREOTYPE**）和偏见。[Wikipedia: "Stereotype"（维基百科："定势"）]例如，如果我们把足球粉丝和流氓行为联系起来的话，这对那些表现好的球迷来说是不公平的。缺省继承的问题在于，一旦这种联系在我们大脑中形成了，就很难再从经验中认识到这是错的，尤其是当这种联系被周围其他人所接受并成为我们共有的想法时，就很难改变了。如果认定足球粉丝一般表现不好，那么即使看到表现好的球迷，我们也不会轻易改变看法，甚至可以毫不在意地说，这只是特例。在其他方面，比如说，种族、性别、性别属性、年龄、国籍和宗教等偏见也都是存在的，这些偏见是我们在认知缺省继承中太随意而所付出的代价。我们越了解大脑的工作机制，就越容易克服或者减少偏见。

2.6.3 内在语言和内在社会

社会范畴对于理解语言是至关重要的，因为我们要在大脑中运用社会范畴来构建一幅复杂的心智地图，该地图可以用来描述我们所处的以及将所学语言付诸实践的社会。乔姆斯基用**内在语言**（**I-LANGUAGE**）来指称这种学习者为语言所构建的心智地图[此处的"I"可指"内部的（internal）"或"个人的（individual）"][Wikipedia: "I-language"（维基百科："内在语言"）]。相应地，语言所处的外部现实叫作外在语言（E-LANGUAGE）。那我们可以类比一下，个人对于社会所构建的心智地图可以称为**内在社会**（**I-SOCIETY**），那相应地就会有外在社会（E-SOCIETY），所有的个人和个人所处的机构都包含在其内（Hunson 2007b）。词语法的一个特征就是它可以阐明内在语言和内在社会这两种心智地图的关系（8.8）。

本章概括：

- 我们以**概念**（**concept**）（例如，"鸟"）为单位思考，每个概念都包含许多**属性**（**property**）（如，"会飞"和"下蛋"等）。与传统概念不同的是，这些属性的逻辑地位相同，并没有"区别性"属性和"非区别性"属性之分。
- 概念多少都具有概括性，它可以涵盖从非常概括的**范畴**（**category**）（比如"生物"或者"事物"）到非常具体的范畴（比如"我"），甚至是最为具体的**样例**（**exemplar**）"我"。概念以**分类学**（**taxonomy**）的方式排列，分类学中每个概念至少有一个相对概括的概念，所以有"我"isA"男人"和"男人"isA"人"。
- 样例从分类体系的上一级概念中**继承**（**inherit**）属性，据此我们可以猜测那些不熟悉的属性（例如，站着不动的鸟也"会飞"）。
- 在**多元继承**（**multiple inheritance**）中，样例可以从处于同一逻辑地位的多种概念中继承属性。（例如，可以从"宠物"和"鸟"中继承。）
- 在**缺省继承**（**default inheritance**）中，样例可以拥有或者继承特殊的属性，这些属性会**重置**（**override**）它们本可继承的缺省属性（例如，企鹅不会飞），而传统逻辑是不允许存在这种特殊情况的。
- 特殊情况虽然可能存在，但这些不太典型的样例用某个概念的属性来描述的话，不如用于对**典型样例**或者叫**原型**（prototype）的描述准确。例如，与企鹅相比，麻雀就是更典型的鸟类。
- 同一逻辑可以适用于各种范畴，包括社会范畴，其中受到广泛认可的原型被称为**定势**（stereotypes），可以带有偏见，也可以表达正面的属性。
- 各种范畴和属性在我们大脑里构建了现实世界的地图，即**内在社会**（**I-society**）。

接下来阅读：
高级读者：第二部分，第 6.8 节：词的社会属性

3. 网络结构

3.1 概念、知觉、感觉和行为

在第 2 章，我们把属性看成普通英语句中细小的碎片信息，比如说"会飞"或者"有翅膀"，但这只是权宜之计。在大脑中显然没有存储这样的语句，如果有的话，我们怎么才能在理解它们的同时，又不至于陷入重复使用那么多细小琐碎的语句的问题中呢？随之而来的问题还有：什么是属性？如果不是英语语句，那它又是什么呢？

一个合理的解释是，我们的大脑包含两种不同的事物：概念和属性。这样的话，各种概念和属性之间必须交叉连接；但是它们之间的本质属性是存在差异的，比如，二者的结构不同。

这种差异在本质上和字典的结构原理一致。一部字典会包括成千上万个小片段，每个片段都服务于具体某个单词，这个单词称为"中心词"，且是按照字母顺序排列的。这些词可以看作字典的"概念"，而它们的"属性"则包括片段中的诸多内容——读音、词性和语义定义等。用这种方式编排时，概念和属性是完全不同的，比如在双语词典中，二者是用不同语言表述的。

由于词典或多或少对我们有用处，这说明此种分类方式是合适的。但是若把它当作心智的工作原理，就会产生一些问题：心智中的属性包括什么呢？我们在前面否定了大脑里会有一些类似于"会飞"或者"有翅膀"的英语单词这样的解释，但是也可能存在其他解释。

概念和属性是两种完全不同的东西，这一解释同样也适用于其他一些属性，比如那些包括认知、情感或者运动技能的属性，我们将依次做出论述。

3.1.1　知觉

知觉（**PERCEPT**）是感知的单位，是心智对图像、声音、气味等的心理表征。[Wikipedia: "Percept"（维基百科："知觉"）] 例如，我们对"猫"的概念几乎肯定会包括猫的典型形象。您是通过这些属性来认知猫的，而这些属性（和所有其他猫属性一样）来自于您见过的猫。

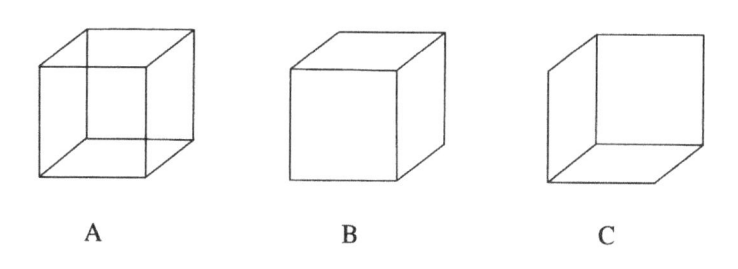

图 3.1　奈克尔立方体（A）及其两个解释（B, C）

但是，这比简单描述一张照片抽象多了。首先它选择的是一只典型的猫，不是那些例外的猫，比如只有三只脚的猫。另外还要选择一个典型的视角，比如说从前面或者侧面观察猫，而不是从后面或者是下面（您当然可以有一些猫的其他姿态的形象——站、坐、卧、睡觉等）。另外，您对猫的感知是从您了解的猫的视角来阐释的，所以也就不会产生歧义了。

展示排除歧义的过程很容易，例如心理学教材中很常用的奈克尔立方体——1832 年瑞士科学家奈克尔第一次用了这个例子，因此以他的名字来命名。[Wikipedia: "Necker cube"（维基百科："奈克尔立方体"）] 它是一个简单的几何结构，如图 3.1A 所示，向我们展示了人的大脑是如何阐释眼睛所看到的东西。

请看图 A，并尽量把它看成只是一些直线的集合。大多数人做不到这一点，因为他们的大脑往往会直接把这些直线理解成是立方体的几条边。解读这些直线有两个方法，要么是从上往下看，如图 B；要么就是从下往上看，如图 C。您不可能同时用这两种视角看它（除非您有特异功能）；同时，您也会发现，视觉几秒钟内就会跳跃、切换。这是因为您创造了一个三维立方体的认知使它脱离了图 A 的线性模式；而您的感知要么是 B，要么是 C，不可能既是 B 又是 C，或者是介于二者之间的某种方式。

再回到猫的例子。奈克尔立方体的原理告诉我们，人们心智中对猫的感知必须只有一种：我们从一个典型视角，阐释典型姿势下的典型的猫。但这只是从一个影像到一个概念的过渡，还不能算是概念。

感知是单模态的（mono-modal）、模拟的（analog），就像是模拟影像或者是音频录音，它们仅可以复制一种模态（视觉、听觉或者是别的）。但概念却是多模态的、数字化的，我们对猫的概念聚合了不同模态的属性。如典型的猫的属性：猫的咕噜声和喵呜声，猫特有的气味，猫特有的皮毛的感觉等，它们是"数字信息系统化的"，每种属性都是一种独立的可继承元素。此外，概念是以分类学的原理构建的，但是感知不是。

简而言之，概念有很多属性，其中可能包括感知，但在我们大脑中，概念和感知在本质上是完全不同的两种东西。语言中的感知非常重要，因为感知会保存许多语音记忆，它与概念不同，概念表征的是词语及其他。

3.1.2 情感

还有一种属性，它与**情感**（**EMOTION**）有关。[Wikipedia: "Emotion"（维基百科："情感"）]例如，看见一只小猫和看见一只大蜘蛛所引起的情感是非常不一样的，情感可以包括喜欢、厌恶、害怕、讨厌、担心、羡慕、希望、喜悦和愿望等。

同样，情感与概念也是完全不同的，它们是以一个总的状态对大脑产生影响。尽管我们可以想象一只小猫追蜘蛛，虽然这两个概念同时出现可能让人觉得可笑，但是当我们同时想到这两种情感时，我们很难把它们分开。另一个不同是，情感会驱使我们付诸行动。从进化论的角度看，情感会发展进而驱使我们"参与其中或者是远离"，而概念只是对体验进行的不同分类。当情感出现的时候我们都可以感知到，但是大多数人很难去分析这种情感，所以此处也不做尝试。

截至目前，最重要的论点是，某些概念和情感有所联系。情感分析在语言学理论中认可度并不高,但是它们真的很重要。原因有二:一是我们用语言表达情感[例如,用不同方式表达的情感,万岁!(*hooray*!),好舒服(*snug*),恐怖主义者(*terrorist*),到底发生了什么事?(*What on earth happened?*)]等;二是我们对其他人的情感不仅影响我们与之说话的方式,还会影响我们是否会在言语中表达这种情感(Hudson 2007c: 246—248)。

3.1.3 运动技能

除了知觉和情感,心智中还有第三种事物,它是概念的属性之一,但本身不是概念。它就是心理学家所称的"运动程序"或者"**运动技能(MOTOR SKILL)**"。[Wikipedia: "Motor skill"(维基百科:"运动技能")]有些人认为,"猫"有一个"抚摸"属性可能是运动技能(我们对猫的典型动作);如果我们会骑自行车,那么"骑"这个动作就与骑行中所包含的任何动作技能有联系,比如说,坐、保持平衡和踩脚踏板等等。

神经学研究表明,运动技能是由大脑中某个设定好的部分所控制的,这个部分叫作"大脑皮层(motor cortex)"。还有设定得更为精确的部分,可以控制身体的特定部分(比如手和舌头等)。有趣的是,从对大脑的扫描发现,仅仅读到一个动词就可以引起运动皮层相关部分活动,例如,读到"舔(*lick*)"这个动词的时候,控制舌头的大脑运动皮层部分的血流会加快。[Wikipedia: "Motor cortex"(维基百科:"运动皮层")]这一点说明这个动词的意思("舔"的概念)和大脑中的运动皮层部分之间是有联系的。

语言中的运动技能很重要,因为无论是说还是写都包含大量的运动技能,而这些技能要花费几年的时间来发展和完善。

现在我们有三个类型的大脑知识,可以作为一个概念的属性:

- 认知——对我们看到、听到、闻到、尝到或感觉到的事物的抽象化和理想化的概括;
- 情感——会驱使行为产生的身体状态;
- 运动技能——控制特定身体运动的心理模式。

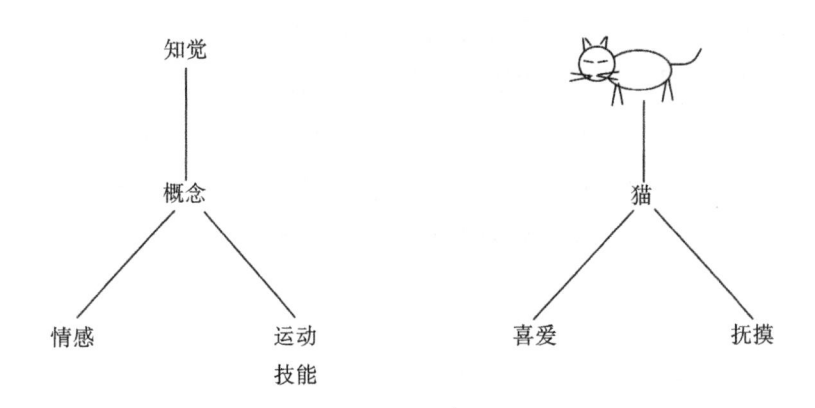

```
   知觉                          ╱╲
    │                         (猫图)
   概念                           │
   ╱  ╲                          猫
  情感  运动                     ╱  ╲
       技能                    喜爱  抚摸
```

图 3.2 一个概念如 "cat（猫）" 可能与认知、情绪和运动技能有关系

图 3.2 为我们总结了这些可能性，以及对"猫"这个概念的初步分析。需要注意的是，即使您不认为我的图画得好，但至少这个小图看起来（我想）是像猫的；如果您也这么认为，说明您的大脑里呈现的图像和这个差不多。"喜爱"和"抚摸"两个词代表用来分析情感和运动技能的节点。

某些属性即使本身不是概念，也可以从大脑组成要素的角度来界定。但像"喝奶"或者"下蛋"这样的属性要怎么分析呢？认知、情感和运动技能在这里是互不相干的；同样，某个概念的大多数属性也是互不相干的。下一节我们将阐释更加抽象的属性该如何分析。

接下来阅读：

高级读者：第二部分，第 6.9 节：分析层级

3.2　关系概念、论元和值

让我们来做个假设：某些概念的某些属性本身并不是概念，而是认知对象、情绪或运动技能。那么按照这种假设，"爱喝奶"和"有皮毛"（比如说猫）或

者"会飞"和"有翅膀"(比如说鸟)等这些属性又是什么呢?

3.2.1 概念属性

尽管"喝""皮毛""会飞"和"翅膀"这些属性本身是概念,但迄今为止,这些属性与我们所讲的样例很不一样。我们把这些属性称为**概念属性**(**CONCEPTUAL PROPERTY**)。如果发出咕噜声是猫的一个属性,那么同样地,从某种意义上说,猫也是咕噜声的属性:咕噜声是猫发出的声音。这一简单的观点自然而然会导出这样一个结论:概念属性仅是用来连接其他概念的。

我们再举"鸟"的例子来解释这个原理。在这个理论框架下,有"会飞""羽毛""翅膀"以及"鸟类"等概念,其中"鸟类"的属性与其他类似的概念有所联系。当然,按照分类学的说法,其他的概念和"鸟类"的联系不是很密切(比如说,"飞"只是一种活动,而不是一种生物),且这些联系分布于分类结构的各个层级中。但是由于分类关系的存在,在分析研究整个体系的运作原理时,需要考虑这些分类关系。

3.2.2 关于属性标记

分类体系、概念与概念之间的联系有各种连接,把它们结合起来进行分析是相当复杂的,这也凸显了方便简洁的标记法的重要性。明显地表示两个概念之间的联系的标记法是用直线,而这本书中用了曲线(如图 3.3),原因是想要强调这些联系和 isA 关系式中的联系是不同的。

从这个图中我们可以看出,"鸟"这个概念与其他概念如"翅膀""羽毛""会飞"等有某种联系。尽管鸟是 isA 生物,但是除了"鸟"之外的其他概念却不是。心理学家把这种联系叫作"联想(association)",并把包含有这种联想的记忆叫作"联想记忆(associative memory)"。[Wikipedia: "Semantic memory"(维基百科:"语义记忆")]有大量证据表明,大脑存储了概念之间的这些联想关系,在第 3.5 节中将会对这些存储的证据进行讨论。迄今为止我们有充分的事实来支持这种观点。

而问题在于,这种联想还不够深入。我们还不能说鸟类是与"会飞""羽毛"和"翅膀"这些概念有所联系的,因为对于落到羽毛上的蝴蝶,或者是对于一只折断的翅膀(其功能还是飞)来说,这种联系也同样适用。现在我们所缺失的是对联想的分类,即说明鸟类与翅膀的联想和鸟类与飞行的联想是不同的。

3.2.3 关系、论元和值

我们需要用**关系**(**RELATION**)来代替联想。在这一术语中,鸟类与翅膀的关系是"整体与部分(body-part)"的关系,表达更准确一些就是"前肢(front-limb)"关系(类似于我们和胳膊的关系);但是鸟和羽毛是"覆盖(covering)"关系(像我们的头发),而和飞行又是"移动(locomotion)"关系。这一理论的重要之处在于它让我们得以区分这些关系。这些区别普遍不被心理学家关注,但是它们是语言学家和人工智能研究人员的兴趣点。所以,正是这些学科为我们提供了理论支撑。

第一步是要制定一种适合标注的系统,采用与基本概念标注不同的标注来区分各种关系;在词语法中,与实体标注不同的是,关系标注是通过"圆圈"显示的。这样虽方便我们区分"前肢"关系和"移动"关系,但仍然无法区分"前肢"关系中谁是肢体,谁是主体。这里就需要我们来区分**论元**(**ARGUMENT**)和**值**(**VALUE**)这两个术语。

在本书中,论元这个术语和辩论没有关系,而是取自数学领域:数学运算中的加倍可以运用到论元上从而产生一个值。例如,在等式"3×2=6"中,运算方式是加倍,论元是3,而值是6;换句话讲,取3(论元),加倍(运算),就得到了6(值)。其他关系的表达,如"前肢",也可以有同样的结构,例如,取"鸟"(论元),找它的"前肢"(关系),最终找到了"翅膀"(值)。用这种方式去思考,关系表达式就像始于论元而止于值的一个过程。因此,在词语法的标记法中,概念通过箭头指向值。

把这些附加的信息补充到图 3.3 中就得到了图 3.4。

现在我们从其他概念中获得了对"鸟"的初步定义。当然前面的分析过程也能够帮助我们定义与鸟类有关的其他概念,例如,对于翅膀,我们已知的是

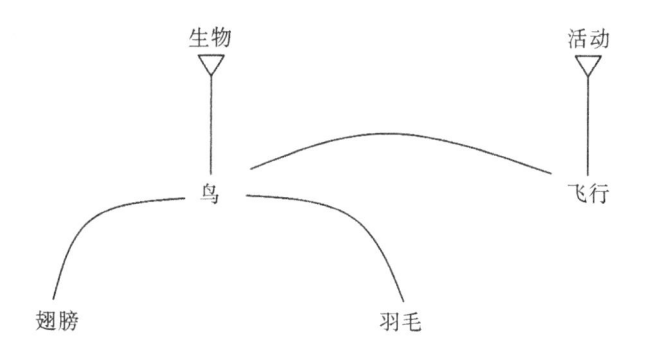

图 3.3 显示为连接的属性

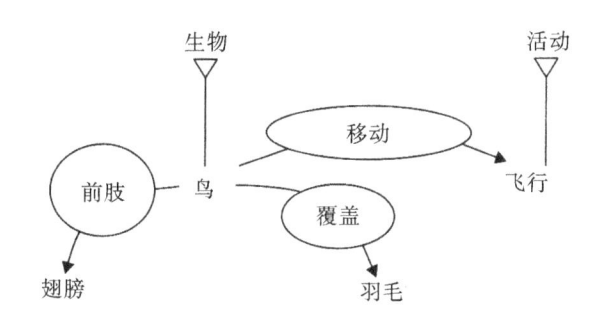

图 3.4 显示为标记关系的属性

它属于典型鸟的前肢。我们可以想象如果给这些概念添加更多的属性,每个属性又会带来更多的概念,那么这个小小的网络就会逐渐扩大。经过大量的努力后(类似于绘制基因图谱),这一网络最终会包括一个人所知道的一切信息,尽管无法涵盖整个人类群体的知识。

3.2.4 原始关系、关系概念和关系分类

在这一领域,研究人员面临的最大疑惑就是这些关系从何而来。一种观点认为,存在一种普遍理论,它彻底地罗列并确定了这些关系。这种观点普遍为语言学家所欢迎,他们习惯假设存在一组通用的关系,有着类似"施事者""感知者"和"工具"这样的命名(8.7.4)。[Wikipedia: "Thematic relation"(维基百科:"主题关系")]但是,仔细推敲这种方法就会产生诸多问

题。比如说,"前肢"和"后肢",这些很具体的关系是怎样被纳入到一组概括的通用范畴中的呢?在我们的关系储备库里,如果本来没有储备这些具体的关系,为什么不能从经验中习得呢?普通概念诸如"鸟"之类的数量显然是无限大的,那么为什么我们认为关系的数量要比普通概念少得多呢?

我认为所有这些关系构成了一个同样清晰的概念集合,这个集合是开放的,人们可以不断添加新的关系进去,这个集合可以称为**关系分类**(**RELATIONAL TAXONOMY**)。人工智能领域的很多成熟的知识表达体系也用到了这种假设,其中一个很有名,叫作概念图(Conceptual Graph)。[Wikipedia: "Conceptual graph"(维基百科:"概念图")]

如果这种假设成立的话,那么概念就应该分为两种。第一种是基本概念,比如"鸟""生物""翅膀"和"飞行",它们可以代指人、事物、活动、时间和地点等等。由于缺少更好的术语,我们把这些概念称作**实体概念**(**ENTITY CONCEPT**),或简称**实体**(**ENTITY**)。实体是构建思想的基础材料,但是实体与实体得以区别得益于每个实体间的另一种概念,即**关系概念**(**RELATIONAL CONCEPT**),如"前肢""覆盖"和"运动"。

尽管这种关系概念可以简称为"关系(relation)",但在词语法中,还有关系概念仍未表征的另外一种关系:**原始关系**(**PRIMITIVE RELATION**)。我们已经接触到了原始关系中最重要的一种关系,即"isA"关系,下面将会再介绍三种。我们可以使用这些术语把图3.4中的各个要素进行划分:六个实体概念(生物、鸟、翅膀、羽毛、飞行和活动),三个关系概念(前肢、移动和覆盖)以及两个原始的isA关系。

关系概念在我们的生活中很常见。每个人的心智网络里都包括我们认识的所有人,还有这些人之间以及他们同我们自己的关系。其中,人是实体,他们之间的各种社会关系是关系概念。例如,图3.5画出了我的一小部分家庭关系,其中包括父亲、母亲和妻子,同时也按照男性或者女性进行了划分。

所有这些关系都是我对于自己和这些人认知的一部分,所以它们就像是前面提到的鸟类的属性一样,本身也是属性。当然,我与妻子的关系完全不同于鸟与翅膀的关系,但通过标注关系概念来区分其不同,这才是关键所在。

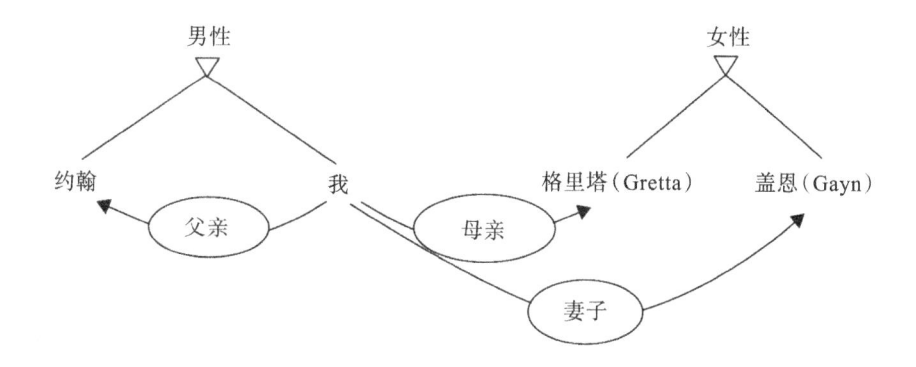

图 3.5 带标记的连接表示社会关系

3.2.5 关系的符号表示法

关系概念需要通过符号表示法来展示彼此之间的异同。例如，我与母亲（Gretta）的关系和母亲与她的母亲（Mary）的关系非常相似，于是我们可以用"母亲"进行同样的标注。在图 3.5 中我们将加入另一个箭头来标注从格里塔到玛丽的"母亲"关系。

但是对于实体，我们就不用符号来显示相似性。例如，我们不是简单地给一只鸟贴上一个"知更鸟"的标签来表明它所处的分类，而是在鸟和"知更鸟"的范畴间加入 isA 关系。最起码从理论上讲，对于关系概念，词语法也用了同样的逻辑推理：用 isA 关联而不是通过同样的符号，来表明两种关系是同一个普通范畴的不同样例。我们没有复制符号"母亲"，而是在与关系范畴"母亲"有关的关联之间加入 isA 关系。

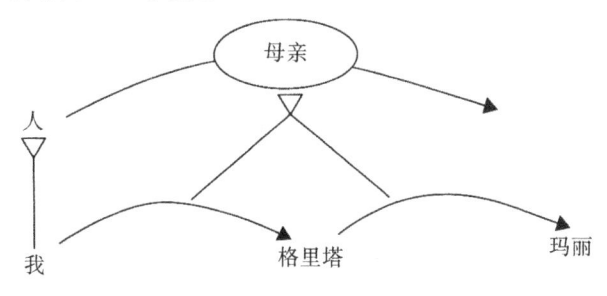

图 3.6 通过分类方式体现的关系

图 3.6 展示了这种纯粹的符号表示法，但是它看起来操作性不强，因为会增加一倍的线条数，所以在下文中这种表示法不会再出现（除非必要）。方便起见，我们倾向于一种非纯粹的符号表示法，其中，实体间的相似性用 isA 来表示，关系式之间的相似用重复标记来体现。

作为关系概念的符号表示法，其不纯粹的部分表面上是被标记覆盖的。我们在前面解释过，关系概念适用于论元、值这两个地位不等的实体。图 3.5 中，格里塔和我之间的"母亲"关系是以我为论元，以格里塔为值。（如果从论元"我"出发，按照"母亲"的关系前行，就能到达"格里塔"这个值。）换句话说，对于"母亲"这一关系概念，"格里塔"和"我"处于不同的位置。根据标记我们的关系可以分解成三部分：一个关系概念，以及这个关系概念与"我"的论元关系和与"格里塔"的值关系。

但是"论元"和"值"本身又是什么呢？我们需要以同样的方式把这些关系解构成另外一组关系，然后再对另外一组关系进行分解并以此类推吗？这种结果与整个分析是相悖的，因为能够确定的是，我们心智中并非有无限多的关系。所幸这一情况是可以避免的，只需将"论元"和"值"看作像"isA"一样是原始关系。

这一变动会产生以下几种关系，每一种都有自己的标记：

- 原始关系：
  - "isA"，用带三角形的直线表示，三角形位于总纲上方
  - "论元"，用不带箭头的曲线表示
  - "值"，用带箭头的曲线表示，箭头指向值关系概念，由椭圆里的标注表示
- 关系概念，用椭圆作标签。

如果您想知道我将会提到多少种原始关系的话，答案有三种，分别是"或(or)""身份（identity）"和"数量（quantity）"，后面我将会给出解释。

从前面三张图可以看出，这种标注用椭圆把一条曲线分成两部分，一头代

表论元，一头代表值，这是有蒙蔽性的。例如图3.5中，从我到格里塔有一个"母亲"箭头，纯粹论者可以把这视为"母亲"关系概念的一个例子，与论元和值有着不同的关系；而其他不那么拘泥于细节的人可以把它解读为从"我"到"格里塔"的"母亲"关系。

3.2.6　数量

原始关系是官方词语法列表（Hudson 2007c:19—20）的一部分，有一个概念对于解释原始关系是非常重要的，那就是**数量**（**QUANTITY**），但这儿我只解释一次。例如，一只典型的猫它的腿"数量"是四，所以在研究猫的例子时，我们预设猫有四条腿。再如，项圈是可有可无的，这也就是说它的数量可以是零或者是一，所以无论是有项圈还是没有项圈，我们都不会觉得奇怪。在认知科学的很多领域这一原理是非常有用的，等到讨论配价的时候我们会再提到它（7.2）。

3.2.7　定义新的关系，关系三角和递归

如果关系概念的确构成了开放的集合，那么就很容易用已知的关系来定义未知的关系。一方面，我们可以创建特定概念，如"继母"可以是特殊的母亲，或"父母亲"作为父亲和母亲的合并词；另一方面，我们可以在一连串已知的关系上创建新的关系。

用个简单的例子来说明这两个过程："祖母"的定义是父亲的母亲。图3.7显示了"母亲"和"父亲"如何成为"父母亲"和"孩子"这一关系的基础，以及"祖母"是如何从这些关系中推演来的。（图表中用点来表示节点而不用命名，这是很方便的；在3.5节我会解释，所有的节点其实都只是未标注的点，对它们标注只是方便读者。您可以用点来指代"某个节点"。）

通过其他两种关系来定义"祖母"这一关系，是很典型的网络结构的例子，该结构被称为**关系三角**（**TRIANGLE**）。在句法理论中这一模式非常重要（7.2）。

在句法中（7.1）同样重要的另一个属性，就是可以利用这些新的关系去

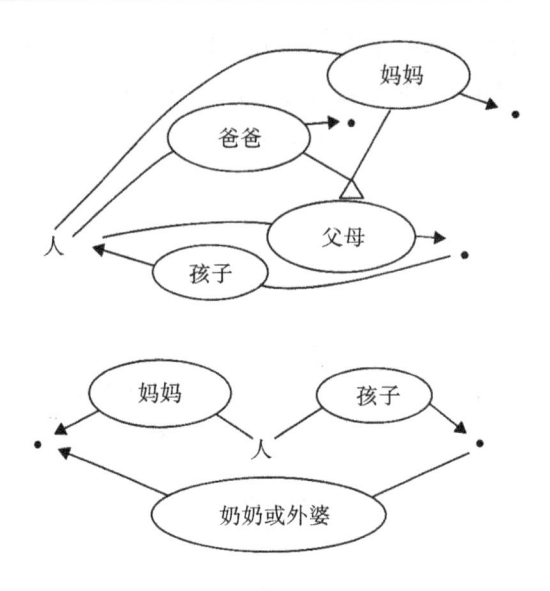

图 3.7　用现有的关系去定义新的关系

界定更为抽象的关系，比如说"子孙"和"祖先"。这一过程模式叫作**递归**（**RECURSION**）。

以"祖先"为例来说明通过递归进行定义的方式：一个人的祖先要么是他的父母，要么是父母的祖先。这一定义是递归性的，因为它包含被它定义了的词，也就是说它可以反复适用于很长的关系链。例如，既然我父亲是我的祖先，同样的道理，父亲的父亲也是他的祖先，那么根据递归定义父亲的父亲也是我的祖先，至此反复可以顺着家谱一直追溯到亚当和夏娃。

通过已有的关系来创建新的关系概念，可以给每个关系概念之上再添加更多的关系概念的词语，过程极其类似珊瑚虫繁殖。

本节主要介绍的观点是：实体概念的属性又包括一些属性，它们与另外类似的概念有关系，这一关系本身也是概念。此理论认为，概念结构所包含的概念有两种——实体和关系——每一种又分属于不同的范畴。但这还不是全部，因为多种关系又使得一对实体概念彼此间有联系。

这种复杂和精细的特点是人工智能和语言学的模型所特有的，心理学模型则要简单些。从另一方面讲，与我们所熟悉的很多复杂的系统比起来（比如因特网或者是电视的远程控制网），词语法模型也没有很复杂。当然，这一理论的要点在于，心智已经具备了这样的复杂程度。我们面临的主要挑战不在于它的复杂，而在于还不习惯按这种思路进行思考。在3.4节中，这一思路会应用于非常熟悉的三种具体的心智领域，来帮助解决这一问题。

接下来阅读：

高级读者：第二部分，第7.1节：依存形式和短语

3.3　选择、特征和交叉分类

在2.4节我们介绍了这样的观点，即范畴会被分组组成选择集：男人或者女人，共和党或者民主党，1或者2或者3或者……等。现在我们来讨论如何通过一个新的原始关系——"或者(or)"来把这些选择集构建成网络。

让我们来看下性别，这是在对人进行分类时我们都会去做的选择。"男"和"女"是一组相反的性别，且我们假设每个人一定或男或女，没有人的性别介于这二者之间。那么问题来了，在网络结构中如何展示这一信息呢？

3.3.1　特征

第一步要弄清楚的是，作为性别来使用的"男性"和指称某个人的"男性"是不一样的。男人可以有"男性"的性别，但性别本身不是人，而是人的一种属性。类似地，老人有"老年"这个属性，但是"老年"本身不是人。

那么"男性"这个性别或者"老"这个年龄又是什么呢？它们是概念，与"人"的概念相比，要抽象得多。它们本身没有属性，其对大脑的主要贡献是帮助我们将思想组织成有对比差异的、整套的选择集。"性别"和"老年"是更抽象的关系，它们代表人和这些概念的关系。在7.3节我们会针对这些问题进行讨论，这里我们可以把性别和年龄称为**特征**（FEATURE）。特征是一种关

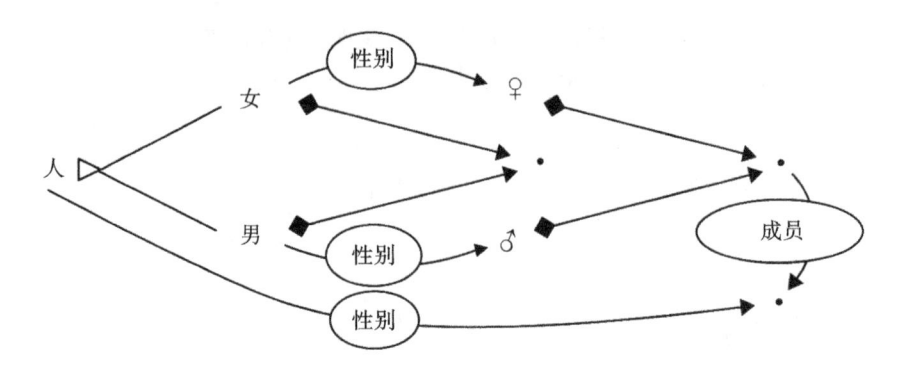

图 3.8 在"男"和"女"中选择的性别

系概念,它的值是一种抽象概念;在图 3.8 中,它被标识为男性符号和女性符号。下面会解释菱形箭头的作用。

3.3.2 选择集的符号表示法

想要理解性别和年龄这样的特征,第二步要弄清楚选择集的组织方式。这样我们才能知道,比如,"男"是"性别"的可能的值,而不是"年龄"的。在每个事例中,选项都是通过成员列表(例如"男""女")或者描述典型成员("时间度量")来定义的。用专业术语表述就是,选项是由"**集(SET)**"(一个数学概念)来定义的。[Wikipedia:"Set"(维基百科:"集")]

在 2.4.3 节我把这称作**选择集**(CHOICE SET),在这个集合中我们只能选择其中一项(或者可以把它叫作一"对立面"的集合)。每个选择集本身也是概念,有自己的网络节点,其在图表中用点来标识,可参见图 3.8 右上角的点。它的成员是类似于"男"和"女"等处于对立面的选项,所以如果我们知道了"男"属于这一个集合,就可以通过集合的节点找到另一个选项"女"。

性别"男""女"和它们的选择集之间的关系与我们之前讨论过的其他关系都不一样。它们构成了另一种原始关系,这一关系的缩写是"**或(OR)**"。如果两种或几种概念与同样的节点有"或"的关系,那它们必定是对立的选择项。

在进行标注时,"或"的关系用底部带有菱形的箭头表示。(如果想要好记些,就想想流程图里代指决策点的菱形,它们通常有许多替代连接点。)图

3.8用的就是这种标注法。

3.3.3 特征的利弊

与其他关系概念一样，特征也可以在我们不知道其值的情况下使用。例如，当我们问"您宝宝的性别是什么（what's the sex of your baby?）"的时候，我们想要知道的是它的值。这是图3.8底部所显示的"性别"的不确定用法——通过箭头把"人"和选择集内不确定的成员联系起来，选项必定是非男即女。

在对相似点和差异点进行概括时，特征显得很必要。例如，如果我们讨论"颜色"这个属性，我们可以说我这双鞋颜色是一样的，然后我们就可以对所有的鞋形成特定概念，那就是一双鞋颜色应该总是一样的。我们可以说鞋都是棕色或者都是黑色的，但是在概括的时候，我们必须能够把颜色和鞋区别开来，且颜色"归属于"鞋（类似于鞋底和鞋后跟）。

每当我们从一些抽象概念，例如尺寸和颜色等的角度来匹配两个东西时，我们都是这样做的。尽管大脑的这个运作过程很普遍很基础，但也需要高级的精神结构来完成。再来举一双鞋的例子，同样它们的尺码应该也是一样的，所以"尺码"就是鞋的另一个特征。但是一双鞋在左右方面又必须是对立的——是左脚的鞋还是右脚的鞋呢？这肯定也是一个特征，因为我们可以通过对比来确认，但是却无法命名这个特征。

在这一点上，我们不难发现属性的用处，它甚至可以代替分类法。[很不幸，许多语言学家都持有这样的观点——Wikipedia: "Feature (linguistics)"（维基百科："特征（语言学）"）] 例如，如果"人"有"性别"特征，其对立的值有"男"和"女"，那么看起来就可以省掉对同名的"男"和"女"进行分类了。但这是不对的，因为大多数的亚纲并不是根据属性来组织的。比如说，"鞋"和"狗"的对立面又是什么呢？其他类似的例子很容易被发现，它们与属性结构之间几乎没有联系。

普通的分类和特征两者是有区别的，前者比后者简单得多。特征有一个很重要的特点，就是它可以提供非常明确的证据帮助我们理解普通分类的一

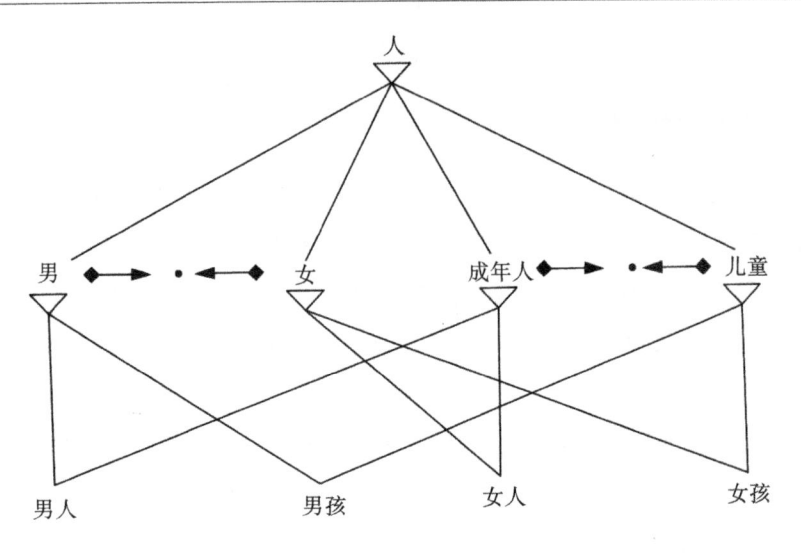

图 3.9　男人、男孩、女人和女孩的定义

种属性：交叉分类（CROSS - CLASSIFICATION）。

以"男""女""成人"和"儿童"为例，这是对人的最基本的交叉分类。性别和年龄交叉产生四种范畴："成年男人""成年女人""男孩"和"女孩"。图 3.9 运用上面介绍的标记法向我们展示了各选项以及各选项允许的四种范畴。值得注意的是，这一分析中没有"男-女"或者"男人-男孩"的组合。

接下来阅读：

高级读者：第二部分，第 7.3 节：形态句法特征、一致性及未实现的词

3.4　关系分类的样例

3.4.1　亲属关系

亲属关系指的是一个家族成员间的关系——是 2.6 节"内在社会"的主要

3. 网络结构

内容。我们已经稍稍探讨过亲属关系的概念,比如我母亲和我的关系(图 3.5 和图 3.6),在这里我们稍微拓展一下这个概念。

以辛普森一家为例。(如果您不清楚他们是谁,维基百科提供了他们的详细记录。)这个家庭有五位成员(有趣的是,维基百科中还把猫和狗也算作家庭成员,但是我们这里先不考虑它们)。

- 霍默(Homer),父亲;
- 玛吉(Marge),母亲;
- 巴特(Bart),10 岁的儿子;
- 莉萨(Lisa),8 岁的女儿;
- 玛吉(Maggie),婴儿。

他们还有一些远亲,但是这个小的核心家庭已经足够我们讨论了。所以,在我们的分析中,辛普森家的实体有五位:霍默、玛吉、巴特、莉萨和玛吉。用图 3.9 中的分类法根据性别和成熟程度对他们进行分类很容易。

我们这里所关注的并不是如何把他们分成一个个的个体,而是如何区分他们之间的关系。我们需要用到"父亲""母亲"和"父母"等关系,也需要讨论这些关系是怎么联系在一起的——即讨论关系中的关系。这一观点很抽象,但是我认为我们的心智正是围绕它展开的。

我们需要一个两级的关系分类体系,在高一级中不考虑性别,但在低一级中需要考虑。例如,"父母"分为"母亲"和"父亲","孩子"分为"女儿"和"儿子"。对于其他更高一级的关系,我们需要使用到更具体的词:"配偶"和"兄弟姐妹"。虽然"兄弟姐妹(sibling)"这个词不属于普通英语用词,但大家一定能够理解这个概念。英语中没有一个常用的名称可以代指这个词,但是德语中有,Geschwister 是一个很合适的德语常用词,它和我们的"父母(parent)"有着一样的文体感。图 3.10 展示了这一分类关系。

比较棘手的部分是如何把这两种分类关系结合起来。如果有五个实体,彼此之间又都有联系,那么就会有 5 × 5=25 组关系。再深入一些思考,如果

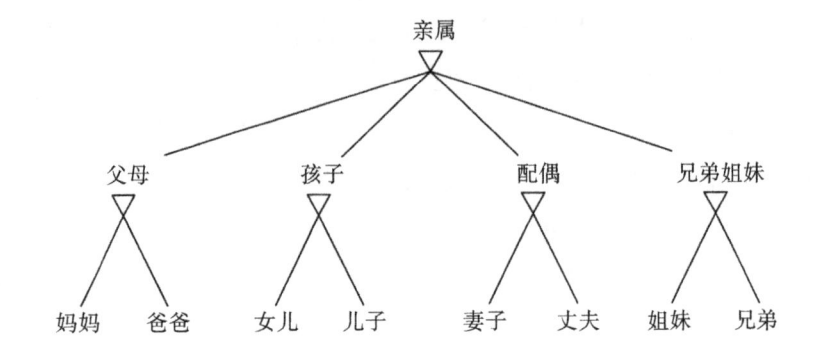

```
                    亲属
         ┌────────┬────┴────┬────────┐
        父母     孩子      配偶    兄弟姐妹
       ┌─┴─┐   ┌─┴─┐     ┌─┴─┐    ┌─┴─┐
      妈妈 爸爸 女儿 儿子  妻子 丈夫  姐妹 兄弟
```

图 3.10　家庭关系的分类

我们选择的论元不同(3.2 节中提到过)，那么每组关系又包含两种不同的关系。例如，霍默和玛吉：他是她的丈夫，同时她又是他的妻子。这样，这个小的基本家庭就有了多达 50 种关系。

但是，现在的问题并不是家庭关系太复杂难懂。相反，在日常生活中我们理解这些关系根本没有困难。也就是说，我们最普通的认知能力都是很强大的。任何认知理论都要认识到这些能力(语言是最复杂的认知能力，为此理论奠定基础，则更是要认识到这些普通的认知能力)。

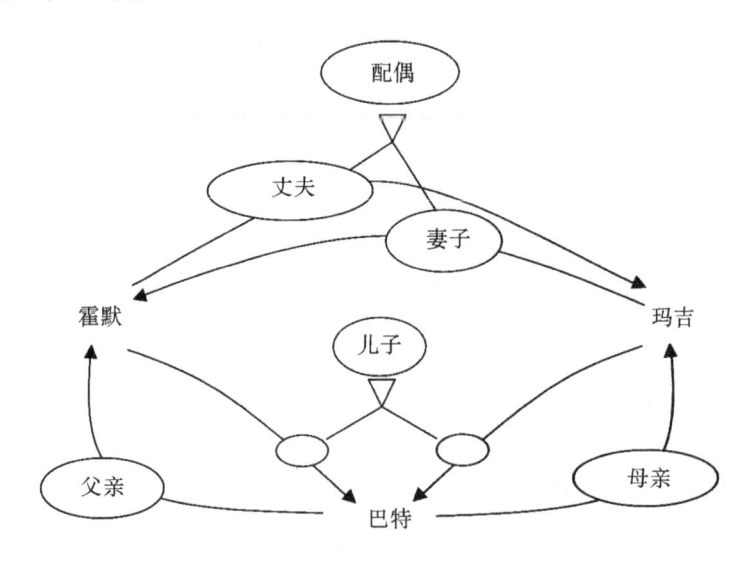

图 3.11　辛普森家三位成员的关联方式

现实中，我们很难画出有 50 种关系的关系图，因此我只画出了部分关系图，其他的请读者自己想象。图 3.11 只描述了三位辛普森家庭成员的关系：霍默、玛吉和巴特。这个图的主要目的是说明如何用图 3.10 的关系分类法来对他们之间的关系进行分类。结合图 3.6，正如我在前面 3.2 节所讲到的，严格地讲，所有关系都应该像阐释"儿子"的关系那样进行说明，即通过 isA 关系和一般范畴产生联系；但是，如果那样做的话，关系图就更加复杂了，所以我直接在关系弧线上加标注，这样可以简单些。

正如我之前所讲，这张相当复杂的图仅仅管窥到你我所知的关系系统的一小部分，我们很容易理解这个。实际上，两岁小孩都可以弄清楚基本的家庭关系及其含义，通过观察谁和谁睡觉，谁抱着谁以及如何抱，谁照顾谁，等等。在 8.7 节中我们还会继续讨论这些问题，继续探讨语言和文化的关系。

本节概括：
- 我们有很丰富的关系概念指令系统来区别**亲属关系**（kinship relation），其中包括分类和许多相互（reciprocal）关系（比如孩子—父母）。
- 我们在家庭成员的认知网络中使用这些关系，其复杂程度不亚于我们讨论的语言网络。

接下来阅读：
高级读者：请阅读下一节

3.4.2 人与人之间的关系

本节讨论的事例同样出自内在社会。这一点我得提前说明，因为语言中更为复杂的关系的基础是社会关系。但在任何事例中，许多语言学选项都会受说话人和听话人的社会关系的影响。例如，按照人们和我的关系不同,我有很多名称:妻子和朋友喊我迪克,女儿喊我爸爸,我的牙医喊我哈德森教授或者是教授。这样的语言选择包含了社会学家所称的**人际关系**(**INTERPERSONAL RELATION**),它指人际交往过程中两人之间的关系。[Wikipedia: "Interpersonal relationship"(维基百科:"人际关系")]

心理学家罗杰·布朗对人际关系进行了一个特别重要的分析,里面提到**权势**(**POWER**)和**亲疏关系**(**SOLIDARITY**)。按照这一分析,您和某个人的关系在权势方面有"垂直的"维度,其中您的地位高于或低于某个人,或者与他相当;您和某个人的关系在亲疏关系方面有"水平"维度,可以从陌生人一直到亲密朋友。[Wikipedia: "Power(communication)" and "Social solidarity"(维基百科:"权势(沟通)"和"社会亲疏")]

一般来说,这两个维度相互交叉,使得上级、下级、平级和熟人、陌生人一共有六种组合。在熟人中,您的孩子(或猫)是下级,朋友是平级,母亲是上级;在陌生人中,儿童是下级,其他同学是平级,您的老师是上级。

但仔细考虑一下这些组合对行为产生的影响,您就会发现它们的地位是不一样的。至少在现代西方社会,我们对待下级或平级的态度与方式是相近的,而对待上级则相对敬重。我们有很多方式来表达亲密,但在面对关系疏远的人时,除了冷淡相待,再无表达距离感的方式(Hudson 2007c: 238)。

语言中的这种两级分化很明显,以至于我们常常发现只有两种选择:一种是亲密的非上级关系,另一种是对待上级的非亲密关系。例如,法国人用 *tu* 表达第一种关系,用 *vous* 表达第二种关系;讲英语的人通过称呼名(如"*Dick*"迪克)来表达第一种,称呼头衔和姓(如"*Professor Hudson*"哈德森教授或"*Sir*"先生)来表达第二种。我们非常清楚对于这两种组合的关系该对应怎样的行为模式,但在其他一些关系中我们不是很确定,例如,您会如何称呼您认识多年的老师呢?

现在看来,人际关系是围绕四种关系概念来构建的。仅仅以互动建立起的人际关系是最基本的,被我们称之为**其他**(**OTHER**)关系,它与某些行为模式有关,比如以目光接触表明我们乐意和他们沟通。[Wikipedia: "Social interaction"(维基百科:"社会互动")]

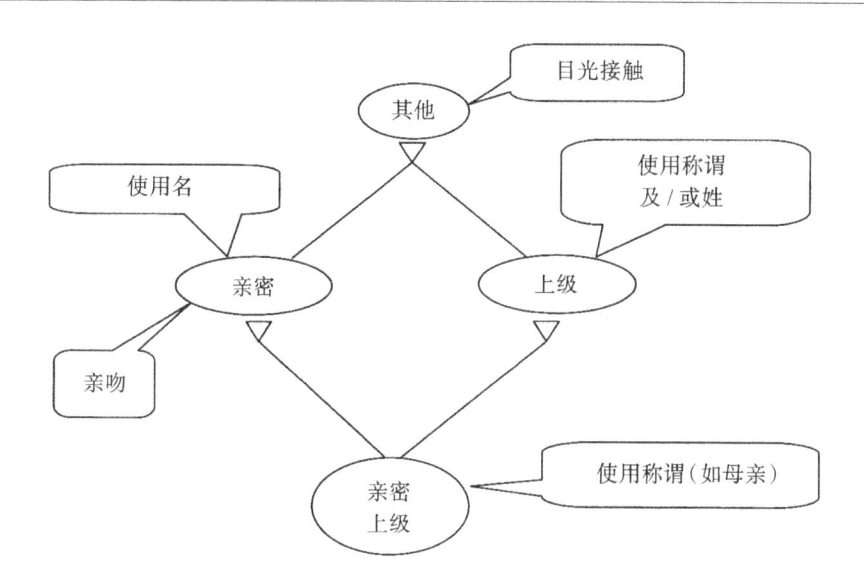

图 3.12　四种互动关系及其默认行为

此外，还存在其他两种特殊的"其他"关系：**亲密**（INTIMATE）和**上级**（SUPERIOR），它们各自具备多种行为含义。这两种关系可以组合成"**亲密上级**"（INTIMATE SUPERIOR）这一原型关系，通常指父母和其他的家庭长辈。这种关系有自己特殊的语言学指称——妈妈（*Mum*）或阿姨（*Auntie*）等——而非一般表达亲密关系使用的名。图 3.12 分析了这一过程，为了简洁把相关行为描述为属性。

这种分析人际关系的方式表明，分类学中对各种关系进行分类是有优点的。它识别了两种关系，而与这两种关系对应的又有其他六种关系，其中有三种根据权势来定义，有两种根据同等关系来界定。这就解释了为什么某些由权势——亲密关系组合而来的关系更容易被界定。

此外，用这种方式来构建范畴使我们能够运用多重缺省继承，得到正确的概括。例如，"目光接触"适用于所有的关系，而按照缺省继承原则，"使用名"仅仅适用于典型亲密关系，不适用于亲密上级关系。这就可以解释，尽管巴特·辛普森可以运用继承来的其他亲密行为，比如说亲吻，但是他只能称呼母亲为"妈妈"（*Mom*）而不是继承来的"玛吉"。

本节概括：

- **人际关系**（Interpersonal relationship）是指在给定时间内，恰好正在沟通的两个人的关系。
- 这些关系可以依照两种独立的维度来分析：**权势**（power）（上级，平等或下级）和**亲疏**（solidarity）（亲密或生疏）。
- 这两个维度是相对独立的，但可以相互作用，其行为分别由两个"不含混的事例"——"**亲密**（intimate）"和"**上级**（superior）"来界定。

接下来阅读：

高级读者：下一小节

3.4.3 时间和空间

另一种与上述关系不同的是时间与空间关系，为表达这些关系我们通常会用到一些介词，如：在……里面（in），在……后面（behind），在……之前（before）和在……期间（during），请看下面的例句。

(1) The ball is in the box.
（球在盒子里。）

(2) The ball is behind the box.
（球在盒子后面。）

(3) It rained before the party.
（聚会前下雨了。）

(4) It rained during the party.
（聚会期间下雨了。）

在上述每个例子中，确定一个事物的空间或时间位置需要参考另一个事物。例如，球的位置是相对盒子的，不是周围其他事物。前两个例子很好地回答了"球在哪儿？(*where is the ball?*)"的问题，而不是"盒子在哪儿？(*where is the box?*)"

界标

客观地讲，盒子和球在尺寸或者其他方面也许是一致的，但是在这些例子中都假设存在一个特殊的视角，使得它们的关系是不平等的。心理学家把盒子描述成"背景(background)"，把球描述成"图(figure)"。几乎所有的心理学入门教材都会提到图 3.13，以此来说明您所看到的事物(用我们的术语就是，您的感知)依存于您划分视觉输入中"图"和"背景"的方式。在图 3.13 中，如果您把白色部分当背景，那么您看到的就是两张脸(也就是说它们构成了您的图)；如果把黑色当背景，那么您看到的图就是一个花瓶。当然，您的感知可以在这两种之间切换，但是同一时刻您只能用一种方式

图 3.13 图还是背景？

去认知。[Wikipedia: "Figure-ground (perception)"（维基百科："图-背景（认知）"）]

用"背景"这个术语来讨论图似乎是合理的，但是当我们在谈论盒子和球时并不会把盒子想成是球的"背景"。实际上，图的背景并不是物体，而是图的一部分。当我们移开图的时候，剩下的就是背景。

语言学家罗纳德·兰盖克（Ronald Langacker）介绍了一个更好的术语——**界标**（**LANDMARK**），认为界标和心理学家所称的"背景"的意思是一样的（Langacker 1987:233）。界标原本是航海中所用到的固定的点，它们通常是一些很容易识别的物体，比如说，教堂的灯塔或者是树。这一类比用于描述球和盒子、雨和聚会时非常合适，我们把盒子或派对视作固定的点，作为球和雨在空间或者时间的特定"场所（position）"。（通过下面的例子我们可以看出，使用"图"这一术语实际上可以被忽略。）

以上讨论所涉及的理论主张是，当我们思考一个物体所处的位置或一个事件所发生的时间时，我们必须参照各种界标。类似地，当我们规划自己的行为，比如决定该把东西放到哪里时，我们也在使用界标。所以，想要准确说出物体的位置，或者物体应该所处的位置，第一步就是找出合适的界标。

最佳界标原则

严格地讲，界标必须包括两种属性："凸显（prominence）"和"就近（nearness）"。用这两个属性可以定义出**最佳界标原则**（**BEST LANDMARK PRINCIPLE**）：最佳界标就是最能够兼顾"凸显"和"接近"特点的界标。"凸显"指的是容易找到，比如，假设您想告诉我我的袜子在哪里，若您只是说了在衬衣旁边，而我并不知道衬衣在哪里，那您就相当于没说。通常，我们会选择已知的或者是容易找到的界标（参见4.2节的内容，好的界标的特点是容易在心智中被激活）。

此外，一个物体的界标通常要比物体本身好找，否则它就不能给物体的位置提供线索。因此我们常常选择较大且较为突显的物体作为界标，而不会去选择相对较小且较不明显的物体。但是大小和突显程度并不是唯一的决定因素,例如,从句法学中我们可知,如果要考虑较抽象的结构,很小的词比如说"是(is)"可以作其他更突显的词的界标。

"凸显"是根据距离远近而定的。这是因为比起明显的但较远的界标来说,相近的界标更有用。再以找袜子为例,如果只关注凸显原则的话,那我们会在整个房间里找,而不会去选衬衣。不管在房间里找起来多么容易,整个房间的范围终究是太大了。同样是找袜子,在"房间里"找要比"在衬衣旁边"找所花的时间多很多。

我们想要在这两个属性中取得平衡,有助于解释有关界标的一个普遍的事实——这些界标是环环相连的,界标 A 是 B 的界标,而 B 又是 C 的界标。那么 A 和 C 是什么关系呢?

假如您告诉我:我的衬衣在椅子的左边,而我的袜子在衬衣的右边;那么您觉得椅子和袜子有什么关系呢?从原则上讲,它要么在椅子的左边要么在右边,但是很多人会假设袜子和它的界标衬衣在椅子的同一边。简言之,我们假设的空间模式是图 3.14 中的(a),而不是(b)。

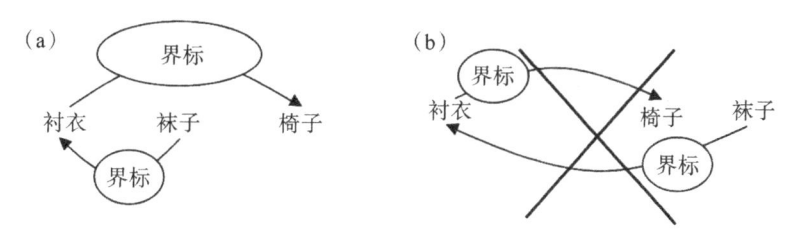

图 3.14　界标往往是就近的

那么,我们为什么要做这样的假设?我们可以从最佳界标原则中找到答案。如果 A 是 B 的最佳界标,从理论上讲,那么这也适用于 C。但如果不适用,那么 B 必定是距离 C 近一些。概括来讲,我们认为任何物体与自己界标的距离会比界标与界标的距离更近。

最佳界标原则不仅能引导我们理解别人的话,还可以指引我们的行为。当我们在考虑把袜子和衬衣放到哪里时,关键是要记住它们的位置,以便在寻找的时候能够按照最佳界标原则去定位它们。也就是说,找到一个方便记住的关系从而确定方便记住的界标。这也解释了为什么我们的一些家具,比如说橱柜,总是在房子固定的位置。

与界标关联的不同形式

确定一种事物的界标后,我们还需要选择他们的关系。比如,球是在盒子的里面、后面、上面还是……?雨是在聚会前、聚会中还是聚会后下的呢?等等。这里涉及另一个大的分类关系:方位和时间关系。我们先来详细讨论下时间关系,这是与语言(或者,至少与口语)最相关的维度。

最基本的时间关系是"之前(before)"和"之后(after)",当然,还有其他一些时间关系,比如说"直到……时(until)""自从(since)""在……期间(during)""在……时候(at/in)""在某段时间内(for)"等。如果我们说星期四在星期五之前,那我们是把星期五当成了星期四的界标。我们常用"之前(*before*)"和"之后(*after*)"来关联事件,即使如此,我们想的也是这些事件所发生的时间(而非地点);如果我们说聚会前下雨了,那我们是把聚会的时间当作下雨时间的界标。

(结合本节与上一节)一个常见的问题出现了:这些细分出来的关系是如何与基本的"界标"关系相辅相成的?如果聚会是下雨的界标,那么我们如何引入"下雨是在聚会前,而不是在聚会后"等类似的信息呢? 答案可能是,我们在讨论两种不同的关系:一种是用来识别界标的"界标"关系,另一种是用来区别"之前"和"之后"的时间关系。

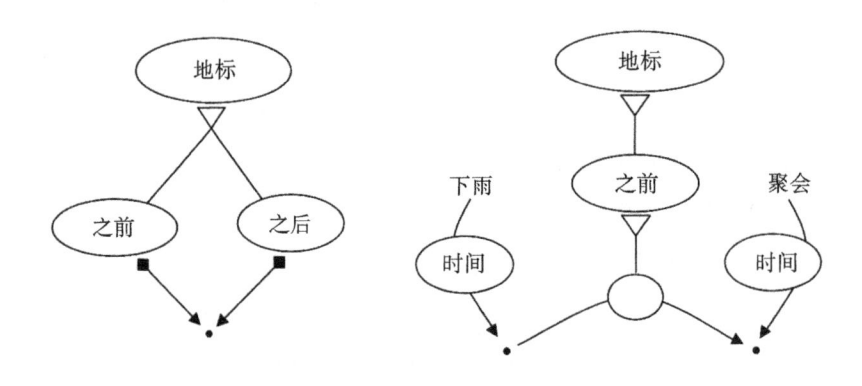

图 3.15 "之前"和"之后" isA "界标"

但是，既然时间关系常常包括界标，那么就可以使用一种更简易的分析，将"之前"和"之后"视作为"界标"的特殊情况——即"之前界标(before landmark)"和"之后界标(after landmark)"。例如，如果聚会前下雨了，那么聚会不仅是下雨的界标，说得更准确些，它是下雨的"之前界标"。图 3.15 分析了这些 isA 关联，分析显示下雨和聚会的关系是"之前"，而"之前"又是 isA 界标。值得注意的是，"之前"和"之后"是对立选择项，这点可以从图中"或者"这一关系看出，是它把这两种关系和同一个选择集的节点联系了起来（3.3）。

对大范围的空间和时间关系进行详细分析的原因之一，仅仅是为了说明这一理论除了适用于社会关系，还适用于其他关系。但是，这些关系本身与语言学也有特殊关系。一方面，在对许多词进行语义分析时需要用到时空关系，除了上面提到的介词，还有类似"跟随(*follow*)"这样的动词，以及像"之前的(*previous*)"这样的形容词。在核心语法中它们也是适用的，例如用在分析时态中（动词的过去式指的是发生在现在之前的事件）。

另一方面，在第 7.4 节中分析语序时也将会用到这些关系。"之前"和"之后"关系决定了句子的语序。我们会发现，这些关系正是分析一系列事件（词语）所需要的：一个词的位置通常是参照另一个词的，要尽可能接近被参照词，因此，界标和最佳界标原则必不可少。

接下来阅读：
高级读者：第二部分，第 7.4 节：缺省词序

3.4.4 词块、系列排列和集合

有一种记忆对语言来说尤其重要，它指对复杂事件的记忆——先发生了什么，中间发生了什么，最后发生了什么——这就是心理学家所称的"情节记忆"（2.1）。

您所记忆的情节一开始是某些特定样例,而类似这样的样例会逐渐变成一般范畴(4.3)。例如,您也许记得您第一次上课的情景,但是之后的课程记忆会逐渐形成"课前该做的事情"的一般范畴——找座位,坐下,取出笔记本等等。有时候,这些事件的一般记忆又叫作**脚本**(**SCRIPT**),因为它引导行为的方式就像剧本指引话剧中演员的方式一样[Wikipedia: "Scripts (artificial intelligence)"(维基百科:"脚本(人工智能)")]。毋庸置疑,脚本还会指导我们去理解别人的行为,例如,当我们看到别人走进到教室,找到座位并坐下的行为时,我们就知道他们在做什么了。

为了构建情景记忆,我们必须能够分辨两个一般性概念成分:**词块**(**CHUNK**)和**系列排列**(**SERIAL ORDERING**)。词块是您所能识别的行为单位,例如,"找到座位"和"坐下";而系列排列是这些词块的关系:先这样做,再那样做,等等。

词块的定义方式并不是机械的,相反,我们必须通过寻找一些我们所认识的东西来找到它们。只有找到词块,我们才能对它们进行分类,但也只有在分类后我们才能找到它们。这里显然存在逻辑问题,但在我们清醒的每个时刻,都能够成功地管理各个词块,根本不用刻意去思考它们。我们管理词块的方式是认知科学中最大的谜题之一,但我们确实做到了。[Wikipedia: "Chunking (psychology)"(维基百科:"记忆群组(心理学)")]

此外,很清楚的一点是,我们找到的词块并不是一连串一维的词块,而是包含有很多小词块的、具有层次结构的大词块。我们认为"上课"是大词块,其中"找到座位"是它的一部分(也许有时候会有"到场并坐下"这样中等大小的词块)。每个较小的词块隶属于较大的词块,因此我们必须清楚较大和较小单元之间的这种"**部分**(**PART**)"关系——或者说是脚本中的脚本。

一旦这种奇妙的分析得以实现,就不难想象我们为什么可以记住一个特殊脚本中各个事件的顺序了。这里只需要一种简单的关系——**下一步**(**NEXT**),指序列中一个事件和下一个事件的关系。[Wikipedia: "Sequence learning"(维基百科:"系列学习")]如果您按某个路线从家里去上班,尽管您很难向别人描述整条路线,但每到一个拐弯的地方,您都会知道接下来怎么走。

也好比听一首曲子,如果听到的是熟悉的调子,那么就很容易想到下一小节的曲调,尽管也许您很难直接想到这首曲子的结尾。

但是,相继次序必定是不太容易被记住的。心理学家常做的一个标准试验就是,让试验对象记忆一系列数字。事实证明,相比记住数字顺序来说,人们更容易记住有哪些数字[Wikipedia: "Short-term memory"(维基百科:"短时记忆")];回忆过去的事情也是类似的。正如预期的那样,如果"下一步"关系是所讨论事物的一个属性的话,那么它和其他属性一样,是很容易被遗忘的。

如果我们记得一系列类似的事件,比如说脚步声或者上课铃声,会把它们归类到了一个**集合**(SET)里——从某种程度上说,集合里的一系列项目会像一个独立的单元一样发挥作用(3.3)。同样,如果我们看到三个人坐在一起,我们必定会把他们概念化成一个集合,这是因为只有集合才会有大小(三个)和成员定义(人)。集合包含了这三个人,但它要超出它部分的总和,因为它有其部分所没有的属性——**集合大小**(SET SIZE)(三个)和**成员定义**(MEMBERSHIP DEFINITION)(人)。将这三个人认知为一个集合,我们就可以把他们当作一个集合而不是多个个体来记忆。

因此,集合是一种特殊的"分块"体验,其中我们把单个物体或者事件看成一个单元,忽略它们之间的差异而只关注其相似点。

接下来阅读:
高级读者:第二部分,第 7.5 节:并列

3.5 网络的概念、属性和缺省继承

这一节的标题引自于一本标准心理学教科书。丹尼尔·赖斯伯格(Daniel Reisberg)在论述有关记忆那一章时是这样写的:

网络的概念。

这一章将专门探讨一个观念：记忆关系……**就是**我们的记忆。
（Reisberg 2007: 252）

用我们语言学的术语来说，赖斯伯格是对属性做了说明。毕竟这些都是人类记忆中的信息。他认为，正是实体之间的这些关系赋予了实体各种属性。

3.5.1　网络概念

当然，人们很容易想到，关系就像是小盒子之间的联系，这些盒子装满了信息，这些信息又是独立于任意一种盒子所处的关系之外。这样看来，"猫"的概念盒子里有最本质的猫的"成分"："四条腿"和"有皮毛"等等。这些关系仅仅是告诉我们"猫"和其他一些概念关联的方式。

这种比作盒子的分析方法看似很有道理，但是赖斯伯格认为这是错误的——事实上并没有盒子，（显然）所有的内部属性实际上也都是有外部联系的。放到盒子里的每一个属性在外界都是存在的，例如，猫叫是"猫"和"咕噜咕噜声"概念之间的一种关系，无需把这个概念复制到概念盒子里。

正如赖斯伯格所说，这些关系**就是**我们的记忆。正是"猫"节点与其他节点的关系，让人们大脑里有了关于"猫"的定义。但是，如果这种情况成立的话，那么"猫"又是什么概念呢？

很显然，我们心智中并没有一个小物件上写着"猫"，因为那样做需要心智中有一个机制帮助我们读懂节点标签，另一个机制来读懂内部标签等。在这本书的图表中节点处都有标签，这是因为如果没有标签的话，我们就无法看懂图。也就是说，它们只是一些帮助你我交流的标签，就好比生物学教科书中给人体骨架各部分进行的标注一样。您脑中"猫"的概念在大脑里并不会被标注为"猫"，这就好比您的胫骨上也不会被贴上"胫骨"的标签一样。但是，如果"猫"的概念既不是概念框，也不是一个被标注的节点，那它又是什么呢？

唯一可能的答案就是它只是大脑网络中的节点，除此之外它什么也不是。它与"狗"或者"猫叫声"这样的节点唯一不同之处就体现在它与其他节点的关系上。它是系统中唯一的与"哺乳动物""宠物""猫叫声""皮毛"和"抚摸"等有关的节点。

但是(您可能会提出异议),我们应如何避免无限往复呢?如果上述情况适用于其他每一个节点(这是必然的),要找到哪一个节点是"猫",必须先找出"哺乳动物"的节点,那么,没有通过"猫"这样的节点,我们又是如何找到"哺乳动物"节点的呢?

这一论据看起来无法反驳,实则不然。毕竟,我们是依照与其他许多节点的关系来定义"哺乳动物"的,相应地,每个节点又是按照同样的方式定义的,这一定义方式不断进行,直至3.1节所提到的一些非概念,例如知觉、情感和运动技能时才会结束。

换言之,需要在图中做标注的唯一原因就是因为这些图太小了。归根结底,每一个概念都与其他概念以及很多的非概念有一组独特的关系,这些关系要么是直接的,要么是间接的。如果这些图表能包含我们整个知识体系,就会发现每个节点都是通过它与其他节点的关系来下定义的。我们甚至可以在不损失任何信息的同时,去掉所有的标注。(Lamb 1998: 59)当然了,这只是一种幻想,所以本书中我们将继续使用各种标注。但是需要说明的是,一个概念的"成分"主要是指它与其他概念的关系,而不是指那些标签。

通过上述讨论,我们可以就知识的构建方式得出一个很重要的结论:知识是个**网络**(NETWORK),这个网络包含的不是有独立结构的各种事物,而是许多看不见的节点,除此之外别无其他。这就是赖斯伯格上面提到的**网络概念**(NETWORK NOTION),这一观点在心理学和其他认知科学的分支学科中很受欢迎,它还有个很流行的名字,叫**联结主义**(CONNECTIONISM)。[Wikipedia: "Connectionism"(维基百科:"联结主义")]

显然,对于这一观点也有不同意见,但是无可否认,我们想要在4.1和4.2节讨论的大量问题的基础必须要用到网络联结。总而言之,有证据表明,心理活动是从一个节点过渡到另一个节点,想要弄清楚其循环方式只能通过假设这些节点处于一个网络中,且相互之间是有联系的。在本章中,我们的重点是研究网络的结构而不是网络活动,所以暂不考虑其证据。

3.5.2 简单、复杂属性与循环原则

认知心理学广泛接受和应用联结理论，但是很少和**缺省继承**（default inheritance）(2.5)这一逻辑放在一起讨论。词语法所要解释的是，通过网络联结来定义的属性是如何继承的，其中会准确指出特殊样例，并说明这些特殊样例是如何重置继承理论的。

有两种可以继承的属性：简单属性和复杂属性。**简单属性**（SIMPLE PROPERTY）仅包含一种联结，例如"猫"和"喵喵叫"之间的联结。任何猫都会继承与喵喵叫的这个关系，我们将在4.5节对这一问题进行详细讨论。同时，如果猫是唯一会喵喵叫的动物，那么同样的联结关系也可以由会喵喵叫的任何样例来继承。除了 isA 关系，每种联结都可以按照这种方式继承。

为了丰富讨论，我们把例子从鸟类改为汽车。典型的汽车具有的属性之一就是用汽油当作燃料，这一点在图 3.16 的左半部分有标示；虚线中的复制项是由标注为"E"的汽车样例继承来的。您会发现，继承简单属性是很容易的。接受继承的示例只需要复制被继承的关系，再结合同原始概念的 isA 关系，继承就完成了。

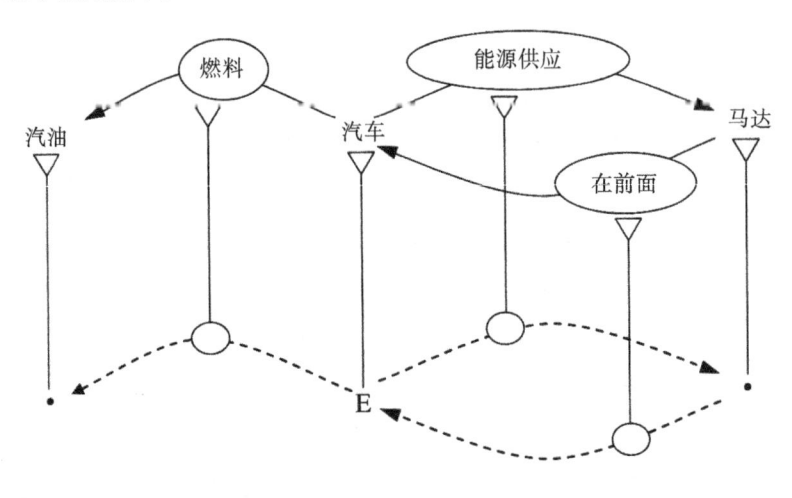

图 3.16 典型汽车以汽油为燃料，马达在前

与此形成对照的是，**复杂属性**（COMPLEX PROPERTY）包含许多汇聚

联结。例如，如果汽车的马达在前面，那它就是两种不同关系的汇聚：第一种是汽车和马达之间的关系，第二是马达和界标——汽车之间的关系（参见 3.4.3 节的定义）。这一属性展示在图 3.16 的右半部分，并可做如下解读：汽车的动力源是马达，马达在汽车的前面。

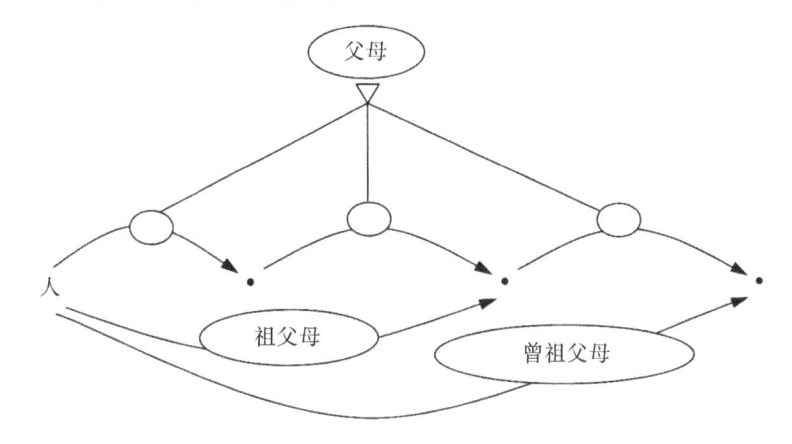

图 3.17 祖父母是父母的父母，曾祖父母是祖父母的父母

这里也是同样的道理，示例直接通过复制每种关系来实现继承，但是这次有多余的扭结，两种继承来的关系必须在同一个节点处汇聚。复杂属性在普通认知中是很常见的，例如，每当两种关系是对立面的时候，就会有复杂属性，如"父母"和"孩子"或者"丈夫"和"妻子"。

有时候这种属性会更复杂一些。例如，在"祖父母"的例子中，按照定义，他们是父母亲的父母——也就是，一个小三角形（3.2）中包含有三种关系。这种三角形属性标示在图 3.17 的左半部分，并可以解读为这样的文本：一个人的祖父母就是这个人父母的父母。

值得庆幸的是，这种属性再复杂也不会超过三角形属性。这是因为，复杂关系大体上很显然都可以分解成一系列小的、不太复杂的关系。例如，尽管我们可以把曾祖父母定义为"父母的父母的父母"，但也可以更简单些，即曾祖父母就是"祖父母的父母"，即把这一关系构建在已有的"祖父母"的关系之上。

将新知识构建在现有知识之上，显然是有效的学习方法。由此，我们甚至可以对资源管理给出乐观的结论：如果我们能自然而然地有效利用心智中的现有资源，那么我们就可以积极挑战，去利用好这个世界的物质资源。在这种乐观的心智框架中，我把它称为**循环原则**（RECYCLING PRINCIPLE）：尽可能地把知识构建在现有概念之上（Hudson 2007c: 233—236）。

3.5.3　继承的运作方式（4）

现在我们已经区分了简单属性和复杂属性，让我们回到主话题。继承是如何运作的？

继承本身是容易的。每一种关系（不包括 isA 关系）都是可以被继承的，要么被单独继承（作为简单属性），要么与其他概念关系结合起来被继承（作为复杂属性）。此外，当一个样例继承某个属性时，它仅仅是复制了原有的属性，再结合 isA 关系来说明它是副本。

但是，特殊情况又是怎么样的呢？根据网络的概念，我们是如何知道某两个属性是对立的，以及哪个属性最终得到了继承呢？这正是我们对属性进行简单/复杂对比的重要之处。

简单属性之间的竞争可以直接依照 isA 关系来定义。再回到汽车的例子：有些特殊的车不用汽油，而是用柴油，所以"柴油"是个例外，它覆盖了"汽油"。

但是，我们又如何知道这两个属性是直接竞争，以至于不能给同一个车这两种属性呢？因为它们只是"燃料"这种同一关系的不同值；或者从更专业的角度讲，"柴油"（图 3.18 中标记为"B"）的连接 isA"汽油"到"燃料"的连接。

但是，我们又如何知道哪种属性最终会胜利呢？答案是，胜出的通常是**最先**得到继承的属性，所以 E 必定会继承与"柴油"的关系，而几乎不会考虑"汽油"。

综合考虑目前所做的所有假设，发现了一些不可逆转的结果。如下：

- 只有样例才会继承（2.5）；
- 样例由 isA 关系分配到 isA 分类体系的最底端（2.3）；

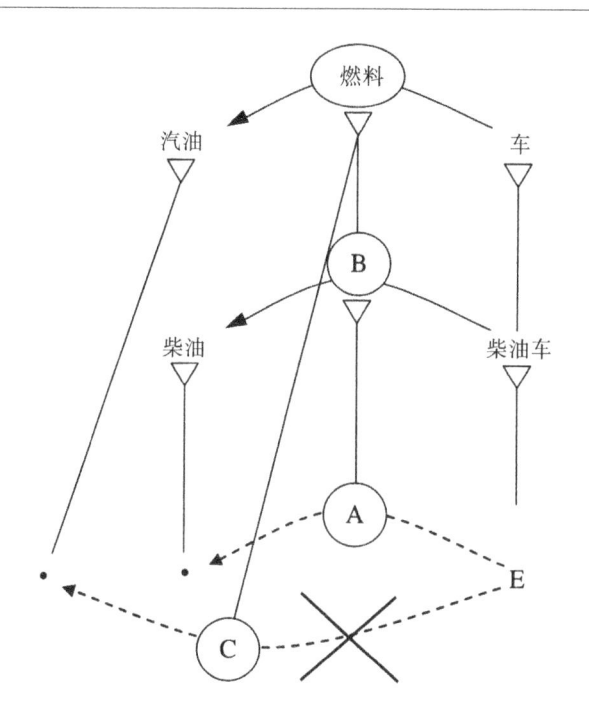

图 3.18 汽油是汽车默认燃油，柴油是例外

- 不管样例 isA 什么概念，继承都会由它开始，沿着分类学中的 isA 关系来实现 (2.3)。

因此，在这种情况下，继承原理将"汽油"当作"燃料"的一个值来继承之前，样例 E 已经具有了关系 A。这就给了这种关系一个值，以致标记为"C"的潜在关系不会被继承。

复杂属性的原理有一些不同，因为它涉及的是彼此之间关系的竞争，而不是对立的两个值之间的竞争。例如，典型的汽车发动机在前部，但是一些特殊的汽车发动机在后部（比如说甲壳虫），在这种情况下"在前面"这一界标关系与"在后面"这一界标关系在竞争。

这些事实情况展示在图 3.19，它也解释了我们是如何知道发动机不能同时既在前面又在后面：因为"在前面"和"在后面"形成了一个选择集 (3.3)。再次说明，竞争的胜出者最先得到继承。因此，如果某个样例已经与另一个节

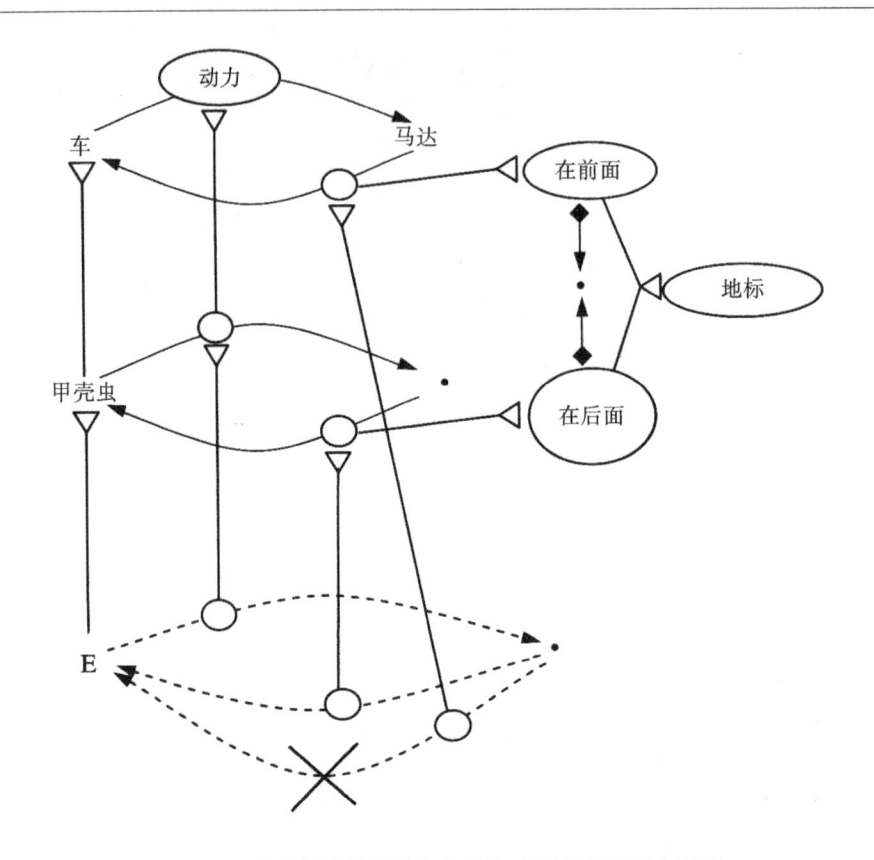

图 3.19　汽车的马达默认是在前面，特殊情况下是在后面

点有冲突关系，那么继承原理必定会阻止该样例继承这一关系。

简而言之，继承原理沿着 isA 分类体系自下而上运行，复制每一个概念关系要忽略那些与已有关系相冲突的关系，以此丰富样例本身。

按照这种方式描述，这个过程听起来似乎缓慢又繁琐，但在我们大脑中这些步骤几乎是瞬间完成的——几乎是瞬间，而不完全是瞬间，它发生的时间可以测量，尽管是以微秒为单位显示（2.2 节提到过）。到这里，继承还没完全讲完，之后还会有重要的信息对其进行修正（4.5）；但到这为止已经是对之前所讲的进行了巨大的补充与改进。

接下来阅读：

高级读者：第二部分，第 7.6 节：特殊词序

3.6 网络需要模块化吗

认知科学中最大的争议之一就是，心智在多大程度上是**模块化的**（**MODULAR**），即由不同的**模块**（**MODULE**）组成。

心智的构成会像汽车还是像家庭那样呢？家庭没有自然的界限或者划分，例如，在确定哪一位"家庭成员"可以去参加婚礼时，唯一明确的单位就是单个人。

与此相反，汽车是高度模块化的。比如说，汽车音响是一个模块，起动装置是一个模块。无论发生什么情况，一个模块不会影响到另一个模块，所以如果车无法启动，检查音响是毫无意义的。这些模块是物理连接，每个模块在车架上有固定的位置，唯一的共同点在于依赖同一个电源，仅此而已。在制造业中，模块化显然是个伟大的构想，因为所有的模块都可以单独设计制造，甚至由不同的公司制造。[Wikipedia："Modular design"（维基百科："模块化设计"）]

3.6.1 为什么我们的思想不是模块化的

那么，我们的思想又是怎样的呢？人们普遍认为，视觉听觉等感官体系是模块化的。严格地讲，它们的内部运作是不会受大脑中的其他思想影响的。例如图 3.13（3.4.3）中模棱两可的"人脸-花瓶"图，尽管我们知道图本身就是模棱两可的，但是它看起来要么是花瓶，要么是人脸。这就像汽车音响不会被车的其他零件影响一样。从专业角度讲，不同的模块是"信息封闭的"。[Wikipedia："Modularity of mind"（维基百科："心理模块理论"）]

问题是，大脑的其他部分是不是也以这种方式，或以其他重要的方式像这样运作呢？一些心理学家认为，至少在执行一些特殊任务的时候，大脑是模块

化的。例如，史蒂文·平克（Steven Pink）认为，大脑的某些认知过程都是通过模块化进行的，比如识别人脸或做一些浪漫的事情时（Pink 1998a）。

但是，任何版本的模块化都会面临这样的问题：我们是怎样实现模块的？唯一可能的答案是，这是由我们的基因结构决定的。如果每个人的大脑都有相同的模块结构，那一定是他们的大脑结构产生了这种效果，也就是说，唯一的解释就是遗传。所以，模块化和**先天论**（**NATIVISM**）是可以拿来相提并论的，先天论是指大脑结构是由基因决定的。[Wikipedia: "Psychological nativism"（维基百科："心理学先天论"）]

模块化和先天论应用到认知（与之相对应的是感知）中争议很大，而具体到和语言研究结合时的争议则是最大的。现代最著名的语言学家诺姆·乔姆斯基也认为语言是个模块，并称之为"语言机制（the language faculty）"。[Wikipedia: "Noam Chomsky"（维基百科："诺姆·乔姆斯基"）；或者参见 Smith 1999: 17—28 以了解更权威更详细的乔姆斯基思想]这也是这一问题在任何语言学教材中都是重点的原因，因此无论如何我们都需要探讨一下模块化在语言中的证据。

主要证据来自于大脑损伤或者是神经功能紊乱对人的语言的影响，而这种影响不同于损伤大脑其他功能的影响。例如，有一种遗传情况叫作威廉姆综合征（Williams Syndrome），其症状表现为语言能力相对较强，但是智力一般较弱。还有，大脑"语言中枢"（韦尼克区或布洛卡区）的某一部分中风会影响语言，而不一定会对我们大脑其他行为产生很大的影响。

这些具体的影响都是证据确凿且没有争议的，但似乎并不能证明语言是模块化的。相比认知的其他领域，语言也许更容易受影响或者被排除在外，但是我们并未发现使得整个语言孤立起来的紊乱或其他因素。更糟糕的是，我们还不清楚这里的"整个语言"指的是什么，甚至语言学家也无法弄清语言的界限在哪里，比如说，这些界限里包不包括发音的细节，或者词的意思呢？

简而言之，大脑结构并不像汽车那样，有模块化的音响和起动装置等可以让我们清楚地将它们区分开，并且即使完全损坏也不会影响其他模块的正常工作。大脑似乎更像一个家庭——人们聚成小群体，其界限很难确定，但是总的来说有没有界限并不重要。[Wikipedia: "Language module"（维基百科："语言模块论"）]

3.6.2 心智和大脑

另一方面，失语症和其他情况中出现的语言紊乱这一事实，需要我们去弄清楚。我们将引用维基百科里有关失语症的有用案例来进行详细讨论。

假设有个患有中风的人想说"I will take the dog for a walk because he wants to get out（我要出去遛狗，因为它想出去。）"。如果中风损伤的是大脑里叫作布洛卡区的部分，那么患者的语言选择是准确的，但语速非常缓慢且会省略一些语法标记。布洛卡氏患者也许会说"Dog walk（狗散步）"。

相反，损伤了韦尼克区的患者的语言是流利的，但是很难正确表达意思，因为其中会有太多不相关的词语。比如他们会说"You know that smoodle pinkered and that I want to get him round and take care of him like you want before（您知道小狗抓地的，我想带它转转，像以前您那样照顾它）"。

为什么大脑的这些特殊区域受损会产生特殊的影响呢？这对于以网络概念为基础的任何理论来说都是难题。如果概括来讲，知识，尤其是语言，是个网络——一个庞大的网络，那么，我们如何才能将这些特殊的影响解释得像上面的案例一样清楚呢？

答案可能是，相似的信息会存储在大脑的临近部分。神经细胞所承载的信息越相似，它们在大脑中的位置也就可能越接近。因此，得出大脑损伤会依照所损伤区域的不同对不同种类的信息产生影响的结论也就不足为怪了。

神经系统科学家可以准确定位大脑中主要负责各种任务和信息的不同部分，还可以画出如图3.20所示的脑图谱（经作者允许参照了Roelofs 2008年所制的图），它展示的是大脑的横截面，角度为左边朝前。这只是个粗略轮廓，所以不需要关注其中的具体细节。

图中大致画出了韦尼克区（右边），这个区域负责将词语"猫（CAT）"与其句法和形态学属性整合起来，而布洛卡区（左边）则掌管语音方面的细节。像"猫"这样的普通概念，它的意思存储在大脑的不同部位，在图表中有展示。

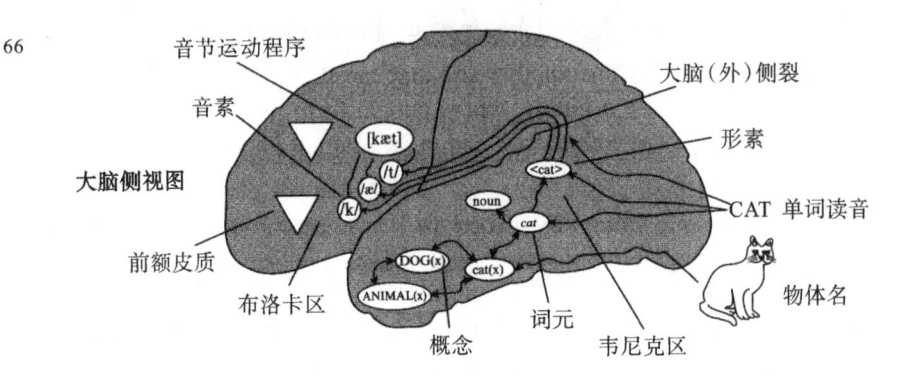

图 3.20　从意义到声音的大脑构造

图中的两个三角形区域是通过控制注意力来负责脑部活动的。

简单地说，相似的认知部分在大脑中更趋向于存储在相近的位置，这足以解释为什么病人大脑的布洛卡区和韦尼克区损伤会产生完全不同的影响。

但是，这并不意味着，我们的知识被分割成了预先设定好的基因模块，而要说明的是，有关一件事物的信息趋向于存储在相似事物信息旁边。例如，大脑损伤会使得一个其他方面正常的人无法说出特别具体的东西名称，尤其是室内的东西名称，或者是水果和蔬菜名称（Pinker 1994: 314）。虽然平克支持模块理论，但是连他自己也认为，对于室内的东西，我们没有采用模块理论。既然这些情况都可以不用模块理论来解释，那么为什么其他情况又需要这一理论呢？

3.6.3　网络结构的影响

相似的信息碎片倾向于在大脑的相同部位聚集，这一趋势并不是大脑网络中唯一的相关属性，还有一个是信息的构建方式。我们都知道，每一个概念与其他很多概念都有关联，且依存于它们从而具有自己的属性。但是，对于不同概念，关联的多少也是不同的。

这一情况适用于互联网上的计算机，它能很好地类比大脑结构。如果我的电脑死机了，除了我别人都不会知道；如果控制器（UCL）死机了，那么几千台电脑都会受到影响；但是如果（天啊！）谷歌或者维基百科服务器坏了，那么整个世界都会知道。

这种情况出现的原因,是相比于我的电脑,谷歌和维基百科所关联的电脑要多得多。从图形理论的专业角度来解释就是,互联网是"无标度的(scale-free)",它有很多类似于谷歌的**枢纽**(**HUB**),这些枢纽关联的电脑要比其他网络节点多得多。[Wikipedia: "Scale-free network"(维基百科:"无标度网络")]

同样的道理也适用于概念网络:网络中有很多枢纽,也就是指有很多一般范畴。这些范畴包含大量的可以得到继承的概括信息,例如,"人"或者"鸟"的节点,又或者是在语言中,"单词"节点。如果这些枢纽受到损伤,那么整个继承过程就会停止,因为已经没有什么可以继承了。这种损伤所带来的影响不仅仅是灾难性的,而且是很具体的。

总之,网络结构很丰富,足以解释大脑损伤所带来的各种影响,也(声称) 67 可以证明模块理论。我们不能把知识想象成会整个坏掉或闲置的盒子,而应该认为它是一个结构紧密的网络,其中的各种概念可以组成没有界限的群集。

与人类社会一样,群集之间是渐变的,群集之间的区别只是程度问题。而且,因为有多层面的相互关联,所以群集之间的重叠是很大的。例如,"猫"这个概念给各个子网络提供了关联,这些子网络可以是哺乳动物、宠物、家庭成员和语言(通过"猫"这个字来实现)。

3.6.4　为什么模块在语言学中很重要

假设我们摈弃模块理论,用网络概念也可以很好地解释所有支持模块化理论的事物。这一理论对语言学真的重要吗?我认为是的,因为模块理论使得语言研究独立于其他的认知学科。

如果语言是模块化的,那我们可以运用认知科学方面的通用原则来轻松地解释模块化的语言。例如,语言模块中词类构建方式可能与类似"鸟"这样普通范畴的构建方式差异很大,找寻二者的相似之处也就没有必要了。语言学家可以用这种方法很容易地找出更加精准的分析方法,但这一方法在现代语言学研究中并不常见。

相反，如果语言真的只是一般认知科学中很普通的一部分，我们就可以认为，它遵循认知领域的所有规则，且任何有关语言唯一性的分析也会遭到我们的质疑。也许，通过这些原则的大量研究可以证明语言的某些属性的确是特有的。但是如果是那样的话，我们所归纳出的方法就与我们最初的假设相矛盾了。

这种方法是**认知语言学**（**COGNITIVE LINGUISTICS**）研究的基础，从 20 世纪 80 年代开始就是语言学研究的一个方向，词语法研究也包括在其中。[Wikipedia: "Cognitive linguistics"（维基百科："认知语言学"）]认知语言学家力图将语言研究发现放在一个更普遍的认知属性中去思考，与那些否认进一步解释语言发现的研究方式相比，这种解释方法更令人满意。第二部分的总体目标是想说明这种研究方式能让我们走多远，但 7.7 部分涉及专门的句法例子检验。

本章概括：

- 概念的属性可能包括与至少三类不同元素的连接，这三类元素本身不是概念：
  - **知觉**（**percept**）：视觉图像、声音、气味等；
  - **情感**（**emotion**）：愤怒、喜悦、惊讶等；
  - **运动技能**（**motor skill**）：说话、行走等所涉及身体部分的运动。
- 但大多数属性是**概念属性**（**conceptual property**），与其他概念连接："猫""呼噜声""母亲""在……之前"等。
- 有两种概念：
  - **实体概念**（**entity concept**）："猫""呼噜声"等；
  - **关系概念**（**relational concept**）："妈妈""在……之前"等。
- 关系概念有**论元**（**argument**）和**值**（**value**），并在图中可以用箭头表示，箭头从论元指向值，关系概念附加在一个椭圆框里。所定义的关系是**概念关系**（**conceptual relation**）。

- 概念之间的联系因此有两种类型：
  - 原始关系(primitive relation)："isA""论元(argument)""值(value)""或(or)""数量(quantity)"和"身份(identity)"；
  - 概念关系(conceptual relation)。
- 关系概念有自己的分类法，因此概念性网络是基于**实体分类法**(entity taxonomy)而形成的，实体通过关系概念连接，关系概念属于**关系分类法**(relation taxonomy)。
- 关系分类法存在于知识的每个领域，尤其在社会知识方面特别丰富，在**亲属关系**(kinship)和人际关系(interpersonal relation)中都能找到非常不同的关系类型。
- 关系分类法也可以拿来区分时空关系，其中一个实体的位置通常是相对一个比较固定的点，这个点即是实体的**界标**(landmark)。这种精确的关系(例如："之前"还是"之后")是"界标"的一个次个案。这些时间关系在处理句法词序时很重要。
- 实体通过 isA 和关系概念相互连接形成一个**网络**(network)，每个节点通过与其他概念相连，来代表一个它所定义的概念(也可通过和感知连接等)。**网络概念**(network notion)声称这就是知识的全部，因此概念只不过是网络的原子节点。这种认知方式被称为**联结理论**(connectionism)。
- 属性可以是**简单属性**(simple property)(单一连接另一个概念)或**复杂属性**(complex property)(多个连接，直接或间接连接到另一个概念)。**循环原则**(Relycling Principle)建立在现有概念基础上，使复杂性最小化。
- **缺省继承**(default inheritance)从层次体系的底层出发，通过 isA 连接复制属性，以此丰富样例。当两个连接都在**竞争**(competition)(简单属性用关系之间的 isA 来定义，复杂属性用"或")，第一个继承的属性为胜利者。
- 网络概念提供了一种**模块化**(modularity)的替代方法，解释了为什么神经紊乱：如中风对一些认知区域（包括语言）的损害比其他区域更多一些。我们并非假设有独立**模块**（**modules**），而是寻找**枢纽**（**hub**）节点的受损，因其和其他节点有特别丰富的连接。

- **认知语言学**（**cognitive linguistics**）是一个新方向，它否认语言是模块的，词汇语法是其一部分。此途径试图把语言的特点解释成更加宽泛的认知原则的例子。

接下来阅读：
高级读者：第二部分，第 7.7 节：句法不具备模块

4. 网络活动

4.1 激活和长时记忆

信息的属性之一就是有些信息要比其他信息更容易获得,虽然乍一看这些信息似乎与网络结构无关。

假如您是地道的英国人,我问您法国首都在哪里,您也许会"知道答案",更准确地说,会很快想起答案。但是,如果我问您芬兰或者塞尔维亚的首都在哪里呢?我们不能说您不知道,或您不清楚这些国家的首都,因为您或许可以在规定时间内给出答案。

4.1.1 可及性和频率

举上述事例的要点在于,即使在您的语言网络中包括上述每个国家的"首都"连接,法国首都的信息还是要比其他两个国家的更容易找到并使用。当然,如果我去问生活在芬兰和塞尔维亚的人这样的问题,那么回答起来就没什么难度了,因为那是他们自己的国家。

原因是什么呢?是因为记忆不仅受经验的定性影响,而且还受经验的定量影响。我们的理论必须同时解释清楚以下两个问题:知道法国的首都是巴黎意味着什么,以及相比起来这些信息较易或较难**提取**(**ACCESSIBLE**)又意味着什么。

心理学家对影响我们回忆信息能力的各种因素做了大量的研究。有一个普遍的主题是,这一能力会有不同程度的变化,其变化依据在于回顾这一事物时,我们对它所具有的经验性质。

一种是这种经验带来的情绪影响。例如,假如您目睹过武装犯罪,那么您对枪的记忆要比其他细节,比如说罪犯的衣服要深刻得多。[Wikipedia: "Emotion and memory"(维基百科:"情绪与记忆")]究其原因也许是枪支对您产生着更大的情绪影响,所以有关它的情绪经验得以更多地存储。一旦存储,这些信息就更容易被回忆起来。

另外一种影响是经验的频率。这或许可以解释为什么一个英国人更容易回想起法国首都,而不容易想起芬兰首都——这是因为他们平常听到巴黎的机会要比听到赫尔辛基的机会多得多。频率与可获得性之间的这种关系叫作**频率效应(FREQUENCY EFFECT)**(Harley 1995:146—148),这种效应可以运用实验来测量,其测量结果通常可以通过图表中的曲线来表示,这被称为"学习曲线"或者"经验曲线"[Wikipedia: "Experience curve"(维基百科:"经验曲线")]。

这些曲线概括显示了我们所熟知的事实,即熟能生巧。它还进一步说明了,先前的经验要比随后的经验产生更大的影响。与记忆曲线相反,心理学家也可以通过"遗忘曲线"来说明,如果我们不回顾的话,各种不同种类的记忆会逐渐随着时间越来越不清晰。简言之,"保持记忆,或者失去记忆"。如我们所料,较强记忆要比较弱记忆失去得慢。[Wikipedia: "Forgetting curve"(维基百科:"遗忘曲线")]

用"**牢固度(STRENGTH)**"这一比喻来区分较强记忆和较弱记忆,可以帮助我们暂时思考记忆的各种度量方式。如果记忆建立在由情绪来控制的经验之上,那就是较强记忆,且伴随着经验的重复,记忆还会更牢固;相反,最初的记忆牢固度越弱,记忆越可能随着时间而减弱。

"牢固度"这一变量是我们知识的一个重要性质,不容忽视。任何认知模型都必须承认,有些概念或者是概念之间的关系,要比其他概念或者关系有更强的牢固度。此外,既然这些牢固度是对经验的反映,那么必定会随着时间的推移而变化,即使有时候这种变化是以"小时"或者"天"来度量的(与4.2节中回顾非常快的变化形成对比)。牢固度不断变化,这意味着认知并非仅仅是一个静态的、由相互连接的节点组成的网络。

4.1.2 再次回到心智和大脑

前面只是根据比喻分析了"牢固度",那么,我们怎么才能更好地理解它呢?这里需要简单地联系大脑来讲解。

在 3.6 节中我们知道了**心智**(**MIND**)网络是由**大脑**(**BRAIN**)网络来承载的,但它们并不是一回事。大脑包含神经元和神经传输物质[Wikipedia: "Brain"(维基百科:"大脑")],其实体结构如图 3.20 所示。它是神经系统科学家通过外科手术和脑部扫描的方法所研究的对象。

相反,心智中包含许多概念节点和联系,其运用的分析方式包括缺省继承。心智没有实体结构,但是有其自身的逻辑结构——其逻辑方式就是各种 isA 关系与其他关系相互关联。它是心理学家和哲学家,以及所有研究任意心智活动的人——包括语言学家——的研究对象。[Wikipedia: "Mind"(维基百科:"心智")]

尽管大脑和心智在逻辑上有很大差异,它们之间也是明显地有着某种联系的。数千年来这一关联的本质一直困扰着哲学家和神学家们,因为它构成了心智和身体的关系这个一般性问题的一部分[Wikipedia: "Mind-body duality"(维基百科:"心智-身体二元论")],不过我们可以排除所有魔幻的或者是神学的联系。

相反,我们需要将心智视作"信息",大脑神经元承载这些信息的方式和计算机的芯片及电路承载信息的方式是相同的。这一观点叫作**心智计算理论**(**COMPUTATIONAL THEORY OF MIND**)。[Wikipedia: "Computational theory of mind"(维基百科:"心智计算理论")]

计算机的信息存储在程序和文件夹中。即使您并不知道芯片或者电路是什么,也不清楚它们的工作原理,但是在某种程度上您仍然可以弄清楚这些文件彼此之间的关系,也会明白它们的内部结构。有了这一相似性,我们可以把大脑和思想比作硬件和软件,其中硬件掌管实体资源,这些资源承载着软件所包括的信息。

4.1.3　激活水平

认知网络是心智的一部分，不是大脑的一部分。例如，我们可以确定某个概念既不是由某个神经细胞承载的，也不是由许多神经元交叉的某个节点所承载的。

我们并不了解神经网络是如何承载心智网络的，但有个理论可以帮助我们，它就是**并行分布处理**（**PARALLEL DISTRIBUTED PROCESSING**）。〔Wikipedia: "Connectionism"（维基百科："联结理论"）〕这一理论认为神经网络承载着信息，这些神经元间的相互联系有着不同的**激活水平**（**ACTIVATION LEVEL**）〔或称"权重（weight）"〕。

这一理论的引人之处在于，有了它，神经系统科学家可以度量神经细胞电活动和电势，甚至还可以通过给正在接受脑部手术的病人施加（微量的）电荷以激活特定神经活动〔Wikipedia: "Biological neural network"（维基百科："生物神经网络"）〕。这一活动可以直接通过脑磁图（MEG）被观察到，同时因为它需要血液中的氧提供热量，所以还可以间接地运用功能磁共振成像（fMRI）进行研究。〔Wikipedia: "Neuroimaging"（维基百科："神经影像"）〕

现在我们有了可以替代"牢固度"这一比喻方法的办法了——牢固的概念是由（在大脑的层面上）激活度很高的神经元承载的。心智的灵活性使我们可以将这个概念进行简化，即假设这些概念自身具有激活度。但需要注意的是，具有激活能力的是神经元而不是这些概念本身。

如果某些情绪感很强烈的概念牢固，那就是因为它们的激活水平高；如果某些很常用的概念牢固，那一定是因为每次使用这些概念，都会稍微地提高其激活水平等。我们由此可得出的最重要的结论是，一个人的认知网络中的概念信息由许多神经结构承载，这些结构的激活水平反映出这个人此前的各种经验。

这一水平在两个时间尺度中变化着。从长远来看，它会随着频率的变化而变化，尽管相比后来的体验，最初的体验受频率的影响要大得多。所以，才有了 4.1 节所讨论的"学习曲线"。但是从短期来看，它会有急剧的变化，不过短时间内就能回归到之前的水平，正如我在下一节会讲到的那样。为了便于区别,我们分别把它们称为**静息激活水平**(**RESTING ACTIVATION LEVEL**)和**当前激活水平**(**CURRENT ACTIVATION LEVEL**)。

这些讨论对于我们的心智网络理论有什么帮助呢?从某种意义上说,没有什么帮助,因为所有有关激活的讨论都只适用于大脑,而不是心智。但是从另一个角度看,这些讨论所带来的变化又是天翻地覆的,因为心智网络是由不断变化着的系统承载着的。但要谨记,这个假设稳定的心智网络包含一部分不断变化的样例节点,且它们给我们思想所带来的变化要比我们能想象到的大得多。后面几节将会进一步探讨这一点。

接下来阅读:
高级读者:第二部分,第 8.1 节:可及性及频率

4.2 激活和工作记忆

您已经了解到,心理学家会区分"**长时记忆**(**LONG-TERM MEMORY**)"和"**短时记忆**(**SHORT-TERM MEMORY**)"。长时记忆即我们称之为"知识"的东西,指那些我们心智中或多或少具有永久性的信息,其中每个概念都有某种**静息激活水平**(**resting activation level**)(4.1)。与此相对的是短暂许多的记忆,通过这些记忆我们了解周围发生的事情,并决定采取什么应对措施;这些都与**当前激活水平**(**current activation level**)有关。

正如您所了解的那样,事实上长时记忆的能力是无限的,没有患者曾被诊断为长时记忆丧失。相反,短时记忆的能力是很有限的,著名的人类记忆广度大约是"7 ± 2"个信息组块,它是基于我们在几秒内所能记忆的不相干信息组块的数目得出的。

计算机再次为我们提供了简便的类比:我们的长时记忆就好比硬盘,即便是在关机情况下也能存储海量的信息;而短时记忆则像"随机存储器

(RAM)"的芯片,其内存相对小些,而且一旦关机,所有有用的信息都会丢失。[Wikipedia: "Short-term memory" and "Long-term memory"(维基百科:"短时记忆"和"长时记忆")]

4.2.1 工作记忆

但是,一般来说,"短时记忆"这一术语一般被称作"**工作记忆(WORKING MEMORY)**",指不断变化的且内存有限的记忆体系。这个术语的变化某种程度上源于对这两种记忆新的认识。

当我们把长时记忆和短时记忆进行对比,这两种记忆就被视作两种不同的思想体系,每一种体系又由大脑的不同区域承载,就好比是计算机的硬盘和存储芯片。根据这一观点,信息从长时记忆被复制到短时记忆的工作台上,在这些信息被遗忘前,我们可以通过某种方式对它们进行操作。

相反,"工作记忆"这一概念强调的是一种活动而不是有限的内存,从而开创了截然不同的研究思路——只有一种记忆类型,这种记忆既可以是不变的(长期的),也可以是活跃的(工作着的),其不同部分活跃在不同时间段。

这种观点在心理学中还没有被普遍接受,但是它的确具有相当的说服力[Wikipedia: "Working memory"(维基百科:"工作记忆")],而且这也是我要假设的观点。事实上,这是唯一与记忆的网络概念不冲突的观点,其中记忆被看作庞大的网络。

4.2.2 激活扩散

在这一节中我们要讨论工作记忆的工作原理。激活是怎样实现的呢?

假设您已经有了"猫"的概念,那么您是如何在需要的时候**检索(RETRIEVE)**到这一概念的呢?例如,您是如何运用这一概念来识别某个观察到的样例是猫的呢?您的任务是在大脑中找到与样例具有相同属性的概念,但是这要如何做到呢?

人们大脑中或许有成千上万个(或者是几百万个)不同的概念,所以当然不可能每次都从头到尾寻找需要的概念。答案的两个关键是,**激活扩散**

(**SPREADING ACTIVATION**)和触发(**FIRING**)。[Wikipedia:"Spreading activation"(维基百科:"激活扩散")]

依照这一理论,当某个概念的当前激活水平达到某个**阈值**(**THRESHOLD**)时,这一概念会"触发"一个小爆炸,会向直接关联的相邻节点扩散过剩的活性,从而使得当前活性水平回归到静息状态。下面我们来解释每次触发是如何影响最终检索目的的。

我们来把这一观点运用到前面讲到的猫的样例中。我们为样例构建了一个思想节点(在4.3节中我们再讨论该构建方式),并且使这一节点很活跃——毕竟,这是我们此刻所最感兴趣的。我们赋予这一节点所有的思想资源,实际上,是赋予了这一节点足够的活性从而使其触发。

既然节点会与任何识别属性的概念(如大小、形状、喵喵叫、皮毛等等)有关,那么激活作用就会扩散到这些概念上,其中的一些概念会获取足够的活性然后触发。如果样例产生的激活作用足够大,那么这些活性会汇聚到某个已存储的概念"猫"上面,这个概念与前面提到的属性也是有联系的。这是唯一从这些不同渠道获取活性的一个概念,即比赛的胜者,所以您可以确定看到的是一只猫。

激活扩散中最重要一点就是,活性扩散完全是随机且没有固定方向的,在扩散过程中会出现混乱和活性损耗。例如,当"皮毛"这个概念触发时,它的活性不仅仅传递给"猫",还会传递给您的每一个与"皮毛"有关的概念,如,

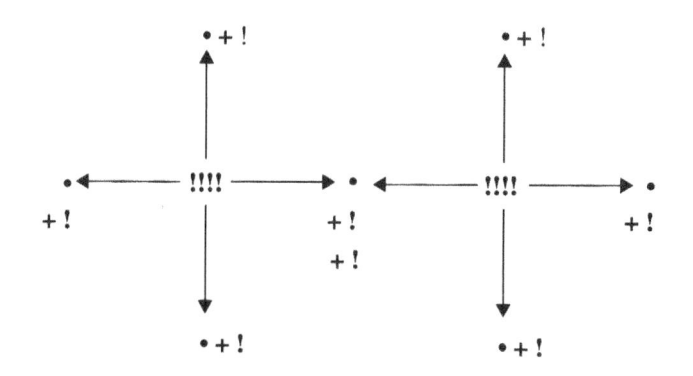

图4.1 从激活一个节点到相邻其他所有节点随意扩散

"熊""兔子""皮大衣"等等,一共可能有二十多个。

图 4.1 试图使用一般术语展示这一过程:图中两个非常活跃的节点将活性(由感叹号表示)平等地传递给所有相邻的节点,因此每个节点都获取了额外的活性,由"+!"来表示。

这一混乱过程能够顺利进行,是由于大多数概念所获取的活性还不足以使其触发。那些得以触发的是一些这样的概念节点,比如图 4.1 中间的节点:不同来源的活性**聚集**(**CONVERGE**)的节点。

4.2.3 启动

我们可以确定的是这种激活扩散方式是混乱无序的,因为我们能够观察到**启动**(**PRIMING**)效应的影响。在普通英语中,"启动(*prime*)"这个动词的意思是"准备使用":可以指准备为木制品上油漆,或者是准备好操作机器。类似地,我们可以通过提高活性水平来让一个概念准备使用。

我们为考试做的准备工作就是启动——在考前,我们会通过刻意激活相关概念的方式来启动尽可能多的相关知识。[Wikipedia: "Study skills"(维基百科:"学习技巧")]但是,总的来说,为概念做准备是经验的副产品。正是这种偶然且无意的启动效果,展示了激活扩散的随意性。

日常生活中我们都会经历这样的效应。例如,如果看了恐怖片,那么接下来会比平常更加在意黑影和莫名其妙的噪音,这是因为我们把这些东西和先前电影里的某些概念联系起来了。[Wikipedia: "Social cognition"(维基百科:"社会认知")]好的方面是,心理学家已经制定出了一系列试验方法,比如说有"命名法(*naming*)"或者"词汇决定法(*lexical decision*)"(8.1),这些方法都能够很清晰地展示启动效应,即启动某个项目可以加速检索过程。

例如,如果在看到"医生(*doctor*)"这个词后又看到了"护士(*nurse*)"这个词,那么检索"护士(*nurse*)"的信息所需要的时间要少些。如果,先看到的是某个不相关的词如"卡车(*lorry*)",那检索时间就要长些。时间尺度所涉及的时间都是以微秒为单位的,但是研究结果非常有意义。[Wikipedia: "Priming (psychology)"(维基百科:"启动效应(心理学)")]

通过这些实验得到的最重要的启示就是,激活"医生(doctor)"可以提高"护士(nurse)"的当前激活水平,即便您并没有在大脑里找寻这个词,或者压根就没有在意它。对于这一发现,看似合理的解释就是,当"医生(doctor)"被激活时,它的活性会肆意扩散到相近的概念上,其中就包含"护士"这个概念。

工作记忆在长时记忆中碰巧是活跃的那部分,所以激活扩散也适合工作记忆理论。我们在检索信息时,记忆是工作的,所以当一个节点被激活后,这个节点便参与到工作记忆中。随着激活能量在整个大脑中传递,工作记忆的位置每时每刻都在变化。在任何时候,大脑中都可能存在无数不同区域的激活,这取决于我们一次做几件事情。但是,无论节点在哪里被激活,这些活性都会平等地扩散到相邻的节点上。

此外,因为可用激活能量的限制,工作记忆能力是有限的,您读这本书所消耗的能量就不能用到其他脑力劳动上了。如果您读书的时候恰好又在看电视,那么恐怕读书只用了一部分心思——也就是说,只有一部分活性能量用于读书。

可用的活性能量是很有限的,所以对于节点来说,有胜利者同时也就有失败者。这个有限的能力对语言来说非常重要。在语言中,句法结构方式是这样的:我们会把词按照方便听者理解的顺序安排在一起,使得听者在理解的时候不需要太多的工作记忆(7.6)。

4.2.4　注意力引导激活的方式

讨论到现在,我们最关注的是激活扩散的随意方式。那么问题来了,我们是如何引导这些毫无方向的激活扩散,从而实现我们的目的呢?例如,既然我们所看到的事物会激活单词节点,那么为什么我们四处走动的时候嘴里说出的并不是随机的词呢?原因在于图4.1所示的激活汇聚模式,其中某个节点会受到双倍激活。在这里我们需要先交代一下背景知识。

工作记忆是许多不同心理活动的交汇点,心理学家通常把这些心理活动分开来研究,但是,这些活动都影响着激活作用。首先,工作记忆显然是与长时记忆有联系的,长时记忆是知识网络,而激活作用也适用于其中。

77　　但是，究竟是什么决定了激活作用且最先在某个地方起作用的呢？一个重大的影响因素是——**注意力**（ATTENTION）。比如，当我们看到了红灯，却并没有注意它，它就不会影响我们的行为。［Wikipedia:"Attention"（维基百科:"注意力"）］

　　但是，注意力又取决于我们的目的，而这涉及预期、动力、兴趣等等——这些东西构成了一个人的"性格"。许多心理学家认为我们的大脑会把所有这些变量并入一个系统中，这个系统一般被称为**执行系统**（EXECUTIVE SYSTEM），这个系统负责把所有的变量整合成清晰明了的值和决定。［Wikipedia:"Executive system"（维基百科:"执行系统"）］

　　这或许是认知领域最难懂的地方，因为它涉及了"自由意志"这个古老的问题：谁帮我做了决定？一位著名的心理学家给出了如下解释："简而言之，如果我大脑里有一群计算机，那最好也有人来控制这些计算机，且最好这个人就是我"（Fodor 1998: 209）。值得庆幸的是，这些问题可以留给别人去解决。无论答案是什么，已知的事实是我们的大脑控制着激活作用（至少在我们醒着的时候是这样的）。梦则被认为是无人控制时思想活动的例证。

　　现在我们可以回到前面的问题上：这种随意激活扩散是如何与我们认知检索中的某个具体目的相吻合的？在探索检索原理的时候，我们不光需要解释检索方式，而且要知道这种方式产生的原因；简言之，我们有必要把检索当成是目的明确的活动，而不仅仅是对刺激所做出的反应。

　　想象两个对比情景，您在人群中看见了一张不太熟悉的脸。第一种情况，您只是在人群中；另一种情况，您在人群中寻找相关人士，有安排要与他们见面。从认知科学的角度来看，这两种情况是完全不同的，是注意力、目的、预期的不同组合，将会产生截然不同的结果。

　　在第一种情况中，您可能认不出那张脸，这是因为您根本没看到，或者是看得不够仔细。而在第二种情况中，认出的可能性就增大了，因为此时您的大脑已经选取了记忆中的那张脸，您只需在人群中找到一模一样的脸就可以了，与在记忆中的几千张脸中挑选一张脸相比这显得很容易。不仅如此，您会把所有的注意力都集中在这项任务上，而不会转移注意力去做其他一些事情，比如说读报纸或者是想昨晚看过的电视节目。

从这个例子中我们可以归纳出：激活作用越大，最初激活的节点越多，那么检索也就越容易成功。

我们再举个例子来说明更概念化的东西。假设您想记住好朋友杰克（Jack）的生日，对于这个问题已经了解了很多——它是一个生日，而且是杰克的。所以，大脑网络中有关杰克和生日的部分会非常活跃。

根据前面讲到过的激活扩散，激活作用从一个样例节点以一种随意的、无目的的方式扩散出来。这种描述当然是正确的，但是我们现在需要说明一下有目的性的检索，换句话说，这种检索会包含多种激活源。

当两个节点的激活作用同时扩散时，对于同时获取这两种激活效应的节点（也就是与它们关联的节点）来说，其激活作用就会增强，而其他节点的激活作用就会减弱。在刚才举的生日的例子中，激活效应从"杰克"节点和"生日"节点开始扩散，然后（幸运的话）汇聚在一个节点上。不出意外，这就是您要找的节点。

图 4.2 描述了这一过程，并假设杰克的生日是 9 月 18 日。"杰克"和"生日"这两个非常活跃的节点开始向相邻节点扩散激活效应，最终在与杰克有关的"生日"这一节点上汇聚。而这一过程又会反过来激活"9 月 18 日"这个先前不活跃的节点，从而让其成为最活跃的节点，即我们要找的答案。

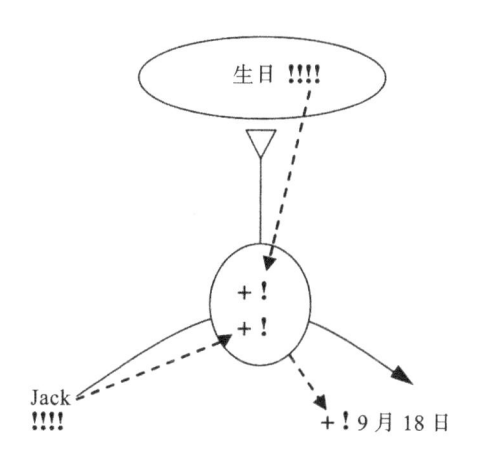

图 4.2　检索杰克生日的方式

在这个例子中，您感兴趣的实际上不仅仅是杰克。因为如果仅是这样的话，那他的生日只会是众多只需很少量激活的属性之一。重要的是，通过激活相关概念"生日"，您的大脑会分配部分份额的兴趣到与生日有关的信息上，这一兴趣反过来帮助您挑选杰克的生日来进行专门激活。

这些复杂的激活方式都是非常重要的，因为它们提供了一种方法阐释兴趣（**INTEREST**）这一概念：如果您对某个东西感兴趣，那您就会注意它——在我们讨论的模式中，这叫作高水平的激活作用。同样地，我们可以用这些激活方式来定义当前**目标**（**GOAL**），如果您想找杰克的地址而不是他的生日，那么最活跃的就成了"地址"这一关系概念了。

概括来说，我们可以通过选择性地激活许多不同的概念来引导相对随意的激活扩散。例如，我们选择了"杰克"节点，"生日"兴趣点，以及对于"杰克生日"的查询节点。尽管激活作用会从这三个节点扩散到许多临近的其他节点上，但是它又会很快汇聚在已有的"9月18日"节点上——这是唯一能同时接受多种其他节点激活作用的节点。而其他节点的临时激活作用要么很快消失，要么就全部转移给"获胜的"节点（这里涉及这一模型的各种细节，本书不做讨论）。

4.2.5 整体激活的好处

这种系统利用非常原始的激活扩散过程，来精确检索明确的信息，更重要的是，它让我们能够灵活处理要搜寻的问题。我们会想知道，"杰克"和"9月18日"之间会不会有什么联系，或者会想我们认识的人中有没有谁是那天过生日的。

我们可以通过任何已知信息与未知信息之间的关系，来从已知检索未知。用网络的术语来说，我们可以从任一概念开始，通过一个或者更多的连接关系概念来设定目标，最终找到目标概念。

这种灵活性正是我们在应付生活中的各种经历和挑战所必需的，而它在语言中尤为重要。在语言中，我们必须能够灵活地从声音过渡到意思（听）或者从意思过渡到声音（说），更不用说其他使用语言的方式了（8.3）。

总的来说，这种由注意力和兴趣引导的、遍布网络的激活模式，作为一种通用的思想活动模式，它本身是很有吸引力的。然而，无论多么直观，它和3.6节所讨论的模块理论都是相互竞争的。在模块论中，思想是许多模块的集合，每个模块都承担着专门的任务。

在前面我描述的模型中，心智网络是唯一的，激活效应可以自由地从一个部分传递到另一个部分。这种观点的魅力之一，就是它解释了通常提到的**语境**（**CONTEXT**）——当前研究对象之外的任何东西的影响。

例如，您所想的杰克的生日，其语境就包括其他人、其他人的生日甚至是今天的日期，找到的结果会是**整体最佳候选项**（**BEST GLOBAL CANDIDATE**），即激活效应从整个网络的各个地方聚集成为最为活跃的节点。如果把整个网络当作每个检索过程的语境，那么无论相关与否，网络中的任何东西都会影响检索结果。

有时候，还会出现范围更大的相关语境，例如，在检索杰克生日的时候，您可能会想起去年他过生日时是个星期天。但有时候这种信息又会是干扰的，例如您把杰克的生日和他弟弟吉姆（Jim）的生日弄混了，因为您能想起的只是吉姆的生日。这种错误的确是存在的，所以整体论又昭示了我们心智的弱点。我们再来看语言也是一样的，整体语境通常会影响到严谨的语言学过程，包括听和说（8.3）。

接下来阅读：
高级读者：第二部分，第8.2节：检索词

4.3 构建和学习样例节点

网络中存在激活扩散是标准的心理学和神经心理学的基本观点，但是从词语法的角度来看，心智活动不仅仅是激活那么简单。它还可以创建新的网络节点和新的连接。

在这一点上,心智构成理论从根本上来说是与大脑理论交互的,因为目前没有其他更好的理论可以用来解释大脑。也没有哪种机制可以如此快速地创造新的大脑细胞,或者在已有细胞之间建立联系,从而使其能够与认知过程中创造的网络节点进行匹配,且这一过程必须在几微秒内完成。这里不是否认大脑在节点创建中的作用,而是想说明心智节点的创建与大脑中的某种差异很大的变化是一致的,如神经元之间的化学联系中产生的复杂变化。

4.3.1 为感知到的样例建立节点

在这一章的最后部分,我将介绍创建新的节点的三个原因:节点的多样性,节点的可归纳性,以及节点的可继承性。很显然,在这三个原因里,构建感知到的样例节点是最重要的,这是日常生活体验的基本要素(2.1)。

每次看到鸟,听到某种声音,或者闻到某种气味时,我们都会创建一个心智节点来表示它。心智的主要作用就是使我们可以通过范畴化和继承来理解这样的样例。但是有一点非常明确,只有在我们心智中保存有每个样例时,范畴化和继承才能起作用,也就是说要给每个样例创建一个节点。

我们在"感知"事物时所创建的节点与感知有关(3.1),但两者又不相同。这个节点可以同时与两个感知概念有关,每个概念又来自于不同的器官,比如说您看到鸟,同时听到鸟叫的情况。这一新节点是概念,而非感知。

以您现在读到的英文单词为例:每个单词都包含有字母,每个字母又都需要被识别与分类。在读那些英文单词的时间里,我们不仅需要给每个单词,还需要给每个字母构建节点。同样的情形还会出现在您注意到的每件事或每个人身上:盘子里的每颗豌豆,马路上的每个弯道,以及开车过程中需要避让的每位行人。

这种分析方法听起来也许不可思议,但是我们很难再找出另外一种思想的运行方式。在读到前面一句话中的第一词"这"的时候,如果没有通过创建节点来提问"'这(This)'是什么?",我们就不可能认识这个字。

因此,我们可以为日常经验创建新的节点,这些节点称之为**样例节点**

(EXAMPLAR NODE)。如果真是这样的话,那么我们的节点创建过程一定是非常快的。

以阅读为例,正常的阅读速度是每分钟 200 到 400 个词,即使您的阅读速度接近这一范围的最低水平,您也可以平均每秒钟读三个词。[Wikipedia:"Reading speed"(维基百科:"阅读速度")]在这一段中,每个单词平均有四到五个字母,也就是说,您每秒钟识别多达十二个字母的样例和三个单词的样例。即使忽略掉某些熟知的字母,您的阅读速度也是可观的。

4.3.2 遗忘样例节点

现在进一步来讨论这一观点。在我看来,我们需要创建节点来处理看到或者听到的事物。如果没有这个节点,就没有分类,也就没有可以继承属性的东西了。但分类和继承都需要节点成为我们认知网络的一部分,并通过 isA 关系和某个永久范畴建立关联。

由此得出,"永久网络"的边缘处有一些不断变化着的非永久样例节点。至少由于实用原因,大部分这样的节点都是瞬间出现且瞬间消失的。试想这样一个问题:在上一分钟内您读到过"即使(even)"这个词了吗?如果您不清楚的话,那是因为您在读到前面一段(4.3.1 最后一段最后一句)最后一个句子开头的时候,所创建的节点只是个瞬间出现过的节点,现在已经消失。

我们很难解释这种消失是如何产生的,尤其从大脑的神经细胞角度来解释。其原理也许不同于将长时记忆中某些事物遗忘的机制。[Wikipedia:"Forgetting"(维基百科:"遗忘")]但是,我们可以假设,只要存在某种程度的激活作用,那么这些节点就可用。因此,节点的消失与激活水平是密切相关的。实际上,神经学科学家很赞同的一种观点就是,大脑内存储的节点就好似神经网络的多个激活模式(4.1)。如果这种观点正确,那么一旦没有激活作用的话,这个节点就会消失。

将节点与激活作用联系起来就可以解释以下问题:当我们想要阻止某些节点消失时,我们需要维持这些节点的激活水平。试想,当我们想记住一个单词的时候,我们会怎么做?我们会"背诵(rehearse)"它(这是心理学家的说法）。通过一遍又一遍的背诵，我们至少可以让它保持激活状态，幸运的话，当激活作用达到一定程度的时候，它就可以变得永久可用。可惜，我们没有办法保证它可用，因为当我们最终没有持续背诵这个单词的时候，它的激活水平就会下降到没有被背诵时的水平。

与激活作用相关的另一个概念就是"注意力"，我们在第4.2节讨论过。注意力的核心就是可选择性，指我们会选择性地将激活作用置于我们在意的事情上，而远离不相关的或不重要的事物。您现在在阅读的词语正受到您的关注，这种关注本来可以被分配到您周围的其他事物上，但由于您正在进行阅读，其他事情就被忽略了。

从节点创建的角度，我们可以认为，创建哪些样例节点是由注意力来决定的。如果是这样的话，那么您一定为我所写下的词创建了大量节点，而没有为其他不相关的事物创造节点。我们可以假设创建节点是需要能量的，而且在实际思考中我们仅有有限的能量去进行激活扩散并创建节点。从实用的角度来说，这是非常合理的。

4.3.3 记忆样例

假设，我们为看到、听到或者是"感知"到的事情创建新的样例节点。但是在我们的经验中，并不是只有感知到的样例才需要概念。

再假设我们准备一顿膳食。计划中的每一项都是一个样例，在大脑中也有独立的思想节点。但显然我们不用给每颗豌豆创建一个节点，只需要给"一些豌豆"创建一个节点。这个节点不同于"豌豆"的总纲节点。

同样的道理也适用于其他所有的计划行为。例如，在开门的时候，我们需要某种计划来引导我们的行为，这一计划中必须包括一个"门"的节点，一个"开"这一整体动作的节点，还要有一个"钥匙"节点。这些节点就像是感知到的样例，它们通过isA关系式与某个永久记忆节点产生关联。因此，它们属于认知网络不断变化着的边缘范围，即这些节点也几乎是在创建的一瞬间就会消失。

但是，如果某个样例节点**没有失去激活作用**，那又会有什么结果呢？我们在对某个样例进行范畴化、使之丰富的时候，它受到了我们的注意，接受了大量的激活作用,但是之后我们的注意力通常会转移。而在某些情况下,只有某个非常特殊的样例才能让我们一直保持兴趣。

假设我们看到了一种以前从来没有见过的鸟。这时,我们需要花费大量的脑力来对它进行归类,于是它会比其他我们见过的样例接收到更多的激活作用。

接下来会怎么样就纯属推测了。我想,它可能会成为思想网络中的某个一直处于活动状态的常规部分,随时可以被检索。如果是这样的话,那么下次见到一只相似的鸟时,您就可以识别出来它是"另一只同品种的鸟"。

换句话说,它起初是临时样例节点,后来变成了永久的范畴节点,结果是我们认识了一种新的鸟。如果没有这样的**学习**(**LEARNING**)过程,我们很难想象如何从体验中去学习知识。

我们也许会感觉用"习得"来形容这个过程太夸张了,因为我们做的只是记住某个特殊场合看到的一只特殊的鸟。但是,这一体验过程会永久地改变我们的思想,这在一定程度上也算得上是"学习"。实际上,如果没有以大量的具体样例为基础,我们很难弄明白总纲是什么。下一节我们将会详细讨论这一点。

然而,即使是被记住的样例也有某种程度的概括性,这归因于人类的一个重要缺点:选择性记忆。记住一个样例并不是极端的过程——要么记住要么没记住。样例是个复杂的概念,它像其他任何概念一样包含着大量的属性——颜色、大小、时间和地点等等。如果我们记住了一个样例,我们也就记住了它的各种属性。

但是,不同的属性在记忆中的存留机会是不同的。最容易记住的是那些我们关注的事物,这些事物在认知过程中最活跃,在接下来的几小时或者几天内会保持更加活跃的状态。相反,很少受到关注的事物获得的激活作用是很小的,所以没有被保存在记忆中。

这一理论解释了我们为什么可以记住鸟的颜色以及它当时在做什么,因为这些都是吸引我们注意力的属性。这又是为什么呢?因为这些属性让我们更方便地去范畴化,所以我们对此非常感兴趣。

兴趣量表的另一端是事件的细节，其中包括事件发生的时间和地点。我们在对鸟类进行范畴化与今天是星期一还是星期二没有关系，所以这些细节几乎不会受到关注，相应地获取的激活作用也是极少的。

所以时间和地点在记忆中是最不容易存留的，对此我们也不觉得奇怪。对于鸟类样例的永久记忆节点中最终会包含颜色和活动，而不包括时间和地点。但这正是将概括性范畴和具体样例区别开来的东西（2.1）。我们不太记得的鸟也就具有足够的概括性，从而可以使后来的样例与其保持 isA 关系。

至此，我们已经为以下理论奠定了基础：从经验中学习。而这一过程又一次用到了循环原则（3.5）。在这种情况下，把临时样例当作永久范畴来循环利用。每遇到一个事物时，就为它创建一个临时概念，如果这个临时概念引起了持续的关注，那么它就会进入到长时记忆中。这也解释了为什么到明天我们还能记得我们现在读到的东西，为什么到明年了还能记得它，当然还可以解释我为什么写这本书。

接下来阅读：

高级读者：第二部分，第 8.3 节：听和说中的形符和类符

4.4　构建归纳的节点

在前面一节里我曾提到，有些心理学家认为，我们的记忆里除了样例其他什么也没有，更没有一般范畴。这一观点与词语法的观点大相径庭。词语法认为，一般范畴是理论基石。所以，现在的问题就是要解释清楚以下问题：如果单以经验为基础，我们是怎样习得一般范畴的？准确地说，我们是如何学习分类法的（我们从 2.2 节就开始讨论分类法了）？

像"鸟"和"父母"这样的一般范畴与我们上一节讨论的循环样例是有些不同的。范畴通常又叫作**图式**（**SCHEMA**），以表明范畴是可以图式化的——

即只有样例的轮廓而不涉及任何细节。[Wikipedia: "Schema (psychology)"（维基百科："图式（心理学）"）]

例如，鉴于任何样例都有具体的形状、大小和颜色，"狗"这一样例必须足够抽象同时又足够概括，才能包括继承来的典型狗的各种形状、尺寸和颜色。即便彼此之间的差异只是程度问题，即便是经过选择记忆以后，这些模式变得有些抽象了，我们也不希望用与循环样例同样的原理去解释某个新出现的模式。

那么，我们是如何从大量具体的鸟类样例中学习"鸟"这样的样例呢？这一问题作为**归纳**（INDUCTION）的问题，在心理学中是有争议的，即如何从具体实例中归纳出概括范畴。而与此相对应的是，从一般范畴中推断出具体样例。[Wikipedia: "Concept learning" and "Inductive reasoning"（维基百科："概念学习"和"归纳推理"）]

词语法理论的起始点如前面章节所述，是假设我们可以习得海量的样例。但是，这种假设的难点在于，样例包含很多属性，而属性又涉及很多概念图式，那么习得是如何开始的呢？

例如，如果事先没有"狗叫"的模式，儿童如何能够知道他们刚才听到的是狗叫的样例呢？答案必定是，习得只能始于（如第 3.1 节所述）感知、运动技能和情感。在这一阶段，他们把对狗的视觉感知和对狗叫的听觉感知联系起来，从而认识到这一样例是两种感知的集合。

儿童在存储一些类似的样例之后，就学会了归纳"狗叫"的概念。一旦有了这一概念，就可以用它来进一步对样例范畴化。因此，可以假设，即便是在更早的认知阶段，每个样例也都有自己特有的属性，这些属性同样也适用于其他样例的模式。

4.4.1 背景激活引导归纳的方式

理论上的第二步是假设某个激活作用是一直循环的，即使我们睡觉时它也在起作用。在检索信息时尤其需要这种假设，因为有时候检索似乎会忽视工作记忆的普遍时间压力，花费几小时或者几天，而不是实际过程中的一刹那。

例如，假设现在我试图回想起几年前去过的意大利的一个村庄的名字，但是没能想起来。尽管回忆失败了，但实际上这种回想过程并没有结束。即便我自己已经不刻意去回想了，我的思想还会继续检索。根据我的经验，目标会在我睡觉的时候突然出现在记忆中，等我醒来后会记得它。

对于这一现象，唯一合理的解释是，即便我以为已经放弃回忆村庄的名字了，但是我的思索还在继续。既然检索过程总是伴随激活扩散，那么我的大脑必定是在逐渐积累目标区域的扩散。我不知道这一过程的原理，但是我认为其作用原理类似普通的即时检索，只是激活水平低得多。

那么，我们来假设，低水平的激活作用在我们大脑里进行"离线"循环，即便是在我们没有关注目标的"停工时间"也是如此。这种激活作用不光是为长时记忆检索可用，而且可以归纳——也就是总结出规律。

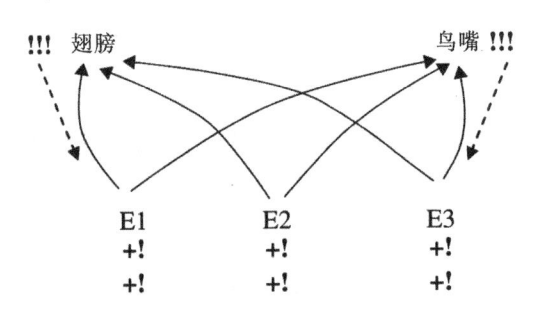

图 4.3　三种鸟类样例有翅膀和喙

假设您是个小孩子，已经见过一些鸟了，但是大脑中还没有形成"鸟"的图式。您所见过的鸟类样例有许多共同属性，比如说有翅膀有喙。图 4.3 画出的是大脑中存储的三种分别有两个共同属性的样例（E1、E2 和 E3）（为了方便讨论，此处略去许多细节，更多的细节我将在图 4.4 中展示）。

您会发现，图中的各种关联形成了一个结构紧密的小网络，每个样例节点都与某个属性关联。这样的共同联系说明，所有样例都会受其任意属性的激活作用的影响。如果背景激活作用使得"翅膀"这一属性达到激活点，那么激活作用会均等扩散到三个样例实体上。同样地，"喙"的属性也会有同样的作用。但需要指出的是，如果**两个属性同时激活**，那么每个样例所接收到的激活作用是翻倍的。

此外，这种外来的激活作用可能会使某些样例达到激活点，然后会将激活作用传递回到属性节点，这可能使得属性节点再次被激活。所以，严密的关系网络作用好比某种共振器，它会增加可用的激活作用，与周围的各个节点形成对照。

这种翻倍的激活作用在大脑中的表达方式是："真有趣，我发现了规律——有喙的东西通常会有翅膀。"当然，实际上它并没有把规律表述成网络永久的一部分。这里，我们需要一种方法来构建某个新的图式节点。很难说这是种什么样的方法，但是我们不禁会认为它的构建方式也许和我们构建样例节点的方式是一样的。

试想，看见鸟在枝头唱歌，我们的心智会做什么？我们面临的挑战是，视觉和听觉属性通过不同器官被接收，又通过不同神经通路进入心智。我们的心智会以这样或那样的方式，来确定这两个感知概念是同一个事物的不同属性。[Wikipedia: "Binding problem"（维基百科："约束问题"）]

事实上，能够说明这两个属性属于同一事物的唯一线索就是同步：景象和声音同时进入我们的心智。有个著名的理论可以用来说明，我们是如何把这些不同但同现的经验在心智中整合的，即"同时被激活的节点会约束在一起"。[Wikipedia: "Hebbian theory"（维基百科："赫布理论"）]在前面的例子中，我们的心智将两个感知概念当作样例属性，并创建样例节点将它们"约束起来"。

如果我们的心智能够通过创建样例节点，以此将该样例的不同属性约束起来，我们可以推测可以对同时被激活的存储样例节点做同样的事情。再来看图4.3，如果三个样例节点与"翅膀"和"喙"同时达到激活点从而触发，心智会通过创建新的节点来把它们联系起来，从而实现将它们约束。

简而言之，这种特殊的心智通过归纳发现了"鸟"的图式。所以，归纳推理构建了我们的分类标准，尽管我们没有意识到自己在这样做。这也就解释了"停机时间"的重要性。

这里讲述了在词语法中，我们如何通过归纳来创建新的范畴，但是还需要进一步探讨，其原因在于所有的属性都要适合继承。在 4.5 节中我们会讲到，在理论上，上级范畴不能共享次级范畴的属性。例如，我们不能把"母亲"与"人"的关系运用到"母亲"与其他某个具体的人的关联节点上。因为如果我们这样做了，那个节点的任意一个样例都会继承这样一个属性，该属性包括的不仅是典型的母亲，还必须是那个具体的人的母亲。

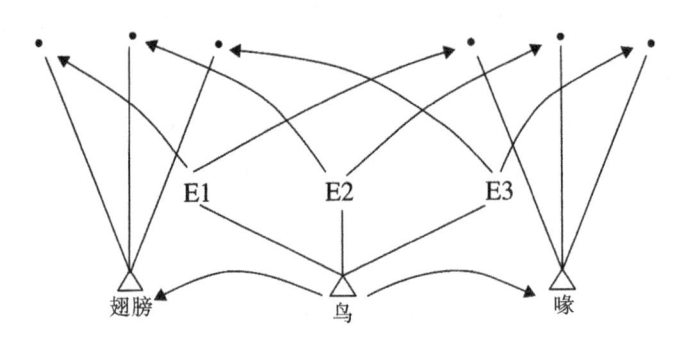

图 4.4　由大量样例总结出来的"鸟"的图式

依照同样的逻辑，三种鸟的样例实际上是不可能具有同样的翅膀和喙，它们是具有不同的"翅膀"和"鸟"图式的样例。在图 4.3 中我没有赘述这一复杂情况，但是我们现在可以看出，特定的鸟都有特定翅膀和特定的喙，在规律图式中，它们的位置和鸟的位置是一样的。于是我们对图 4.3 进行修正得出图 4.4（和前面的做法一样，为了清晰地表达图标，有些关系没有标记）。

接下来阅读：
高级读者：第二部分，第 8.4 节：学习总结

4.5　构建继承节点

在日常生活和思考中，样例节点并不是我们创建的唯一节点。有了继承，

我们可以期待进一步对我们没有见过的人和事物构建节点。

例如，我们会认为孩子都有父母，所以每当遇到孩子，就可以合理地构建一组节点来代指假设的他们的父亲和母亲（在后面我们会看到，有时候也不用这么复杂）。类似地，我们认为每个人都有名字，所以产生了一个合理的问题：您叫什么名字？以及每个事件的发生都有其原因，所以我们会想知道其中缘由。

4.5.1　为什么需要给继承得到的属性以新的节点

我们所做的这些预期都是样例所继承的属性，每种属性又都包含有某些其他预测来的实体，即使不知道任何具体细节，我们也可以知道这些实体。

图 4.5 展示的是提到儿童时我们可能出现的两种心智结果，我们不知道某个儿童有没有母亲，但是想当然地认为他有（孩子在图中叫作"E1"，代表第一样例）。为了方便起见，我已经用"M"对一般继承概念"母亲"做了标记。

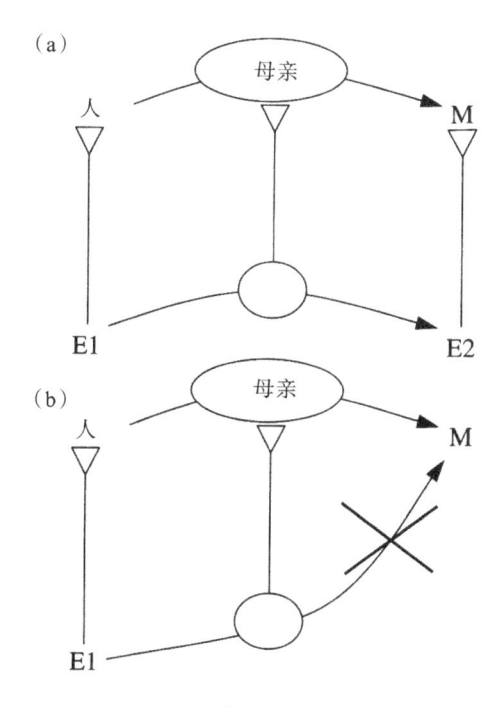

图 4.5　如何继承"母亲"

图(b)要比图(a)简单些,看上去它总结到 E1 像其他人一样有母亲,但实际上这是错误的。原因在于它混淆了一般概念和具体概念,它认为 M 不仅是典型的人的母亲,而且还是特定的某个人 E1 的母亲。

这种混淆会带来各种逻辑问题。例如,根据图(b)所示,如果我们知道玛丽是约翰的母亲,那么玛丽就是概念 M。因此,通过继承,她也会是 E1 的母亲——但是这种结论显然是错误的,可见图(b)太简单。

否定图(b)的另一个理由是,只有样例才能继承(2.3)。既然我们明显地想要假定 E1 的母亲能够继承"是女性"这样的属性,那么她最好也是个样例,以区别于非样例 M。

所以我们需要的不是(b),而是结构稍微有点复杂的图(a)。这些论证阐明了,为什么每个继承属性都需要额外的节点来指代预测中未知的样例。这些预测样例在语言结构中是很重要的,尤其是句法学。但是我们有必要在语言范围之外首先了解它们,以便到时候能够用更普遍的认知原则来解释语言行为。

4.5.2 激活引导继承的方式

我们再来看一下迄今为止本章所讲到的心智活动。我认为有两种基本活动:一种是大脑层面的活动,一种是心智层面的活动。大脑产生激活作用,而心智负责构建节点(除了激活和节点构建,接下来我还要加上第三种活动:约束)。

但是我也讲过,这两种活动是紧密联系的。一方面,新创建的样例节点非常活跃,可以帮助引导激活扩散方向,否则扩散方向会是随意的;另一方面,低水平激活作用负责确定一般范畴,这又会刺激新的感应节点的产生。

我们现在来讨论激活作用和节点构建之间的另一种关系,这一关系出现在继承节点的构建中。再来举 E1 儿童的例子,E1 要么从"人",要么从"儿童"继承很多属性,其一便是"母亲"属性。我不确定到底有多少这样的属性,但其数目很容易达到数千个,就像"人"这个具有广泛意义的概念一样。

但是,大多数这些属性在大部分时间是不相关的。例如,我们知道每个人都有血型，但是这种属性在大部分时候都是不相关的，所以它的继承也就没有意义。

从理论上讲，我们的确可以继承任何属性，无论这一属性在多大程度上有用或者是有意义。但更合理的解释是，我们的继承是选择性的，我们只关注那些恰好与我们当前的目的**相关联**（RELEVANT）的属性。在前面讲到的儿童的例子里，我们不用费劲去继承血型这一属性，因为它与我们的话题不相关。

但是这个理论存在一个问题：我们是如何做到这点的？我们如何区分相关属性和不相关属性？再一次，扩散激活可以看成是所需机制原理的一个合适的备选项。

遗憾的是，人们对激活扩散和缺省继承之间的关系研究得很少。原因很简单，这两种心智活动分别由不同的领域来研究：心理学和人工智能。因此，接下来的研究只能靠假设，但是有未经实证的假设总比没有想法强。这一假设的好处是，它和日常经验以及我一直在讨论的已经被证明的观点是相吻合的。

我的假设是，样例只继承激活了的属性。有时候，儿童的血型属性会因为观察者暂时的兴趣而受到激活。但是大多数时候，我们不关注血型，因此血型由于激活水平太低无法被激活，这一属性就会"休眠"。

假如这种假设是对的，那么首先会出现一个问题，而这个问题只能通过仔细研究继承和激活的相互作用方式才能解决：有多少激活作用出现时才能实现继承呢？例如，继承事实上像我前面讲过的，只有两个选项——要么被继承、要么无法被继承吗？或者，会不会存在某种方式可以让某个属性在一定程度上得到继承？其次，这一假设似乎可以解释认知科学研究中最大的难点之一：**语境**（CONTEXT）对我们心智的影响。

例如，我们如何看待一棵树，取决于随时间变化的各种因素。我们现在是以艺术家、植物学家、木材商人还是爬树爱好者的角度去看的呢？当然，同一个人也许会具有所有的兴趣爱好，但是，在某个特定时刻只会有一种兴趣占优势。

相对优势转化成注意力和激活水平，能够在语境和激活作用之间建立起关系。这可以解释继承系统如何能够区别活跃的相关属性和不活跃的非相关属性。结果是只有相关属性才能被继承。[Wikipedia: "Relevance"（维基百科："相关性"）]

在这种情况下，我们也许可以认为，既然不同观点捕捉的是真理的不同方面，那么它们都是"正确的"。但是正确性或真实程度似乎也是随着语境的变化而变化的。[Wikipedia: "Contextualism"（维基百科："语境论"）]比如，有这样一个问题：您是动物吗？如何回答这个问题完全取决于您的用意——换句话说，取决于语境。在生物学语境下，您绝对是动物，属于灵长类动物，属性和黑猩猩很接近等等。

但是，如果语境不涉及科学，您肯定不是动物。因为动物是我们用来区别于人类的一个概念。我们会提到"动物权利"（与人类有关系）和"虐待动物"（被人类虐待）。[Wikipedia: "Context (language use)"（维基百科："语境（语言的使用）"）]此外，作为动物，我们是一种物种；作为非动物，我们会继承国籍。类似的例子还有很多。

我们的大脑能够轻松地储备这些矛盾假设，是因为它们适用于不同的语境。如果继承是建立在注意力和激活作用之上的，那么这些都是我们所期望的。

从2.3节到这一节，我们完整讨论了继承，所以有必要对词语法继承理论进行总结。工作原理如文本框所示。

这一原理是我们的心智基础，它解释了我们如何把最普遍、最一般化的继承与灵活多变的样例和语境的影响相结合起来。

这种灵活性解释了范畴化中的"原型效应"，它包含了真实世界中的各种例外（2.5），也让我们得以灵活应对各种新的体验。如果没有容纳特殊情况的能力以及接受语境影响的能力，那么我们就会被束缚在范畴化的不灵活体系中，这种体系只会给生活带来障碍。

继承的运作方式（最后的概括）：

- 只有样例（exemplar）可以继承，所以当范例E由isA连接到一些永久性的概念 C 时，继承才能适用；例如，E isA "孩子"，孩子又 isA "人"。
- 继承包括两个密切相关的活动：**搜索源概念**（searching for source concept）和**可继承属性**（inheritable property），并**复制**（copy）属性。
- **搜索者**（searcher）**递归性地**（recursively）在分类法中进行选择源概念，从概念 C 开始，所以从 C 继承，搜索者选择任何 C isA 概念，然后再选择这些概念 isA 的任何概念，这样一直到分类法的顶端。如果分类法有分支，继承者访问所有的分支，所以继承是**多方向的**（multiple）。
- 对于每个源概念，搜索者选择所有具有相当的**相关性**（relevant）且足以被**激活**（active）的属性。例如，E 可能继承活跃的 "母亲" 属性，但可能不继承 "血型" 属性，因为 "血型" 属性不太可能有足够的活性。
- 搜索者也忽略了与 E 已有属性**竞争**（compete）的属性，所以继承是**缺省的**（by default）。如果两个关系概念直接相连，那么两个属性是存在竞争的。
  - 或者通过 isA 的简单属性（如图 3.18 所示的柴油和汽油作为 "燃料" 价值之间的竞争）。
  - 或者通过 "或" 的复杂属性（如图 3.19，"在前面" 与 "在后面" 相对）。91
- **复制者复制**（copy）每一个所选属性，新节点与属性的两个其他节点相连：关系概念和后者的论元或值。每一个新节点 isA 源属性的相应节点。

接下来阅读：
高级读者：第二部分，第 8.5 节：使用总结

4.6 约束节点

截至目前，我们讨论的话题主要围绕两种心智活动：激活和节点构建。本

节我们讨论第三种活动：两种节点约束在一起用来表明它们在某种意义上是"同一个概念"。

当我们约束两个节点的时候，首先是选好另一个节点，然后就是在两个节点之间建立起某种特殊的联系。在讨论约束原理时，我先做个简略介绍：分类、记忆检索、预测和规划这几个不同的认知过程，似乎都以这两个相同的步骤为操作方法，用同样的基础选择机制。我们每次都把这些过程当作一个过程进行心智活动，这个心智活动始于**分类**（**classification**）。

4.6.1 识别和记忆

假设您看到窗外有只鸟飞过。您是如何认出它是鸟呢？我们前面（4.3）已经讲过，首先要创建样例节点 E，然后给这一节点添加尽可能多的观察到的属性。必定存在某个瞬间时刻，E 在您的脑海里，当创建的 E 节点具备的是"不明飞行物"的属性时，您只知道它是您看到的那片天空中的一个很小的运动物体。

接下来的一瞬间您的任务就是——根据已知属性找到 E 所属的范畴，然后将 E 和该范畴通过 isA 关系联系起来。一旦关系建立起来，通过继承属性，E 的意义就会逐渐变得丰富。但是在确定 E 节点是什么之前，您能做的就只有好奇。

现在假设，我在**回想**（**remember**）我把东西放到了哪里，比如，我总是乱放眼镜，我们就来举这个例子。我记得把眼镜放在了某个地方，所以我会尽力去回顾放眼镜时的某个事件。当然，如果我能想起这个事件，我就希望也能想起事件的发生地点。

在这里，我的心智活动始于一个假想的临时概念，它具有一些属性（比如说眼镜和我），而且我希望通过记忆中的某个具有相同属性的概念来识别它。当然，与识别鸟的例子不同，我不是在试图识别一种新的体验，而是在试图找出对过去某个经验的记忆。

4.6.2 预期和规划

现在来看一个不同的概念，**预期**（**anticipation**）。假设您看到一道闪电并认出那是闪电。根据气象学知识，您知道闪电通常伴有雷声，有可能您还知道二者的时间间隔，还可以说明暴风雨来临的时间（据我所知，每英里四秒钟）。

知道了闪电和雷声的这一直接关系，我们就会有兴趣期待听到雷声。如果是这样的话，那么一看到闪电您就会想："哦，有闪电，那一定会有雷声了，准备听雷声……哦，听到它了。"在这个心智过程中，第一个"雷声"是假设的临时节点，第二个"雷声"是最终听到的雷声，即目标范畴。

可见，我们将假设的样例和目标范畴联系起来，而这一过程与前面举的两个例子是一样的。不同的是，这个过程中涉及的是心理的另一个不同区域：预知将来事件，而不是去范畴化或者回想。

最后，让我们来假设去**规划（plan）**一件事情，而不是预知一件事情。例如，电话响了，我们需要确定接下来怎么做。我们会先假设一个临时节点来指代下一步的行为，并希望利用检索目标找到这一节点——我们记忆中的某个行为。有一种可能的目标范畴就是接电话，但是很显然，我们的大脑还储备有其他一些适合电话铃响这一语境的行为类型，比如说，不接，或者叫别人接。

决定做什么这是**解决问题（problem solving）**[Wikipedia: "Problem solving"（维基百科："解决问题"）]。我们都知道，解决熟悉的问题要比不熟悉的容易得多。不熟悉的问题需要创造性思考，这很难解释。例如，电话响的时候我们两只手都拿着易碎的玻璃制品，那该怎么办？

以上例子足以说明，对于许多不同的心智过程，其原理都是一样的，都是给永久的目标范畴新建一个临时假设节点。在每个过程中，我们的目的都是通过将假设节点和目标节点联系起来，使该假设节点意义更丰富，获得更多的属性。我们所熟悉的目标节点在意义上要比假设节点充实得多，或者说具有的属性要更多。

4.6.3　构建一个空节点

现在我们来详细讨论这些例子中用到的普遍原理。为具体起见，我们来举前面的例子——您看到并识别出来天上有只鸟。

前面说过，我们首先会为该样例构建节点 E。前面的讨论告诉我们除了其可见属性(它的大小和位置),对于节点 E 我们几乎是一无所知。但是实际上,关于节点 E 我们可以知道更多。

我们熟知的普遍性做法就是希望能够对 E 范畴化。因此,我们会立即创建另一个新节点,并在该节点和 E 节点之间建立起 isA 联系。该节点代表着我们最终选择出来的 E 的范畴,我们称之为**空节点**(**EMPTY NODE**),在图中用符号"?"进行指代。这个问号说明这个空节点只是占位节点,代指**目的范畴**(**TARGET CATEGORY**),通过激活扩散我们最终能够找出该范畴。这个问号标识在图 4.6 中间的位置。

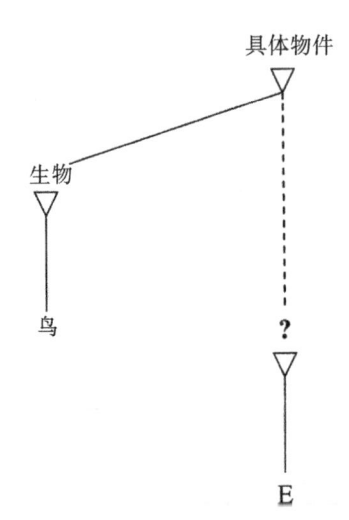

图 4.6 我们所知道的有关鸟的样例的知识

另一个同样普遍的做法是,因为我们可以看见它,而只有具体的物体才是可见的,所以我们能确定 E 是具体的物体。这样我们能很快缩小问号所指代事物的范围——它可能会是"鸟",但不会是像"星期五"或者"美"这样的概念。

确定"问号是具体物体"这一过程并没有我们想象的那么简单。您也许认为我们只需要在"?"和"具体物体"之间建立 isA 关系就可以了,实际却并非如此。我们这样分析会把"鸟"排除在外,因为"鸟"和"具体物体"之间并没有 isA 关系。相反,这里有一 isA 关系链,其中至少涉及一种概念("生物")。

因此,我们需要在"isA"关系式基础上做些变动,得出一个新的关系式——

超 ISA（SUPER-ISA）关系，用来表示分类体系中一个概念和比它高一级概念之间的关系，而不用考虑其中包含的 isA 关系的数量。在标记中，我们不用实线，而是用虚线来区分超级 isA 和普通 isA 关系，见图 4.6。如图所示，"鸟"超 isA "具体物体"，所以它也是备选项。

该图忽略了节点 E 的可见属性（大小和在天上），图中标识将心智直接导向目标范畴，这个我们会在后面讨论。这里需要指出的要点是，当我们对节点 E 产生好奇时，这种好奇已经将我们的注意力转向找寻某个特殊概念。

4.6.4　检索最佳目标

第二步是检索，通过激活扩散来找出合适的存储图式，使其属性和 E（4.2）的属性吻合。我们在检索目标概念时，至少要激活其他两种概念来定义这个目标概念，而剩余的概念则用来进行扩散激活作用。在这种情况下，从 E 到"?"的扩散作用是最强的。如果一切顺利的话，这些概念的激活作用在目标概念处积聚，从而使目标概念比其他备选概念更加活跃。

在这个检索过程中有一个很重要的属性就是**全面（global）**（4.2），它考虑到了我们所知道的一切，从而选出现有的最佳答案，即使这个答案不完美。这个选择过程只是简单的"模式匹配"，通过将节点 E 的属性（"模式"）和所有储备范畴的属性进行比较，然后找出最佳匹配项。［Wikipedia: "Pattern matching"（维基百科："模式匹配"）］

大多数计算机程序所用的就是这种简单的模式匹配，却常常给用户带来很大的困惑。例如，当登录一个安全网络账户的时候，我们需要回答一些安全问题，比如母亲的曾用名，您上的第一所学校等等。但是，计算机能做的只是将您输入的模式（字）与数据库储备的模式比对，稍微有差异的模式都会被拒绝。

我们认为这一过程烦琐的原因是我们的心智活动不像电脑。和电脑不一样的是，如果整体看，匹配得很好，我们人脑会时刻准备好去接纳差错，而不会排除某些小差异，比如说误拼——实际上，您也许都不会注意到这是故意写错的。只要某个字的大概笔画写对了，且这个字与其他句子和整个语境匹配良好,那么我们就会忽略这些偏差。

同样的道理也适用于不明飞行物。我们需要检索某个概念,它不仅要和该物体的可见大小和形状等属性相匹配,而且还要与其行为和周围整个环境相匹配。同样地,在找到放眼镜的地方和预测雷声这两种情况中,检索过程全面考虑到了我们知道的一切。

在我们不是那么正式地进行思考时,全面检索这个方法的好处是显而易见的,尤其与其他更不灵活的模式匹配方式相比。因此,人工智能有时也会用到这一常识性的概念,它被称为"**最佳匹配原则(BEST FIT PRINCIPLE)**"(Winograd 1976)。数学中也会用到这一概念,其中有很多好的方法来使某条直线和一系列数据点实现最佳匹配。[Wikipedia: "Curve fitting"(维基百科:"曲线拟合")]

不幸的是,我们已经发现,想要在更普遍的领域运用这一原则是非常困难的[Wikipedia: "Global optimization"(维基百科:"整体最佳化")]。例如,有个著名的难题叫作"货郎担(travelling salesman problem)"问题。这个问题听起来不难:给定几座城市,以及从一座城市到另一座城市的旅行费用,要求每个城市都只去一次,且最终返回到起点城市,请问售货员如何安排路线,以使费用最低?难点在于,在某个城市节省出来的费用很可能在其他城市被抵消掉。

4.6.5 激活扩散的助益

理论上,有一种办法就是每条线路都试一次,找出花费最少的那条路线。但是可能的路线数量要比城市数量多得多。尽管在只有三四座城市时,这样做无可厚非,但城市数量达到 100 时这样做就显得不太理智了。

如果给旅行以限定时间(正如我们在认知过程中所必须的那样),那么上述方法的弊端更是显露无遗。我们找寻最佳匹配项的过程是以微秒为单位进行的,因此肯定没有时间再考虑哪怕是一种选择,更不用说几千种了。在任何情况下,如果我们必须通过筛选,排除掉所有不那么匹配的选项,来找到最佳匹配项,那么这种选择过程也就没有意义了。简言之,我们所需要的(我假设是已经存在的)必定是某种方法,能让我们直接(快速)地找到最佳匹配项。

这种方法就是激活扩散。激活作用快速扩散并积聚，不同来源的扩散作用在同一个节点聚合。最重要的是总的激活模式，而不是其他细节属性。因此，总的来看，胜出的就是表现最好的那个概念，即便是它在某一个或两个属性方面不突出。

在探究这种激活作用的影响时，我们再以分析对节点 E（飞鸟）的范畴化为例。想一想，在认出鸟之前某个时刻我们的心智活动，也就是所谓的"正常的"心智活动，是怎么样的。

您所知道的所有概念之一是"鸟"，它有很多属性。为了方便讨论，我们只选两个属性，一个通过"位置"属性将"鸟"和"天空"联系起来；另一个通过"大小"属性将"鸟"与"5厘米"联系起来。这是图 4.7 的内容。为了方便讨论，图中我们假设这两个概念节点没有激活作用。

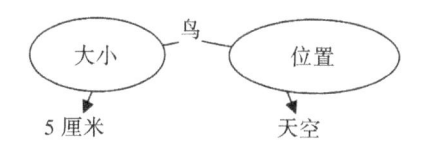

图 4.7 您知道的"鸟"的一切

现在，让我们进一步注意物体 E，它所被观察到的属性——包括永久网络中已有节点之间的各种关系（大小、形状、位置、和动作等等）记录下来。在这个例子中，我们可以假设 E 与"5厘米"和"天空"都有联系，如图 4.8 所示（为

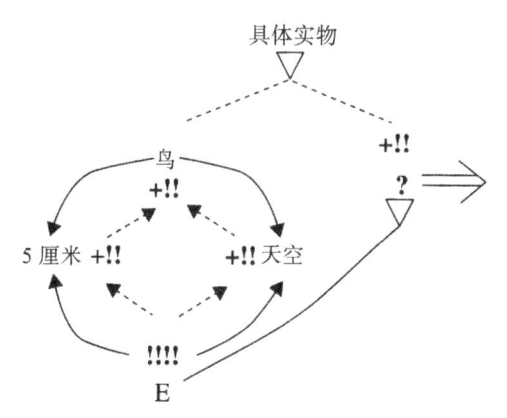

图 4.8 关于鸟节点 E 的一切

简便起见，省略了关系标签）。

如上所述，感叹号表示激活作用，带箭头的虚线说明激活作用是如何从 E 扩散到这两个概念的；然后，这两个概念得到充足的激活作用以后又把活性传递到"鸟"。既然它们的激活作用全部积聚到"鸟"这个概念上，它就变得尤其活跃，于是我们就逐渐认出来 E 是一只鸟，尤其是当我们知道"鸟"超 isA"具体物体"。

4.6.6 "身份"关系

约束活动的第二个步骤需要用到图 4.8 所示的双轴箭头。在挑选出最终胜出的概念"鸟"之后，我们还需要将这一概念与"?"关联以此来说明"?"和"鸟"是同一个概念。在网络结构中这究竟是什么意思呢？

一种可行的方法是将两个节点在同一个节点上简单合并。这一解释看似简单可行，但是我们几乎可以肯定它是错误的，因为我们的心智可以"撤销"这种合并。每当我们改变分类方法的时候，我们的心智进行的就是这种撤销活动。如果将 E 范畴化为鸟，意味着将"?"节点与"鸟"节点合并，那么我们就不可能将"?"的属性和"鸟"的属性区分开来，也就不能检索旧的信息。

因此，我们需要一种方法，在均衡两种节点的同时又能保持两个节点各自的特性。能够实现这一目的的一种方法就是利用 isA 关系，从而得出"? isA 鸟"。这种方法也许可行，但似乎又不正确，因为这里多出了一个 isA 关系。我们得出的结论不是"E isA 鸟"而是"E isA ?"以及"? isA 鸟"。

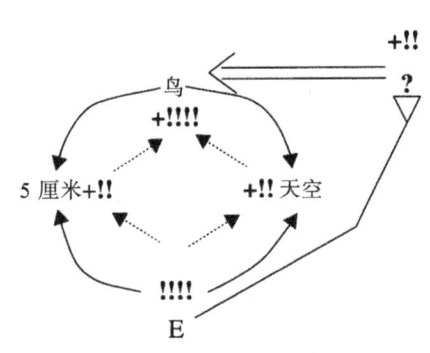

图 4.9 确定 E isA "鸟"

我主张的做法是引入最后一种原始关系，称为**身份**（**IDENTITY**）。身份是两个功能对等的节点之间的关系，两个节点各自的属性可以互换。在我们所举的鸟的例子中，"?"和"鸟"之间有一个身份关系，这意味着在网络结构中，这两个不同的节点被看作是同样的事物。

身份的符号是一个拉长的"等号"——"═══"。但是，它所连接的相关概念间的关系是不平等的。因为，至少相对来说，一个节点是空的，想通过另一个节点来丰富其自身属性。这也就是为什么等号的一端带有箭头，从空节点指向目标节点。图 4.8 中箭头指向不明，因为搜索过程还没有完成；但是在图 4.9 中，箭头指向了"鸟"，这个图告诉我们对鸟的概念范畴化结束了。

我们需要记住的是，尽管我们用了几页来分析这一过程，但是在大脑中实际上只需要花费远远低于一秒的时间。分析的速度很关键，所以我们需要的是激活扩散这样"快速而随性（quick and dirty）"的方法，不需要为了减少出错而采用费时费力的方法。

以上事例说明了被称为"约束"活动的原理，这是通过某个空节点找到并识别适合的记忆概念的过程。讲到这一术语，我想起了它的两种不同的用法。语言学家和逻辑学家用**约束**（**BINDING**）这个术语来指这样的句型：*John hurt himself*（约翰弄伤了他自己）。在这个句子中，*himself*（他自己）所指的人和 *John*（约翰）所指的人约束在了一起。[Wikipedia: "Binding (linguistics)"（维基百科："约束（语言学）"）]

心理学家也会用同样的术语来形容有点类似的认知心理过程，这个我在 4.4 节中提到了。在这个过程中，不同的认知元素约束在一起形成单一的单元。例如，在实际过程中，视觉是分开处理形状和颜色的，因此在认知初期，眼睛看到的是绿色的东西和正方形的东西，需要经过"约束"过程，我们才能识别出绿色正方形。

我认为，语言学家所说的约束只是我这里讲到的约束过程的特例。我讲的约束过程范围更广更具概括性（8.7.3），但是我不确定这是不是心理学家所说的约束。不过，至少它们在心智结构方面有一些相似之处。

4.6.7 约束如何帮助我们进行记忆、预测以及解决问题

不管怎样，我始终认为范畴化中用到的约束原理与前面讲过的其他心智过程中用到的原理是一致的。我们来看看它是如何应用的。

在回忆我把眼镜放到哪里的时候，我激活了一个空节点"?"和它的任意限定属性，即"我放眼镜"这件事情的属性。我们希望，这些属性的激活作用在某个场合的存储记忆积聚，并把它定义为最适合的候选概念。这一概念和"?"之间的身份关系记录了约束过程。

在预测闪电之后的雷声时，我们同样激活了空节点"?"和雷声的某些属性。但是，在这种情况下，我们需要等待来自于预测节点 E 的激活作用积聚。如果听到许多不同的雷声，我们就需要从整体来看选择出最匹配的。

最后，在解决问题时，我们为解决办法创建了节点"?"，对期待的结果和足够的激活量都有说明。如果运气好的话，规定的属性激活会在某个已有解决办法的节点处积聚。如果这点没能实现，我就得"创造性地"想办法，即需要创造一个新的概念。

简而言之，词语法认为我们将同样的激活导向约束机制应用于过去、现在和将来：检索记忆，分类当前的经验，以及预期和规划将来事件。此外，我们还应该看到，在那些表面上无关联的各种语言使用领域，这个原理是多么地重要(8.6)。

对于激活、继承和节点构建，词语法的观点是类似的。这三种心智活动在我们使用和学习语言过程中扮演着重要的角色，即便是在和语言毫无关系的生活领域，它们也是很重要的。

如果这些说法是正确的，那么它们的影响将是巨大的。它们暗示了我们的大脑仅仅使用若干一般的原理，就完成了数量惊人、形式各异的任务。关于人类心智以及人类本质，这一观点和"模块化"理论是迥异的，"模块化"理论认为人类心智中包含一系列特定的任务"模块"(3.6)。

4. 网络活动

本章概括：

- 发现概念很容易，其可及性取决于其**牢固度**（strength），牢固度又取决于我们之前对它的体验。
- 大脑网络支持您的心智进行电**激活**（activation），它一直沿着神经网络扩散。每个神经元有一个**静息激活水平**（resting activation level）和阈值激活水平，阈值激活水平**触发**（fire）和扩散其剩余能量，并平均地扩散到其所有邻近神经元，这被称为**激活扩散**（spreading activation）。这种自动扩散情况的后果之一是**启动**（priming），通过邻接概念的激活随意蔓延，其中一个概念暂时"被启动"（即更容易访问）。
- 虽然激活扩散是完全自动的，无法控制，但您可通过**注意力**（attention）引导可获得的资源向某些节点传播，注意力由您的**执行系统**（executive system）控制，而您的注意力取决于**兴趣**（interest）和需求。只有少量的能量可用，您目前活跃的部分网络被称为**工作记忆**（working memory）。
- 大脑中的物理激活转化为更抽象的心智"激活"，在心智中有多种不同的功能：
  - 指导**检索**（retrieval）——记住具体的东西（例如您的朋友杰克的生日）
  - 导引**继承**（inheritance）以便属性只有在与当下**语境**（context）相关（relevant）时才被继承，（例如：杰克的生日可能相关或不相关，所以每次看到他都没有继承这一属性）。
  - 导引**约束**（binding）以便使结果成为情景的全部属性和目标的全部属性之间的**最佳匹配**（best fit）。
  - 导引**归纳**（induction）以便新的范畴反映两个或更多的共生属性的真实概括（例如鸟往往有相同的大小、形状等）。
- **节点创建**（node creation）有多种不同的功能：
  - 为个体**样例**（exemplar）及其属性创建节点（例如，您看到的一只鸟，或您希望看到的鸟）
  - 为继承属性创建节点（例如，给您认为鸟应有的"鸟喙"创建节点）

- 为**总范畴**(general category)创建节点(如"鸟"),基于多个样例共享相同属性。
- **约束**(binding)通过原始的**身份**(identity)关系,把**空样例**(empty exemplar)和**目标范畴**(target category)联系起来。身份表示节点在功能上是一致的,同时仍允许它们被单独处理(如有必要,区别开)。约束通常会选择最活跃的候选节点作为目标,从而保证了**总体最佳匹配原则**(global best fit)。约束具有不同的功能:
  - 为样例接受最好的范畴化(例如,判定您看到的是一只鸟)
  - 接受搜索记忆的答案(例如,认识到激活日期是您的朋友杰克的生日)
  - 接受一些预期的事物(例如,闪电后预期的打雷)
  - 接受问题最好的解决办法(例如,当电话响铃时如何应对)。
- 我们只需保持其样例节点处于活跃状态,就能**记住**(remember)个体事件,尽管记忆可能缺乏详细信息,如时间和地点(例如,您可能会记得看过杰克的哥哥,但不记得何时何地)。
- **归纳**(induction)创建新的大范畴,以此作为下位范畴的上位范畴,下位范畴共享同一个系列的属性(例如"鸟"的属性为所有作为样例的鸟共有),并可反复使用来产生越来越概括性的范畴**分类法**(taxonomy)。

接下来阅读:
高级读者: 第二部分, 第 8.6 节: 词识别、句法分析和语用的约束

第二部分

语言的运作方式

5. 语言学简介

语言学研究的是语言结构,即语法、发音、词汇和意义。关于语言组织方式的任何思考都属于语言学。

按照这个定义,语言学的确是一个非常古老的学科,事实上,语言学历史几乎与书面语言本身一样悠久。[Wikipedia: "linguistics"(维基百科:"语言学")]最早的语言学家可能是出现在公元前二千年巴比伦的语法学家,他们在泥版上写下动词的各种形式(Gragg 1994)。

再后来,古希腊人建立了现代语法的基础。在中世纪,语法是学校课程设置的三个主要部分之一[三学科(trivium)或三种方式(three ways)的一部分,由此不幸地派生了 *trivial*(不重要的;琐碎的;微不足道的)这一现代词]。最近,我们(英国)仍有一些"语法学校",其中许多发源于十五或十六世纪。

5.1 描写

尽管语言学研究经常受到教条、无知及完全伪科学的影响,但早期很多关于语言结构的研究认识很深刻,因此现代语言学也一直沿用。

例如,知识分子经常抱怨文盲所犯的"错误",比如说使用"双重否定",如"*I didn't say nothing*(我不是什么都没说)"。这种"规定性的"评论是完全错误的,因为该句使用的形式是正确的,正如一个英语句子不再以其法语翻译来判定是否"错误"。[Wikipedia: "linguistic prescription"(维基百科:"语言学中的规定性描写")]

规定性语言学声称要发现语言错误并努力改之,而**描写性语言学(DESCRIPTIVE LINGUISTICS)**,正如其名称所示,试图"描写"语言本身的实际情况。当然，修改语言错误并没有错，解决实际问题也是描述语言学家一直怀揣的信念之一。

对于巴比伦语言学来说，问题在于抄书者不懂苏美尔语（一种废弃的语言，即消亡的、已经不使用语言），所以巴比伦语言学家制作了教学辅助工具，如词和词形列表。中世纪语言学家面对的是一个类似废弃语言的问题（先是拉丁语，后是希腊语）。对于很多现代语言学家来说，他们面对的是人们对学习更多种语言的需求，无论是作为一门外语，还是学校教的母语的一部分（书面语和"受教育的"的语言这一部分）。

无论是哪种情况，我们在确定疗法之前，都需要做一个正确的诊断，而（正如医学）正确的诊断需要仔细的描述和分析。规定性语言学的问题就在于诊断错误。

"*I didn't say nothing.*（我不是没说过啥。）"这一句有什么错误？在规定性语言学家来看，任何语境下这一句都是不正确的。为什么会这样呢？因为无论说话人想用它传递的是什么意思，它"真正的"意思都是"I said something.（我说了些啥）"。

描写性语言学家们持有完全不同的看法，他们认为是语言使用者最终决定其所用语言的意思。如果某个语言使用者用 *I didn't say nothing* 表达的意思跟 *I said something*（我说了啥）相反，那么对于这名说话人来说这句话就是这个意思（即使其他语言使用者不这么想）。但是有一个难题，即不同类型的英语使用不同的规则，与标准英语的规则不尽相同。为什么说这是难题呢？因为标准英语是代表权势和教育的英语，是每个英语母语者在需要时都应该会的一种语言。

描写性方法和规定性方法并不是平等的选择。因为规定主义是伪科学，对诊断起了严重的误导作用。规定主义对双重否定的误诊就是一个实例，其中语言研究方式可能达不到最高的学术标准。

5.2 详细信息

双重否定展示了语言学的另一个重要特征：语言学频繁涉及语言结构的

具体细节（fine detail）——词表和词形列表、非常具体的句法模式、拼写或标点符号的详细信息以及语言之间详细的对应关系等等。

但是，不管研究哪个学科的具体细节，人们都还需要一个大体的思想框架，以此把所有的细节统一起来。在过去几个世纪里，语言学家发展了一套被普遍认可的**范畴（category）**和**术语（term）**集，它们形成了**元语言（METALANGUAGE）**——描写语言的语言。

语言学家也有了一套超级语言**标记符号（notation）**（尽管我们都习以为常了）：**书面语（writing）**——文明的主要支柱之一；由于读写技能须代代相传，语言分析的书面记录可以追溯到文字产生伊始，这就不足为奇了。

目前我们使用的字母表事实上历史深远，最早可以追溯到3000年前居住在地中海东部的腓尼基人使用的语言，后又经过拉丁人和希腊人的改良。有趣的是，我们仍然尊重腓尼基人的非常奇怪的字母排序［从"aleph"开始，然后"beth"；这在希腊语中就是 *alpha* 和 *beta*，因此就有了我们的 *alpha-bet*（字母表）］。［Wikipedia: "Latin alphabet" and "Phoenician alphabet"（维基百科："拉丁字母表"和"腓尼基字母表"）］

我们的元语言大部分可以追溯到2000年前，如 *grammar*（语法）和 *lexicon*（词汇）（来自希腊语），以及 *verb*（动词）和 *letter*（字母）（来自拉丁语）。更让人惊奇的是，术语 "first person（第一人称）"［我（*I*）"或"我们（*we*）"］，"second person（第二人称）"［您"或"你们"（*you*）］和 "third person（第三人称）"（指其他剩下的人称代词）可追溯到巴比伦人时代，他们至少有时会将动词词形以那种方式排序（Gragg 1994）；如果是这样，这些术语的历史会有惊人的 4000 年之久。

5.3 数据

与其他学科相比，这种溯源方式把语言学放在一个相当特殊的位置上。其历史与同样在古巴比伦有深厚根基的数学和天文学不相上下。但语言学之所以特殊是因为它是"人文科学"，一门客观研究人的行为和知识的学科。像数学和天文学的研究者一样，现代语言学家的立论基础建立在大约140代①（假设100年四代，有4000年的语言学史）早期学者的研究之上；但语言学家不同于其他科学家的地方在于，他们还对自己的文化进行详细的分析和编录。

当巴比伦抄写者把词列表抄写在泥版上的时候，他们只是写下他们所知道的，就像英国学校的教师写下 *cat*（猫）这个词让孩子们抄写一样。结果十分清晰，毋庸置疑：对于这个词，您要么知道，要么不知道。尽管现在在有需要时，现代语言学家能求助于一系列的方法进行更高级的研究，但是他们的大量研究仍然基于同样的技术。当然，如果我们尝试分析别人的语言而不是我们自己的，我们还必须使用某些特殊技术。

5.4 差异

现在，我们可以把语言学与第一章介绍的认知科学的其他分支学科——心理学、神经科学、人工智能和哲学——进行对比。

从历史来看，哲学和语言学一样古老，但其他分支学科都十分年轻。心理学可追溯到1879年，当时威廉·冯特（Wilhelm Wundt）在德国莱比锡建立了第一个心理学实验室；神经科学年龄相仿，诞生于对脑部受损及其影响的仔细观察之中。人工智能更为年轻，它始于1940年第一台计算机诞生后的几十年里。[Wikipedia: "History of Western philosophy" "Psychology" "Neuroscience" and "Artificial intelligence"（维基百科："西方哲学史""心理学""神经科学"和"人工智能"）]

然而，值得注意的是，除了哲学之外，上述其他学科的研究方法都比语言学先进得多，如实验、外科手术观察、脑部扫描和计算机程序等。这与语言学家使用的"自我报告"非常不同，"自我报告"是语言学家问自己：我是怎么说这个的？这个词是什么意思呢？我可以这样说吗？询问别人关于母语的看法也并没有复杂太多。

---

① 疑似错误，实为"160代"。——译者

从这个意义上说，语言学要比认知科学的任何其他分支学科容易得多，因为数据充足，易于获得，并且大体上没有争议。在讲"我们的语言"的人群中，我们每一个人或多或少都是一个典型的例子，且确切原因在于我们尽力使自己的语言与社群其他人的语言在每个细节上都保持一致（Hudson 1996:10—14）。当然，如果用简单方法难以完成任务，我们的确有更先进的方法可以使用（Schütze 2006），但如果想知道如动词 *walk*（步行）的过去时态是什么样的信息，用这些先进的方法无异于杀鸡用牛刀。

数据的现成供给有很重要的影响，即语言学家能集中精力关注语言结构的细节，如形成过去时动词的规则及其例外和不确定形式。心理学家和神经科学家的研究方法却不允许这么做。

例如，尽管心理学家可以展示从"医生（*doctor*）"一词到"护士（*nurse*）"一词的启动效应（如 4.2 节中所解释的），但他们能给出的最好的解释只是这两个词"在意义上是相关联的"。即使他们对这些关系的细节感兴趣（在整体上来说，他们不感兴趣），他们的研究方法也无法支持他们做进一步的分析。哲学家对这种细节也不关心。

从另一方面讲，人工智能的确支持详细分析，因为其目的是模拟人类行为的细枝末节。如果其目的是为了创建例如一个可以回答关于英语句子问题的计算机程序，那么计算机需要知道很多关于词的详细信息，包括不规则的过去时及其确切意义。但在语言领域，人工智能通常使用的分析是语言学家用普通方法建立的。

在结构方面，语言学家才是专家，因为我们所使用的方法是唯一能够产出细节的特定种类与所需数目的。

因此，语言学及其他学科实际上是互补的：一个弱势的地方，正是另一个强势的地方。如果我们想要一幅完整的画面，则需要整合所有学科及它们的优势。如果我们想要知道心智的运作方式，那么要问心理学家、神经学家或人工智能专家；但是如果想要知道语言组织构成的详细信息，则要询问一位语言学家。在这一点上没有争议。

5.5 分离

遗憾的是，语言学悠久的历史在这方面造成了一个问题。在语言学形成的初期并没有认知科学，也鲜有关于心智运作方式的指引。此外，语言学家一直倾向于认为语言在某种程度上独立于个人心智。

促成语言从心智中分离的事实是：语言学的很多研究都集中在整体社群的"语言"上——标准英语、经典拉丁语、苏美尔语或其他什么语言。在该观点中，语言在某种意义上是社群中"外在"的东西，这和太阳系是宇宙的"外在"这种说法差不多。个体可能知道，也可能不知道语言（或太阳系），但语言的存在方式并不依托于说语言的人或知道语言的人而存在。事实上，废弃语言之所以死亡是因为没有说这种语言的人，但它仍然存在。因此，对于废弃语言的大多数历史，语言学除了偶尔从其获得数据源外，则完全忽略了说语言的人。人们如何学习、存储或使用他们的语言，这些问题从来就没有被提及过。

不过，由于心理语言学作为语言学子学科的出现，关于语言学的这种整体描述就不攻自破了。[Wikipedia: "Psycholinguistics"（维基百科："心理语言学"）]这一点在接下来的章节会出现。自二十世纪五十年代起，心理语言学家已经了解了大量的语言学习、存储和使用语言的内容（Altmann 2006）。

此外，由于形式语言学派的努力（乔姆斯基派），语言学家现在有一个大体的标准术语体系，用来谈论语言与心智的关系。我们的语言知识是我们的**语言能力**（**COMPETENCE**）或 **I-语言**（I-LANGNAGE，"个人"或"内在"语言），与我们用这种知识去做事情的**语言运用**（**PERFORMANCE**）相对照。[Wikipedia: "Transformational grammar"（维基百科："转换生成语法"）]

但是，这种向心理学的倾斜对理论语言学影响甚微。大多数语言结构理论继续无视基础心理学，即使他们也声称（这一点乔姆斯基的理论重点强调）语言是个体心智的一部分。这样做的有四个主要理论学派，即最简方案、中心词驱动短语结构语法、词汇功能语法和最优方案。[Wikipedia: "Linguistic minimalism", "Head-driven phrase structure grammar", "Lexical functional grammar" and "Optimality theory"（维基百科："最简方案""中心词驱动短语结构语法""词汇功能语法"和"最优方案"）]

所有这些理论都是在二十世纪的一个主要运动中发展起来的，即**结构主义语言学（STRUCTURALIST LINGUISTICS）**（或结构语言学）运动，其要点是强调语言是单元的结构集合，独立于这个集合之外的任何事物。[Wikipedia: "Structural linguistics"（维基百科："结构语言学"）]结构主义路径的积极方面在于它集中研究语言复杂的内部结构。

但它也有负面影响，即促使语言学家忽略语言之外的一切，特别是它认为语言的组织方式与心智中其他任何事情都不同。这种影响一直存在，例如，语言结构理论通常既不解释网络结构的激活扩散，也不说明缺省继承，而这两者是认知心理学的两大支柱，在这本书的第一部分起着重要的作用。

5.6 发展

但是，如同许多归纳一样，这其中也有例外情况。在二十世纪八十年代，一些语言学家（包括我自己）开始在认知心理学和人工智能的基础上发展语言结构理论。这演化成了一个被称为**认知语言学（COGNITIVE LINGUISTICS）**的运动，现在拥有为数不多的有重要影响的语言学家。[Wikipedia: "Cognitive linguistics"（维基百科："认知语言学"）]

认知语言学是一种"挪移"，而不是一种"理论"，因为它只是由几个非常笼统的假设组合起来的，包括语言是整体认知的一部分，而不是独立模块的这种假设（这一点我在 3.6 节中有解释）。但在该挪移中，有一些与众不同且理由表述相当清晰的理论：

- 认知语法；
- 建构语法；
- 词语法。

[Wikipedia: "Cognitive grammar", "Construction grammar" and "Word

Grammar"(维基百科:"认知语法""建构语法"和"词语法")]

以上情况把我们带回到**词语法**(WORD GRAMMAR),即这本书的主题。自大约1980年起,我一直在发展这种理论(Hudson 1984,Hudson 1990,Hudson 2007c),且毫无疑问,随着我们不断发现缩小认知科学和语言学之间的距离的新方法,这种理论会继续发展。

如果要我用一句话总结词语法,我会用另一位认知语言学家的话来总结,即"语言知识是知识"(Goldberg 1995: 5)。关于语言组织结构,最佳的理论解释可能是:它是一般知识组织结构中的一个典型。我希望取得的成果是,把认知科学的一般洞察力运用到心智,以处理大量详细的语言学信息。这是我第二部分想要表达的主要内容,该部分的每一节都与第一部分所讲的认知科学相对应。

接下来阅读:
高级读者:下一章

6. 作为概念的词

6.1 类符与形符

2.1 节概括：

- 知识或**概念结构**（**conceptual structure**）是由**概念**（**concept**）[如"bird"（鸟）]及其**属性**（**property**）[例如"it flies"（它会飞）]组成的。
- **样例**（**exemplar**）是具体的概念，与特定经验约束在一起[例如"that bird over there（那边的那只鸟）"]。
- **范畴**（**category**）是一般性概念，用来范畴化（即分类）样例。
- 一旦范畴化一个样例，该样例就可以**继承**（**inherit**）这个范畴的属性[例如"that bird over there（那边的那只鸟）"可以继承"it flies（它会飞）"的属性]。这就是我们如何使用过去的经验来指导现在和预测未来。

本节的问题是：2.1 节中的思想是如何适用于语言的？语言的哪些部分属于概念？样例和范畴之间的差异如何适用于语言？

6.1.1 语言作为概念

语言学家通常会认为，概念结构和语言之间唯一的交集在于意义，其中词充当概念的名称，如"*dog*（狗）"。一个有影响的意义理论甚至使用术语"概念结构"来替代意义（Jun 2006），这意味着语言的其他部分都不属于概念结构。我在第 5 章解释过，由于历史的原因，有关语言结构的大多数理论对语言与概念结构之间的联系缺乏认知，语言和概念结构共存，但都尚未明确定义。

与此相比，认知语言学家们坚信，概念结构包括整个语言体系，不仅是意义,还包括词、词的构成、句子结构甚至语音。这正是我现在要解释和辩护的观点。

想想 *dog* 这个词。它怎么会是一个概念？请看清,我们正在谈论的东西由三个字母写成,拥有两个辅音和一个元音,而非那会吠的四条腿的生物。您可能愿意接受"dog"作为一个概念,但 *dog* 这个词本身是否也是呢？(请注意标准语言学符号的使用,其中斜体用于词,加引号指意义: *dog* 的意思是"dog"。)

确实,我们倾向于认为词是概念的标签,而词本身并不是概念,但我们无法很好地为这种区别辩护。简单地说,知识由概念组成,因此,如果您知道 *dog* 一词,那么它必定是一个概念。进一步讲,一旦我们接受词作为概念,就会发现词 *dog* 实际上与概念"dog"非常相似。

dog 和"dog"的一个相似性是两者都是由一些属性来"定义"的。"dog"具有的属性有"四条腿"和"犬吠", *dog* 一词则有如下属性:

- 拼写为 <dog>。
- 发音为(英式英语)/ dɒg /。
- 名词。
- 意思是"dog"。
- 英语单词。

(再一次强调符号很重要: <...> 表示拼写, /.../ 表示发音。)

dog 和"dog"之间另一个相似性在于,它们都属于一般性范畴,因此样例可以从其继承尚未知晓的属性。例如,正如观察到的(无犬吠)(狗)继承(在心智中)了犬吠这一属性,观察到的词 *dog* 继承了名词属性。

因此, *dog* 和"dog"两者似乎很明显都是概念。同样明显的是,它们属于非常不同的概念范畴。但词和动物之间的差异,与"dog"和其他一些概念如"birthday party(生日聚会)""7"或"tall(高)"相比,并没有大多少。

6.1.2 陈述性知识及程序性知识

词作为概念这一点,即使是那些还需要时间来对此进行思索的语言学家,也肯定会接受词具有如上述所列属性这一前提。不过,另一方面,部分心理学家并不同意这一观点,这点需要引起我们的重视。

对这些心理学家来说,问题在于语言知识是一种陈述性的还是程序性的知识(在 2.1 节中有与此相关的对比介绍)。许多心理学家认为语言是程序性的知识。简单讲,他们认为,词是一种联系其发音及意义的指令:

(1)如果您听到 X,然后明白了 Y。
(2)如果您的意思是 Y,那么说 X。

指令(1)告诉我们听的过程中应该做什么,而(2)指导我们如何说话。如果词是一种程序,那它就不能是一个概念,因为概念属于陈述性知识。

相反,多数语言学家倾向使用单一的陈述性声明:Y 的意思是 X。其优势相当明显。毕竟,程序性分析意味着说话时发音与一种意义相连,而听的时候发音则和另一不同的意义相连。不过在 2.1 节我也提到过,对陈述性和程序性知识进行总体上的区分,其重要性可能并没有心理学家认为的那么大。因此,讨论这个问题意义不大。

6.1.3 类符与形符

假设一个词是一个概念,那么,词的范畴和样例之间有什么区别?比如说范畴 "bird(鸟)" 和样例 "that particular bird over there(在那里的那只鸟)" 有什么区别?关于这点,语言学家和心理学家做了相同的区分,但是语言学家使用了不同的术语体系。我们称词的范畴为**类符**(**TYPE**),样例为**形符**(**TOKEN**)(Wetzel 2006)。[Wikipedia: "Type-token distinction"(维基百科:类符-形符区别)]

例如句(3)所示:

(3) The cat sat on the mat.

（猫蹲在垫子上。）

这一句话中有六个词的形符，但只有五个词的类符，因为词 the 是重复的。每个"具有区别特征的词"属于不同的类，因此，假如这一句话中的词是您所知的全部英文单词，那么，确切地说，您一共知道五个词：the、cat、sat、on 以及 mat。每一个词可以是一个包含无数样例的广大范畴。

众所周知的"**类符-形符比（TYPE-TOKEN RATIO）**"测量法，使用的就是类符和形符的区别。在例(3)中，类符-形符比是五个类符比六个形符，或 5/6（即 0.8）。这一测量显示了"词汇密度"，即任何书面或口头话语片段的词汇范围。比率越低即类符重复越多，且每一个属于相同类符、形符的重复都会使比率下降。在一种极端情况下，属于同一类符的十个形符串会使比率接近于零（1/10=0.1）；而在另一个极端下，十个形符全都属于不同的类符则会使比率接近于 1（10/10）。

类符-形符比有许多用途，如测量儿童的词汇随着年龄的增长如何变化（Theakston 2006），或确定作者的写作风格（Rudman 2006）。它使用起来非常方便，但必须基于一个前提，即比较的两个文本通常需要是同一长度的，因为随着文本变长，潜在的可重复的词会增加，类符-形符比总是倾向于降低。

本节想表达的主要观点是：类符与形符有着本质上的差异，而且这种差异在语言研究的任何方面都是值得注意的。

在词语法中，这两者间的明显差异起着重要作用。而除了词语法理论，其他大多数理论极少去关注它，甚至没有一个标准符号标记法把形符和其所属的类符区分开来。如上句写下 the 时，这里的 the 是 the 类符的一个形符，但请注意，在这两种情况下，我们使用同一符号。这在大多数理论中并不重要，因为它们只关注语言系统——只有类符属于语言系统，形符则不是。

认知理论之所以与其他理论不同，是因为它关注的是认知，而形符正是认知的一部分：我们给形符建立概念，划分范畴，并使其继承其他属性。在日常生活中，我们很容易理解样例和范畴之间的区别。因此，当看到一只鸟时，我

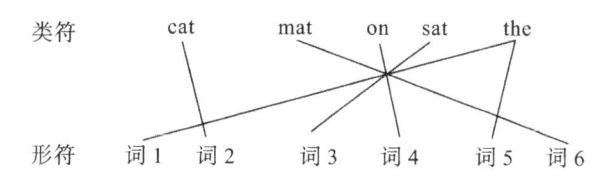

```
类符    cat    mat    on    sat    the

形符    词1  词2    词3   词4    词5  词6
```

图 6.1 类符和形符辨析

们知道自己看到的是一只"鸟",而非"鸟类"。

语言中类符和形符的区别不太明显,尤其是在书面语中,因为类符和形符的书写形式是一致的。但这十分令人不解,因为形符的属性通常和其所属类符的属性不同。不符合规则的形符,如错误的拼写,具有的属性与其正确形式所属的类符属性有所冲突;但即使是符合规则的形符也因其独有的时间、使用者、语境等,而与其类符不同。

6.1.4 类符和形符的标记法

类似词语法的认知理论中,区分类符和形符是必然的。而我们区分的方式仅是出于方便和惯例而已,因此,在词语法中,我只需遵从多年来形成的惯例就好(Hudson 2007c: 44),这种标记法在图 6.1 中的例(3)有显示。根据此图,第一、第五个词符是词类 *the* 的样例;第二个则是 *cat*(猫)样例等等。

在这种标记法中,每一个形符都有一个标签,如"词1",这个标签包含两个方面的信息:其一般类型(例如:"词""形素")及其在序列中的位置(1、2等)。位置信息告诉我们语言单位始终是有先后顺序的;标签的抽象性则向我们展示瞬息之间我们无法获取更多。只有在某种心智运作之后,我们才可能认识到形符是类符如 *the*、*cat* 等的某些例子(8.3 节会详细说明这一过程)。

这种形符的标记法足以将其和类符区分开,但后面的章节将介绍一种更为先进的标记法来表示类符,即使用简单的斜体作为形符的简易符号。如您所见,我正逐步使我们远离在孩童时期学过的符号。

一般的写作已经是一种十分复杂的标记法,包含大量关于发音、词法和语法的信息。例如,当我们决定要写 *bear*("熊",名词),而不是 *beer*("啤酒",名词)时,区分的因素是发音;但与 *bare*("裸露的""忍受")相比,决定因素

是 *bear* 的拼写方式(是名词或动词 *bear*, 而不是同音异形的形容词 *bare*)。

至于语法,写作通过拼写显示词内部的形态(例如 *bear* 对比 *bare*),通过标点符号显示词与词之间的句法,如例(4)和例(5)。

(4) I love her ; money affairs don't interest me.
　　(我喜欢她,和钱无关。)
(5) I love her money ; affairs don't interest me.
　　(我喜欢她的钱,无关其他。)

普通书写的问题在于,它试图同时去做很多事情,但结果却不能彻底地为我们的目的服务,使得事情变得一团糟。而且,它混淆了发音和词法身份,只给出了部分的句法提示;最重要的是,它不区分类符和形符。这就是为什么我们需要一种特殊标记法。

图 6.1 显示了形符和类符相互关联的方式:词 1 连接到 *the*,词 2 连接到 *cat* 等。这种连接关系使得属性得以继承,这正是一般性概念的主要优点。在 2.1 节,我们讨论过其应用到日常经验的方式,如看到一只猫:一旦知道是一只猫,我们就可以猜到它喜欢被抚摸、喜欢奶油、会打呼噜,以及猫的其他典型特征。

词也一样。一旦范畴化了一个词符,就可以猜测它的意义、典型发音、词类、所属语言以及各种其他属性。稍后章节将对此进行讨论。这些继承的属性与其已知属性,如发音(在聆听过程中)或意义(在说话过程中),结合在一起,极大地丰富了词符的概念结构。这一过程与我们体验其他任何事物的过程完全相同,这一点在之前的章节曾有过描述。

当然,语言理论最主要的一个问题是——词的属性究竟是什么。词语法的观点是,词是语言的中心,一旦我们回答了这个问题,以及其相关的子问题,那么实际上我们将拥有一个完整的语言结构理论。事实上,本书的其余部分,从下一节的属性列表开始,可以看作回答这个问题的一种尝试。

本节概括：
- 词是概念，其属性包括意义、发音、词类和所属语言。
- 如同其他概念，词可以是一般范畴（如 the）或具体样例；但在语言学术语中，样例被称作**形符**（**token**），范畴被称作**类符**（**type**）。
- 在词语法符号中，形符的标签较为复杂，由一般性范畴词及其后面显示形符在序列中的位置的数词构成（例如，词 1 或 w1）。
- 文本的**类符-形符比**（**type-token ratio**）可用于测量文本词汇的多样性。
- 形符通过连接到某个类符得以范畴化，并继承这个类符的所有属性，从而极大地丰富该形符的已知属性。

接下来阅读：

高级读者：下一节

6.2 词属性

本节直接接着上一节讲，而非接第一部分的某节，因为本节是以语言学的古老传统为基础，而不是认知科学。

我们的前辈为语言研究所付出的努力产生了丰硕的成果，使我们能详细地理解语言结构。有一点我在第 5 章解释过，语言学强在细节——语言本身的组织结构，相比人类文化的其他任何部分，这很可能更清晰一致，因此，正是从语言中，我们才能获取到概念结构最详细、最清晰的洞察与认知。这些认知的许多方面，大多都为众人所认同，甚至成为了一种传统。那么接下来要做的，是完成词的属性列表。

首先，您可能希望我能给"词"下个定义。其实我们有充分的理论原因不去给它下定义，这一点在 2.5 节中谈过。因此我先简单地假设，我们都知道词大致是什么，这种理解将会随着讨论的进行，逐渐变得深刻与复杂。目前，您可以先把词看作是写在词空格之间的东西。

另一方面，之前介绍过的趋向复杂化的一个步骤，我们须牢记类符和形符的区分（6.1）。它们的属性稍有不同，我将在以下列表中进行区分。

6.2.1 典型词的属性

这里是一份典型词的属性列表：

- **意义**（MEANING）是一个概念小群集，由固定的"词典意义"和多变的"语境意义"组成；该观点在 8.7.2 节中有进一步论述。
- **实现**（REALIZATION）是一个概念群集，它结合了固定的"词典形式"与多变的"词形"，这一点在 6.7 节中有解释。实现使话语中的词可以听到，书写中的词可以看到，因此，"实现"一个词的意义是让其更真实。虽然实现的确切性质仍须讨论，但 6.9 节将解释到，词语法中的实现是一个"形式"，其又通过发音或字母实现。
- **词类**（WORD-CLASS） 6.3 节和 8.4 节中解释过，词类的划分使归纳得以实现。
- **句法配价**（VALENCY） 显示了词与词的组合方式，例如，动词 *try*（努力）和 *attempt*（企图）都可以和 *to* 组合，其后再跟着另一个动词［如 *try/attempt to go*（努力/企图要走）］，但 *try* 之后的 *to* 是一个可选项，而 *attempt* 后的 *to* 则是强制性的（我们可以只用 *try*，但不能单独用 *attempt*）。
- **一种语言**（LANGUAGE） 每一个词都属于某种语言。
- **频率**（FREQUENCY） 一些词会比其他词出现频率高，但这不仅仅是一个客观事实，本族语者能够意识到这种差别，并就特定词做出合理准确的"主观频率估计"。例如，英语母语者知道 *smile*（笑）要比 *smirk*（假笑）更普遍（Barsalou 1992: 64—67）。
- **说话者**（SPEAKER）和**听话者**（ADDRESSEE）（倾听话语的人），时间（TIME）和地点（PLACE）这些属性主要属于词符，一个典型的词符包含全部四个属性——我们知道谁在说,说给谁,何时说及在何地说。通常情况下这些属性无法进行归纳,除了一些特殊情况;例如,*good morning*(早上好)和 *good evening*(晚上好)用在不同的时间段。

6.2.2 词的其他属性

除了这些典型的属性外,一些词还有以下一个或多个属性:

- **文体层级(STYLE-LEVEL)** 有些词只能用于非常正式的文体(例如 *attempt*),还有一些只能用于非常随意的文体[例如 *have a go*(试一下)]。
- **说话者类型(SPEAKER TYPE)** 有些词只限部分说话者使用,例如,*bonny* 只有苏格兰地区(或附近)的人用,*gee-gee* 则仅限小孩子使用(或说给小孩)。
- **社会关系(SOCIAL RELATION)** 有些词只有在说话人与听话者间存在特殊社会关系[如 *Sir*、*thank you*、*hello*(长官/先生、谢谢、您好)],或特指某人[如 *Mrs. Brown*(布朗女士)]时才会被使用。
- **情感(EMOTION)** 当说话者正在体验一种特殊的情感时,如高兴[*hooray!*(好哇!)],焦虑[*oh dear!*(啊!)]或愤怒[*damn!*(真他妈的!)],才会使用这一类词。这些词说明概念可能直接与情感相连,这点我们在3.1节讨论过。
- **词源学(ETYMOLOGY)** 一些人会知道一些词语的历史[例如 *nice*(好)来自拉丁语 *nescius*,意思是"无知"]。
- **词法关系(LEXICAL RELATION)** 如果某词以任意一种方式"派生"于其他词,如在第6.7节探讨的那样,那么两词之间具有词法关系[如 *farm-farmer*(农场-农夫),*possible-impossible*(可能-不可能)]。
- **同源(COGNATE)** 无论是在我们的母语还是在其他语言中,如果知道了一个词的词源,那也就能知道其他具有相同起源的词。例如,英语中与 *nice*(好)同源的一个词是 *science*(科学)。
- **翻译对应词(TRANSLATION EQUIVALENT)** 有些人知道如何把自

己母语中的一些词转换为其他语言（例如 nice 其中一个意义对应法语中的 gentil）。

以上每一种类型的信息都可能存在于说话者的心中，尽管其中一些是附加信息以供选择。例如，不知任何词的词源，某人可能也会说一口非常流利的英文。很简单，因为这些信息属于词的可能属性。

6.2.3 词典和语言学中的词属性

好的词典在录入词时会在词条中包含许多上述这些属性。例如，下面是柯林斯英语词典（*Collins Cobuild English Language Dictionary*）中 nice 词条的头几行（Anon. 1987）：

nice /naɪs/, **nicer**, **nicest**. Nice is a very common word, especially in informal spoken English, which is used to express pleasure, approval, or admiration of a very general kind. 1. [ADJ QUALIT = good]...

nice /naɪs/, **nicer**（比较级），**nicest**（最高级）。nice 是一个非常通用的词，特别是在非正式英语口语中，用来表示很一般的高兴、同意或欣赏。1. [形容词 质量 =good]……

请注意，该词条首先告诉我们 nice 的发音、其与 nicer 和 nicest 的词法关系、频率、文体风格、情感、词类（形容词）及其意义的总体描述（质量＝好），然后才是其各种不同意义的详细描述。

然而，不同于词典的详尽，大多数语言学理论忽略了许多这些信息，而仅仅关注把词连接到语言"内部"其他事物的属性，如发音、意义、词类、句法配价（Allan 2006a）。如果我们的目的是要分析和理解对词的认知，那么这种限制毫无意义，因此词语法会尽可能地拓宽其覆盖面。

此后的章节将对上述大部分属性进行更为详细的讨论。同时，本节最显著的要点为：首先，关于词，有相当数量、涉及不同方面的信息以备发现，或至少是可知的；其次，词的许多属性超出其自身的语言，甚至涉及语言之外的相关概念——意义、词源、情感、社会关系等。

本节概括：

- 对所有的说话人来说，典型词有以下心智属性：**意义**（meaning）、**实现**（realization）、**词类**（word-class）、**句法配价**（valency）、**语言**（language）及**频率**（frequency）。
- 典型的词符还具有的属性：**说话者**（speaker）、**受话者**（addressee）、**时间**（time）和**地点**（place）。
- 有些词可能还有其他属性：**语体层级**（style-level）、**说话人类型**（speaker type）、**社会关系**（social relation）、**情感**（emotion）、**词源**（etymology）、**词法关系**（lexical relation）、**同源词**（cognate）及**翻译对等词**（translation equivalent）。

接下来阅读：

高级读者：返回到第一部分，第 2.2 节：分类法和 isA 关系

6.3　词类

2.2 节概括：

- 概念以**分类法**（taxonomy）形式组织起来，分类法将概念向上连接到**总纲**（superclass），向下连接到**亚纲**（subclass）。
- 概念与其总纲之间的关系叫 isA **关系**。
- 在词语法符号中，isA 关系用一条线表示，线段一端是一小三角形，底边朝向总纲。

词的分类是传统语法最著名的一部分。大约在公元前 500 年，印度学者在印度语中创建了词类，其后，公元前 200 年希腊人对此进行了效仿，此后词类（也称为"词范畴"或"词性"）成为了语法研究的基础（Anward 2006）。因语言不同，词类的划分会有细微的差异，而对词类的分析，不仅随时代变更而变化（虽然差异小得惊人），还会因为分析者的假设而不尽相同，这些都不足为怪。

传统的英语词类的典型划分列表如下：

- 名词
- 形容词
- 代词
- 介词
- 动词
- 副词
- 冠词
- 连词

此列表可以追溯到公元前 200 年，其间并无太大变化——这是文化延续性的一个杰出的例子。词类的原始命名是希腊语，但英语中的词类名称源自拉丁术语。现代语言学家或想对其进行些许改变，但就现在的目的而言，我们不妨

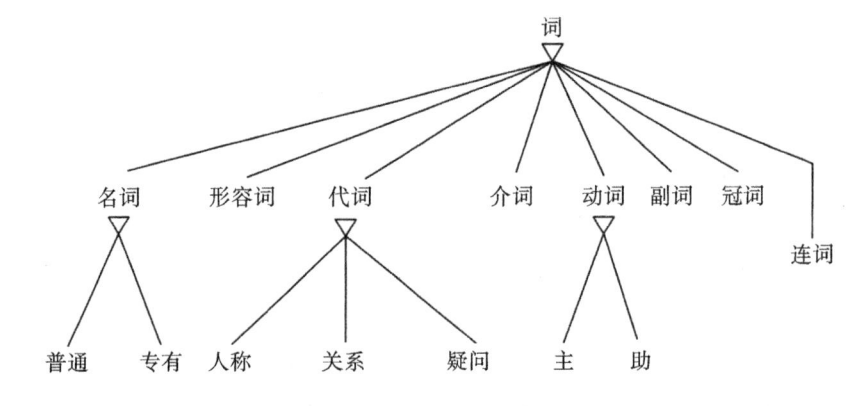

图 6.2 传统词类分类法

继续沿用传统分析。

以上每个词类都是词的大类，因此每个词类 isA 词；图 6.2 所示的是词分类法的最顶层。但是传统分类对一些词类又进行更为深层的次分类。名词分为专有名词和普通名词；代词分人称代词、关系代词、疑问代词；动词分主动词或助动词等等。一个世纪前，学校所用的典型语法书非常详细地列出词类和次词类，现代学术语法同样如此，虽然一些细节有所不同。简而言之，词类系统是真正的分类法。

接下来阅读：

高级读者：第三部分，第 10.1 节：词类

初学者：第三部分，第 10.2 节：屈折形式

6.4 合乎语法性

2.3 节概括：

- 以分类法组织知识的好处主要在于，它允许一般性信息通过**继承**（**inheritance**）以适用于更为具体的个例。至少在两种情况下这样做非常有用：处理不熟悉、属性未知的样例时；以及需要弄明白看不见或不能直接了解的属性时。
- 概念可以从位于本身和分类法顶层之间的任何概念继承属性。这一过程在心理学上是真实的，用时虽少，但可测量。
- 继承允许属性通过归纳连接到上位概念，但同样，即使是归纳的属性可能也会连接到下位概念，在这种情况下，信息是**冗余的**（**redundant**）。
- 继承不会使冗余信息阻塞分类法，因为它只适用于样例。
- 继承是一个过程，可以想象成通过两个工作者执行：一个是"**搜索者**（**searcher**）"，他沿着树状图查找可继承的属性；另一个是"**抄录者**

（**copier**）"，他将每个可继承的属性抄下来并将其传递给样例。

正如任何分类法一样，6.3 节中讨论的每个词类都有很多属性，这些属性可以归纳到其所有的亚纲中。以"动词"为例，它一般具有以下属性（此处没有完全列出）：

- 可以有时态，过去时或现在时 [如 *eats/ate*（吃 / 吃了）]。
- 前面可以有名词或代词 [如 *John eats*（约翰吃）]。

这些属性在图 6.3 中被概括为"有时态"和"适用于代词 / 名词之后"。

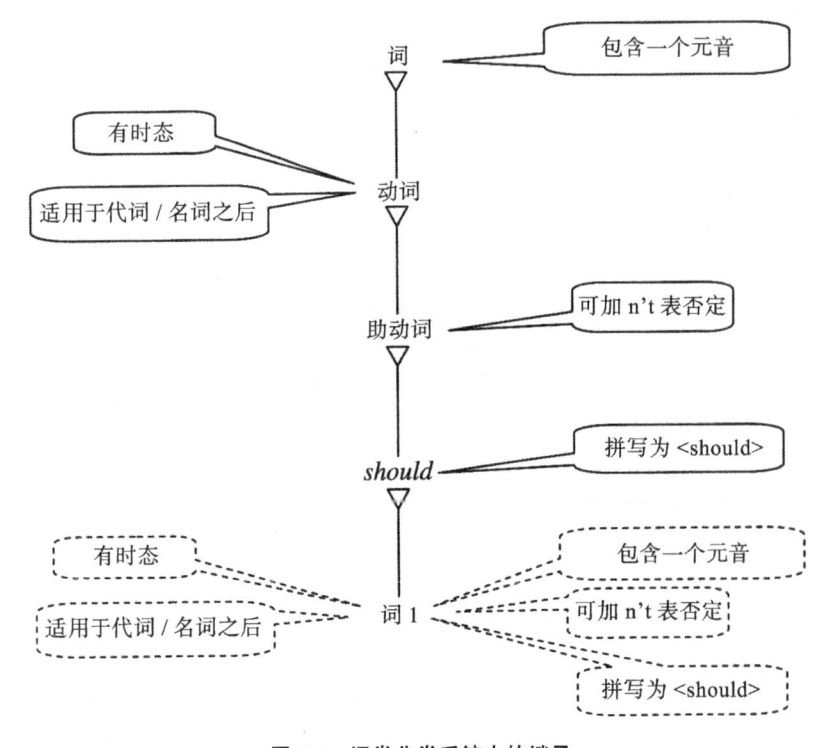

图 6.3 词类分类系统中的继承

图中还包括"词""助动词"和"*should*"（助动词，表应该、将来等）各自的一个属性：一般的"词"包含至少一个元音，典型"助动词"如"*should*"可以和 *n't* 结合形成 *shouldn't*，*should* 的拼写是 <should>。当然，这些仅仅是举例，以上各个词类实际的属性列表相当长。我们可以从图中看出，它与图

2.5（2.3 节）鸟类的属性列表非常类似，包括用虚线方框展示继承的属性。

6.4.1　好的语法

图 6.3 所展现的是，should 的一个典型形符拥有的属性，如有时态、包含一个元音等。在语法术语中，拥有这些属性的形符是**合乎语法的**（**GRAMMATICAL**），允许其存在的小网络是这种语言**语法**（**GRAMMAR**）的一个片段。（从稍微专业的意义上讲，"语法"包括"词典"中的语法以及传统语法；我们将会在 6.5 节中了解到，语法和词典是不能分开的，所以该术语实际上并非像看上去那样不一致。）

我们的语法与外语语法书中所做的完全一致，它告诉您哪些东西在该语言中是允许的。举一个简单的例子，我们可以给英语助动词添加 n't（例如把 should 转换成 shouldn't）。这在英语中是允许的，但在其他语言中并非如此。

根据定义，继承的属性是"许可的"，那些与继承来的属性并不冲突的属性同样也是许可的（例如说话者、时间和地点）。但如果某个词符的属性与继承属性冲突，那么这些属性是不被许可的，这就意味着这个词也是不被许可的。举一个比较明显的例子——shouldn't 是个不错的英语词，但它是一个糟糕的法语词；稍不那么明显的例子是，gotn't 是一个错误的英语词，因为 got 不是助动词，而只有助动词才能加 n't。

好和坏这两者之间的对比被称为**语法性**（**GRAMMATICALITY**），为很好地区别它们，语言学家们使用一个星号以显示不合乎语法性。例如，为了显示 gotn't 不合乎语法，我们可以将它写成 *gotn't。

我们不仅在语言中以这种方式区分好与坏；我们还将存储好的概念作为将来样例的先例，并把符合期望的、典型的事物与不可知的区别开来。例如，有四条腿的猫是典型、符合期望的，而一只有五条腿的猫会让人感到诧异，甚至会认为，除非是在童话故事中，否则这是不可能的。用语言学术语来讲，即四条腿的猫是"符合语法的"，而五条腿的猫是"不合乎语法的"。

事实上，我们可以进一步发掘猫和词之间的这些相似点。当您看到一只猫时，有四种可能：

- 认出来它是一只特殊的猫，如邻居的猫，叫费利克斯(Felix)。
- 认出来它是费利克斯，但它因为某些意外而出现了新的属性——如在一次事故中，费利克斯失去了一条腿。
- 它是一只陌生的，普通的猫。
- 它有五条腿，但这绝不可能——也许您正在做梦。

语言也一样，本族语者可以很容易地分辨出熟悉和不熟悉的词符，以及在这两种情况下典型和非典型的词符。例如，以下的事实对英语本族语者来说不言而喻：

- *kick*: 这是一个现有的词。
- *kik*: 这是 *kick* 一个拼错了的形式。
- *keck*: 理论上说这可能是一个普通的英语单词，虽然并不认识。
- *krk*: 这根本不可能。

以上这些，毫无疑问您都会同意的——除非您知道一些捷克语，知道 *Krk* 是"喉咙"的意思。

这些例子说明，关于词和词类我们知之甚多，且可以通过继承，把这些知识运用到上述类似的词符上。*kick* 这样的词合乎语法且可以被识别，这是因为它稳坐分类法的底部，不仅可以从词类，也可以从特定的词中自由地继承属性(6.5)；*kik* 部分不合乎语法，但可以被识别；*keck* 合乎语法，但无法被识别，因为事实上并没有某个叫作 *keck* 的词；*krk* 拼写如此怪异，我们甚至无法把它视作一个英语单词，更不用说将其识别为某个具体的词。

本节概括：
- 语言的完整分析包括其所有词和词类，这就是语言的**语法（grammar）**。
- 如果词符的属性与其从语法中继承的属性相兼容，那么该词符是**合乎**

语法的（grammatical）。

接下来阅读：
高级读者：返回到第一部分，第 2.4 节：多重继承及选择

6.5 词位和屈折形式

2.4 节概括：

- 大多数概念属于多个分类，并从每一个分类中继承属性，这种拓展的继承形式称为**多重继承**（**multiple inheritance**）。
- 一个概念从不同分类中继承的属性可能会冲突，因此，我们需要了解如何才能避免冲突，以及没办法避免的时候，这些冲突是如何影响我们的思维的。
- 相互排斥的概念通过**选择**（**choice**）概念相互联系，从而避免多重选择发生。

2.4 节中的观点，比如 canaries（金丝雀）isA "鸟" 和 "宠物" 的例子，在应用到语言中时显得更为明确；也就是说，我们对该语法领域的理解远远超出语言本身，而延伸到思维的基本部分。

  语法概念非常简单，因此我们可以用简单的示例来说明它们，比如，*books*（书）。该如何分类这个词呢？我们知道，*book* 是名词，但 *s* 是什么呢？您肯定知道，语法学家使用术语 "复数" 来区别诸如 *books* 和 "单数" *book* 这样的单词。这意味着 *books* 不仅与其 "单数" 对应体 *book* 共享部分属性，而且也分享其他复数名词如 *dogs*（狗），*mice*（老鼠），*sheep*（绵羊）和 *people*（人）的部分属性。请注意，其他复数名词不一定包含该后缀 *-s*，因此在某种意义上不能说后缀 *-s* 表示复数，我们要对整个词进行分类。

因此，books 这一词不仅 isA book，而且 isA "复数"——这是多重继承的一个典型案例。books 继承了 book 的基本意义（"书"）、其大多数实现形式（book）及其词类；从"复数"中，它继承了其意义的复数性（"多个"）、词尾的实现形式(-s)以及一个更为准确的词类（"复数"）。关于这点 7.3 节会有正式详细的讨论，这里主要指出诸如 books 的词有两组独立的属性，分别继承于两个源头。

6.5.1 词位及屈折形式

首先，为了区分上文提到的两个源头，我们亟需一套术语：**词位**（**LEXEME**）和**屈折形式**（**INFLECTION**）。

- 词位是基本的"词典中的词"，即词典中常见的列出形式。词位最明显的属性之一是它是通过**词干**（STEM）——词的基本部分（根据词典的定义）来实现的，例如 book。我们平时分入名词、动词等词类的词，就是词位。
- 屈折形式是通过"屈折变化"（中世纪的语法学家把这比拟为对词的一种"弯曲"）而创造出来的新词。与词位相反，屈折形式通过对词干进行一种特殊变化来实现，其结果被词语法称为**变体**（VARIANT）。例如，books 是 book 的 "s- 变体"。

除了"变体"（词语法专有称谓，在 6.7 节中有专门讨论）之外，这个术语系统在语言学界里是标准的，虽然有时您也可能发现用 "lexical item" 或 "lexical word" 代替 "lexeme"（词位），用 "inflectional category" 代替 "inflection"（屈折形式），以及用 "base" 或 "theme" 代替 "stem"（词干）[Wikipedia:"Lexeme" and "Word stem"（维基百科："词位"和"词干"）；Julien 2006]。

为了体现这种区分，很多语言学家也会采用一种特殊标记法，即词位的字母全部大写，如 BOOK、DOG 等。在这套符号标记法中，词位 BOOK 不仅涵盖了 book，还包括 books，或者说词 books 更准确的命名是 "BOOK, 复数"，即 "BOOK" 和"复数"的组合。图 6.4 是词分类中与屈折形式和词位的区分有关的一部分。

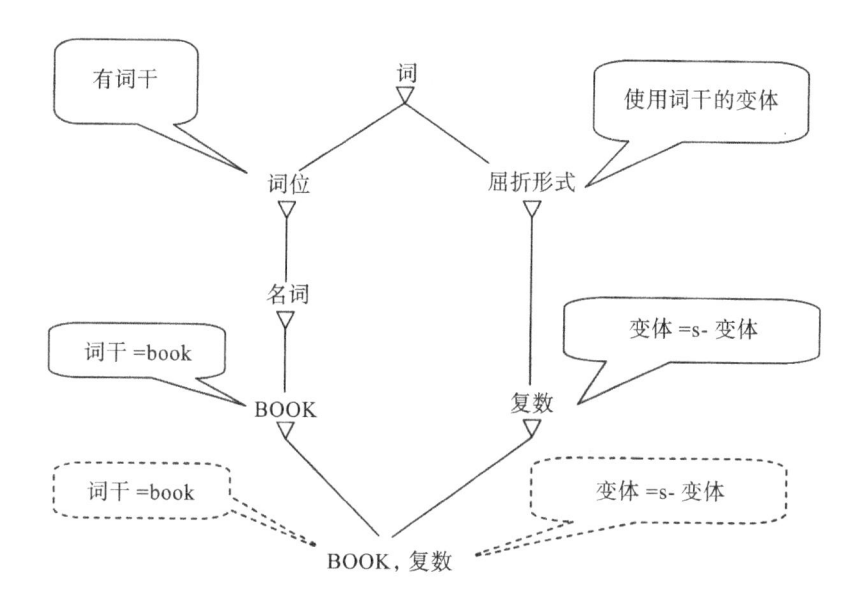

图 6.4　词位 BOOK 与屈折形式"复数"的关联方式

词位与屈折形式之所以能够和谐共处，而不会产生之前见过的"Nixon diamond（尼克松菱形图）"中的各种冲突（2.4），是因为词位和屈折形式是两种范畴差异很大的"词"，各自拥有不同类型的属性。

当我们思索一个词时，首先跃入脑海的是词位，或者叫"词典中的词"，它的基本意义、实现形式等都能在词典中找到。

与之相比，屈折形式的地位相当复杂。从一方面讲，它们独立于词位，提供诸如"复数"等在普通的词位分类语法中无法找到的概念信息。这种信息在某些语言的语法中发挥着重要作用，在另一些语言中则不怎么重要。（它在英语中作用相对较小，这一点 10.2 节有述。）

从另一方面讲，屈折形式与个体词位密切相关，因为它们是建立在词位的基础上的。举例来说，屈折形式 *books* 显然是建立在词位 BOOK 之上，通过给实现形式添加 -*s* 和"复数"意义而成。很显然这些变化适用于任何名词，所以我们发现一些非常规则的配对，并在下节表 6.1 中将它们清楚地呈现出来。

6.5.2 已标记和未标记的屈折形式

表 6.1 一些英语名词词位及其复数形式

词位	复数
GIRAFFE（长颈鹿）	giraffes
EXPLANATION（解释）	explanations
CACTUS（仙人掌）	cacti
PERSON（人）	people

表 6.2 两个拉丁语名词的数和格

词位	数	格				
		主格	宾格	属格	与格	夺格
AMIC "朋友"	单数	amic-us	amic-um	amic-i	amic-o	amic-o
	复数	amic-i	amic-os	amic-orum	amic-is	amic-is
URB "城市"	单数	urb-s	urb-em	urb-is	urb-i	urb-e
	复数	urb-es	urb-es	urb-ium	urb-ibus	urb-ibus

您可能会注意到，该表不包括"单数"这一列。因为单数的属性与词位属性相同；事实上，单数形式**就是**词位。屈折形式只是词位基本形式的一个微小的变化形式，因此单词 *book* 就等同于词位 BOOK，没有任何屈折变化；与之相对的是"BOOK，复数"，即单词 *books*。用另一种标准术语讲，复数是**已标记**（**MARKED**）的（以结尾 -s 的方式标记），而单数是**未标记**（**UNMARKED**）的，即它与基本形式相同。[Wikipedia: "Markedness"（维基百科："标记"）]

在这项分析中，名词的单数和复数是一对不平等的伙伴，其关系如同现实世界中不加牛奶的和加牛奶的茶、没有炒过的和炒过的鸡蛋、没削皮的和削了皮的土豆。要注意，这些配对不一定涉及额外增加的东西，以削皮为例，原本的土豆个头要大于去了皮的土豆。词也是如此，基本词可能会比变体更长。英语中一个例子是 *cactus*（仙人掌，单数）-*cacti*（仙人掌，复数），其他语言中还有更好的例子。

6.5.3 交叉屈折形式

相比其他语言的屈折形式，如拉丁语，英语名词则很简单——在英语中，名词只有一个标记形式和一个非标记形式；但拉丁名词有十个标记形式，而没有无标记形式。表 6.2 展示了两个典型的拉丁语词位，它们各自展示了不同的模式。

表 6.3　法语动词 PORT（搬动）的现在时屈折形式

	单数	复数
第一人称	port - e	port - ons
第二人称	port - es	port - ez
第三人称	port - e	port - ent

表中每个屈折形式都包含两个不同的屈折模式的交叉：

- 数（此处显示为单数或复数，但更准确地是"复数"及其缺省项）；
- "格"，根据名词在句子中语法功能的不同，它们有各自不同的形式［Wikipedia:"Grammatical case"（维基百科："语法格"）］，根据传统我们分别用如"主格"及"宾格"等屈折形式术语对其进行描述。例如，句(1)中，*amicus*（朋友）是主格形式，以显示其为 *vidit*（看）的语法主语；而 *urbem*（城市）是宾格形式，以显示其为宾语（在 7.1 节有对"主语"和"宾语"关系的详细讨论）。

(1) Amicus urbem vidit
　　朋友　城市　看到
　　"（一个）朋友看到了（一座 / 这座）城市。"

这种极其复杂性可能会让您感到震惊，但在世界上很多语言中这种情况却是十分正常的，且不仅仅限于废弃语言（如拉丁语）。以现代法语为例，您或许了解类似表 6.3 所列的动词"词形变化"(conjugation)[对这种动词屈折形式的传统称法，与此相对的是名词"词尾变化"(declension)]。

法语动词有以下屈折形式，在使用中它们相互结合：

- 两种数（根据主语是单数还是复数）；
- 三种人称（根据主语是"我""您"或其他）；
- 五种时态或"语态"（现在时、一般过去时、未完成时、将来时、条件时、现在虚拟时、未完成虚拟时）。

这样一共可以产生 2×3×5=30 种动词屈折形式，再加上三种祈使形式，两种分词形式和一种动词不定式，总共 36 种屈折形式。[Wikipedia: "French conjugation"(维基百科："法语动词词形变化")]

很多语言甚至有更多的屈折形式。举一个比较极端的例子，现代巴斯克口语（在西班牙和法国讲的一种非印欧语系语言）的名词屈折系统使得名词能够持续获得额外的屈折形式，因此，至少在理论上，单个名词词位可能会有 458,683 个不同的屈折形式！[Wikipedia: "Inflection"(维基百科："屈折形式")]

屈折变化产生的形式之间相互排斥，所以语法需要排除类似"单数和复数"或"主格和宾格"的组合。第一种辨析在英语中很简单，因为"单数"其实只是"非复数"的另外一个命名——一个名词要么 isA "复数"，要么 isA "单数"，没有什么其他可说的。

拉丁语更为复杂，因其没有一个非标记的屈折形式。我们需要排除"单数和复数"或"主格和宾格"，而允许类似"单数和主格"的组合。这就是选择和选择集（3.3）原理形成的地方："单数"和"复数"在一个选择集中，格则在另外一个选择集中。

6.5.4 次级词位

本节主要讨论的是两个独立的单词分类法间的交互作用，这两个分类法一个是词位分类法,另一个是屈折形式分类法。但另外一点同样重要,即分类法的灵活性允许人们对其进行无限次的次级分类。

这很重要,因为它解决了一个老生常谈的语言学问题。词位有多大?以搞笑句子(2)中的 *foot* 一词为例。

(1) He grew a foot.

(他长了一只脚/一英寸。)

这究竟表达的是他长高了一英寸还是他多长了一只脚?很显然两者都有可能,但语言学家努力要解决的问题是,我们在这里面对的是两个拼写都为 <foot> 的不同词位,还是仅仅只是一个词位(Koskela and Murphy 2006)。

一方面我们要考虑"同音/同形异义现象":两个词位恰好共享同一实现形式。另一方面,要考虑"一词多义现象":一个词位恰好有两个意义。对于这两个区别意义重大的术语,我们需要找到明确的理论指导。例如,应优先考虑意义的根本区别,将其区分为两个词位,还是注重两个意义所共享的不规则复数(*feet*),从而确定仅有一个词位呢?

对于大多数语言学家来说,选择是残酷的——要么选两个完全不同的词位,要么选一个词位;更糟的是,他们没有可靠的原则基础来支撑他们的选择。而词语法提供了一种新的选项:向下延伸分类法来识别词位内的**次级词位**(**SUBLEXEME**)。

在这种方法中,可以用单个词位 FOOT 来解释两种复数形式共享的不规则性,但也可以创建附加的次词位以解释不同的意义。对于测量意义,我们可以创建 FOOT$_{测量}$,它 isA FOOT。作为 FOOT 的一个例子,它继承了过去时 *feet*,但提供了其本身的意义。

更为可喜的是,我们有两种选择余地:将表达身体某一部分的具体意义赋予另一个次词位,或是当作基本词位 FOOT 本身的意义;当然,任何英语学习者都将面临这样的选择。如果整体——部分意义属于次词位,那么 FOOT 本身则无任何意义;但即使整体——部分意义属于 FOOT,它也仅仅是初始意义,可以被测量意义替代(在下一节中有解释)。无论用哪种方式，都能确定至少两个密切相关的(次)词位，从而避免一个词位还是两个词位的为难境地。这一机制所提供的灵活性正是现实中任何分析手段所需要的，这些分析方法将出现在第三部分。

127 **接下来阅读:**
高级读者：第三部分，第 10.2 节：屈折形式
初学者：第三部分，第 10.3 节：词类属性

6.6 定义和效率

2.5 节概括:

- 我们的心智善于对有例外情况的事物进行归纳，这是因为我们的心智使用的是**原型(prototype)**范畴归纳法，既定义典型个例，也包容例外情况。
- 允许这种灵活性的逻辑继承被称为**缺省继承(default inheritance)**，因为其属性可能被例外属性所**重置(override)**，因此继承来的只是"缺省"。
- 不同于其他版本的缺省继承，词语法中使用的逻辑方式是**单向的(monotonic)**(即后续推断绝不会推翻之前的推断)，因为它只适用于样例，因此研究者经常是先找到重置属性，然后才找到默认属性。
- 2000 多年以来，"经典"逻辑一直统领范畴化和归纳领域；与此相反，范畴化没有定义(范畴化由必要的、充分的成员资格条件组成)。相反，每个范畴都有一些只"定义"原型的共存属性。

本节讨论如何将这些有关范畴的总体思想应用到 6.3 节评述的词类中。

如果词类是基于原型成员建立而成，并且同时也允许例外成员的话，会带来什么区别呢？

第一个区别是，我们不必担心定义的问题了。传统词类的讨论通常以这样的定义开始，如"名词是对人、地方或事物的命名"（想了解更多的例子，可以尝试在 Google 键入"定义：名词"）。您可能在小学就已经学过类似的东西，但任何类似的"概念性"的定义，如基于意义的定义，都是非常容易被推翻的。

您知道 thunder 在例（1）中是事物，但在例（2）中不是，那么您是以哪种方式认识"事物"的呢？

(1) I heard the thunder.

（我听到了雷声。）

(2) It heard it thunder.

（它听到了打雷。）

该定义意味着您首先把 thunder 当作一个事物，并根据分类将 thunder 划为名词。但确定没有把事物前后颠倒吗？很可能您实际上在归类意义之前就已经认识了词类。

即使对语法没有深刻理解，人们也会明白例（1）中的 thunder 类似于"I heard the dog"中的名词 dog，而例（2）中的 thunder 就像"I heard it bark"中的动词 bark。在英语中碰巧有两个单独的词位，名词 THUNDER$_{名词}$和动词 THUNDER$_{动词}$，它们的实现形式相同而语法属性不同，例如，名词可以直接在 the 后使用，但动词却不能。如果两个词位之间意义不同，那么这种差异也非常细微，不能作为建立一个可行定义的基础。

6.6.1 定义还是描写？

在任何情况下，2.5 节中的范畴化理论提出了比定义更为深入的理解。我们并不是通过定义来了解一般概念，如"猫"和"生日聚会"等，而是通过样例，在建立心智语法时所用的概念也是如此。那么，为什么我们还要指望用闭门生造的定义来限定概念呢？

根据范畴化理论，最接近范畴"定义"的是它的一系列属性，因此，想要找到一个"名词"的"真正"定义，就如同2.5节中对"猫"的定义二选一，是会误导人的。把重点放在定义上会错过范畴化的关键点。

范畴化的意义并不是仅仅为分类而分类，就如同把一把石子随意分堆，只要每一个石子都被放在了某一堆里，这项活动就结束了，唯一收获的只有完成工作的满足感，而无其他。相反，我们使用范畴作为归纳的工具，如同在2.3节中对鸟和其他所有的例子中使用的那样。您肯定是通过某种可见特征的组合，如会飞和体积大小来认识鸟类，而不大可能是通过某种"定义"来认识的。然后这种认知能让您从归纳出的"鸟"到认识具体的鸟（通过继承方式进行）。如果没有这种归纳，范畴化就没有意义。

这同样也适用于词类：最初人们建立词类的唯一理由是为了进行归纳。古印度和古希腊的语法学家如此，现代的语言学家们也不例外。词类通过它们允许的归纳来获取自己的地位，并且，这种归纳决定选项分析。这一原则不仅是一个科学雅谈，在心理学也是如此。可以确信，我们的心智实际上会进行归纳，且与语法学家们试图归纳的语法如出一辙。

关于这点的证据来自这一事实——我们从一般性范畴继承信息，且这个证据在虚拟个例中尤为显著，因为在这些例子中我们能确信我们并非从记忆中获取信息。在2.3节中，我们虚构了水画眉，那么在本节，我们可以考虑捏造词 grindle。假如您对这个词的所有了解都来自于例（3），

(3) He grindles.
（他 grindle。）

那么以下哪句话是可能的？

(4) He grindled all night.
（他整晚 grindle。）

(5) I like his grindle.

（我喜欢他的 grindle。）

对于我来说，我确信例（4）是可能的，但还需要更充分的证据才能确定例（5）是否可能；我想您的答案一定也和我的一样。那么，我们是如何确定的呢？

我们从未见过 *grindle* 在现实中的使用，但我们相信，假如可以将其用于例（3），那么也可以用于例（4）。关于这种能力，我们唯一能想象到的解释是，例（3）显示出这是一个动词，那么从"动词"中我们继承了使用于例（4）的可能性。如果这种解释是正确的，那么我们就有确凿的证据表明，"动词"作为概念有其心理现实性。

6.6.2 效率

要想知道某个词类是否能得以实现，一个合理的方法是测试它的归纳程度有多少。毋庸置疑，如果某类事物归纳程度相当低，那么在心理上它就难以实现。例如，假设提出一个新的词类，其中所有词都以字母 <b> 开头：*big*（大的）、*butter*（黄油）、*bring*（带来）、*before*（在……之前）等。为什么说这显然是一个愚蠢的想法呢？

因为这一范畴没有其他属性，所以根本没有任何归纳性可表达。假如有一个词，关于它我们所知道的仅仅是它以 <b> 开头，我们当然可以将其划分于此类，但我们没法从中获取其他一些新的信息。

与此相反，如果我们能够辨认出某个词是动词，那么这条信息就会告诉我们很多之前所不知道的东西。因此，我们可以认定，"动词"是一个非常"**高效的（EFFICIENT）**"词类。依此逻辑，语言学家通常认为——正确地讲，根据我的观点——最有效的分析是最有可能有心理实现性的分析，因为这才是最有可能学到的。

最重要的总结是，只有一个标准能证明词类分类法的正确性：效率。词类因其两千年的历史传统而受人尊崇，但它本身并不能证明其分类的正确性，因此也必须像其他分析法一样经受检测（10.1）。分析的归纳性越强越好，也就是说,越是正确的分析其归纳性越强。

所有语言学家都十分熟悉这一原则,虽然他们可能更愿意谈论优雅或简洁原则。但是,从认知方法来看,这不仅仅是分析者个人口味或满意度的问题。相反,我们可以说,效率的原则源于总体范畴方式的习得理论(这一点我在4.4节中有讨论)。

另一方面,认知假设亦告诉我们另外两件事。一是每个人都是不同的,都有一种略微不同的心智机制,应用于自身不同的体验,因此,一些人可能会觉得词类分类法并没有那么有效。这种情况是否发生,概率多大,目前尚不清楚。虽有异议,但我们还是认为最有效的分类法事实上存在于每一个说英语的成年人的心智当中。

二是对于一般性范畴的学习可以使归纳程度最大化,但并没有使存储最小化。例如,名词的可继承属性之一,是它们的复数形式后缀为 -s;但这并不妨碍个体名词以复数形式被存储的可能性。事实上,在 2.3 节,我们认为语言内部和外部都存在大规模的冗余复制信息。如果是这样,那么即使是规则的复数形式,如 dogs,都有可能是以现成形式存储的,虽然这种复数形式是可以被继承的。

6.6.3 初学者的成员资格测试

以上这些讨论对初学语法者有何启示?您是如何学会区分词类的?传统的方法是先了解每个词类的名称及其定义,接着学习几个例子,然后在精心挑选的一些句子中练习如何识别某个词类。但我想告诉您的是,这种方法既没有理论基础,也不会带来理想的成果。

比较好的方法是先提供一些例子,通过这些例子让您自主地发现它们共同的一些属性。这种方法是让您运用自己的能力去创造概念,其目的是让您不断地对这一新概念进行精炼、完善,直至其和心智中已经存在的词类概念融合。通过这种方法,您会"发现"一类词,而我,作为专业的语法学家,将其命名为"名词"。然后,随着您逐渐发掘出更多这些词共有的属性,这个新的词类就会变成您心智中已有的,在还没开始学习语法之前就存在的(但无法命名的)名词词类。

这基本上是语法学家们学习语法的方式，但对于初学者来说有一个很大的障碍。有经验的语法学家能认出大部分的属性，但对初学者来说，这些属性太过抽象，所以难以理解。假设我很乐意告诉您，名词可以作代词的补语，但如果您不了解"补语"或"代词"，那这点对您来说就没什么帮助了。

这样的问题不只存在于语法学习中，任何概念系统的学习都是这样的，语言也正属于概念系统。在任何发展阶段，要有所进步，都是从目前所在的阶段出发，目前了解得越多，学得就越容易。

对初学者来说，最大的挑战是在刚开始时，概念——比如说词类——显得飘忽不定，难以理解。但有经验的语法学家可以通过提供一些精心挑选的、符合**成员资格测试**（MEMBERSHIP TEST）的例子来认识概念；例如，您可能会学到名词是介于 the 和句末之间的一个词，而并非人、地方、事物的命名。没有人会说这是一个心智属性；事实上，要说有人会给词类创建一个类似这样的属性，几乎是无法想象的，因为完整的语法系统会提供更好的选择。但是对于一个初学者来说，想要检查 thunder 是否是一个名词，这倒可能是有帮助的。

我会在专门论述英语的章节详细描述成员资格测试，但即使是简单的测试也存在着一项心智认知上的难题——如何认知词位。把名词测试应用于例（1）——I heard the thunder——很简单；但例（6）和例（7）呢？

(6) The thunder woke me up.

（雷声惊醒了我。）

(7) I heard some thunder.

（我听到打雷声。）

困难在于，例（6）的 thunder 位于 the 之后，但是不在句末，而在例（7）中，它置于句末，但不跟在 the 之后，因此上述两个例子并没有提供合适的语境来证明 thunder 是一个名词。只有当我们能够确保例（1）的 thunder 与例（6）和例（7）中的 thunder 是同一词位时，例（1）提供的证据才有所关联，并非像是在例（8）中的 thunder 那样，两者并不属于同一词位。

(8) It may thunder.

（可能会打雷。）

例（8）和例（7）之间的差异，对于非人类机体，如计算机来说，非常细小，所以这个名词测试益处不大。尽管词位分析的要求相当复杂，但大多数初级语法学习者都能观察得细致入微。如果您懂英语，那么词位分类很明显，因为词位已内置在您的心智中。因此，即使明显简单的心智测试，实际上也是建立在前期大量的知识和理解之上。

接下来阅读：

高级读者：第三部分，第 10.3 节：词类属性

初学者：第三部分，第 10.4 节：形态学和词法关系

6.7　形态学和词法关系

- 6.6 节的思想会总结在 10.3 节的开头。就目前而言，主要表达的要点是，归纳是可以有例外情况的。这在形态学中很重要，因为有很多形态学规则有例外情况。

2.5 节的思想对于讨论形态学来说是很好的铺垫，因为形态学很多规则有例外情况。

语言的其他部分也有相当份额的不规则性，但形态学领域的不规则性对于语言学习者来说是最突出的。如果您努力学过一种西欧语言，那么您或许记得"不规则动词"曾让您手忙脚乱。例如，外国学习者在学英语时，要去记 TAKE 的过去式是 *took*，而非缺省的 **taked*（请记住：* 意味着"不合乎语法"），以及与此类似的其他大约 300 个动词（包括非常不规则的 BE 的过去式 *was/were* 及

GO 的过去式 went)。当然不止英语,还有许多语言都是不规则的,尽管有一些语言如土耳其语和汉语,由于不同的原因几乎没有类似的不规则形式。

形态学(**MORPHOLOGY**)占语法的半壁江山,这半部分描写的是词内部变化,如 *walk–walked* 或 *take–took*;相对应地,**句法**(**SYNTAX**)是关于词与词相互组合的方式。这样,我们以"词"作为分界点,把语法数据划分成两部分:词内模式属于形态学,词与词之间的模式属于句法学。

举例来说,取上一句话的最后几个词①。名词 *patterns* 和 *words* 有类似的形态,即由后缀 {s} 加上词的基本形式组成;但它们的句法关系不同,因为 *patterns* 是 *are* 的主语(*patterns are ...*),而 *words* 通过 *among* 连接到 *patterns*(*patterns among words*)。这两种模式有很大不同,并相互独立;非规则形态,如 *take-took*,和非规则句法没有丝毫关系。尽管在许多语言中,词序是自由的,但不存在任何一个语言,它的词的内部成分是自由的。{{用其他话来表示:如果词是工具,形态学研究它们的形状,而句法学研究它们的使用。}}

正确理解语言的运作方式需要同等地涉及这两个部分。理想的情况下,本书关于形态学和句法学研究的页数应当是相当的。讨论形态学的章节将会给读者提供一个机会,去探索不同的语言系统之间那些令人着迷的差异(Iacobini 2006),以及词语法中一些相当成熟的部分(Creider and Hudson 1999, Hudson 2000, Hudson 2007c: 63—116)。可惜本书篇幅有限,并且形态学也不怎么令学生感兴趣。因此,接下来是对词语法形态学的一个极为简要的描述。

6.7.1 形素和形式

6.5 节介绍了一些复数名词如 *books*(图 6.4)的主要分析方法,包括"实现形式""词干"和"变体"。在这个例子中,词 BOOK 是通过词干 *book* 实现的,而复数"BOOK,复数"是通过对词干的"s-变体"来实现的。这一分析还缺失一个主要成分,它是形态学的基本构建块,该单位(基本构建块)之于形

---

① 前一句话的原文: In this way we use the word as a way of dividing the data of grammar into two: patterns inside words belong to morphology, and patterns among words are syntax。——译者

态学的意义相当于词之于句法的意义,这就是**形素**(**MORPH**)。(您可能会记得,这也是一个儿童电视节目中一个能随意改变形状的小人物的名字;这个词原本来自希腊语,表示"形状"。)

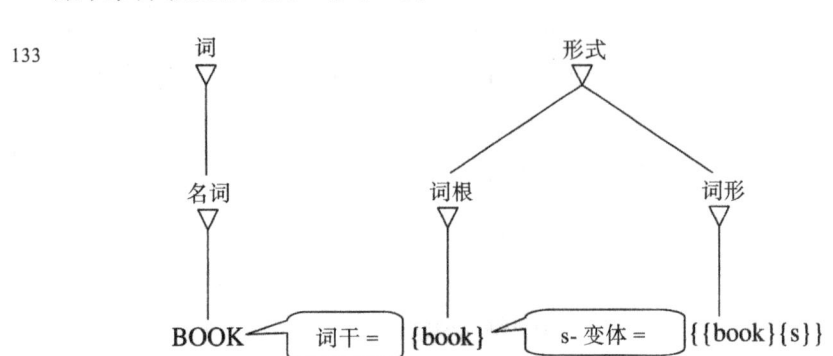

```
          词                    形式
          |                    /    \
          |                   /      \
         名词               词根      词形
          |                   |         |
        BOOK  —词干 = {book}— —s- 变体 =— {{book}{s}}
```

图 6.5 形式实现词,词形是其他形式的变体

形素的标准符号是用花括号 {...} 将其包括在内,所以在 *books* 中我们可以识别出两个形素:{book} 和 {s}。在词语法中,这项符号会扩展以至形成更复杂的形态结构,因此,当把 {book} 和 {s} 结合时,就有了 {{book}{s}},这被称为**词形**(**WORD-FORM**)。形素和词的形式在一起被称为**形式**(**FORM**)。

形式有其自身的分类法,包含非常传统的范畴,如**词根**(**ROOT**)、**前缀**(**PREFIX**)和**后缀**(**SUFFIX**)。在这一分类中,{book} 是词根形素,{s} 是后缀——这与词分类法中发现的分类完全不同。

图 6.5 所示的这种双重分类分析法,刚开始有欺骗性,目的是为了第 7 章更为高级的分析,即为概念直接相互连接做准备。举例来说,BOOK 的属性是"词干 =",它在表中直接紧邻 {book},因此可将其读作"词干 ={book}",也就是说,BOOK 的词干是 {book}。

6.7.2 部分非规则和完全非规则

图 6.5 显示的内容只是规则的词形变化,因此需要对以上分析进行扩展,以适应不规则的例子。如 FOOT,其不规则复数是 {feet},以及 PERSON,其复数形式更不规律,为 {people}。刚才所介绍的系统实际上提供了两种介绍

不规则形式的方式，一种是部分不规则形式，如 {foot}—{feet}；另一种是完全不规则形式，如 {person}—{people}。

对于类似 {foot}—{feet} 的事例，即两种形式的相互关联性可辨认的情况，我们称其为后者是前者的不规则变体（如上例中，{feet} 是 {foot} 的不规则 s- 变体）。毕竟，两个形素具有相同的辅音，因此 {feet} 并非像之前认为那样完全没规则。

与此相反，完全不规则的 {people} 似乎完全忽略了词干的形式；{go} 和 {went} 之间的差异更大。在这样的例子中，"变体"原理完全不管用了，因此，我们只是说，{people} 是 "PERSON, 复数" 的实现形式，而非试图将其与基本词干 {person} 相联系。

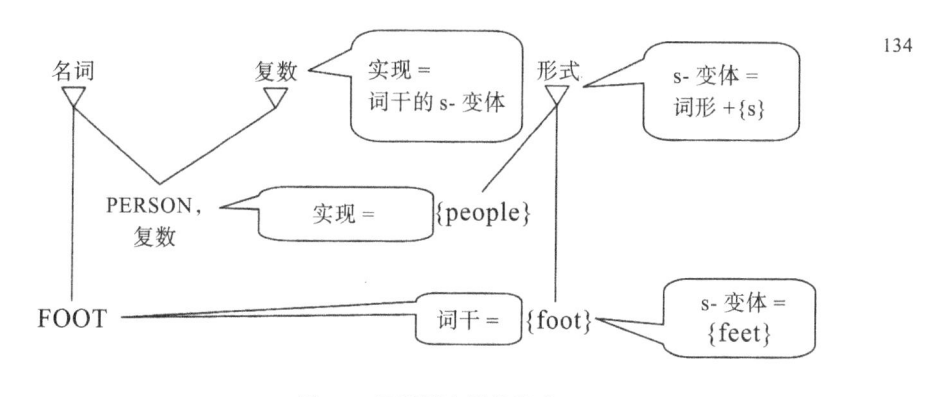

图 6.6　两种形态例外形式

图 6.6 显示了容纳这两种可能性的方式。用语言表示即是 FOOT 的词干是 {foot}，所以在默认情况下，其复数（即 "FOOT, 复数"）通过 s- 变体 {foot} 来实现；但后者的 s- 变体其实是不规则的 {feet}，而不是缺省的词干+{s}。与此相反，"PERSON, 复数"的实现是 {people}，和词干 {person} 无任何关系。

6.7.3　变体

您可能会疑惑，为什么我们还需要"变体"。毕竟，既然 {s} 标记名词为复数，为什么不能说"复数"是通过后缀 {s} 实现的？显然，这种方法十分简单，但我想用另一种方法来替代它。这种方法就是，在"复数"和 {s} 之间引入一个额外的连接"s- 变体",这种连接能带来的好处颇多。

在对于非规则形式如 {feet} 的分析中,我们已经看到了变体的一个优势。没有变体,我们就无法将 {feet} 与 {foot} 直接连接以突出两者共享的辅音。而且,我们只能说,{feet} 是"FOOT,复数"的不规则实现形式,这就与完全不规则形式 {people} 的分析同出一辙。但是,如果说 {feet} 是 {foot} 的一个变体,那么它们之间的差异,和词 {dog} 与 {{dog}{s}} 之间的差异相比,就显得相差不大了。

将 {feet} 分析为 {foot} 的变体的另一个优势,在于它能把形态模式和其对屈折形式的影响区分开来。这很重要,因为形态学和屈折形式的关系往往很复杂,但可归纳。

取形式 *eaten*({{eat}{en}})为例,我们可以称之为动词的"*en*- 变体"。它在句法上至少有两个完全不同的使用方法,如例(1)和例(2)所示。

(1) Someone else has eaten my porridge.

(有人吃了我的粥。)

(2) My porridge was eaten by someone else.

(我的粥被人吃了。)

例(1)中的屈折形式被称为"完成分词",它只出现在 HAVE 之后;但在例(2)中它被称为"被动分词",是一个完全不同的句法模式。在这种模式(如例(2)所示)中,粥(*porridge*)和食用者(*eater*)交换了位置。

表 6.4　一些规则和非规则动词-名词对

动词	名词
speak(说话)	speaker(说话者)
drive(开车)	driver(司机)
edit(编辑)	editor(编辑)
lie(撒谎)	liar(撒谎者)
assist(协助)	assistant(助理)
cook(做饭)	cook(厨师)

6. 作为概念的词   *171*

在这两种情况下，动词的形态形式是一致的，但这并不意味着它们是动词 EAT 的某一种特殊形式。这同样适用于每个独立的英语动词，无论它有多么规则或不规则。这虽是一项重要的普遍规律，但如果不使用变体概念，则十分难以表达，有了变体，表达起来则容易得多：任何动词的 *en-* 变体或实现完成分词，或实现被动分词。

6.7.4 词法形态

讨论进行到此，似乎变体的唯一作用就是把基本词位和屈折形式区分开。实际上并非如此，尤其对于英语来说，其单词的屈折变化相对较小。变体更为重要的作用是区分词位，即区别**词法关系**（**LEXICAL RELATIONS**）。

例如，WALKER（"走路的人"），这个"行为者名词"通过添加 {er} 将其用一种相当明显且常规的方式与 WALK 区分开来。在这个例子中，我们可以发现 *er-* 变体，如 {{walk}{er}} 就是 {walk} 的 *er-* 变体，还有些例外情况可以参见表 6.4。但是对于 *en-* 变体，其形态的非规则性与其用于实现名词的方

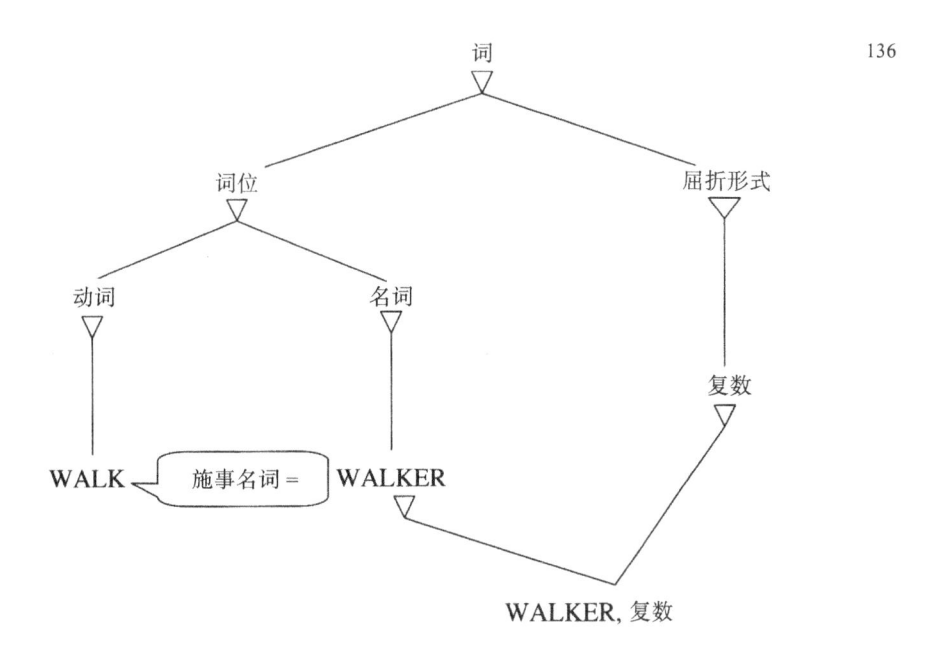

图 6.7　屈折关系与词法关系是不同的

式无关。

词法关系中发现的变体形态模式与屈折形式的形态模式非常相似。实际上一些变体既可以用于某些屈折形式，也可以用于一些词法关系。例如，英语后缀 {ing} 不仅用于屈折动词（例如 is walking），而且用于名词，如 wiring（配线）和 flooring（地板）。

从另一方面讲，我们也完全有理由把屈折形式和词法关系区分开来。最重要的是这一事实，即类似"复数"的屈折变化与其他范畴均不同，而词法关系连接的词位仅是普通名词、动词等（Hudson 2007c: 87—93）。其中的不同之处在图 6.7 中可见，在这幅图里名词 WALKER 与动词 WALK 词法相关（但相互区别）；这与 walkers 不同，它是 WALK 与"复数"屈折组合而成。

简而言之，一个词的形态结构和语法分类高度相关。但这种关系很复杂，因为形态学可能表示一个屈折形式，如"复数"，也可能指介于动词与其施事名词之间的词法关系。况且，同一个形态结构，如 {s} 的存在形式，可以用于不同的屈折形式中（或用在不同的词法关系中）。形态结构与其所示意的更抽象的语法范畴之间有明确的区分，这就是我们可以肯定这两者是分开的原因。

接下来阅读：

高级读者：第三部分，第 10.4 节：形态学和词法关系

初学者：第三部分，第 10.5 节：社会属性

6.8 词的社会属性

2.6 节概括：

- 人类群体的心智范畴构建和物的心智范畴构建都遵循相同的原则：都是从个体样例，到个体，再到总体社会范畴的归纳。
- 无论是人的个体还是总体，其范畴包含尤为丰富的属性集合，并可

以通过普通的多重继承方式继承。一般社会范畴被称为**原型定势**（**stereotype**）。

- 通过缺省继承的逻辑我们可能会形成不精确的原型，并将其他情况视为例外。这些非精确属性就是**偏见**（**prejudice**）。
- 人们心智中存在着一幅"地图"来描绘我们生活的社会，这个"社会"可以称之"I-社会"（**I-society**）。

本节探讨的是我们所知的关于词的社会事实，例如，GEE-GEE 是小孩子用的或是对小孩使用的笑声词。我们该如何把这种事实融入到我们的语言理论中？

正如我在第 6.2 节中提到，大多数语言学理论会明确区分词的"语言学"属性与"非语言学"属性，前者涉及语言的其他部分，后者则没有涉及。对于这些理论来说，语言是一个相关语言单位的集合，社会范畴既然不是语言单位，就不属于语言的一部分。因此，GEE-GEE 作为名词的分类是语言学属性，而其和小孩子之间的关联则不属于语言学属性。

这种假设给语言学家的工作造成了很大的困扰，因为社会区别事实上处于语言的核心位置，GEE-GEE 这个例子只不过是其中的冰山一角。如果某个关于语言运作方式的理论不包含任何语言使用者的社会信息，以及语言的使用语境，那么该理论似乎遗漏了语言的一个重点。

关于我们体验的语言，一个显而易见的认知事实是，至少在一般的面对面交流中，我们总是知道谁在说话，在对谁说话，并且知道这些人在我们的 I-社会中处于什么样的位置。任何儿童学习语言时，都很容易掌握每个词符的信息。

当妈妈对吉米说出例（1）中的话时，吉米知道她在讲话，且她是他的妈妈：

(1) Jimmy, here's some nice yoghurt.
（吉米，给你些好喝的酸奶。）

如果其他所有人也对吉米以同样的方式说同样的话，而这些人和妈妈没有任何特殊的联系，那么吉米就会知道，每一个人都用这些词。但是，如果妈妈讲一种语言，爸爸讲另一种，很快吉米就会把不同的词与不同的人联系起来（De Houwer 2006）。同样，这种能力使他学会把词和个人或社会群体相互联系起来。

138 在后来的生活中，随着我们对**社会语言学（SOCIOLINGUISTICS）**领域进行如下语言事实的探索，我们可以学到词的更多社会属性：

- BONNY（有魅力的）是苏格兰人使用的；
- ATTEMPT（企图）是自负的人使用的；
- MORPH（形素）是语言学家使用的；
- SHIT（粪便）是"粗俗的人"使用的；
- HARK（听）是在古代文学中使用的。

[Wikipeida: "Sociolinguistics"（维基百科："社会语言学"），Hudson 1996]

语言学理论要考虑的问题是，这些事实是如何与我们的"I-语言"（乔姆斯基关于语言心智地图的一个有用命名（2.6））相关的。每个这样的事实把词位——I-语言的一部分，和社会范畴——I-社会的一部分结合起来。这样能否使类似上表所述的事实成为I-语言或I-社会的一部分呢？一个理性的回应是，询问这个问题为什么重要。而对于这个问题，理性的回答是"不重要"，除非我们接受这个概念，即I-语言和I-社会是单个宏大网络的两个边界很模糊的领域（3.5）。

接下来阅读：

高级读者：第三部分，第10.5节：社会属性

初学者：第三部分，第11章：英语句法

6.9 分析层级

3.1 节概括:
- 一个概念的属性可以被定义,但不是臆想出来的语句。
- 一些属性会连接到一些非概念成分:**知觉(percept)**(连接至一个知觉方式——视觉、视野等的抽象表达),**情感(emotion)**或运动技能(**motor skill**)。
- 大多数属性无法用这些方法进行分析。

3.1 节的思想最为明显的应用是发音和书写,即语言最具体的部分。

语音主要有两个属性:听起来像什么(知觉),以及怎么发音(运动技能),即使在不知道怎么发音的情况下,我们当然也可以识别语音。同样,我们通过字母的形状去认识书面字母(知觉),并使用运动技能来书写它。情感似乎相当自由地依附到所有种类的语言单位上,如 3.1 节的列表中列出的这些单位:*hooray!*(好哇!)、*snug*(温暖舒适的)、*terrorist*(恐怖分子)以及 *What on Earth happened?*(到底发生了什么?)

6.9.1 "层级"的概念

这里要探究的问题是:如何看待构成 I- 语言的其他属性。对此,存在的观点很多。其中语言学家一致赞同的观点是,可以将这些属性划分成一些不同的**分析层级**(**LEVEL OF ANALYSIS**):意义是一个层级,另一个层级是语法单元,第三层则是书面。

来看例(1)。

(1) He drank some coffee.
(他喝了些咖啡。)

从意义上看，这句话提供了三个要素：人、咖啡和行为，即在过去的某一时刻人对咖啡实施了某种行为。从语法方面，我们可以看到四个词符，它们各自有许多属性，例如作为代词或是动词。但要注意，这些词中没有一个词是人或行为，问这些意义是否是代词或动词也并没有什么用。关于字母，一共有 17 个，还有三个词空格和一个句号——但没有人、行为、代词或动词。

每一层级都给整句话提供了一系列不同类型的分析方式，包含不同范围的单位和模式。把所有层级折叠在一起要么会引起不可挽救的混乱，要么会丢掉大量信息。

这种类型的认知语境我们非常熟悉，且绝不仅限于语言。例如，书架上有书的话，我们就可以通过其大小、颜色、作者或内容进行分析，并且每个"层级"的分析都有其各自的属性和关系范围。事实上我们可以将任何一个层级作为基础来摆放书籍——根据从大到小，或类似的颜色、作者或内容。

另一项关于语言意见一致的观点是，这些不同层级可以被排列成一个层级结构，其中意义位于一端，书写或发音位于另一端。人们通常认为意义是崇高而微妙的，因此语言学家一直把意义放在层级结构的顶端，把字母和发音放在底部。不过层级结构的方向只是一种墨守成规的隐喻。用这些术语来讲，人们说话时，先从层级结构的顶层开始，然后一直向下到底部相对具体的字母和发音；当听或读时，方向正好相反，是从层级结构的底部向上，即从具体到抽象。

进一步讲，语言学家认为每个层级都给其上一级的层级提供提示：字母提示词，词提示意义，但字母或发音只是通过词与意义间接相关。因为更具体的成分会使更抽象的成分更"真实"，以上这种层级之间的关系通常被称为**实现**（**REALIZATION**）。这个词在 6.2 节中的词属性列表中出现过，我提到过词是通过词形来实现的。

我们可能会使用相同的术语指词和意义之间的关系，但尚不太清楚这么用是否恰当，因为意义不依存于词而存在；相反，词依存于具体的实现方式。例如，即使并没有用"他"来指代，例(1)中所提到的人仍会存在。词和意义之间的关系有一个更明显的命名，即**意义**（**MEANING**），这也是 6.2 节中位列词属性中的一个词。

总之,词存在于一个层级(句法),通过另一个层级实现(以下会进行讨论),且在第三个层级与意义关联。

6.9.2 形式层级

语言学家之间观点的分歧在于到底有多少层级。一些语言学家认为,词仅仅是意义和发音或字母之间的一种连接(Langacker 2006, Lasnik 2006)。那么,这就是一个两层模型,只包括意义和发音(或字母)。

其他语言学家则接受三层模式,即意义、词、发音或字母。对大家来说,这种分析法应该是最常见的,因为自从人们开始学会在词与词之间加入空格后,就一直将其作为区别词和字母的方式。

那么,现在的问题是,发音(或字母)是否能直接实现词。许多语言学家认为这是不可能的(Aronoff, Volpe 2006)。同样,这也是词语法的观点(Hudson 2007c: 72—81)。这种观点认为,词的分析至少有三个层级,以 *squirrels* (松鼠)为例,除了意义层次的分析外,还有:

- 作为词时,它可以归类为名词、动词等,且我们可以描述它和其他词之间的句法关系。例如,在 *Squirrels hibernate*(松鼠冬眠)中,可以看出 *squirrels* 是名词,且是动词的主语。
- 作为形式时,我们可以从形素、词根、词缀等方面进行讨论,并在这个基础上讨论它实现词的方式,以及该形式本身要么是通过发音,要么是通过拼写来实现的;在这一层次上,*squirrels* 是一个复杂词形 {{squirrel}{s}}。
- 作为字母或发音串时,我们可以讨论其辅音、元音和音节;在这一层级上,*squirrels* 由两个音节组成。其包括的辅音和元音依次为如下所示:
  - 写作中:<s, q, r, r, l, s> 和 <u, i, e>
  - 讲话中:/s, k, w, r, l, z/ 和 /ɪ, ə/。

为什么词和字母或发音之间需要一个额外的层次结构呢?最主要的原因

是，形素似乎在心智上是真实存在的。

6.9.3 形素的心智证据

要证明上一章最后的论断，我们有一个证据，即人们会从新的单词中找到形素，不仅限于语言学家，普通人也会这样做。这个证据显然出自**民俗词源学（FOLK ETYMOLOGY）**，即普通人通过努力可以猜出较长单词的意思［Bauer 2006，Wikipedia: "Folk etymology"（维基百科："民俗词源学"）］。

一个典型的例子是 HAMBURGER（汉堡包）。这个单词由美国人发明，但最初以汉堡市命名［想要了解这段不甚清楚的历史细节，请在维基百科或在线词源词典 www.etymonline.com 上查阅 "Hamburger（汉堡包）"］。在其历史上的某个时期，burger 部分和 ham（火腿）被分开，且 burger 部分被添加上 beef（牛肉）和 cheese（奶酪）形成了 BEEFBURGER（牛肉汉堡）和 CHEESE-BURFER（奶酪汉堡）。如果发明这些新词的人没有关注到相关词中的形素，那么也就不可能对这些词进行改造了。要注意的是，形素的形式看起来显然比其意义更吸引人注意，因为汉堡包里从来没有火腿。

民俗词源学还能解释一些其他的词，包括 BRIDEGROOM（新郎）和 PENTHOUSE（阁楼套房），这是想用较短的现存形式，来分析难以理解的长形式，几乎不顾分析是否在意义层面讲得通。

形式的心智现实（介于词和发音之间）同样有其他种类的证据支持。以话语错误为例：有人本要说 too thinly sliced（切得太薄），但却说成了 too slicely thinned（Stemberger 1985）。这表明他们在重新组合这些词之前，把 {thin} 和 {ly}，以及 {slice} 和 {d} 分开了。我们可以从中再次确认，说话者认为这些单位不仅仅是元音和辅音，因为这一类的重新组织从来不仅仅是发音（您可以在 8.2 节中更详细地了解言语错误）。

在 4.2 节中的心理学"启动"实验中也有相关证据。该实验中，人们坐在计算机前执行一些任务，如决定屏幕上显示的词是否是真正的英语词：比如说，看到 nurse 敲 "yes" 键，看到 nend 则敲 "no" 键。虽然做这一决定通常不到一秒，而是以毫秒为单位。如果相关词刚刚被类似的词"启动"过，那么用时就会减少。

如果 *nurse* 紧跟在相关词如 *doctor* 之后，那么辨认出 *nurse* 是单词的耗时会较正常时间显著缩短。

当应用于形态学时，这种实验方法表明，如 {ness}，{hard} 和 {er} 等形式在心智上也是存在的。关于词对之间的启动效果的证据有，DARKNESS-TOUGHNESS（黑暗—坚韧），HARDLY-HARD（几乎不可能—艰难），甚至 CORNER-CORN（拐角—玉米）(Marslen-Wilson 2006)。

最后两个例子尤为有趣，因为其中的相关词除了形式一样外，其他都不同。尽管在历史上 HARDLY 确实曾经与 HARD 有关，但现在两个词的意义则完全不相关；而 CORNER 和 CORN 在意义上从来就没相关过。在心智中它们能够相连的唯一理由是后缀 {er} 在一些词中有明确的功能。因此，即使在没有 {er} 后缀功能的词中，人们在心智上也会自动地发现它。

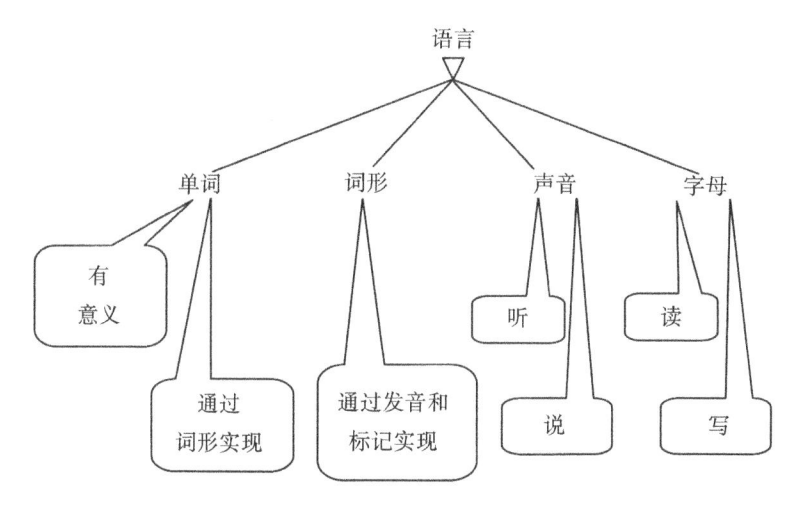

图 6.8 语言的体系结构

对此，我们得出的结论是，这些词部件一定存在于我们的心智库存中。但关键点是，它们不仅仅是音节，因为启动试验表明，仅是音节不能产生相同的效果，例如，SCANDAL（丑闻）不能启动 SCAN（扫描），因为 *dal* 在任何词中都不是形素。

6.9.4 语言的体系结构

因此，来自民俗词源学及心理语言学的证据都支持词有三个层级的观点，其中词形区别于词和发音，每一层级实现其上一层级，如图6.8所示。

在该图表中，语言有四种成分：词、形式、发音和（书面）字母。发音和字母都与知觉有关（听起来像什么发音，看上去像什么字母），运动技能与发音和书写字母有关，这一点我上面有提到过。

图中显示了常规的缺省模式，词由形式实现，形式又是通过发音和字母实现。尽管缺省继承看起来相差无几，但也存在例外。从原则上讲，有可能一些词是直接通过发音或字母实现的，例如书面的"&"和"Z"，但发音的例子更难找。当然，我们也不能排除形式，甚至是发音或字母也是有意义的这种可能性。实际上，语调模式和标点符号很有可能就是这样的。例外情况在所难免，但不能因此否认一般模式。

6.9.5 为什么把语言分为不同的层级？

但为什么语言要以这种方式组织呢？关于这一点，我们只能猜测，而我的猜测是，在任何能进行归纳的心智中（如我们的心智），这种三个层级结构的词构成法肯定会出现。不管发音和其要表达的意义之间的任意性有多大（Coleman 2006），一些局部相似性必然会发生，即使有时只是偶然的，并且词汇量越大，可找到的类似点就越多。对于渴望归纳的心智来说，可归纳的东西无处不在，即使是微不足道的特点，如 MOTHER、FATHER、SISTER、BROTHER 和 DAUGHTER 这些词都是以 -er 结尾的这一事实。

此外，归纳不只像是收集战利品，它也用于指导未来行为，包括创建新词。因此，不牢靠的归纳会通过不断的反馈环节变得更可靠，这种反馈环节能使模式更具有普遍性。我猜这一结果必定会形成一个系统，其中意义和声音之间基本的任意关系都要纳入三个层级：

- 句法学（SYNTAX），其中词允许对意义进行归纳，尤其是通过归纳简单意义来合并构建复杂意义,但不关注词的发音。
- **音位学**(PHONOLOGY)和**笔体学**(GRAPHOLOGY),其中辅音和元音允许归纳发音或书写,但不关注意义。
- **形态学**(MORPHOLOGY),其中形式(形素和更加复杂的形式)允许归纳词与辅音和元音的关联方式。

几乎每一个语言理论对这三个层级的认识方式都不一样,但词语法不寻常之处在于,它把词放在了最核心的位置。这将会是下一章研究的一个主题,它解释了为什么句法是关于词相互结合的方式,而非像其他理论解释的那样,是关于句子的组织方式。

本节概括:
- 语言是由不同的**分析层级**(level of analysis)体系组成的,人们通常认为意义"高于"发音或书写字母。
- 一个层级的单位**实现**(realize)其上一层级的单位,但我们最好将意义视为语言之外的事物,它和词通过"**意义**"(meaning)关系相连,并非通过"实现"。
- 与传统理论不同,词语法认为在**词**(word)和话语**发音**(sound)或书写**字母**(letter)之间有一个**形式**(form)层级。这样就产生了词的三个层级分析单位,即**句法学**(syntax)、**形态学**(morphology)以及**音位学**(phonology)或**笔体学**(graphology)。
- 形式层级使我们能够归纳句法学和音位学的关系,因此它的存在可以用最大化归纳的总体认知原则来解释。

接下来阅读:
高级读者:返回到第一部分,第 3.2 节:关系概念、论元和值

7. 句法

7.1 依存形式和短语

3.2 节概括：

- 无法用知觉、情感、运动技能来定义的属性是**概念属性**（conceptual property），由概念之间的连接组成。
- 连接不仅仅是"关联"，而是**关系**（relation），关系有不同的类型。
- 一些连接属于少数的**原始**（primitive）关系类型，这些关系类型包括 **isA**、论元和值，还有数量。
- 非原始关系本身都是概念，也可称为**关系概念**（relational concept）[与我们熟悉的**实体概念**（entity concept）形成对比]。关系概念有**论元**（argument）和**值**（value），并属于此类概念的**分类**（taxonomy）。
- 一个概念的**数量**（quantity）是指这个概念有多少个样例。
- 关系概念，就像实体概念一样，可以根据经验自由地增加，因此词语法（不同于大多数其他理论）并非将关系数量限定于表示所谓普遍关系的若干个词。
- 新关系概念的建立方式可以用现有关系来定义。
- 有些定义包含关系**三角**（triangle），即一个关系是通过其他两个关系定义的。
- 另一些则允许**递归**（recursion），这些定义适用于其自身的输出。

在 3.2 节我提到过，语言研究中，和认知关系理论最为相关的部分是句法，讲的就是句子中词与词之间的关系。一些最为广泛认可的句法术语有："主语""宾语""修饰语""补语""从属词"，与之相对比的是实体概念如"名词""过去时态"或"疑问式"。

7.1.1　句法依存性

假设，如词语法一样，一般认知理论允许分类法对关系概念进行无止境的分类，那么这一点如何影响句法理论？又是如何解释传统句法中的**主语**（**SUBJECT**）关系，即例（1）中 *cows* 和 *eat* 之间的关系？

(1) Cows eat grass.

（牛吃草。）

这个主语关系的例子足以说明，一个概念是从一大堆高度关联的特征中概括出来的。以下特征往往共现的几率很高，因此，一个动词的主语倾向于：
- 是一个名词；
- 在动词前（即书写在动词左边）；
- 在现在时中与动词保持数的一致（因此 *eat* 用于复数主语，而 *eats* 用于单数主语，如 *Charlotte eats grass*）；
- 是人称代词时，有其"主语"形式（所以 HER 在作主语时有另外一种形式 {she}）；
- 如果动词描述的是一个行为，可以作为这个行为的施动者（因此，当吃这个行为应用到牛和草之间时，句法主语应是牛而不是草）。

同样，这些特征都是缺省的、隐性的，是可以被重置的。例如，被动式动词的主语不是缺省主语，而是另一个成分（如 *Grass is eaten by cows*）。但重点是，"主语"是一个非常有根据的概念，它包含重要的归纳，因此它在心智上是客观存在的。如果它是一个概念，那么一定是关系概念。

现在，如果句法关系是直接关系概念，那么它也就是心智中用于造句的句法结构的一部分。如例(1)中,我们肯定可以认识到 cows 和 eat 之间的"主语"关系,以及另一个位于 eat 和 grass 之间、有所区别的关系[一般称为**宾语**(**OBJECT**)]。这种显而易见的结论,却是我们面对的最具争议性的句法研究问题之一。词语法或声名远播,或臭名昭著,皆因于人们对这个问题所持的不同观点。

这个问题是:除了上述句法关系外,是否还有其他的句法关系呢?词语法的回答就一个词:"无"(稍微复杂的回答将会出现 7.5 节)。这种回答大体上与欧洲演变了 2000 年的语法理论相同[Wikipedia: "Grammar: history"(维基百科:"语法:历史")],欧洲大多数语言学家现在仍持有相同观点。

这种传统被称为**依存语法**(**DEPENDENCY GRAMMAR**),因为句子中词与词之间的句法关系通常都是不平等的,即一个词从属于另一个词。用依存语法术语来说,主语和宾语同时"依存于"动词,或者说它们是动词的**从属词**(**DEPENDENT**)(Kruijff 2006)。

7.1.2 什么是从属词?

那么,在这种理论观点下,每一个传统的句法关系是两个不平等词之间的一种**依存关系**(**DEPENDENCY**),这两个词是从属词和**支配词**(**PARENT**)(被依存的词)。尽管每个依存类型,如"主语",都有明确的定义,但"依存"的一般概念较为抽象、难以界定。从属词的共同特点是:它们以各种意义关系从属于支配词。

举一个很简单的例子,如 *hungry cows*(饥饿的奶牛),其中 *hungry*(饥饿的)从属依存于 *cows*(奶牛)。那么,在何种意义上 *hungry* 从属于 *cows*?最明显的证据是,*cows* 可以单独出现,而 *hungry* 则不行,如例(2—4):

(2) Hungry cows moo.
   (饥饿的奶牛哞哞叫。)

(3) Cows moo.
   (奶牛哞哞叫。)

(4) *Hungry moo.

(*饥饿的哞哞叫。)

在这个意义上,*hungry* 完全依存于 *cows* 才得以使用。有时从属词则必须出现,如动词 CONSUME,其宾语是强制出现的:

(5) He consumed his rations.
　　(他用完了自己的配给。)
(6) *He consumed.
　　(*他用完了。)

但总的规律是支配词决定从属词是否可用。

从属关系的另一个方面是意义从属:从属词改变支配词的意义,而不是相反。因此 *hungry cows* 是一种 *cow*,而不是一种 *hungry*;*eating grass* 是一种吃法而不是一种 *grass*。但有一点很重要,须明确指出,这并不意味着从属词携带信息少而因此不重要。相反地,如果我说某人是一个很不错的人,关键词是从属词"很不错",而不是支配词"人"。

总体来说,一个词的从属词有助于这个词表达更精确的意义,(顺便提一下)同时支配词也可满足一些纯粹的句法需求。如果您想说 *cows eat grass*,您无法仅用一个词表示您的用意,而是需要选择一个表示总体意义的词 EAT,并添加从属词 *cows* 和 *grass* 以缩小 EAT 的意义。正是从这种意义上来说,从属词是下位的:支配词提供一般意义,从属词缩小一般意义。

现代依存理论继承了以往悠久而优秀的传统,为句法分析提供了一个理性、成熟、条理清楚的分析方法。

7.1.3　短语结构

然而,遗憾的是,大多数有影响力的句法理论却持有不同的看法,它们无视现存的依存语法传统。布龙菲尔德(Leonard Bloomfield)在二十世纪三十年代把这些观点带到了美国,这些观点在那里得到了发展(Bloomfield 1933,

Percival 1976）。当时的思想是，真正"科学的"语言学家需要把理论建立在更为简单的概念基础上，而并非长期积习的语法传统，所以布龙菲尔德建议把句子切分成**句子成分**（CONSTITUENT）或部分，因此，唯一需要考虑的就是整体和部分的关系。

用这种部分-整体分析法进行分析的话，句子（1）将被分为两部分，*cows* 和 *eat grass*，后者再被分为 *eat* 和 *grass*。这种较为现代的传统有时也被称为"组成结构语法"（Jacobson 2006），但自从乔姆斯基（Chomsky）教授以此为基础，提出他早期的理论"短语结构规则"之后，我们多称其为**短语结构语法**（PHRASE STRUCTURE GRAMMAR）。［Wikipedia:"Phrase structure rule"（维基百科:"短语结构规则"）］

与依存语法相反，短语结构语法认为部分与整体的结构关系就是句子的结构，除此之外没有其他关系。所以，传统的依存形式只是关于特殊的部分-整体关系的非正式描写。在这种方法中，*cows* 是整个句子 *Cows eat grass* 的一部分，是句子的主语；*grass* 是"动词短语"*eat grass* 的一部分，也就是宾语。图 7.1 呈现了这两种方法的对照。

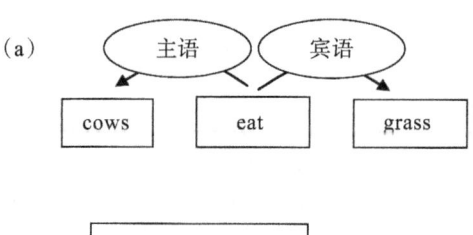

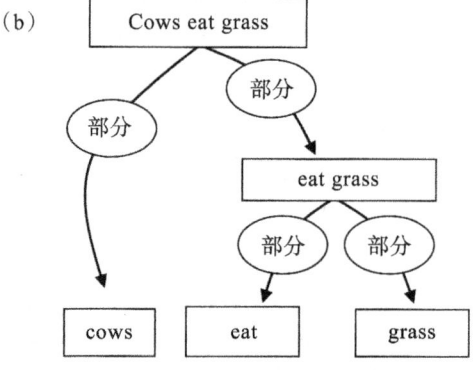

图 7.1 *Cows eat grass* 的两种语法分析

7.1.4 依存语法还是短语结构语法？

短语结构方法如此广受欢迎，似乎让人觉得有些奇怪。与短语结构语法相比，依存分析不仅更简单、更符合传统语法，而且作为心智结构模型时似乎更合理。毕竟，如果人的心智能应付如"母亲"这样的抽象关系，那为什么要对"主语"关系有所怀疑呢？

短语结构语法如此受欢迎，部分原因在于，现代语言学的社会学历史在美国比在欧洲发展得更快。这种情况产生的后果是，介绍依存分析的教科书很少，而且对两种方法优缺点的讨论更少。当然，值得庆幸的是也有例外，如马修斯(Matthews)在1981年，阿特金森(Atkinson)等人在1982年发表的作品。短语结构语法学家也常谈起依存性，但仅同谈主语和宾语一样，他们的目的都是为了方便谈句子结构的各种成分而已。短语结构在他们的理论中处于相当基础的位置，以至于他们(纯属个人观点)甚至很难想象有某个理论可以脱离短语结构。

区分这两种语法方式的关键问题是：例(7)的主语是什么？又是谁的主语？

(7) Hungry cows eat grass.
（饥饿的奶牛吃草。）

根据依存性语法，主语是名词 *cows*，它是动词 *eat* 的主语，*hungry* 从属依存于 *cows*（作为"修饰语"放到 *hungry* 后面）。我们可以不太正式地说，*hungry cows* 是一个短语，但这仅是依存连接的另一种说法，而不认为它是句子结构的一个独立成分。

短语结构却相反，认为 *hungry cows* 是一个单独成分，可被非正式地命名为"主语"，因为它被称为较大短语——"句子"的一部分。因此，即使在这种非正式术语中，它也是句子的主语，而不是动词的主语。大于成分的都是短语，因此短语是整个分析中至关重要的一部分。例如，短语结构语法学家将短语分类与词分类等同，因此 *hungry cows* 是一个名词短语，*eat grass* 是一个动词短语。这种做法带来的必然结果是，这一结构通常显示为一个树状图，其中每个节点都有词性标签，如图 7.2 中所示。

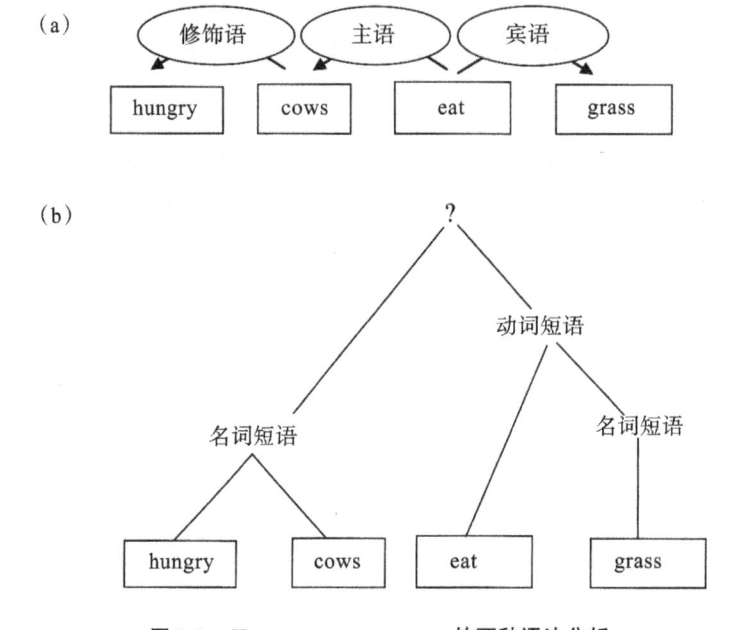

图 7.2 *Hungry cows eat grass* 的两种语法分析

图 7.2 更彻底地对比了这两种分析，并且（个人观点）很明确更偏向于依存分析例(a)。依存语法不仅简单，还可以避免短语结构方法的"一元分支"——只有一个成分的短语所带来的副作用。

该示例图中，一元分支的 *grass*，不仅可以被看作词，也可以被看作是只有一个词的短语。为什么会这样？因为 *grass* 在句法中不仅类似于名词 *cows*，而且与名词短语 *hungry cows* 也相似。类似名词 *cows* 时，它可被形容词修饰，如 *sweet grass*；类似名词短语 *hungry cows* 时，它可以作为主语，例如 *Grass tastes good* 这句话。如果这个句子表明主语是一个名词短语，*grass* 则必须是一个名词短语。

依存性分析和短语结构分析相同之处在于它们都认为词与词之间是通过不平等的关系连接的。在短语结构术语中，每一个短语都有一个**中心词**

(**HEAD**)，短语中其他词都从属于这个中心词，中心词的词性决定整个短语的词性。如果中心词是名词，短语就是名词短语；如果中心词是动词，那么短语就是动词短语，以此类推。

但是，如果 *hungry cows* 的中心词 *cows* 决定短语属性，为什么我们还需要短语及中心词这两个概念呢？根据依存语法，短语节点是冗余的，所以我们可以就简单地说 *cows* 是（*eat* 的）支配词，而 *hungry* 是 *cows* 的从属词。

7.1.5 依存类型和依存距离的证据

短语结构分析之所以麻烦，并非是因为它迫使分析者找到短语的多余节点，而是因为除了"短语结构存在"的假设，没有任何证据能证明短语结构的存在，而这种假设排除了比部分-整体更为高级的结构。如果心智可以应付语言之外的丰富的关系概念，为什么就不能用在句法上呢？

与此相反，依存方法有大量证据支持，这些证据表明句法的重要关系存在于各个词之间，并非短语之间。事实上，短语节点使得分析更困难，而非更容易（Hudson 2007c:117—130）。

例如，一个词位选择另一个词位很常见——动词 DEPEND 选择介词 ON（而不是 OF 或 FROM），OUGHT 选择 TO（不仅仅是单独的动词不定式），AT 选择 WORK（如 *at work*，而不是 OFFICE，如 *at office），在法语中 ALLER（"去"）选择助词 ÊTRE（"是"）而不是常用的 AVOIR（"有"）等。在依存关系结构中，这些词都直接相关，因此这些选择关系不仅容易说明，且从心智上讲也是合理的。但在短语结构中，词与词之间始终会存在至少一个短语节点，所以此种选择的适用要跨越两个或多个部分-整体连接。为什么一个概念会影响一个与它关系如此疏远的间接关联概念呢？实际上，这些选择为直接连接提供了证据，而短语结构正是否认这一点的，不是吗？

另一种证据来自于心理语言学对记忆载荷的测量，它表明载荷量随着依存距离（以间隔的词数来计算）的增加而增加。在词语法中，这一测量结果被称为**依存距离**（**DEPENDENCY DISTANCE**）。

例如，比较（8）和（9）这两个例子。

(8) He looked up the word that he wanted to write but wasn't sure he could spell.

（意译：他想写一个词，但拿不准拼写，于是查了这个词。）

［直译（依据原句结构）：他查了那个想写但又拿不准拼写的词。］

(9) He looked the girl that he hoped to date but wasn't sure he could name up.

（意译：他想约这个女孩，但拿不准她的名字，只好看着她。）

［直译（依据原句结构）：他看着他想约但又拿不准名字的女孩］

依我所见，即使事实上两个句子词数量相同，句法关系也完全一致，但您却认为例(9)要难读得多。

为什么会产生这样的区别呢？因为 up 从属依存于动词 looked，在例(8)中 up 紧跟在 looked 之后，而在例(9)中，up 与 looked 之间间隔 13 个词。对于读者来说这是一个困难，因为必须在阅读这 13 个词的同时，将 looked 一词牢记在脑海中。关于记忆负载的详细讨论在 4.2 章节；我们将在 7.6 节中讨论句法结果。

本节的主要观点是，依存距离直接基于依存结构。对于短语结构来说，类似的方法是难以想象的。

7.1.6 依存结构的论元

下面来总结一下论元。一般的认知理论允许关系概念的存在，因此关系概念在生活中到处都有，句法中也不例外。这就为语法学家几个世纪前就认识到的句法关系提供了一个良好的心理学基础，我们无须怀疑句法关系在心智中的现实存在，也不必怀疑句法关系是连接两个独立的词，词的心智现实清晰可见。

相反，短语结构的心理学假设让人怀疑，它认为我们的心智只能应付部分与整体的关系，而不能应付比其更复杂的关系。这样分析者就只能被迫接受"整体"节点（短语），但这种节点的存在没有独立的证据，使得句法分析复杂了很多。

但也不否认短语节点实际上在某些情况下是需要的,毕竟,否认这一点会犯跟短语结构理论一样的错误,即由于我们的心智可以处理语言之外的部分-整体关系,所以或许心智除了认知句法中的依存关系外,也有可能认知部分-整体关系。7.5节中我将会讨论一些部分-整体关系。或许还有其他关系存在,但认识到它们并不会减损词语法的要旨。其他理论认为短语不可或缺,而词语法强调的是,单个词之间的依存关系是支持其他理论的所有通用模式。

7.1.7 继承中的修饰语及价

假设我们承认依存语法中强调的单个词之间的依存关系,且不同的依存关系会有不同的分类形式,如传统语法关系中的"主语"和"宾语"。我们是否可以得出,某些关于依存关系的结论是适用于所有语言的?

这是语法理论里一个极具争议性的领域,不过至少有一个对比是例外的,它几乎与每一种语言都有必然的关联——在这里起作用的正是继承的逻辑运作方式。这种对比介于**修饰语**(**ADJUNCT**)和其他从属词(这些词我将在之后给出一个术语)之间。

举例说明:

(10) Charlotte moos frequently.
（夏洛特经常哞哞叫。）

Charlotte 和 *frequently* 都依存于 *moos*,而且在这两种语境下,依存关系都来自于对语法的继承;但不同之处在于: *moos* 需要 *Charlotte* 的存在,但仅仅是容许 *frequently* 的存在。要明白两者的不同之处,请看对例(10)做出的两种变化。

(11) *moos frequently。
（*经常哞哞叫。）

(12) Charlotte moos。

（夏洛特哞哞叫。）

显然，例(11)是不合乎语法的，这说明 moos 非常需要有主语。英语中现在时态和过去时态的动词都需要有一个显性主语。在意大利或西班牙语中，主语不是必需的，但这在英语中行不通。与例(11)相反，例(12)和例(10)一样符合语法，这说明 frequently 仅仅是一个可选的附加成分——修饰语。

主语（如 Charlotte）与修饰语（如 frequently）之间的差异揭示了关系继承方式中一个相当明显的特点。关系作为一种属性，同时属于两个相关实体：例如，格里塔(Gretta)是我的母亲，这既可以被看作格里塔的属性（是我的母亲），也可视作我的属性（母亲是格里塔）。但在属性继承方面，两个实体通常扮演着不平等的角色。您会这样想，"我有母亲"这个属性继承于"每个人都有母亲"的普遍事实；但格里塔的母亲身份不是这样继承的，因为不是每一位女人都是一位母亲。

词与词之间的依存继承也存在同样的不平等性。虽然 Charlotte 和 frequently 这两个词都依存于 moos，但 Charlotte 的依存关系主要是从 moos 处继承的，而 frequently 的依存关系主要是继承于 frequently 本身。相关事实见图 7.3。

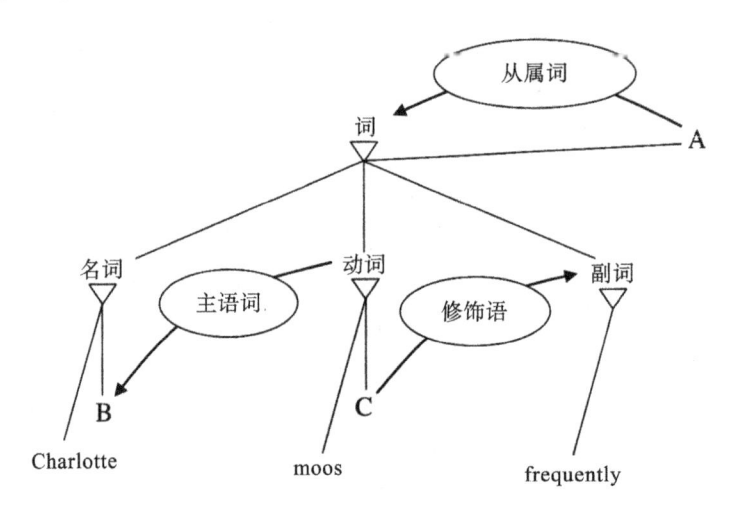

图 7.3 主语与修饰语之间差异的简单示例

此图显示的是，例(10)中的每一个依存关系都继承于两个相关的词，只是继承比例不同：

- *Charlotte*（从"词"）继承了依存于一些其他词（A）的必要性。
- *moos*（从"动词"）继承了需要主语（B）的必要性，主语 isA 名词，因此在这个例子中是 *Charlotte*。
- *frequently*（从"副词"）继承了需有动词（C，如 *moos*）依存的必要。

换句话说，主语依存"源于"其支配词——动词，而修饰语依存"源于"其从属词——副词。

7.1.8 价与修饰语的逻辑差异

以上例子显示了继承依存关系的两种逻辑可能性。每一个依存关系都是由从属词继承而来的，至少可以说在缺省情况下每一个词都依存于其他词（图 7.3 中的 A）。尽管有些修饰语对支配词可能会有一些限制，但对于修饰语来说这样就足够了。要注意的是，C 仅仅是某个动词，不是典型动词，因此，动词并不继承修饰语依存。

主语则展示了另一种可能性。作为典型动词的一个属性，它会被每一个动词所继承。类似的还有宾语，如 *Cows eat grass* 中的 *grass*。更普遍的情况是，不仅从支配词也从从属词中继承大量的依存类型。

可惜的是，对于从支配词继承的这种依存关系，尚无被广泛接受的一般性术语。依存理论用**配价**（**VALENCY**）（Allerton 2006）这一术语来描写动词的这种属性，下一节将会阐述关于这方面的语法。例如，MOO 有一个配价（包括主语），而 EAT 有两个配价。这一术语是以化学理论 "valency" 或 "valence"（配价的两种写法）为基础的，这个概念解释了原子的成键。[Wikipedia: "Valence (chemistry)"（维基百科："原子价（化学）"）]

这一术语在词语法中被称为**价**（**VALENT**），指继承于支配词的从属词。因为价与修饰语的区别仅是一个逻辑问题，因此它们适用于任何一种语言。

此外，价还在一些语言的语法中起着重要的作用。例如在英语中，与修饰语相比，价通常比较接近支配词，如下例(13)和(14)对比所示：

(13) Charlotte eat grass frequently.
（夏洛特经常吃草。）
(14) *Charlotte eat frequently grass.
（*夏洛特吃经常草。）

从另一方面讲，我们不是说价在每一种语言的语法里同样重要，即使很重要，也不是说价都有相同的效果。

图 7.4 总结了语言（如英语）依存类型的初始分类。在讨论英语的依存关系(11.2)时，这种分类将会扩大。

接下来阅读：
高级读者：第三部分，第 11.1 节：依存性
初学者：第三部分，第 11.2 节：配价

7.2　配价

如果我们接受 7.1 节的想法(1.1 部分有总结)，那么句法就很简单了，它非常类似于社会结构。

词是"群居的"，也就是说每个词都需要其他词的陪伴，但这种陪伴如果仅是相邻的话还是不够的。也就是说，词与人一样，和其附近的一些词，而非所有词，构建了一种具体的"社会"关系，这种关系就是依存关系，在 7.1 节有所介绍。此外，不同的词有不同的社会需求，这种差异相当具体，一般来说也很清楚。

最后，不同词之间相互补充，各取所需。例如，IN（在……内）需要补语名词，而LONDON（伦敦）需要支配词，如果我们将它们进行组合变成 *in London*，那么这两个词就各取所需了。句法结构是一个词之间的依存关系网络，这种关系满足词双方所需。句法是语法的一个领域，它包含依存需求的所有信息。

关于这张图，主要的一点是句法只是由独立的词及其之间的关系组成的，这与我们看到的人类社会的组成方式一致：只是由个体及其之间的关系组成。因此，这一理论的名称理所当然是："词语法"。

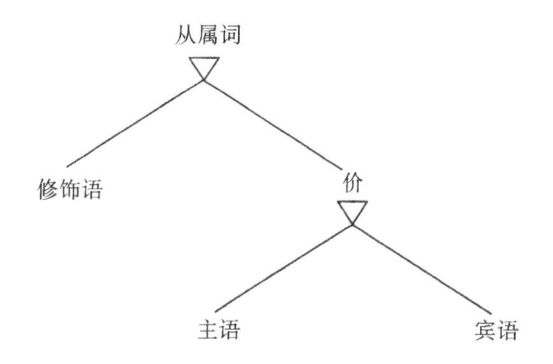

```
          从属词
         /    \
       /       \
    修饰语       价
              /   \
            /       \
          主语      宾语
```

图 7.4 依存关系的一般性分类

另一个类比是术语**配价**（**VALENCY**），我在上一节有介绍。在这个类比中，句法模型类似化学中的"原子配价"，"原子配价"从原子需要其他原子组合的角度描述了原子的"社会需要"；一个词的配价是这个词所涉及的一系列依存关系，这种关系使之与句子中其他词相连。

通常来说，这些需求仅仅被看作是对从属词的需要（更准确地说，用前一部分的术语讲就是需要"价"），但词也需要支配词，因此自然也要把这些需求包括在内。有了这一扩展，那么配价研究几乎涵盖了整个句法范畴，除了7.5节中将会讨论到的并列和其他类似结构。

如果我们知道，句子中每一个词都拥有所需要的支配词和需要它的从属词，并且这些依存关系都具有应有的属性（例如词序），我们就可以确定这句话的句法没有问题——用专业的语法术语讲，这些词都是合乎语法的(6.4)，且这句话的结构**组成合理**(**WELL-FORMED**)。

7.2.1 支配词配价和句根

在宏观层面上,即使再简单的句法,当涉及细节时,都会变得比较复杂。让我们先来看看支配词的需求,我们可称之为**支配词配价**(**PARENT-VALENCY**)。

原则上讲,每一个词都需要一个支配词,这是我们期望看到的。因此,如果我仅仅对您说了 *Very*(非常)或 *Bill*(比尔),您就会尝试去查找支配词;如果找不到,您就需要一个解释。用更为正式的术语来讲,一个词的支配词缺省数量为一,因此我们期望得到正好一个样例,不多也不少。

不过,必须承认的是,我们也可以把一个词孤立地说出来,但这只有在某个能够提供一个支配词的语境下才行。如问"*Are you tired*?"(您累了吗?)或"*Who did it*?"(谁做的这件事?)这样的问题时,没有语境提供支配词的话,我们就不能使用 *very* 或 *Bill*,因为 *Bill did it* 或其他形式才是合理的。

但是,这样的通则产生一个逻辑问题:如果每个词都需要一个支配词,一句话如何在语法上是完整的? 事实上,句子(通过定义)语法上的确是完整的;每次画上句号时,都没有必要通过再加词来满足现有句子中任何词的配价了。这当然是可能的,因为某些词不需要支配词。

英语中,例外的主要是限定动词(10.2),即拥有动词时态(过去或现在时)或祈使形式的动词;所以,在例(1)和例(2)中,*believed* 和 *believe* 没有支配词,也不需要支配词。

(1) They believed me.
   (他们相信我。)

(2) Believe me!
   (相信我!)

这种词叫**句根**(**SENTENCE ROOT**),这是一个有用的术语,它意味着所有的

7. 句法

其他词最终依存于该词。(此术语让人想到依存语法中的句树隐喻,即根据依存结构,词可以是树根、枝干或树叶。)

正式地来说,潜在句根词的数量一般是一个或没有,因此有没有都不必大惊小怪。相反,和其他词一样,非限定动词的确需要支配词。所以如果 *believing* 没有支配词就不能被使用:

(3)*Believing me.
　　(*相信着我。)

简而言之,我们做了一个总体上的总结(即每一个词都需要一个支配词),但也承认有例外——这是一个非常熟悉的认知模式,可以很容易地适用于缺省继承。

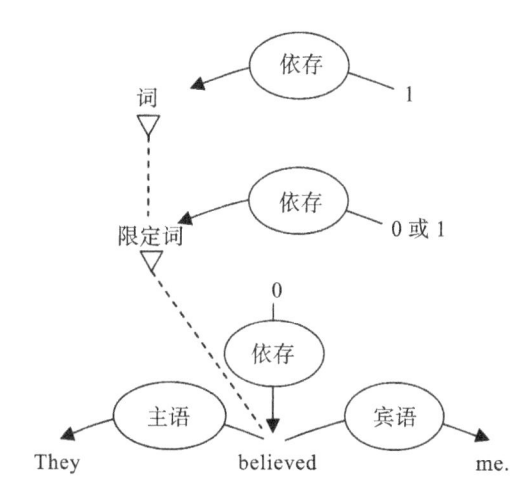

图 7.5　典型词需要支配词,但限定词不需要

图 7.5 显示了如何在句(1)中应用这项语法,其中句根词 *believed* 没有支配词(图示为垂直箭头顶部"0")。我们将在以后的图表中使用垂直箭头表示句根词的潜在依存。如 4.6 节所述,划点线的 isA 线段显示的是"超-isA 关系",它通过 isA 连接,并非单独存在。

7.2.2 为什么限定动词是特殊的

您可能想知道，为什么语言是这样组织起来的？为什么词需要支配词？为什么限定动词是例外？为什么要以这种方式来限制词？而且如果有例外，为什么不把其他词，比如说介词，作为例外处理呢？

类似的问题出现在配价的所有领域：配价事实是否只是任意性的语言事实，就像"桌子"一词在法语中是阴性，在德语中是阳性那样？或是由于我们的使用所致？

如果能从功能上解释，这是可以的，并且在很多语境下也是可能的。以句法支配词为例，大部分词都需要一个支配词，因为其意义不足以引导听话者。例如，*Bill* 只是将听话者的心智引导到概念"Bill"，但在大多数语境下这是不够的，于是听话者会问"好的，他怎么了？"

从另一方面讲，限定动词能够成为不需要支配词的例外是理所当然的，因为限定动词的意义包含着可以引导听话者的**施为用意**（ILLOCUTIONARY FORCE）。因此，如果我对您说 "*Bill has died*（比尔死了）"，您就会知道"has died（死了）"是比尔的一个新属性，要您添加到记忆中。[Wikipedia:"Illocutionary act"（维基百科："施为行为"）]同样，"*Has Bill died*？（比尔死了吗？）"以及"*Remember me*!（记着我！）"这两句中的限定词都有提问和命令的施为用意。因此，支配词配价是由其相关词的使用而产生的自然结果。

此次讨论的支配词的另一个普遍特点是，其配价规律范围极广，有适用于每一个词的，也有仅适用于一个词位或次级词位。对于支配词，主要规律可适用于最普遍的词类，典型的词都需要支配词。但是，这并非完全是说配价可以用于支配词，因为词可能会挑剔其支配词。一些词只接受属于某个特定词类的支配词，例如，VERY 仅依存于一个形容词或副词[如 *very big*（非常大）或者 *very soon*（很快），但不能说 *very admire（*非常欣赏）]，而 REALLY（的确）允许所有词类作支配词（*really big*、*really soon*、*really admire*），但名词除外[**really surprise–real surprise*（真惊奇）]。

7.2.3 从属词的配价

现在我们转向另一种配价——**从属词配价**（**DEPENDENT-VALENCY**），即决定一个词需要或允许什么样的从属词的配价；要注意，是说与价相关，而并非修饰语。

这种配价往往更为复杂，因为词一般只有一个支配词，但通常有多个价，并且在一定程度上为了区分这些价，词通常会通过如下的一个或多个属性，对价有或多或少的硬性限制：

- 词类——例如，DISCUSS（讨论）的宾语是一个名词［如 *discuss linguistics*（讨论语言学），但不能是 **discuss that it was raining*（*讨论天正在下雨）］；
- 数量——例如，DISCUSS 的宾语是强制性的，也就是说它的宾语数量为一；而 SING（唱）的宾语是可选的，宾语可以有一个或没有；
- 屈折形式——例如，一些语言中动词的价有不同的**格**（**CASE**），如（6.5）所示的名词的屈折形态：主语"主格"形式和宾语的"宾格"形式。例（4）和（5）来自拉丁语，其中在区分主语和宾语时，格比词序更重要：

    (4) Homo feminam vidit
    　　主格　宾格　　动词
    　　man　woman　saw
    　　"这个人看到一位女士"

    (5) Hominem femina vidit
    　　宾格　　主格　动词
    　　"这位女士看到这个人。"

- 词序——例如，在通常情况下，英语中主语在动词之前，宾语在动词之后；
- 词位——例如，SPEND（花费）要有一个价 ON（在……上）［*on* 反过来需要一个补语名词，如 *spend money on books*（花钱买书）］；
- 意义——例如，PUT（放）需要一个价，如 *into the box*（到盒子里），来定义一个地点；
- 语义角色——例如，LIKE（喜欢）的主语指"like-er"，即有这种喜欢感觉的人；其宾语是"like-ee"，指引起这种感觉的事物。

7.2.4 意义向导的配价

最后一个限制是极为关键的，因为整个系统的设计是以指导听话人解读为目标，其中每个价的意思搭配到整个意义中的方式是明确的。至少在原则上，每个具体词的价对应这个词的一个意义属性，对价的不同限制有助于听话者区分它们。

例如，举一个英语动词 SEE 的主语例子。假如我告诉您"I saw you（我看见您了）"，那么谁看到了谁，以及您是如何知道的？您知道，看人者是我，原因是知道 SEE 的主语的语义角色。您知道 *I* 是主语，是因为它的词序（在动词之前）和形式（是 *I* 而不是 *me*）。

7.2.5 价的继承方式

价的继承方式很复杂，因为对单一价的各种限制可能源于分类不同层级上的归纳。例如，以介词 OF 为例，它要有一个**补语**（**COMPLEMENT**）（这是另一种语法关系，至于它为什么这么叫，可以参考 *of books* 中名词"完成"配价的方式）。这个补语必须是一个名词，并且不能被省略，因此例（6）是合理的，而例（7）和例（8）则有问题：

(6) I was dreaming of books.
　　（我梦着书。）
(7) *I was dreaming of she left me.
　　(＊我梦着她离开了我。）
(8) *I was dreaming of.

(＊我梦着。)

虽然这两个事实适用于同一词,但它们继承于不同的分类层级。介词的普遍特征是要有一个名词,而名词不能省略这一特征源自其下位分类,甚至也有可能源自词位 OF 本身。事实上,许多介词的补语是可以被省略的,例如 IN 在例(9)和例(10)中:

(9) I left the key in the lock.
(我忘记拔锁上的钥匙了。)
(10) I put the key in the lock and left it in.
(我把钥匙插进锁里,忘了拔走。)

同样地,归结得出价的差异性源于其继承的来源不同。让我们来看 He liked her(他喜欢她)中的主语和宾语。动词 liked isA 两大范畴:一是"过去时态",二是词位 LIKE,每个范畴提供了一个价。正如我们之前(7.1.7)曾提到的,过去时态动词必须有一个主语(＊Liked it),因此主语来自屈折形式。与此相反,宾语来自词位 LIKE,因为它通常是需要宾语的。所以"LIKE,过去式"从 LIKE 这里继承了宾语,从限定动词形式中继承了主语。

如果我们知道多重继承,那么这一切都显得很平常,这也让我们对配价领域更多的复杂性有所准备。

7.2.6　句法三角

配价中一个特别重要和有趣的复杂点,是价自身会形成一个小的三边网络。

在语言之外,我们就已经在亲属关系系统中看到过这种模式,即其中一个关系是通过两个更简单的关系来定义的。例如,我祖母是我父亲的母亲(3.2 节中的图 3.7)。因此,在配价中我们看到相同的模式也不足为奇。

以助动词 HAVE 为例,来看例(11)。

(11) He has swum.

(他游泳了。)

我们知道，he 是 has 的主语，后者因为是屈折形式，所以需要一个主语。我们还知道，swum 依存于 has，因为我们可以省略 swum 但不能省略 has（如可以说 He has 但不能说 *He swum）。更确切地说，swum 是 has 的一个价。

到目前为止，我们认识到两个依存关系：he 是 has 的主语，而 swum 是 has 的一个价。但同时我们也需要认识到第三种依存关系的存在：swum 一词指出在这一活动中有一个游泳者，（在该句中）很明显是 "he"。

您可能会认为这是语义学的东西，但实际上这并非如此。请看例(12)。

(12) There was an accident.

（出了一场事故。）

在这个例子中，was 的主语是 there，如果您怀疑这一点，只需回想我们常规的提问方式，是把主语放在动词后（如在 "Has he swum?"）。例(13)是例(12)的提问式，因此 there 一定是主语。

(13) Was there an accident?

（有事故吗?）

为什么例(12)中要有 there 呢？这是因为动词 BE 允许它作为一个无意义主语，从而使得真正的主语（an accident）移动到句末。这里最重要的一点是，there 的存在是由于 BE 的配价允许——这是一个纯粹的句法，而不是语义问题，因为 there 本身没有意义。这可作为主语连接现象的一个重要试验：如果 there 是一个毫无意义的主语，那么它一定是动词 BE 的主语。

现在，请思考例(14)。

(14) There has been an accident。

（曾有一场事故。）

又一次，我们得到一个 *there* 和一个 BE，和例(12)一样。但此例中的 *there* 一定是 *has* 的主语。(如果您还是怀疑这一点，请思考下 "*Has there been an accident?*" 这个问句。)从另一方面，新的主语连接测试表明无意义的 *there* 一定是 BE 的某种形式的主语。

唯一可能的结论是，例(14)中的 *there* 既是 *been* 的主语，同时也是 *has* 的主语。这点从纯语法的角度，为例(11)中的纯语义的结论提供了相同的证据。在例(11)中，我说过，*he* 一定是 *swum* 及 *has* 两个动词的主语，因为 "he" 是游泳者。

更普遍的说法是，助动词 HAVE 的配价不是独立的依存关系的集合，而是一个互连的依存关系网络，在这个关系网络中，三种关系(两个主语及一个价)形成一个三角(**TRIANGLE**)，其中一个词有两个支配词。这种认知结构类似于我们早些时候所提到的血缘关系，详见图 7.6。也就是说，HAVE 的主语也是其价的主语，就像一个人的母亲是孩子的奶奶。

更重要的是，3.2 节中讨论过的亲属关系的递归形式，其在句法模式上也

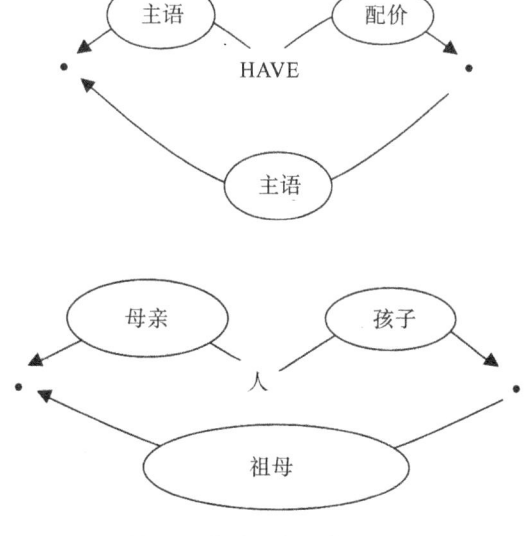

图 7.6　句法和亲属关系三角

有同样的可能性。我的孩子是我的后代，我孩子的孩子也是我的后代，以此递归；同样地，如果我是一个动词，那么我的主语不仅是我的价的主语，而且还有可能是我的价的价的主语，依次递归直到穷尽。

认知三角在现代句法中发挥着重要作用。它等同于词语法中的一个过程，这个过程被更为主流的理论称为**提高**（**RAISING**）（Dubinsky and Davies 2006）。提高不仅在英语助动词中存在，也存在于其他许多动词（例如TEND）中，其中一些（例如EXPECT）词有两个支配词，即它同时是一个动词的宾语又是另外一个动词的主语，如 "*I expect it to rain.*（我期待下雨。）"。更重要的是，不仅是英语，其他许多语言也一样，且不只是在动词中，提高同样也在其他词类中出现（特别是形容词，如 LIKELY）。在 11.2 节有对配价三角更多的论述。同样的三角在配价之外的结构中也会存在，如一个成分被放置于缺省位置以外，这一点我在 7.6 节中解释过。三角图示为词语法提供了一种解释句法模式的原理，最现代的理论解释大致也是通过类似的方式。

从另一方面讲，我需要承认三角认知在依存语法界也存在争议，因为依存语法的大多数理论相当简单，认为每个词仅仅有一个支配词。在这样的理论中，依存三角形是不可能存在的，因为它们允许一个词有两个支配词（如 *he* 在 *He has swum* 中的分析）。所以，这些理论不得不提供一些其他处理提高的原理，这（在我看来）吸引力不大。

接下来阅读：

高级读者：第三部分，第 11.2 节：配价

初学者：第三部分，第 11.3 节：特征、一致性和未实现词位

7.3 形态句法特征、一致性及未实现的词

3.3 节概括：

- 一些概念是互斥的，所以它们只能**选择**（**choice**）其一：例如，一个人可能

是男性或女性，但不能同时是两者。
- 选择是通过**选择集**（choice set）来定义的，在这个集合中一个成员的存在会排除另一个的存在。选择集的成员有一个被称为"**或**（or）"的选择关系，也就是说，如果两个概念以"或"的关系存于同一集合，那么它们是相互排斥的。通常"或"的符号是一个箭头，底端是菱形。
- **特征**（feature）是一个抽象的属性，如可以进行比较的颜色、年龄或性别。
- 两个选项可能会适用于同一个上位类，这种情况属**跨成员分类**（cross-classify）。

7.3.1 形态句法特征和一致性

在传统语法描写中语法特征是我们非常熟悉的，它们都有自己的名称，如"性""数""格"和"时态"等。

例如，在学习德语时，您会了解到德语名词形符有性（阳性、阴性或中性）、数（单数或复数）以及格（主格、宾格、属格或与格）的特征。要学习如何通过屈折化名词来显示这些差别，需要花费很多心思。例如，MANN［意思是"man（人）"］的与格单数形式是 *Manne*，与格复数形式是 *Männern*。

此类语言的语法中常见一张表，表中列出选项，以显示对这些词进行交叉分类的选择方式。6.5 节中的表 6.2 说明了两个典型的拉丁名词的屈折形式是如何交叉分类格与数的；表 6.3 以同样的方式展示法语动词，显示的是主语人称和数的交叉分类。传统上，这些表格都被称为**范式**（PARADIGM），它根据希腊语"模型"命名，因为它们为屈折变化提供典型模型。

对于只有两个交叉分类的情况，比如数与格，或数与人称时，表格形式最为有用。理想的情况是，选择的数量应当与表中的维度数量匹配，即三维表有三个交叉选项（例如，数、格和性）等，充分利用仅有的两个维度被历史证明是有一定效果的。

这些区别通常被称为**形态句法**（MORPHO-SYNTAX），因为屈折形式是形态学和句法学的交汇点。例如，形态学研究 {book} 和 {{boo}{s}} 之间的结构性差异，而句法则区别"复数"屈折形式，讨论的是复数名词的句法和语义特点。

根据这样的术语命名，对于名词的性、数和格之间差异的研究通常被称为**形态句法特征（MORPHO-SYNTACTIC FEATURE）**。例如，"数"有两个可能的**值（VALUE）**："单数"和"复数"。一个明显的问题是，带有两个价的名词分类方式特征与我在 6.5 节中介绍过的与缺省"名词"相对的"复数"的屈折形式——一个不同的分析方式有何关联。

我将这个问题放到下面的章节进行讨论，目前我们先从形态句法特征的证据开始谈起。鉴于我们已有一个令人满意的方式进行区分单数和复数名词，为什么我们还需要辨别"数"这一特征呢？

答案就藏在早些时候在其他认知领域（3.3）中对各种特征进行的讨论中，其中特征是以对比的方式使用的。如果我可以概括地说，我的鞋子总是具有相同的颜色，我选用的就是鞋子多种属性中的一种"颜色"特征作为特征对比的基础。这同样适用于语言。形态句法特征是用来比较的，这种比较为这些特征的存在提供了唯一证据。

这些需要考虑的比较由其**一致性（AGREEMENT）**规则决定。例如，限定词 THIS 和 THAT 须与其补语名词的数"一致"，因此我们可以说 this book 和 that book，但不能说 *this books 或 *these book。

如果我们可以直接把"数"的特征定义为"单数"和"复数"之间的选择集合，那么这条规则就很容易表述。即我们刚才所说的，是限定词及其补语"具有相同的数"——或者两个都是单数，或者两个都用复数。这种比较既自然又直接，就好比您在检查衬衫和领带的颜色是否搭配，以及日常生活中无数的对特征"一致"规则的检验。

但如果没有特征选项作为参考，一致规则几乎很难自然地表达出来。我们当然可以把这个规则表述为"一个单数限定词后面跟着一个单数名词作补语，一个复数限定词后面跟着一个复数名词作补语"。但是，这种把细节一一列出的说明方式，使人们很容易犯下把一个复数补语加在单数限定词之后的错误。一致性规则如果描述成"限定词与其补语在数上一致"，则比简单的选项列表组合"单数+单数"或"复数+复数"更清楚易懂。

随着事实变得更为复杂化,这种说法似乎更有说服力。如在德语中,限定词与其补语名词也要在数、性和格上保持一致(例如,*the man* 被翻译到德语中时,主格形式为 *der Mann*,与格形式为 *dem Manne*)。

7.3.2 特征和分类

那么我们似乎可以认为,一致性规则为如"数""性""格"等的形态句法特征提供了确凿的证据。那么,这种词分类方法与目前我们所知道的类型学有什么关系呢?

第一点是,特征仅仅与那些被一致性规则所提到的词类区别特征相关。英语可能只有两种规则,但都提到"数"的特征。一是限定词一致如 *this book* 和 *these books*;二是动词与主语一致,如 *they are* 和 *he is* 而不是 *they is 或 *he are。

这两个一致性规则都确认"数"为名词特征,也有可能是动词特征。但它们并未提及其他词类和屈折变化。例如,没有必要去引入一种特征"词类"来对比名词、动词等,原因很简单,因为完全没用,同样的道理也适用于对比动词的过去时和现在时。这当然并不是要否认词类和屈折变化是必要的,我是反对将它们组合成特征。

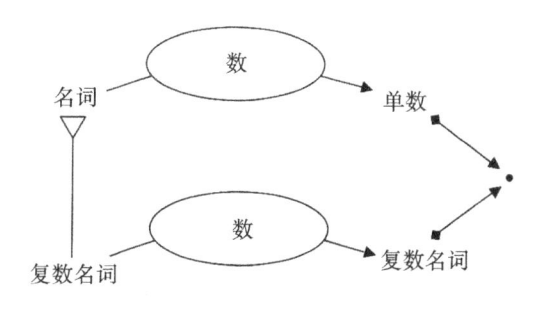

图 7.7 复数名词有例外的复数

因此,我的结论是,分类是基础的,而特征是次要的。英语可能只有一个形态句法特征(数),但如果一种语言一点一致性规则都没有,那它就没有特征。与此相反，分类法存在于每一种语言中。反过来讲，词语法中也有很多选项使用特征，并非分类法。

词语法认为特征是分类法的可添加选项，但它们究竟是如何结合的？在英语中，"数"的功能是如何与分类范畴"名词"及"复数"结合的？

答案是，特征仅仅是词分类后的属性，包括意义、实现等。

以 *books* 为例：根据分类，它 isA "普通名词"和"复数"，但其属性包括其实现 {{book}{s}}，其意义为 "set of books（书籍）" 及其复数。与之对比，*book* 的属性是 {book}，"书"及单数形式。

值得注意的是，尽管 *book* 有一个数，且我们可以称之为"单数"，但它并不属于"单数"的屈折形式，因为这只是一个缺省名词。从特征来看，"单数"和"复数"是平等的、相互竞争的选项；但从分类法来讲，这两个概念是不平等的。复数名词是"标记的"（如 6.5 节中所述），与其对比的单数名词是缺省的。

我们必须小心使用术语。如果我们称某个"屈折形式"为"复数"，就不能再用同一术语指代数的特征值，因为特征值不是词类，而是一个没有属性的抽象概念。因此，为了与"复数"特征值区别开来，我们把这种屈折形式命名为"复数名词"。

根据这一术语，名词有一缺省的数为"单数"，复数名词的"复数"是它们的额外属性。图 7.7 展示了这种分析，其中菱形箭头显示"单数"和"复数"组成一个选择集。

7.3.3 未实现的词位

在非英语的一些语言的语法中，一致性规则发挥着更为积极的作用，并提供有关句法结构性质的重要证据。在有关一致性规则的句法理论中，主要争议之一是被传统语法称作"被理解的"成分，即事实上听不到也看不到的词，但其存在是可以以某种方式"感受"到的。

举一个简单的例子，请看祈使句 "*Hurry*！（赶快！）"的主语是什么？一个可能的答案是，它没有主语。因为我们知道要赶紧的人，是被说话的人（受话者），而且由于该信息全部包含在语义中，所以不需要再重复，而是假定在该句法结构中有一主语。简而言之，它看起来像只有一个词的句子，且事实上确实如此。相关分析在图 7.8(a)中。

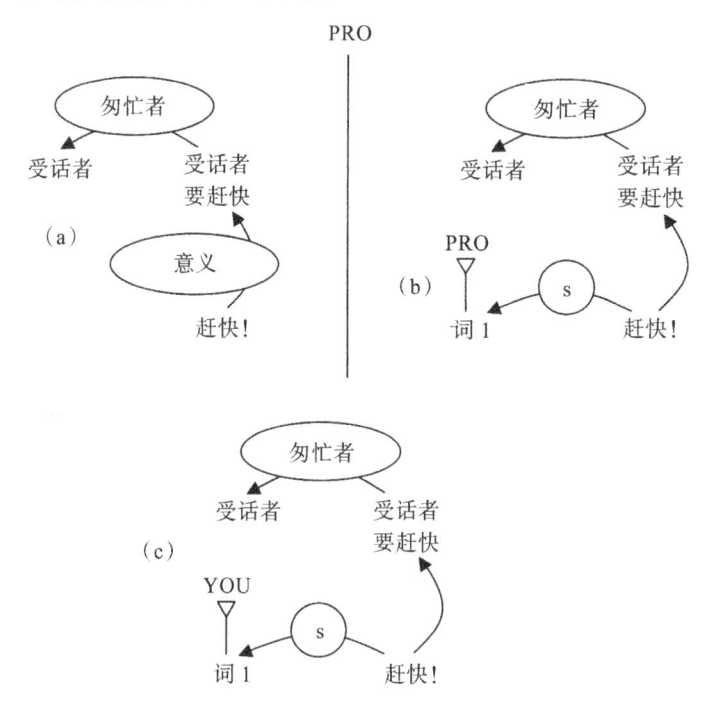

图 7.8 祈使句 *Hurry!* 的三种备选分析

另一种可能性是，*hurry* 有一个"隐藏的"主语，这个额外的词我们虽然看不到也听不到，但却在句法结构中起着一定作用。此观点有两种可能性：(b)这种隐藏词是一种特殊的词位，始终处于隐藏状态（一个"不能实现的词位"）；(c)，这是一个普通词位，在这一句恰好被隐藏——也就是说，一个未**实现的词位（UNREALIZED LEXEME）**。如果这是一个特别词位，那么它经常被称为"PRO（代词）"；如果它是一个普通词位，明显指代的是代词 YOU。

三种分析如图 7.8 所示。那么，哪种最好？问题在于，在各种语言，如英语中，没有太多的确凿证据说明语言中存在比(a)更为复杂的东西，直到 21 世纪前，词语法都是这样认为的。或者更直白地说，词语法过去认为，句法结构永远不应该承认任何看不到或听不到的词。(b)分析看起来像是乔姆斯基分析传统中可能出现的[Wikipedia: "Empty category"(维基百科:"空范畴")],尽管它广受欢迎,但与其他两种分析进行比较的话,这种分析没有多少扎实的研究支撑。而(c)的分析看起来似乎可以适用于一些语言。

7.3.4 礼貌代词的证据

(c)分析的一些证据来自代词反映社会关系的方式(3.4.2)。在许多欧洲语言中,根据说话者和受话者的社会关系,有两种不同的人称代词指"您";法语是一个很典型的例子,其中 *tu* 指亲密的人或下属,如一个小孩;*vous* 指陌生人和上司。(英语过去也一样,*thou* 指熟悉的晚辈或下属,*you* 指有距离感的上司。)

在法语中,动词碰巧也能把这些人称代词区别开来:现在时 VENIR,意思是"来",有 *tu viens* 和 *vous venez* 两种搭配。在这个例子中,动词显然与主语一致,但是,是代词的选择决定了动词的形式,而不是动词形式决定了代词的选择。简言之,人称代词连接了社会选择和动词形式选择。

但在祈使句中,代词是省略的,就像法语中的"*Viens!*"和"*Venez!*"。使用代词时,动词形式之间的选择完全遵从同样的社会规则,而不受代词影响。对于该例,我们可以考虑用这样一个解释——动词形式直接与社会选择相关,但到目前为止,最简单的方法解释动词形式的选择是假设每个动词实际上有 *tu* 或 *vous* 作主语,只是我们无法看到或听到这个代词。也就是说,做出类似(c)分析的假设,即有未实现的词位 TU 和 VOUS。

7.3.5 格一致的证据

还有其他语言提供更有力的证据证明未实现词位的存在。以下面的这句古希腊语为例(Hudson 2007c: 177):

(1) exarkései   soi   túrannon genésthai
    it-will-suffice   you(dat)   king(acc) to-become

"it will be enough for you to become king."

("它足以让您成为国王。")

　　这个例子的重点在于后缀 {on} 显示这个指代 "king" 的词（túrannon），同时也是 to-become 的补语，是宾格形式。为什么会这样呢？因为 to-become 有一个未实现的宾格主语，它与 "king" 一致。以下是这种说法的证据。

　　在一简单句如 "Cyrus became king（赛勒斯当了国王）" 中，"Cyrus" 和 "king" 都是主格。但在更复杂的句子，如 "I believe Cyrus to be king（我相信赛勒斯会当国王）" 中，它们又都是宾格，这是因为 "Cyrus" 是 "believe" 的宾语，同时也是 "to be" 的主语。这些例子表明，动词如 "become" 的补语在格（以及在数和性）上与动词主语一致。主格主语要求补语也是主格 [Cyrus became king（赛勒斯成了国王）]，而宾格主语仍需要一个宾格补语（I believe Cyrus to be king）。

　　另一个相关的事实是，如果一个动词不定式（如 "to become"）有一个显性的主语，那它便是宾格；相反，现在时或过去时态动词要求主语为主格。例如，简单的感叹句(2)中有以宾格 "me" 为主语的动词不定式 "to suffer"（Creider and Hudson 2006）。

(2) emè　　　tatheîn　　　táde
　　me (acc)　to-suffer　　this
　　"(To think) that I should suffer this!"
　　["（很难想象）我竟然得承受这个！"]

　　返回示例(1)，那么，为何 "king" 是宾格呢？它与 "you" 的格肯定不一致，因为 "you" 是与格的。这个问题唯一合理的答案是，"to become" 其实有一个句法相关，但未实现的，且与 "king" 一致的主语，同时，因为 "to become" 是动词不定式，其主语便是宾格。这是目前为止我们能给出的最令人满意的解释。

此外，我们还知道，这未实现主语一定是"您"，因为句(1)是关于您成为国王的可能性，而不是某个人或一般人。这排除了(b)分析，其认为未实现的主语通常是相同的泛指代词。

未实现词位与词语法一般理论是相容的，毕竟，一个词的实现只是它的一个属性及其意义、配价等。缺省继承使得我们认识到典型词的实现，同时允许例外词的不可实现。

换个角度看，认识到未实现词位的可能性并不意味着只要我们觉得它存在，它就一定存在。如果语言学家无法发现明确的证据，以表明未实现词位的存在，那么本族语者可能也做不到。以(3)和(4)句为例。

(3) I left before him.
（他看着我走开的。）
(4) I left before he left.
（我在他走之前走的。）

仅凭例(3)和例(4)意思相同的事实，并不能说明例(3)一定有一个未实现的 *left*。实际上，例(3)中使用 *him* 而不是 *he* 也否定了这种假设。

我们要说的就是，从语言中发现的社会敏感人称代词或格一致模式(Hudson 2007c: 172—181)，证明了有些词位在一些语言中未实现。我们将在11.3节看到英语可能同样有未实现词位，但是每个特殊例子要根据其特点定夺。

接下来阅读：
高级读者：第三部分，第11.3节：特征、一致性和未实现词位
初学者：第三部分，第11.4节：默认词序

7.4 缺省词序

3.4.3 节概括：

- 当我们想某事是在什么地方，或发生于什么时间时，就是在想这件事和其他实体的关系，这些实体被称为该事物的**界标**（**landmark**）。
- 我们要知道事情是如何与它的界标相关，那么有一系列用介词，如 *in* 或 *after*，来表达的关系概念，专门用于指空间或时间关系。
- 在选择界标时，我们应用的是**最佳界标原则**（**Best Landmark Principle**），即界标要近且容易被发现（"被知道"）；这种原则不仅指引我们解释世界，还指导我们的行为方式。
- 在关系概念分类时，具体的关系如"after"是一种更一般的"界标"关系。

这些关于时空界标的总体概念，基于的是我们认知非语言事物或事件之间关系的方式，同时也为句法词序研究提供了一个良好的基础。

毕竟，如果我们把语言看作口头表述事件，那么我们可以以完全相同的时间关系，如我们在考虑其他事件之间关系的"before"和"after"，来考虑词序。同样地，如果我们把词当作书写的物体，我们可以使用空间关系（如"to the left of"）。简单起见，我们在这里主要关注话语，以避免书面上各种不同方向的复杂性（left-right, right-left, top-bottom）。

7.4.1 支配词作为界标

有关时间关系，其中一个最重要的事实是，它一般在处理相关事件时认为事件间是不平等的，其中一个作为另一个的"界标"，如，讲座结束之后的一杯咖啡、会议期间的笑话、圣诞节后的雪等。同理，句中的词关系也涉及一个极不平等的句法关系，我们把从属词和支配词之间的这种关系称之为"依存"。

词之间的不平等性的一个很重要的根源是，从属词通常将支配词作为其界标。我们来看例（1）。

(1) Big books about linguistics are expensive.

（重要的语言学书籍价格高。）

依存分析认为 are 为句根，它有潜在的支配词，因此 are 是固定点，所有的其他词都直接或间接地以其确定自己的位置。这一句中依存关系如图 7.9 所示，一垂直箭头（指潜在依存）向下指向 are，这与图 7.5 一致；使用依存关系标记在 11.2 节中有说明（请参阅表 11.2）。

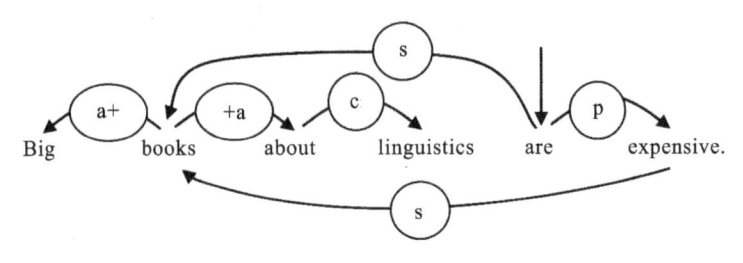

图 7.9　界标阴影依存关系

我将对整句话中的每个词的位置进行论述：

- *big* 的位置根据其支配词 *books* 来确定。作为依存形容词，它位于支配词名词之前。换句话说，*books* 是其界标，它与 *books* 的界标关系是"之前"（"before"）。
- *books* 根据 *are* 确定其位置。作为后者的主语，它的界标关系是"之前"（"before"）。
- *about* 在 *books* "之后"，更专业的说法是，*books* 是其界标，它与其关系是"之后"（"after"），因为 *about* 是一个依存介词。
- *linguistics* 在 *about* "之后"，为后者的补语。
- *expensive* 在 *are* "之后"，为后者的述谓（一种价）。

要注意的是每个词把支配词为作为其界标的方式，以及依存关系确定的其与界标的相对关系。

不过您也注意到，有一个依存性并不影响词序，那就是从 *books* 到 *expensive*

的"主语"连接,这是一个句法三角的一部分(7.2)。在下文我将解释为什么这种依存性不会携带任何词序信息,但此图引入了一个非常有用的规范,即在这种依存关系的词下方画线。

这种在词下方画线表示无界标依存的规范,可以极大地简化画图过程,使"词之上"的依存关系箭头所示的依存关系数量翻倍。例如,从 books 指向 big 的箭头既可以解读为依存关系(big 依存于 books),也可以解读为界标关系(books 是 big 的界标,big 在 books 之前)。

(2) *Big books are expensive about linguistics.

(3) *Big books are about linguistics expensive.

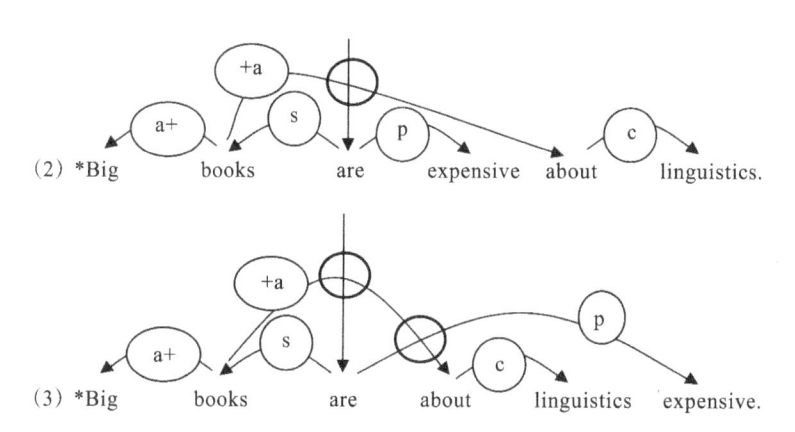

图 7.10 交叉依存显示错误词序的方式

7.4.2 短语的连续性

现在,让我们讨论句法理论中一个最重要的问题:是什么把短语里的词组合在一起的?例如,为什么 *big books about linguistics* 中词以这种方式互邻,而不能是以下想象出来的词序呢?例如:

(2) *Big books are expensive about linguistics.
(3) *Big books are about linguistics expensive.

对于短语结构语法学家(7.1)来说,答案是简单的:单词组成短语,短语在定义上是连续的词串。这种连续性的概念意思是，同一个短语的词不能与邻近的短语的词相混。这种概念通过短语结构树可以转成非常简单的规则：避免分支的"纠缠"。只要该分支在短语结构树不相互交叉，我们就可以确信短语是连续不断的。

依存语法可能也会给出一个非常类似的回答，在这里我们可以把交叉依存作为非连续短语的表征，但在该例中，相互交叉的是词序敏感的依存箭头（即在词上方所划箭头）。图 7.10 显示了例（2）和例（3）的相关依存性，其中交叉依存用圈圈起来。可以注意到，例（3）中的交叉依存比例（2）中的交叉依存糟糕两倍，这至少与我对短语结构的缺陷评估是一致的。

但为什么交叉依存会与错误词序相关呢？因为它显示了一个短语被至少一个短语外部的词拆分，例如，在例（2）中短语 big books about linguistics 被 are expensive 拆分，在例（3）中则是被 are 拆分。为什么短语中的词必须要连在一起呢？与其他句法模式一样，我们可以期待从一般性认知中寻求解释。

根据最佳界标原则（3.4.3）对突显与接近的平衡，短语里的词会尽可能地接近短语中心词。例如，有一棵树、一间房子和一个教堂，我们将使用教堂作为房子的界标；如果房子比教堂更接近树，则选取房子作为树的界标。遵循这一原则，我们确定了一串界标链，使得每个标记在原则上都更接近其对象。

让我们来看看这是如何被应用到句中的词上的。首先从听话者的角度，再从说话者的角度。作为听话者，我们认为，在依存链中，每个界标词比任何其他连接中的词更接近其从属词。在以上例句中，我们认为 about 更接近于其界标词 books，而后者 books 距其界标词 are 远一些。如果词序是 ...books about...are，那么这是正确的词序；而如果词序为 *...books are about... 的话，作为听众我们会被误导。

现在，让我们切换到说话者的角度。与教堂、房屋和树木不同，我们能够控制我们所说和所写的单词，因此是我们自己去满足最佳界标原则。为了做到这一点，我们确保词尽可能地接近其界标词，以便获取最大限度接近优势。而且只要我们应用这一原则，我们说出的句子就无交叉依存。

7.4.3　词序规则

那么，语言如何控制其词序呢？

语言至少可以做的是，它有一个典型词作其他所有从属词的界标词。最佳界标原则直接保证了所有的词都会尽可能地靠近彼此。一些语言要松散些，从属词会出现在支配词的任何一边，只要它们靠近即可（Pensalfini 2006）。在这种"自由词序"的语言中，每一个从属词仅继承以支配词为界标这一属性。如果英语是一个自由词序的语言，那么例（4）和例（5）都会表达同一个意思。

(4) This sentence is in English.

（这句话是英语。）

(5) English in is sentence this.

（按词序直译：英语是句话这。）

但大多数语言都在某种程度上限制词序，尽管各自的限制差别很大，但不同类型的短语，无论它们在短语的中心词之前或之后（7.1），都十分倾向于按照类似的模式依存（Siewierska 2006）。

最常见的是**中心词后置词序（HEAD-FINAL ORDER）**，即主语和宾语在动词之前，补语在介词之前［因此介词被称作"后位（post-position）"］等。在"中心词后置的英语"中例（4）应改为例（6）：

(6) Sentence this English in is.

（按词序直译：句子这英语是。）

另一种不太常见的模式是**中心词前置词序（HEAD-INITIAL ORDER）**，它与中心词后置词序相反。在"中心词前置的英语"中，陈述句的词序与疑问句相同。如例（7），这是一个陈述句：

(7) Is this sentence in English?

（按词序译：是这句子英语吗？）

这两种词序类型之间还有一个类型，它几乎与中心词后置词序同样常见，但典型词一般在两个从属词之间。我们可以叫它**中心词中置**（**HEAD-MEDIAL ORDER**）（这一定义比用"一贯混合"要好——Hudson 2007c: 161—162），尽管我们平时一般不这样看它。英语是一个很典型的例子，因为每个主要词类都允许从属词在其两侧：动词的主语在其前，宾语（和其他价）在其后；名词的形容词修饰语在其前，介词修饰语在其后等等。

在上述每个词序类型中，一般的"界标"关系都可被分为"之前"和"之后"两个次级范畴，如 3.4.3 节所示，且每一种依存类型都将继承一个或其他关系的属性。不用说，缺省继承逻辑也允许有缺省模式的例外，如英语特定助动词的主语位置（例如 *is he* 而不是缺省的 *he is*）。世界上语言众多，词序也千变万化，但这三个典型模式为我们提供了一个参考。不过当然，现实情况要比目前这种区分复杂得多。

7.4.4 非界标依存

到目前为止的讨论都假设一个词只能依存于一个支配词，但我们已经看到(7.2)这一点是不正确的，因为一些词可以通过"句法三角"关系同时依存于其他两个词，如例(8)。

(8) He keeps talking.

（他一直在讲话。）

在本示例中，*he* 作为主语不仅必须依存于 *keeps* 而且还依存于 *talking*，同时 *talking* 依存于 *keeps*。这种三角模式在句法中非常普遍，其中一个词同时作为其他两个词的从属词，即一个词有两个支配词，而非一个支配词。但问题是，这个从属词应选择哪个支配词作为其界标呢？

共享的支配词之间也存在依存关系，以完成整个三角关系——其中一个作另一个的界标。在例(8)中，*keeps* 是 *talking* 的界标，所以，我们说(根据句根是"最高"词) *keeps* 比 *talking* "更高"。在本例中，显而易见，*he* 的界标是 *keeps* (不是 *talking*)。分析如图 7.11 所示。

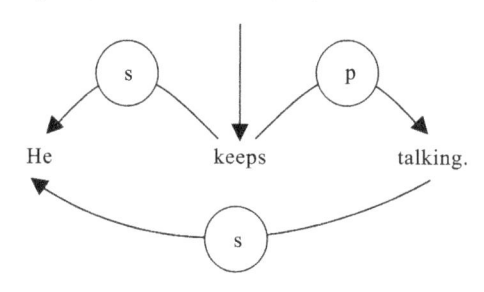

图 7.11 *He keeps talking*(他一直在讲话)的三角形依存

之所以认为 *he* 的界标是 *keeps* 而不是 *talking*，其证据包括各种主语置位的常规规则。其中一个规则是，主语需要置于动词之前，因此，*he* 在 *keeps* (而不是 *talking*)之前。假如 *he* 的界标是 *talking*，就会出现例(9)的情况，这当然是不可能的。

(9) *Keeps he talking.
　　(*一直他在讲话。)

另一个规则是将副词，如 *never*，置于动词及其主语之间。如果我们将 *never* 添加到例(8)，我们得到的是例(10)而不是例(11)。

(10) He never keeps talking.
　　(他从不一直讲话。)
(11) * He keeps never talking
　　(*他一直从不讲话。)

相比之下，没有任何理由相信 *talking* 是 *he* 的界标。

7.4.5 提高倾向

在上述例子中，he 所选择的界标动词要更高一级。事实几乎总是如此，且在前面(7.2.6)已经提到过，这一模式的标准术语是"提高"。逆向模式很容易想象，即一个从属词因其中一个较低位的支配词而被"降低"，但这似乎不可能发生，（德语有例外，见 Hudson 2007c:143—144。）为什么呢？

我们又一次可以用界标的一般性认知理论，来解释句法的提高倾向性。界标的最佳原则偏向更熟悉的界标，并非固定的事物，因为支配词在某种意义上"更熟悉"，所以可以作为从属词的界标词。从这个意义上讲，更为熟知的是 keeps，而不是 talking。但是，如果这样的话，共享的主语 he 是比 talking 更好的界标词。这也解释了为什么语言往往会强烈地倾向于以提高模式作为缺省，当然，降低也可能作为例外情况出现。

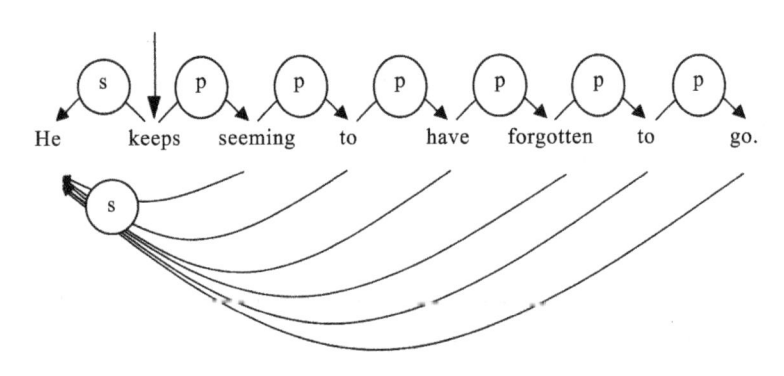

图 7.12 句法三角可以任意倍增

提高倾向性也说明了为什么句法三角以递归方式使用是如此简单。置顶的三角是唯一说明主语位置的三角，因此可进一步自由地添加三角而不影响主语。图 7.12 展示了一个比较容易理解的英语句子，其中不少于六个句法三角，有一系列的动词以及 to 形符，它们共享同一主语。该图还显示了在词的下面绘制非界标依存箭头的好处。

接下来阅读：

高级读者：第三部分，第 11.4 章：默认词序

初学者：第三部分，第 11.5 章：并列

7.5 并列

3.4.4 节概括：

- 我们对复杂事件的记忆，称为**场景记忆**（episodic memory），包含样例和记录事件典型结构（其中包括事件次序——**系列排序**（serial ordering））的常用**脚本**（script）。
- 当处理体验时，我们先将它分成由多个**分类块**（chunk）组成的层次结构，其中较大块包含较小块；因此，脚本也是按层次结构组织的，较小的脚本被放置在较大的脚本内。每一个较小块或脚本与其所属的较大脚本有**部分**（part）关系。
- 脚本中的系列排序由一个事件与其**下一个**（next）事件之间的关系决定。
- 一种特殊的词块是一个**集**（set），是由单个**成员**（member）组成的集合，这使我们可以忽略成员之间的差异，并把它们当作单独的概念单元。一个集的属性与其成员属性不同，包括**集的大小**（set size）及**成员定义**（member definition）。

词语法的一个主要观点是，我们认识到的语言的基础块是单个词，而不是更大的短语，并且这些基础块之间的关系是依存关系。与曲调中音符的相邻关系，或旅行中路线间相邻地点的关系相比，依存关系更为抽象和有意义。然而，我们也认识到情景记忆中更"原始"的结构，因此，如果这种结构也在语言中起了一些作用，也是很常见的。

7.5.1 词串

以动词 SAY 为例。在"直接引语"中,即引号内,这个词的补语可以是什么?来看以下例子:

(1) He said, "Hello. My name is Dick Hudson. What's yours?"
(他说:"您好,我的名字叫迪克·赫德森。您叫什么?")

(2) He said, "Hello, testing testing testing. Can you hear me at the back? Testing, testing."
(他说:"大家好,喂,喂,喂。后面的人可以听到我的声音吗?喂,喂。")

(3) He said, "Bonjour. Je m'appelle Dick Hudson. Comment vous appelez-vous?"
(他说:"您好,我的名字叫迪克·赫德森。您叫什么?")

这些例子都与"间接引语"非常不同,如例(4)。

(4) He said that his name was Dick Hudson.
(他说他的名字是迪克·赫德森。)

在本示例中,*said* 的补语是 *that*,而 *that* 的补语又是 *was*——这一常规结构由一般依存规则所控制。要注意的是,像 *"Hello!"* 或是 *"What's yours?"* 这样的句子很难被包括在该结构中。

与此形成对照的是,直接引语允许任何东西出现,只要它包含词,这个句子也可以是不完整的,如例(1);或是语法上不一致的,如例(2);甚至可以不是同一种语言,如例(3)。简而言之,当 SAY 用在直接引语中时,其补语可以被称作是一个**词串**(WORD STRING),即一系列其内部结构除了词序之外毫无相关的词。根据情景记忆的认知机制,我们可以说,一个词串是一个仅由词组成的块，其中每个词都是以"相邻"与其他词连接的。

词串在我们的记忆中发挥着重要作用。它们涉及我们对诗歌、歌曲和笑话的记忆——即任何我们"逐字逐句"记忆的东西，包括演员必须记住的全部台词。更重要的是，它们还包括陈词滥调——那些现成的、无话可说时脱口而出的对话词块，如 "*trot out a cliché*"（"小题大做"），"*Lovely weather today*"（"今天天气真不错"），"*No comment*"（"无可奉告"），或 "*Ah well, you can't be too careful can you?*"（"嗯，那么说您再怎么小心都不为过，不是吗？"）（Cowie 2006，Jared Wray 2006）。很大一部分的日常语言或多或少是以"公式化"的词串存储的，据估计，在我们的记忆中，这样的词串的数量至少有词位的数量那么多（Kuiper 2006）。

但即使 "*you can't be too careful*" 是以词串的形式存储的，我们也几乎能够确定它的普通依存结构也被存储在一起。同样，所有在例（1）到例（3）的 *said* 一词后使用的词串，都与它们被单独使用时一样具有相同的依存结构。当然，所有的情景记忆都一样，即使我们是以先怎样，后怎样的序列顺序记住事件的，我们同时还会记住其他所有我们加在它身上的东西，用于理解谁在什么时候做了什么、为什么这么做。所以，一个词串是一系列被看作一个整体的词，但它可能或多或少有着一般性依存结构。

7.5.2　并列和依存性

到目前为止，句法中有个领域很难与依存语法框架（或者，可以说是短语结构框架）相适应，其中，词串起着重要的连接作用。这个领域是：**并列**（**COORDINATION**）。

在依存框架中，词与词之间的关系是不平等的，因为一个词从属于另一个词（即是它的从属词）；但在并列结构中，它们的作用是相同的，如在例（5）中。

(5) He saw Arthur, Bill and Charles.
　　（他看到了阿瑟、比尔和查尔斯。）

这三个专属名词通过 and 并列，意味着它们与句中其他部分的关系都是相同的，也就是说，阿瑟、比尔和查尔斯共同分享"宾语"依存关系。

更专业的说法是，and 标志着 saw 的宾语是一系列的词，它包括 Arthur、Bill 和 Charles（但不包括 and 本身，它只是这一系列词的信号）。这一系列词的依存标记是一个小空心圆，从它那里有一个箭头指向这些成员，如图 7.13 所示。

```
         s        o
He      saw    Arthur,   Bill   and   Charles.
```

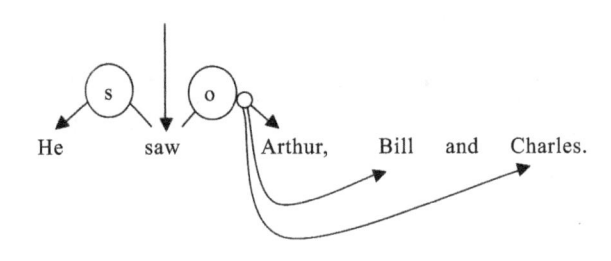

图 7.13　并列词共享同一依存关系

我们必须要小心，因为成员们的界标不尽相同。在例(5)中，第一个词 Arthur 像往常一样，就如同在简单句 "He saw Arthur" 中一样，从动词 saw 处得到它的位置，但其他两个并列人名并非如此。这些词最为突出的特点是，它们都属于同一词串 Arthur, Bill and Charles，其中 Bill 跟在 Arthur 之后，Charles 跟在 Bill 之后（and 提供了额外的复杂性，这点我将在下文进行讨论）。虽然如此，但指向 Arthur 的箭头在该词之上，以显示该依存关系也有其界标关系，其他两词则没有。图 7.13 展示了这种分析。

这种**依存共享**（**DEPENDENCY-SHARING**）模式极其普遍，因为事实上，任何依存关系都能被共享，且它可能存在于依存关系的两端——或是支配词，或是从属词，或者两者都有。以下是一个较为复杂的例子：

(6) He and she bought and sold houses and flats.
（他和她买卖房屋和公寓。）

在该例中仅有两个依存关系：一个主语和一个宾语，但每一个关系都由两名成

7. 句法

员共享：两个从属词和两个支配词。该结构如图 7.14 所示。

```
        s                    o
He and she    bought and sold    houses and flats.
```

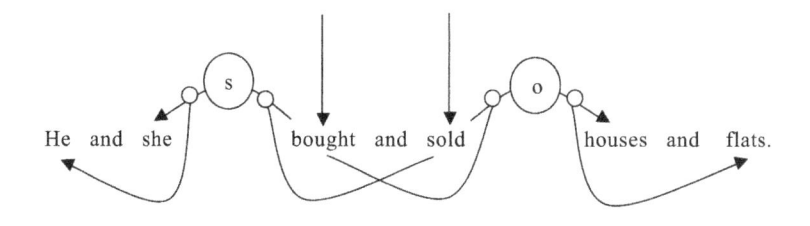

图 7.14　多个支配词或从属词共享的依存关系

值得注意的是，这种标记法是如何在展示由并列带来的复杂依存关系时，避免界标关系交叉的。仅有两个词有来自依存关系的界标：*she* 和 *houses*，其他词全部是从并列词串中获取地位的。

7.5.3　并列连词

像 *and* 这样，作为并列标记的**并列连词**（COORDINATING CONJUNCTION），究竟是怎样的呢？非正式地说，*and* 的规则是将两个并列的词分割开来，为简单起见，我们暂且忽略三个或更多并列项目等稍显复杂的规则。

更为正式的说法是，并列的内部结构似乎与依存相关，例如，在 "*He saw Arthur and Bill*" 中，并列结构是通过 *and* 所示且实现的。如果这样，则每个并列结构中的项都依存于 *and* 并将其作为界标，就显得合情合理了。图 7.15 展示了这种分析，从中您可以观察到 *Arthur* 有两个界标。根据依存的普通规则，它跟在 *saw* 之后，但同时又位于 *and* 之前。由于 *Bill* 跟在 *and* 之后，那么得到的正是我们所看到的顺序。

```
     s      o
He  saw  Arthur and Bill
```

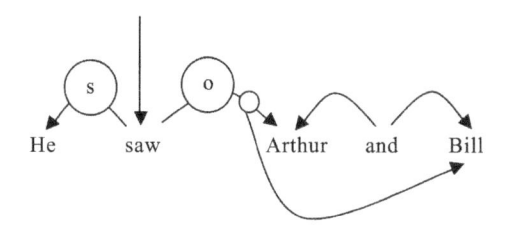

图 7.15　并列项目依存于连词

从另一方面讲，依存关系结构的不寻常之处表现在两方面。第一，中心词(*and*)没有支配词。因此，即使 *Arthur* 和 *Bill* 依存于 *saw*，但没有理由相信 *and* 也是如此。这就意味着，跟限定动词一样，并列连词没有支配词。但并列连词与限定动词的不同之处在于，在标记法中垂直箭头也不会在并列连词之上出现，因为即使在原则上，它们也不会有支配词，所以其他依存关系都能自由地与此交叉。这种情况可以在例(7)中看到。

(7) He saw Arthur and Bill on Tuesday.
（他在星期二看到了阿瑟和比尔。）

从 *saw* 到 *on* 的依存关系在并列结构 *Arthur and Bill* 上自由地交叉，如同两个词独立存在时那样。简而言之，并列的内部结构与句中其他部分的结构毫无关联。图 7.16 展示了例(7)的这种结构。

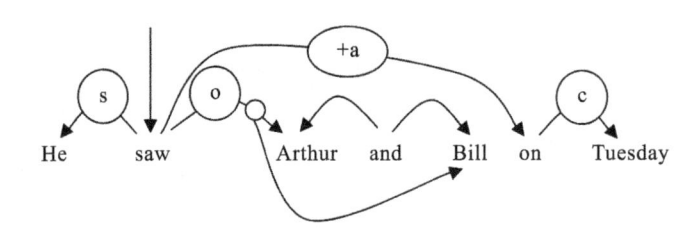

图 7.16 并列连词有从属词但没有支配词

7.5.4 非成分性并列

并列连词的另一个非常不寻常的特点是，它们的从属词或"并列项"并非单词，或者说，至少不是单个的词。目前为止所举的例子中，所有的项都是单个词，但事实上这不是必需的。

复杂性并非在于并列词本身有其从属词，如例(8)所示：

(8) He saw a man with a wheelbarrow and a boy with a hoe.

（他看见一位推着手推车的男子，以及一名拿着锄头的男孩。）

如果并列项为单个词，这正是我们期望看到的句子——每个并列词都有机会成为其他词的支配词，因此并列项事实上会是整个短语。

让事情更加复杂的是，并列项没必要是完整的短语。例如，例(9)是一个非常普通的句子，但它隐藏了将并列与完整短语约束起来的任何理论的未预期的问题。

(9) He visited [London on Tuesday] and [Birmingham on Wednesday].
（依据词序直译：他访问了[伦敦在星期二]和[伯明翰在星期三]。）
（他周二访问了伦敦，周三访问了伯明翰。）

令人感到棘手的是，这些例子中的每个并列项（括号中的部分）都有关于同一动词的两种不同的从属词：一个宾语（*London*、*Birmingham*）以及一个时间修饰语（*on Tuesday*、*on Wednesday*），这种模式通常被称作**非成分性并列**(**NON-CONSTITUENT COORDINATION**)（Crysmann 2006；"成分"通常指"短语"）。对于大多数理论来说，这是一个未解的难题。

然而，在词语法中，我们可以引入上文提到过的概念"词串"来解决这个问题：一个简单词串可以被看作单个词块。即使 *London on Tuesday* 不是一个短语，但它肯定是一词串，并且由于类似的短语没有语法上的功能，那么词串对应的是否是短语就无所谓了。原则上，我们可以把任何句子在其任意地方砍成两个词串，一个与另一个并列，其关系等同于第一个词串和句子其余部分的关系。

在例(9)中，词串中的两个从属词碰巧都从属于同一动词，但这不是必然；在例(10)中，*London* 从属于 *to*，而 *on Tuesday* 从属于 *went*；在例(11)中，两个依存关系的不匹配更为严重，导致整个句子看上去有些别扭，但却（无疑是合乎语法的。

(10) He went to [London on Tuesday] and [Birmingham on Wednesday].
(按词序直译：他去［伦敦星期二］和［伯明翰在星期三］。)
(他星期二去伦敦，星期三去伯明翰。)

(11) He keeps his collection of painting by [Rembrandt in the billiards room] and [Goya in the sitting room].
(按词序直译：他将他的收藏画［伦勃朗在台球室］和［戈雅的画在起居室］)。
(他把伦勃朗的画收藏在台球室，把戈雅的画放在起居室)

如果并列项是词串，那么并列连词的从属词也是。这看起来虽然有些奇怪，但也并非没有先例，因为我们已经看过动词 SAY 允许词串作为它的补语。图 7.17 展示了例(10)的结构，其中方括号显示了词串的界线。总之，词串 *London on Tuesday* 和 *Birmingham on Wednesday* 都依存于 *and*，其中 *London* 和 *Birmingham* 依存于 *to*，两个形符 *on* 依存于 *went*。

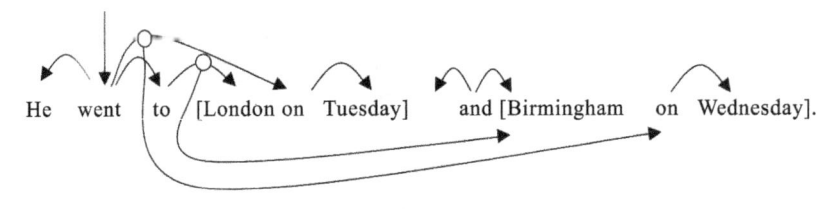

图 7.17　词串适用于非组成并列

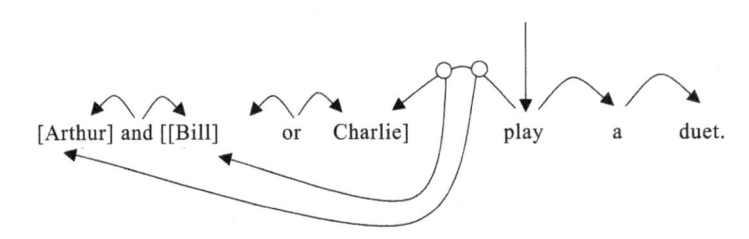

图 7.18　一个并列中可能还会包含并列

7.5.5 层级并列

关于并列，我们要讨论的最后一点是它可以被分层（**LAYERED**）。这一点应该不难想象，就如同将"块"置入我们的体验，并形成一个块中含块的层级结构。例如，*Arthur and Bill or Charlie*（"阿瑟和比尔或查利"）的意思模糊不清，它可能指 "either Arthur and Bill on one hand, or Charlie on the other"（"一方是阿瑟和比尔，一方是查利"），也可能指 "Arthur, and either Bill or Charlie"（"一方是阿瑟，一方是比尔或查利"）。每一种解释都要求将一个词串嵌入另一个较大的词串中，当然，我们可以根据想要表达的意思来选择解释这句话。例如，例（12）要求的是第二种结构，因为二重奏需要两位演奏者。

(12) Arthur and Bill or Charlie can play a duet.
（阿瑟和比尔或查利可以演奏一曲二重奏。）

在该例中，*play*（演奏）的主语一方面包含 *Arthur*，另一方面包含 *Bill* 和 *Charlie*。图 7.18 展示了这种层级结构，图中使用的都是我们已经见过的标记法。

这次在讨论并列的时候，使用的例子都直接来自英语，但其他许多语言也有相似的结构——完全一致的结构的可能性不是很大，毕竟有其他句法方式可以得到类似的语义结果。比如，在英语中我们就有可以取代 *and* 的结构，虽然其句法结构大不相同，但取得的语义效果是类似的。例（14）和例（15）以 *with* 和 *as well as* 对例（13）进行了改写。

(13) John and Mary visited us.
（约翰和玛丽来拜访我们。）
(14) John visited us with Mary.
（约翰来拜访我们和玛丽一起。）

(15) John as well as Mary visited us.

（约翰和玛丽来拜访我们。）

与依存结构相反，我们不能理所当然地认为，所有的语言都有和英语类似的并列结构。

接下来阅读：

高级读者：第三部分，第 11.5 节：并列

初学者：第三部分，第 11.6 节：特殊词序

7.6　特殊词序

3.5 节概括：

- **网络的概念**（**network notion**）[也称为**联结主义**（**connectionism**）] 认为知识由一个类似原子节点的**网络**（**network**）组成，节点代表概念，其属性完全通过节点连接的其他节点来定义。
- 该网络包括分类法，它将样例连接到更普遍的概念，**丰富**（**enrich**）了样例的内容。因此，样例通过复制一个相关的连接继承（一个简单的属性）或一群汇集的连接集群继承（一个复杂的属性）。
- 最复杂的连接集群可能是一个**三角**（**triangular**）属性，其中一个概念与其他两个相互直接连接的概念相连接。**循环原则**（**Recycling Principle**）可以避免可能出现的更为复杂的情况，这种原则允许始终在现有的概念上建立可能的关系。
- 如果样例中已经有一个同样关系的值，那么与 R 有关的**简单**（**simple**）缺省属性会被重置（从专业的角度说，某个 isA R' 的关系会 isA R）。
- 如果样例中已经有一个可以匹配的属性关系，**复杂**（**complex**）缺省关

系也可以被重置(从专业的角度说,这是对现有关系的"备选")。

这些总结思想将有助于我们了解特殊词序规则是如何重置7.4节中描述的缺省规则的。我们也将渐渐向一个问题的答案靠拢,即面对特殊规则时必然会碰到的一个问题:为什么语言使用者需要它们呢?

7.6.1 不同的缺省词序

词序属于语法中一个因语言不同而差异很大的领域。正如我们在7.4节所看到的,中心词后置、中心词前置以及中心词中置的语言,各自对每一个从属词的位置有或多或少的严格限制,这种限制因语言而异。但自由词序语言允许从属词有完全自由的位置,例如,Cows eat grass 这句话可以翻译成以下词序的句子:

(1) Cows grass eat.(中心词后置)

  (按词序翻译:牛草吃。)

(2) Eat cows grass.(中心词前置)

  (按词序翻译:吃牛草。)

(3) Cows eat grass.(中心词中置)

  (牛吃草。)

在自由词序语言中,这些词序都是可能的。此外,也有一些语言的主语和宾语顺序存在规律性的颠倒,即 grass 在 cows 之前。

语言间不仅在大的方面不同,细枝末节也有区别。例如,英语和德语使用词序来区分疑问句与陈述句[e.g. They are here.(他们在这里。)与 Are they here?(他们在这里吗?)],意大利文和西班牙文则并非如此。产生这种差异的原因很简单:词序受很多竞争压力的影响,这些压力必须得到平衡,而每一种语言都有不同的解决平衡的方案。每个词序都有其优点和缺点。

举例来说,英语的中心词中置词序允许主语和宾语紧贴动词以缩短依存距离(7.1),但它也会阻止我们把宾语或动词前置。我们不能说 *Eat cows grass,这种词序在我们谈论饮食时会很方便,如以下假想的(在语法上不可能的)短语:

(4) *Every animal has to eat something, but eat different animals different things – eat blackbirds worms, eat cows grass, ...

(按词序翻译:*每个动物都得吃,但吃不同的动物不同的东西——吃乌鸦虫子,吃牛草……)

(每个动物都得吃,但不同的动物吃不同的东西——乌鸦吃虫子,牛吃草……)

7.6.2 重置缺省词序

我们通常的规则也不允许把 *grass* 放在首位:

(5) Plants have many uses – flowers decorate our gardens, grass cows eat, ...

(按词序翻译:植物有很多用途——花装扮花园,草牛吃……)

(植物有很多用途——花装扮花园,草喂牛吃……)

但在该例中所要求的词序 *grass cows eat*,其实是允许出现的。显然,没有语境它听起来很别扭,但在有上下文时人们就不容易注意到这种差异。以下是一个更有说服力的实例,其中 *the others* 是 *left* 的宾语,但它位于动词及其主语之前:

(6) I only brought this book with me – the others I left behind because they were too heavy.

(我只随身携带了这本书——其他的书太重,我没带。)

如果宾语应该在动词之后的话，这又是什么情况呢？

答案是，在特殊语境下有特殊规则会重置缺省。其中一些规则把词序当作该词可能有的属性来看，例如，尽管一个英语动词的主语通常位于它之前，但疑问式助动词的主语在其之后（如 *Have you finished?*）。考虑到复杂属性的继承机制，这个例子是简单直白的，我们可以留到英语的部分来讨论（11.6）。

其他情况更为复杂，因为它们需要一个额外的依存来重置现有的依存作用。其中最复杂的示例之一是例（6），其中 *the others* 不仅是 *left* 的宾语，还是它的**析取词**（**EXTRACTEE**）——一个从其正常位置被"析取"出来的词。

同样的模式在 Wh 疑问句（即以"wh"代词如 WHO、WHAT 或 WHEN 引导的疑问句）中更为常见，例如，在例（7）中，*who* 是 *met* 的宾语，因此通常位于其之后，如 *He met her*；但因为 *who* 是一个 Wh 代词，所以它又位于动词之前。

(7) I wonder who he met.

（我想知道他见了谁。）

who 显然是 *met* 的宾语，只要您考虑下这句话：*He met Jane*，其中 *Jane* 替代了 *who*。但与 *Jane* 不同，*who* 还被从它的正常位置析取出来，使其可以位于它所依存的动词之前，这一点很容易理解。

因为 Wh 代词主导了这一语法领域，词序规则往往被称为"Wh- 移动规则"[Wikipedia: "Wh-movement"（维基百科："WH-移动规则"）]。但是，要记住非常重要的一点：不仅仅是 Wh 代词可以被这样移位。

让我们回到更简单的示例 *Grass cows eat*。如果 *grass* 是 *eat* 的宾语，同时也是它的析取词，那就会产生这样一个矛盾——"析取词"被要求位于动词之前，而"宾语"被要求位于动词之后。显然，析取词会获胜，但是为什么呢？像往常一样，冲突是通过缺省继承来解决的，因此我们需要图 7.19 的分析。

在这个表中，析取词关系（简单地用"x"标记）和宾语关系指向不同的节点，每一个节点都是一个词符，在图中简单界标记为 *Grass* 和 *Grass1*。它们属性完全相同，但 Grass 从"析取词"继承了在 eat "之前"的关系，而 Grass1 从"宾语"继承了缺省的"之后"关系。"之前"关系之所以获胜，是因为 Grass is A Grass1。这就是为什么我将 Grass1 置于这些词之下。

换句话说，一个析取词连接将原本的一个后位从属词变成前位从属词。

7.6.3 "之前"和"之后"的选择

这种分析提出了 3.5 节中讨论过的有关缺省重置的技术问题。当两个关系（如"之前"和"之后"）都是备选时，我们该如何选择？毕竟，词符 Grass 从 Grass1 中继承了宾语关系，使得其和 eat 有两种不同的关系：析取词和宾语。因此，它为什么不能也有两种不同的界标关系呢？为什么"之前"和"之后"这两种属性会产生矛盾，而"宾语"和"析取词"的属性则不矛盾呢？

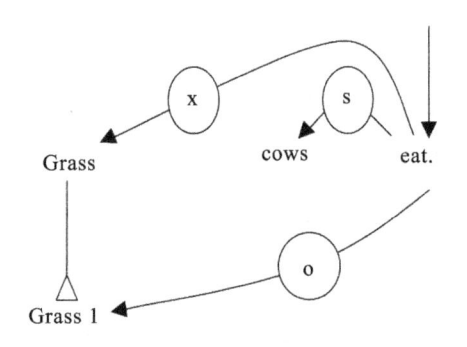

图 7.19 析取的宾语

在 3.5 节中的讨论区分了简单属性和复杂属性，复杂属性就是两个或三个关系的汇集。从这种意义上说，词序的属性是复杂的，因为它们包含一个与界标关系汇集的依存关系。例如，在图 7.19 中，从 eat 到 cows 的"主语"连接与 cows 到 eat 的界标关系（未显示）在 eat 处交汇。3.5 节中的例子关注的是汽车马达的位置，但道理是完全一样的：在汽车与马达之间涉及两个汇集关系（"能量供给"和"前置"）。

那么，当两个复杂属性冲突时，继承者该如何选择？根据 3.5 节：通过使用选项机制和"或"关系，冲突关系被列成备选项。因此在这种类型分析中，

"之前"和"之后"处于同一组集合中；而"从属"和"界标"，或"主语"和"之前"之类，却不属于同一组集合中。

为使这种说明更具体，加入了图7.20，它显示的是图7.19结构背后的语法。

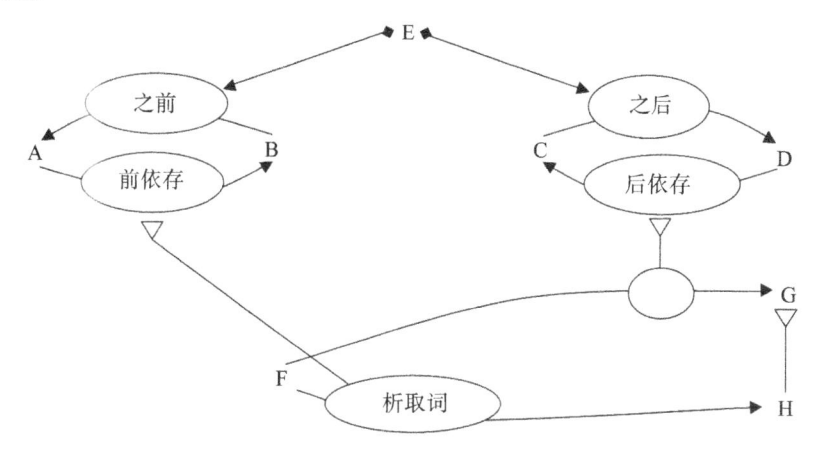

图 7.20 简单析取的语法图

通俗地讲，B 是 A 的前置支配词，位于 A 之前；C 是 D 的后置从属词，位于其后。"之前"和"之后"的关系产生冲突，是因为它们属于同一组选项 E，也就是说，它们的关系不能同时被同一节点所继承。如果一个词 F 和另一个词同时有析取词关系（前置支配词）和后置支配词关系，那么就需要重视，因为这解决不了冲突。但是，如果我们对这种关系的价进行区分，如词 G 和 H，其中 H isA G，那么结果通常倾向于 H。所以 H 继承 B 的"之前"关系，而不是 C 的"之后"关系。

7.6.4 长距离依存

析取问题的复杂性为它增添了趣味，其产生的结果被称为**长距离依存**（**LONG-DISTANCE DEPENDENCY**）或"无边界依存"（UNBOUNDED DEPENDENCY）(Falk 2006)。这样命名的要点在于，析取词与它被析取的地方之间存在很长的距离。

在 *Grass cows eat* 中并没有长距离依存，但在例(8)中存在长距离依存。

其中尽管 *grass* 和 *eat* 间有很多介入词，*grass* 仍是 *eat* 的宾语。

(8) Grass I think I read somewhere that cows eat.
（按词序翻译：*草我想我在哪里读过牛吃。）

以距离测量时，Wh-移动同样可以适用很长距离的依存关系。看例(9)：

(9) Who do you think they said they invited?
（您认为他们说他们邀请了谁？）

who 是 *invited* 的宾语，但其位于根动词 *do* 之前，这样在 *who* 和 *invited* 之间生成了一个很长的依存链。

长连接由析取词的递归规则产生，递归规则允许用一个词的析取词来作这个词补语的析取词，然后这个规则还能再适用到这个补语上，沿着依存链不断进行下去。例(9)中，*who* 是 *do* 的析取词，因此，*who* 也可以作为 *do* 的补语 *think* 的析取词，这为连接到 *said* 提供了铺垫，并最终与 *invited* 相连。

每个这样的析取连接都产生了"主语共享"的语义三角，至于其他三角，两个动词的使用矛盾通过提高原则（the Raising Principle）(7.4)来消解，因此析取词总是从最高位的动词获取自己的位置——句根 *do*。

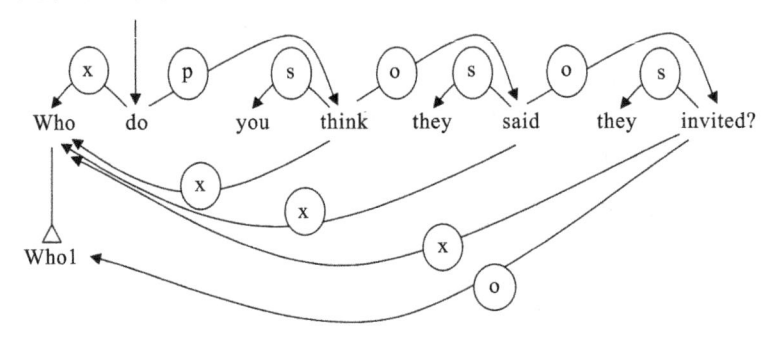

图 7.21 长距离依存

在图 7.21 中展示了例(9)的结构。此图的要点在于显示析取词如何在获取其位置的同时，又依存于另一个词，并且这种依存距离可能很长。

7.6.5 词跳的证据

这种结构可能会让您觉得太过复杂化、没有必要。当然，who 一定和 do 及 invited 有某种关系，但如果 think 和 said 与 who 的位置及其他属性无关，[186] 为什么要把 who 连接到这两个词呢？为什么是从一个词"跳"到另一个词，而不是直接从 do "跃向" invited 呢？

原因是，每一块"垫脚石"都提供了一个点，词跳的过程可能会在此被暂停或终止。在每一个点，说话者有权选择使用一个能接受 who 作为其宾语的动词以阻止它进一步发生词跳，如 RECOGNIZE：

(10) Who do you recognize？
（您认出谁了？）
(11) Who do you think they recognized？
（您认为他们认出谁了？）

或者，这一进程可能会被一个不适宜的依存连接阻断，如名词的修饰语连接：

(12) *Who do you recognize the person who invited？

并非所有依存都允许析取词跳过它们，如例(12)中从 person 到 who 的连接就不允许词跳。这种依存被称为**析取岛**（**EXTRACTION ISLAND**），它在句法理论中引起了很大的关注（Falk 2006，Hudson 1990：354—403）。这些中间依存显然是十分重要的，它们能决定词析取在什么地方适用，在什么地方不适用，这就是为什么几乎每一个句法理论都接受类似上述的"词跳"分析。

析取仅是重置其缺省词序的一个句法模式的例子，其他模式也可以用类似的分析方法分析。11.6 节中将会讨论到其他一些模式。

7.6.6 特殊词序和依存距离

让我们再回到本节开始的问题上来：为什么语言使用者需要这些特殊的词序？如果说英语的宾语在动词之后是普遍的，那我们为什么不接受其为唯一的可能性？析取现象（和其他非缺省模式）使得句法有了更多的灵活性，这种好处应该能够抵消例外规则及更复杂的结构所带来的多余消耗，但这些好处是什么？为了简化讨论，我会把重点放在析取上。

析取的主要优点之一是缩短依存距离，这种测量我在这 7.1 节中介绍过。方便起见，我们再次引用例（7）：

(13=7) I wonder who he met.
（我想知道他遇见了谁。）

析取 who 的好处是可以将它与 wonder 相邻，而这两者间是紧密连接的，因为 wonder 需要一个 Wh- 词，如 who，如果把 that 放在 who 之后就不行：

(14) *I wonder that he met her.
（*我想知道他遇见了她。）

这种"紧密连接"是一种依存关系，即 who 依存于 wonder，且这两个词越接近越好。如没有析取现象，he met 会隔开 who 和 wonder：

(15) *I wonder he met who.
（*我想知道谁他遇到了。）

而 who 之后可能什么词都没有，这点也能证实 who 和 wonder 之间的依存关系：

(16) Apparently he met someone last night; I wonder who.

（很显然他昨晚遇到了某人；我想知道是谁。）

唯一可能的结论是 who 依存于 wonder，这又导致 met 依存于 who——一个**相互依存（MUTUAL DEPENDENCY）**的典型例子，因为 who 同时又依存于 met 并作为其宾语。(11.6 节中将更详细地探究并证明这种分析。)

鉴于以上有关依存的这些假设，例(15)不但没有好处，且结构上也不可能成立。图 7.22 显示了例(13)，这种析取句法结构正确；同时显示了例(15)，其中并没有析取，其句法结构也不可能成立。

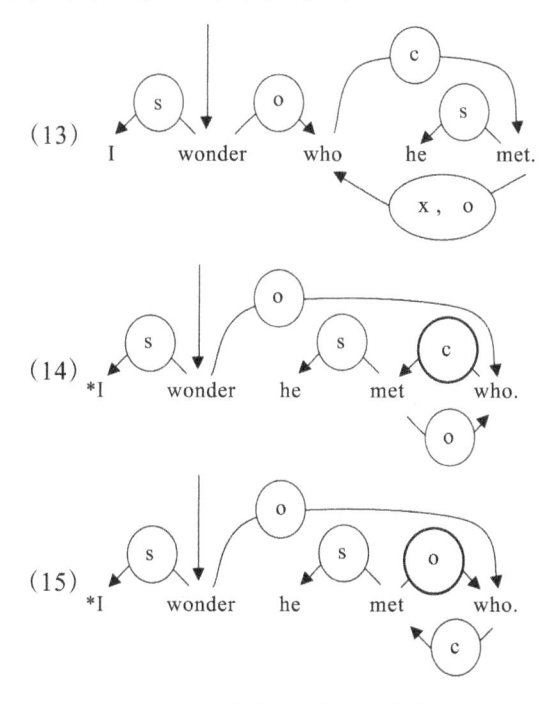

图 7.22　有无析取的从属问题

例(15)有什么错误？第一，它根本就不符合语法，因为这里 met 置于 who 之前，这种词序，从这两个相互依存的从属词之间的任何一个的角度出发，都不能证明其合理性。这些关系中的一种关系必须能给我们提供所需要的界标关系。先假设它是补语关系(如图上方所示)，这是说不通的，因为 met 是

who 的补语,应居后;再假设界标关系源自宾语依存(如图下方所示),这样词语顺序是正确的(动词—宾语),但 met 却没有了界标。可以看到,词上面所划的依存关系表示 met 是从从属词获取了位置,违背了支配词是界标词这一通用原则。

例(15)的另一个问题是其依存距离。与例(13)相比,例(15)中 who 和 wonder 之间的依存距离更长(两个分隔词)。本例中的析取因此达到了一石二鸟的效果:它既缩短了依存距离,又避免了与词序基本原则相冲突的句法结构。

7.6.7 句法事实的功能性解释

更为简单的例子如 "Grass cows eat" 的情况如何呢?析取如何让语言使用者受益?再次回到更有说服力的例(6):

(17=6) I only brought this book with me– the others I left behind because they were too heavy.
(我随身只带了这本书——其他的我留下了,因为它们太重了。)

上述例子在依存方面并没有好处,但它在认知方面有利,因为减少了记忆负担。相关词是 this book 和 the others(意思当然是 the other books),后者只能在联系到前者时才能被理解,因此在工作记忆中它们需要同时存在。4.2 节充分地讨论过工作记忆的作用,但就算没有讨论过,我们也能理解 the others 紧跟在 this book 之后,我们就更容易明白(和输出)它的意思。

这些例子都有一个共同点,即析取促使认知清晰,与其结构的复杂性相比,是利多于弊。换句话说,语法中发现的这种结构都有一个**功能解释(FUNCTIONAL EXPLANATION)**(Butler 2006)。语言的功能在于沟通,因此,其结构会不断改进以提高交流的效率。我们应该感谢祖先使语言成为方便使用的工具。

接下来阅读：

高级读者：第三部分，第 11.6 节：特殊词序

初学者：已"完成"。恭喜！

7.7　句法不具备模块

3.6 节概括：

- 感知系统如视力和听力很可能是**模块化**（**module**）的，特征是：
  - 专门处理特定任务的信息
  - 不识别从心智其他部分输入的信息
  - 有确定的基因。
- 那些研究者也支持认知上的**模块化**（**modularity**）和**先天论**（**nativism**），理由是不同部位的大脑损伤，会导致不同部位的认知损伤。但是这种论证是无力的，原因如下：
  - 大脑损伤导致的认知损伤从来不是仅适用于一个既定模块而与其他无关
  - 一个无模块的认知网络拥有足够的结构来解释观察到的结果，即大脑拥有相关的节点在大脑中相邻存储这一倾向。
- 反驳模块化和先天论的进一步的观点是，认知网络有"**集结**（**hub**）"节点，这些节点与其他节点连接非常多，因此如果集结节点受损伤，其影响十分严重。
- **认知语言学**（**cognitive linguistics**），包括词语法，对语言研究中的模块化和先天论持反对态度，力求从适用于认知其他部分的普遍原则上去分析语言。

那些支持模块化和先天论的人往往把句法作为"核心"模块，认为在这个领域中的语言差异性和自治性最强 [Wikipedia: "Universal Grammar"（维基百科：

"普遍语法")]。在本节中，我们将简要地考虑差异和自治这两个概念。我的意见是，句法其实并非不同也不完全自治。

7.7.1 句法不同于其他的认知方式吗？

与其他领域的认知相比，句法的**差异性**有多大是根据您怎么理解句法来判断的，即如何分析句法结构。

毫无疑问，句法结构分析看上去与别的任何事物分析方式都有很大的不同，而事实上，模块化和先天论的思想也鼓励句法分析者这样去做。如果您已经认为句法分析与别的事物分析不同，那么您会很少产生去寻求相似点的想法。

但最重要的问题是，这些分析是否是唯一的？句法结构能否以另一种方式分析，来揭示它与其他事物之间的相似性？语言之外是否有词类、词序、一致、配价等句法模式的平行对应物？

整本书都可以看作是对此问题的正面肯定回答。一切句法在语言外都有平行对应物：词类平行于其他的分类法（2.2，6.3），词序平行于事物在时间和空间上的定位（3.4.3，7.4），一致性平行于对颜色等的匹配方式（3.3，7.3），配价平行于属性作为关系的一般使用方式（3.2，3.5，7.2）。一旦开始寻求相似点，您就可以发现它们。

这个问题对于句法理论非常重要。一旦我们发现句法和心智生命的其他领域有类似点时，我们就必须去解释它们。例如，如果句法和空间思维遵循相同的最佳界标原则（3.4.3，7.4），那么原因是什么呢？是巧合，还是它们都使用同一种心智工具定位事物呢？

而且，一旦发现相似点，就会出现一个新的挑战：是否有一些明显的差别呢？

当然存在一些区别，最明显的是，只有句法负责组合词以实现意义及其形式。但这正是我们认为的句法——如果没有这种特点，那它就不能称为句法。

您还会想知道，语法词类与其他种类的分类有多大的相似度？可以肯定的是，它们有类似的抽象属性，如有原型成员和例外情况。但关于其分类本身的相似度呢？除语言之外，其他认知是否有名词和动词呢？

模块论者的答案是，只有语言有名词和动词，因为这些类别都是我们与生俱来的语言模块的一部分。但认知论者试图解释，名词和动词是对于交流要求的回应，这种交流是以通用思维过程方法进行的。如果您尝试在人类世界使用人类心智谈论人类经验，那么您几乎注定要用词的分类来对发生的事情进行分类，而用另一种语法分类来对要讨论的人和对象进行归类。

因此，认知论者认为，既定的交流目标和普通人类的心智工具决定了语法的各个方面。当然，如果没有对人类的心智、交流及语言的清晰理解，这一说法也无法证明。这些理论在将来注定会被发现，只是要花大力气去进行研究。

7.7.2 句法自治程度如何？

模块论讨论的另一个问题是句法的**自治**（**autonomous**）程度——即句法独立于其他事物的程度有多大？

句法模块自治如同车载收音机：其内部运作不受其他模块运作影响，也就是说，它会自行工作而不受外界干扰。句法模块只适用于真正的句法成分——单词，换言之，除了纯句法特征词类及依存之外，其他特征一概忽略。与此相反，非模块句法则允许一定的灵活性。

哪种观点正确呢？模块论观点有一定的道理：句法确实倾向于只将词与词合并，并忽略其他特征。例如，有这样的实例，其中词串毫无意义但却合乎"语法"，因为它遵循了句法规则。可以以刘易斯·卡罗尔（Lewis Carroll）的诗"Jabberwocky"为例［Wikipedia: "Jabberwocky"（维基百科："Jabberwocky"）］：

>Twas brillig, and the slithy toves
>Did gyre and gimble in the wabe:
>All mimsy were the borogoves,
>And the mome raths outgrabe.
>（是滑菱鲆在缓慢滑动

时而翻转时而平衡；

所有的扭捏作态展示了

蠢人的早熟、懒人的平庸。）

但这种句法也有一定的灵活性，它能摆脱僵硬的纯句法。尤其是，它允许词与非词组合。

一个明显的**非词**(**non-word**)配价例子是动词 GO 的一个特殊次词位，称为 GO_行为。这在例(1)中有示，其中[noise]指说话者模仿的火车汽笛声。

(1) The train went [noise].
（火车[呜呜呜]。）

在我这一代，这是使用 GO_行为 的唯一方式。但现在，这种动词已经在话语中普遍化了，如例(2)。

(2) He went "Wow!".
（他说："哇！"）

重点在于，这一动词配价要求我以及年轻一代的说话者给它一个非言语补语——一个非词补语。

诚然，这是语法中一个非常细微的问题，但我们可以以小见大：语法可以适用于非词(Hudson 1990:67—69)。但该示例并非您所想的那样孤立。词可以和它所指的噪音或形状结合，如例(3)：

(3) The symbol ¬ is used in logic.
（符号 ¬ 用在逻辑中。）

这种语法关系，也称"同位"，与我们在 *the word BIG*（"大"一词）或 *the song*

"*Oh for the wings of a dove*"（歌曲"鸽之翼"）中发现的一致。[Wikipedia: "Apposition"（维基百科："同位"）]

的确，科学论文中的公式经常会被用作动词的宾语，如 GET（e.g. *we get X*，其中 X 是一个公式），甚至句法学家也可能写下 *The correct structure is: X*，其中 X 是一个结构图。学术体系中的圆括号、脚注、超链接都进一步增加了可能的维度，使得语言超出了原本的普通书面或口头模式。

当然，这些可能性并非仅限书面语。动词 GO$_{行为}$很少会用在对话之外，且只有在讲话场合，才能发现词与手势间的详细互动，这种互动对会话的流利程度和效率是非常重要的（McNeill 2006）。

总的结论是，虽然句法的最普遍的用法在于词与词之间的关系，但这种用于组合词的原则也有例外，可以组合词与非词。一句话，句法不是自治的。

本节小结：

- 语言的句法领域一直被模块论和先天论所占领，但其实句法与其他领域的认知没什么不同，也非自治。
- 句法并非**不同**（**different**），因为句法的每个方面都有独立于语言之外的平行对等物。
- 句法并非**自治**（**autonomous**），因为非语言对象，如手势或图表，完全可以嵌入到句法结构中。

接下来阅读：

高级读者：返回到第一部分，第 4 章：网络活动

8. 使用和学习语言

8.1 可及性及频率

4.1 节概括：

- 有些概念比其他概念更**可及**（accessible），因为我们过去与它们打过交道。例如，如果某个概念里有很多情感因素，它就比较可及。由此产生的影响中，最重要的是**频率效果**（frequency effect）：经常使用的概念更容易被想到。有一个隐喻可以很形象地解释体验之于概念的影响，即**牢固度**（strength）：对于概念的使用会加强这个概念。
- **心智**（mind）的"牢固度"对应**大脑**（brain）的**激活水平**（activation level）。根据**心智计算理论**（computational theory of minol），每一个（心智）概念都由特定的神经元组合模式进行记忆，其中神经元的激活水平可观测。**神经网络**（neural network）是解释心智信息和激活水平之间关系的最好方式。
- 一个概念的**静息激活水平**（resting activation level）反映了过去的经验，而**当前的激活水平**（current activation level）反映了当前的思想活动。

我们都知道，有些词极难想起。我们都知道这些词，但需要时却记不起来。

8.1.1 频率影响

这些难以记起的词通常并非日常用词，而且是很少被用到的词。毫无疑问，在这个过程中，频率至少发挥了些许作用。

人们在心理实验中密切研究过可及性和频率之间的关系,所以我首先来解释一下这些实验。实验对象(通常是心理学学生)坐在计算机终端前,上面显示了(也可能是通过耳机口头提示)词。某个词一经显示,学生就要执行某一试验任务,然后由计算机测出任务执行所花的时间。时间以毫秒为单位进行测量,所以,出现的差异很可能会低于实验对象所能意识到的程度。

一个典型的任务是"命名",即受试者将屏幕上的词读出来。另一个是"词汇决定"任务,受试者决定一个词是否是英文单词,如 doctor,则按"是"按钮(也可以说出来);如 moctor,则按下"不是"。[Wikipedia: "Lexical decision task"(维基百科:"词汇决定任务"),Harley 1995: 143—144]。还有其他一些方法,但这两条足以说明,像词汇的可及性这样主观的事情也可以客观地加以研究。

实验的原始数据包括每个受试者执行每个任务的时间(以毫秒为单位),这让实验员能够去计算每个词花费的时间(每个受试者所花的,或所有受试者的平均时间),然后研究时间长度是否与词的频率相关联。

这完全是可能的,当然,前提是我们能够测量词汇频率——但这不成问题,因为我们已经出版了一些词频表,其中包含了英语书面语或口语中具有代表性的抽样词的频率。虽然这种做法显然有缺陷,因为一个人常用的词可能另一个人却少用,不过个体差异的影响通常可以通过使用加大受试者的数量并取平均值来减少。

8.1.2 可及性和检索

实验结果显示,获取高频词时花的时间更少。

要了解这与可及性有何相关,可以想象如果自己是受试者,在词汇决定试验中该怎么去做:屏幕上出现了一系列字母,如 doctor,然后您知道,根据您是否认为它是英语单词按下绿色或红色按钮。

但即使回答再快,也不会像条件反射一样是自动的,而是需要一些思考时间。如果可以**检索(RETRIEVE)** 到这个词,就按绿色按钮,即说明您在认知网络中找到了它的位置。作为熟练的英语使用者,您能将这项任务完成得既快又好，但这仍需用到心智活动，这些活动又分为更小的步骤。

详细地讲，您必须首先识别单个字母（d，然后 o，然后 c 等）及其顺序（是 doc，而不是 cod）。当然，每个字母在认知网络中都是一个概念，因此，用这些概念作为垫脚石，我们才能获取 DOCTOR 这个词位。我们可以推测出这在心智中发生的方式，但从这些实验中得出的铁证是，常见词比生僻词能更快地被认出。

为什么频率影响检索时间？因为它们两个都涉及**激活**（**activation**）。认知这些字母就是创建活动节点序列的过程，其中您"发现"DOCTOR 的方式是去激活它。两个激活事件之间的明显关联是，激活是从字母传递到词位的，这在 4.2 节中已被详细地探讨过。就目前而言，主要的成果是解释了词频对检索的影响。激活过程从字母开始，DOCTOR 节点对激活的反应速率取决于该节点现有的激活水平高低，而该激活水平又取决于该节点之前被使用的频率。如果节点被使用的频率高，其活跃度就高，则不需要多少额外的激活它就能达到被"检索"到的程度；但如果频率低，那么它从字母到"足够"的激活水平间，将需要更多的激活力度才能使受试者按下绿色按钮。

8.1.3　网络的激活水平

那么，第三章所描述的认知网络是如何与激活水平相匹配的呢？

我们可以考虑一种可能性（尽管是暂时的观点）：将一个节点的激活程度作为它的一种属性，正如概念之间互联的其他属性一样。例如，"鸟"的属性之一是"首选的移动方式＝飞行"，另一个属性是"激活水平＝0.56"（或任何其他激活水平可能的表达方式）。但是这种分析激活的方法肯定是错误的。毕竟，飞行是"鸟"的一种属性，而激活水平 0.56 是网络节点的一个属性。激活水平与普通属性差异很大，相当重要的一点是，激活水平与其他一些概念间不存在连接。

但如果激活不是属性，又是什么呢？最佳答案（4.1.2）似乎是，概念属于心智，激活却属于大脑，且仅通过某一机制在大脑神经系统回路中间接地执行概念。因此，激活影响大脑硬件部分，而与属于软件部分的心智只是间接相关。

如果我们切实采取这种区分的话，词频影响的则是大脑，而不是心智。以形容词 GOOD（好）及其反义词 BAD（坏）为例。GOOD 比 BAD 更常见，这多少会让人感到惊讶，但也同时激励人们继续去探索（这个细小的案例可在 www.word frequency.info 上查找到）。那么，认知网络该如何显示 GOOD 比 BAD 更常见呢？

8.1.4　激活标记

严格地讲，这种差异并不属于认知网络，而是属于"更深层"的神经网络。由于我们在这里不讨论神经网络，那么可以发明一个简便的方法来描写作为激活提示的认知图片，这原本应用于更为复杂的分析中。感叹句是一种非常"活跃"的话语，因此我们可以使用感叹号来显示激活的程度——1 个叹号表示激活程度低，2 个叹号表示激活程度高等。这种粗糙的表示法在图 8.1 有示，它的独特优势在于能时刻显示激活水平的变化情况，这对以后的章节有好处。

形容词
!!　　　　　　!
GOOD　　　　BAD

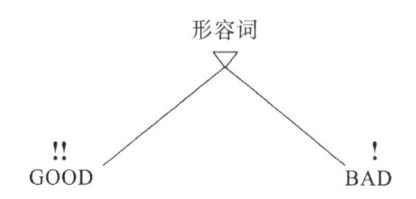

图 8.1　GOOD 的频次比 BAD 高

每一个概念都有一个激活水平，这里就不一一列举了；因此，即使图 8.1 并未显示"形容词"的激活水平，我们也知道，它一定有某种程度的激活，只是还不知道如何去测量。

例如，在处理某一体验事例时，如果一个节点每被"访问"一次其活跃性就会增加，那么"形容词"的激活水平应至少是三个感叹号，因为只要 GOOD 或 BAD 被访问过，形容词一定就被访问过了。但这种假设过于简单，因为单个的样例很可能以不同方式影响不同节点的激活。所幸，在这里不需要真的去担心这些计算细节，尽管它们对结论的进一步发展至关重要。

有关网络词语法理论中的激活，一个特别重要的声明是，不仅仅只有实体概念有激活水平。如果每一个概念都有激活，那么关系概念也一样有激活。几乎所有的词属性都是由关系概念如"意义""实现"和"依存"来表示的。

由于每次使用词时，这些关系都被激活，我们有理由认为这些关系都具有很高的永久激活水平，但部分关于词的其他关系却很少被激活，如"词源关系"。词源关系是词的一个属性（6.2），但即使是热心词源学的人每天也仅考虑几个词的词源，所以这是一个罕见的概念，其激活水平相对较低。

本节概括：

- 心理学家的实验如"**命名（naming）**"和"**词汇决定（lexical decision）**"显示，某些词比其他词更为**可及（accessible）**，也就是说，它们被**检索（retrieve）**到所需的时间较短。
- 对于频率和可及性之间联系的标准解释是，频繁使用能增加一个概念的**激活水平（activation）**。其结果是一个相对较高的**静息激活水平（resting activation level）**，并临时性增加其**当前激活水平（current activation level）**。
- 一个概念的激活水平从根本上不同于它的其他属性：它属于对**大脑（brain）**的分析，而不是对**心智（mind）**，因此在认知网络中没有"激活"的位置（可用感叹号标记以暗示）。
- 激活水平适用于每一个概念，包括上位词类（例如"形容词"）和关系概念（如"意义""词源"）。

接下来阅读：

高级读者：返回到第一部分，第4.2节：激活和工作记忆

8.2 检索词

4.2节概括：

- 当前仍处于活动状态的**长时记忆**(long-term memory)的某些部件，构成了**工作记忆**(working memory)（过去被称为**短时记忆**(short-term memory)），工作记忆的**当前激活水平**(current activity level)比长时记忆的静息激活水平高。
- 当一个节点的当前水平达到一个**阈值**(threshold)时就会**触发**(fire)，把多余的活性不加区分地传递给所有相邻节点，这被称为**激活扩散**(spreading activation)。
- 不加区分地扩散活性的主要证据来自**启动**(priming)实验，据显示，无论相邻节点和目前任务是否相关，其活性都会增强（因此变得更容易检索到）。
- **执行系统**(executive system)处理的是我们的**注意力**(attention)、**兴趣**(interest)和**目标**(goal)。这些选项确定哪些节点接收到足够的持续激活而得以触发，并激活相邻节点。
- 激活扩散通过**聚集**(converge)在单一节点上，来自动检索**整体最适候选项**(best global candidate)。在此研究中，整个网络提供了**语境**(context)。

有关激活的这些思想有助于解释我们是如何检索词的——即在说话时如何找到达意的词，在听话时如何识别他人的话语。但是，我们会发现不仅是在听说活动中需要去查找词。除了明显对等的书写与阅读外，可以用不属于以上范畴的其他各种方式搜索语言。

8.2.1 说话

想一想，**说话**（SPEAKING）时您心里在想什么（Bock 等 2006）。

要说什么您心里有数，但现在的挑战是找出恰当的词语。显然，最终需要把一系列的词转换为句法结构，但我们可以将这一更为复杂的过程留到后面（8.3）。在这期间，我们需要了解如何检索一个词——比如上述表示"cat（猫）"概念的词。根据语言网络进行分析的话，答案是非常简单且显而易见的。

在刚开始说话时，您知道些什么？不要忘了，您知道的最明显的事就是——您在说话。这很重要，因为它定义了您的目标是一串发音（而不是，比方说，用来写的字母，或仅仅是决定某个词是否存在——这是心理学实验"词汇决定"任务中的目标）。有声表达是人们的普遍目的，因此普通语言的节点都会变得非常活跃，尤为活跃的或许是那些"实现"关系。

换句话说，在决定确切要说什么之前，您就已经拥有了一个丰富的结构，其节点高度活跃，包含对"cat"概念的激活以及对其发声的指引。如图 8.2 所示（简化形式）。

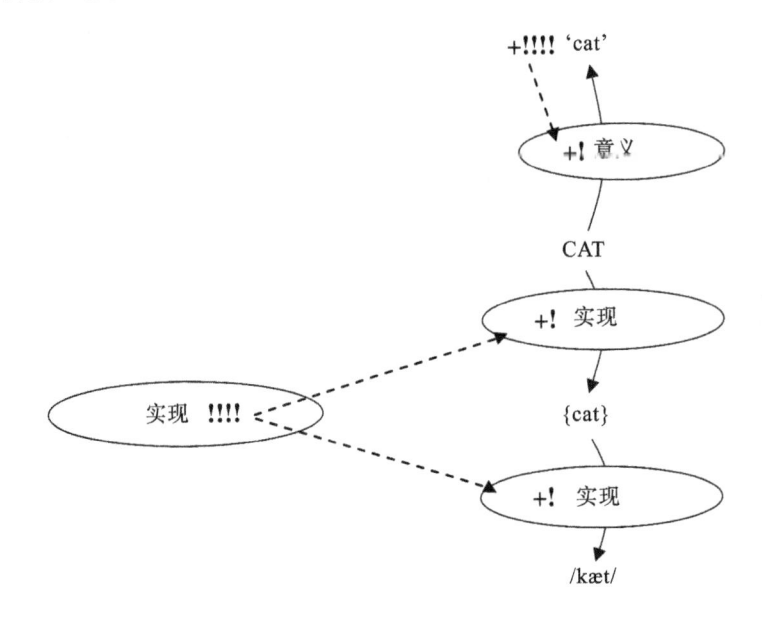

图 8.2　在说话时想到"cat"激活了发音 /kæt/

图 8.2 显示的是，在开始查找意义为"cat"的词时，人们的心智运作状态。其中最重要的事实是，激活传递不仅仅是从"cat"节点开始，也从"实现"开始。"实现"激活通过加强"cat"和 /kæt/ 之间的连接，来引导激活过程从"cat"到 /kæt/。如果没有这种额外的激活，一个活跃的"cat"节点将得不到任何连接——您只是想了想猫这个概念而已。

8.2.2　口误

从网络理论的观点看，说话是语言使用中尤其令人感兴趣的方式，因为（6.9 节中我简要地提到过）口误（**SPEECH ERROR**）为语言的网络概念提供了明确的证据（Harley 2006）。

这里举一个有名的例子：

(1) You have tasted the whole worm.[您（们）吃掉了整条虫子。]①

这是"首音误置（Spoonerism）"的一个例子[Wikipedia: "Spoonerism".（维基百科："首音误置"。)]，据说是斯普纳（Spooner）博士说的，他是十九世纪英国牛津大学的教授，当时他原本想对一个学生说，他浪费了整个学期（You have wasted the whole term）。结果这里出了岔子，原因是太多的词在同一时刻被激活：发 term 音的所有节点在 wasted 的激活点处被全部激活，以致这两个实现的部分特征产生了交换。毫无疑问，由于 TASTE 和 WORM 过度地参与了激活扩散，促成了"首音误置"。

虽然细节具有挑战性，但可以很容易地观察到，由于网络中激活节点与关闭节点激活的时间不到一秒钟，从而导致了这种混乱。在这个例子中，错误的发生必然与两个词之间的干扰有关，它们都是由普通的从意义到声音的方式激活的。没有激活扩散，类似的例子就很难去解释。

另一种错误是"词语荒唐误用（Malapropism）"，这个命名源自十八世纪

---

① 原本要表达的是 You have wasted the whole term[您（们）浪费掉了整个学期]。——译者

戏剧中的一个人物：

(2) I have since laid Sir Anthony's preposition before her.（我因此当面向她说了安东尼爵士的介词。）①

当马拉普罗普（Malaprop）女士说（2）时，她真正想表达的意思是"proposition（主张）"，但却用了另一个发音类似的词 preposition（介词）[Wikipedia: "Malapropism"（维基百科："词语荒唐误用"）]。该错误中，激活已正确地选择了词位 PROPOSITION，但却把这个词的实现延伸到一个发音类似的学术词汇上去。与首音误置不同，这一错误的解释完全是在语言网络中，至少它有很清楚的解释框架。

一种特别重要的错误类型叫**语境污染**（ENVIRONMENTAL CONTAMINATION）（Harley 2006），指的是选词受到直接语境的影响，即使这种语境和当前句子的意义没有一点关系。例（3）就是这样一个示例。

(3) Get out of the clark!（从克拉克出来！）②

显然，例（3）中说话者想说的是 *Get out of the car*，但因一家商店招牌上写的 *Clark's* 而分心说了 *Clark*（姓氏）。任何的言语模块化理论在面对类似的例子时，都难以自圆其说，因为模块化理论认为语言的处理仅在语言内部进行。与此相反，类似例（3）的情况正是语言网络中可预知的，因为语言网络是嵌入总体认知网络的。在这种模式下，在 *car* 的发音即将发出时，*clark* 的激活程度也非常高，甚至高过目标词 *car*。

---

① 此句应是：I have since laid Sir Anthony's proposition before her.（我因此当面向她说了安东尼爵士的主张。）——译者
② Clark 是姓氏。此句应是：Get out of the car!（从车里出来！）——译者

8.2.3 口误的解释

虽然这些错误在过去以古怪的个人命名,但又有谁能保证说话时言语不失误呢?人人都会在言语上犯错,甚至可能比我们想象的还多。据估计,人们每说 1000 词就会出现一次到两次的失误(Pinker 1998b: 40)。因此,口误证实了启动实验中出现的模式,即在一个高度激活的网络中,从一个节点到临近节点的扩散激活是完全随机的(4.2)。

这样,网络的概念很好地说明了,为什么我们有时会在打算说一个词的时候说了另外一个词?干扰来自于比目标词更为活跃的另一个词,原因有三:

- 因为它已经成了同一句话的一部分(如用 *tasted* 替换 *wasted*);
- 因为在网络中,它是目标词的相邻节点之一(如用 *preposition* 代替 *proposition*);
- 因为在说话时的语境中,它非常凸显(例如 *clark* 取代 *car*)。

当然,每一种情况的干扰实际上更复杂,这在复杂网络中是可以理解的。*tasted–wasted* 的例子并非巧合,因为 *term* 干扰 *wasted* 后产生的是一个实际存在的形式:{taste},它可能本身已经有了一些激活。同样地,在 *preposition–proposition* 的例子中,您会发现,*preposition* 和目标词 *proposition* 属于同一词类,因此词类提供了第二种激活的来源。至于 *clark–car* 的例子,两者都以 /k/ 音开头。所有的这些额外连接都提升了干扰词的活跃度,若再考虑到激活在网络中具有随机性,这就很容易被理解了。

8.2.4 听、写、读和其他语言方式

现在,除了说,让我们再看看语言的其他使用方法。从听(**LISTENING**)开始,当听一个人说话时,检索词的过程是逆向的。我们先听到一连串发音,然后要搞清楚听过的是哪些词。听到 /kat/ 时,激活扩散从发音和"词"节点汇集到 CAT 上,在这里"cat"的意思及其各种其他属性将被继承下来。

有确凿的实验证据表明,激活扩散从音素扩展到具有同样音位模式的词(Mattys 2006):从 CAT,再到 CATALOGUE、CATEGORY 等。启动实验显示,所有这些词位的激活水平都被提高了,随后又迅速地恢复到它们的静息激活水平。此外,较长单词如 elephant 在还没发完音之前就已经被听者激活。这些实验清楚地表明,我们寻找的是激活中的获胜者,它们一旦出现就会被我们牢牢抓住。

书面语的激活选择方向也一样,要看是写(从意义到字母)还是读(从字母到意义),这两种情况下的激活方向都受制于节点"词"的激活。有关**写作(WRITING)**,已经有了大量的理论和实验发现(Mattys 2006),关于**阅读(READING)**方面的则更多(Rayner and Juhasz 2006, Oakhill and Cain 2006, van Gompel 2006, Balota and Yap 2006),但却很少有尝试将两者合成一个总括性的理论,即以一个单一的语言系统去阐释这两种目的(即听和说的目的)。

这种断裂现象至少部分是由基础理论之间的隔阂造成的:在预期的激活方向上缺乏引导激活的方法。因此,研究写与说的理论通常认为,其过程需要经过一些"阶段",而这些阶段与读和听的阶段又是不同的。一些心理学家甚至认为可能有两个完全独立的语法和词汇心智数据库,一个用于说,另一个用于听(Bock 等 2006)。这一观点是语言学家难以接受的,因为这意味着,我们在听与说时,对意义和发音的配对可能有很大的不同。

与此相反,我提出的是,激活的方向性来自至少一个定义目标词的节点——大致来说,指读或听时的"意义"节点,以及写或说时的"拼写"或"发音"节点。在这种范式下,语言数据库就像一张多功能地图,我们可以根据行程的始发点和终点来规划各种路线。

这种范式的一个引人注意的地方是它赋予人类心智以灵活性。语言学家和心理学家倾向于认为词仅仅是用来沟通的工具,事实上语言的主要作用就是交流,这一点我没有任何怀疑,但它也可能存在其他许多方面的用途。

下面一些示例的方法并非标准但很常见,其中一个词可能会唤起(即激活)人们心智中的另一个词,而这和人的兴趣有关:

- 对于诗人，一个词会唤起其押头韵或押尾韵的可能性。
- 对于词源学家，会唤起它的"词源"——源自历史上相同词根的词。
- 对于句法学家，会唤起句法上相似的词，如有类似配价的词。
- 对于翻译家，会唤起其他语言中的翻译对应词。
- 对于心理启动实验中的受试者来说，仅会唤起其相关的词位(4.2)。

即使交流是语言最重要的用处，但语言学理论迟早都要解释所有这些其他的用处，且任何可以用于解释这些特殊使用的理论，也一定能够解释交流中词的核心用法。

本节概括：

- 检索一个词，要激活至少两个汇集于目标词的概念；因此，**说话**（speaking）时的意义激活和"词"激活汇集在目标词上，**听**（listening）、**写**（writing）、**读**（reading）也类似。由于检索的方向取决于语言使用者的兴趣及需求，而非内置的程序，因此检索并不受限于传统的交流需求。
- 有时候非目标词会比目标词活跃度更高，这在讲话时会产生**口误**（speech error）。这样的干扰激活可能来自句子中的另一个词[例如**首音误置**（Spoonerism）]，也可能来自紧密相关的网络中的词[例如**词语荒唐误用**（Malapropism）]，或来自说话当时较活跃的一个毫不相干的概念[**语境污染**（environmental contamination）]。口误可以通过网络分析来预测。

接下来阅读：

高级读者：返回到第一部分，第4.3节：构建和学习样例节点

8.3 听和说中的形符和类符

4.3 节概括：

- 我们通过创建**样例节点**（**exemplar node**），来处理持续经验中的事件和对象：一个事件或一个对象对应一个节点，然后将其分类（通过 isA）作为一般范畴的例子。由于这些 isA 连接及其他属性，样例是一般认知网络的临时部分。
- 一些样例代表我们所**感知**（**perceive**）的对象和事件，但还有一些代表我们**计划**（**plan**）的对象和事件。
- 样例刚开始时活性很高，但其激活水平通常会降低到可以访问的水平。在极少数情况下，它们在任何时候都保持着足够高的激活水平以便我们将来进行访问，所以这种临时性样例是"**循环使用**（**recycled**）"的，它的一些（但可能不是全部）属性成为稳定的范畴。在这种情况下，**学习**（**learning**）已经发生。

本节要说明的是，这些样例和范畴的总体思想是如何适应临时词符和永久性词位及屈折形式的，其中我们使用后者对前者进行分类。

8.3.1 为词符创建节点

当您听到一个词符，并且知道这是一个词（而不是别的，如咳嗽），您会做的第一件事就是把它构建成一个节点，根据 6.1 节中词语法的规定，这个节点被称为"w1"。因为知道 w1 是一个词，您就可以在 w1 和"词"之间添加一个 isA 连接。同时您还知道它大概的发音，因此，w1 还存在一些涉及各种音系单位的属性，如音素 /k/、/a/ 和 /t/（按顺序）。

我们怎样才能确定确实已经为 w1 构建了一个新的节点呢？证据之一来自我们对发音和拼写的纠错能力。如果您听到有人说 *knee* 时开头却用了 /k/，毫无疑问，您会注意到这点并可能会记住这种情况，但如果要做到这一点，您必须已经为该词符创建了节点，且这个节点和词位 KNEE 无关，否则就无法比较它们的属性。

总之，听人说话要做的就是这些，阅读过程也非常类似。在这两种情况下，我们都为每个词符，甚至可能包括音素或字母，创建了一个新节点。这个新的形符节点是非常活跃的，因为它是我们注意的焦点，激活由此节点通过其属性传递到永久性网络，其中的激活通常被引导汇集于"意义"节点的激活扩散处。换句话说，我们正在积极"听（或读）以获取意义"。

说和写的情况如何？同样，以创建一个形符节点为开端，但这个节点代表的是我们要说或要写的词。其实该形符节点的激活性也很高，只不过这次激活流动的方向相反，是从意义到发音。我们知道这个词的意义——如"cat"——但也知道我们正在说或正在写，因此我们正在寻找的是发音或字母的实现形式。

虽然说话者和听众开始时目的不同，导致说和写路径不同，但都可以使用同一个"数据库"——语言网络，且在每一种情况中，都需要为待处理的词创建形符节点。

8.3.2　学习词

一旦形符的相关属性被利用后，我们通常就会忘掉它们。事实上，资源带来的压力是，我们刚听完或说完十几个词符后，词符就消失了（8.6）。

虽然大部分词符通常会在几秒钟内从记忆中消失，但仍会有少数几个例外。就像 4.3 节提到的我们所不熟悉的鸟一样，我们不熟悉的词符吸引激活的程度与其对智力的挑战成正比，如果有足够的激活，它可能生存到下一个同类型形符的出现。

因此，作为 w1 开始的仅仅是发音为 /kætəgri/ 的符号，它以新词位 CATEGORY 结束，之后出现的形符可以与该一般概念构建 isA 连接。但要记住，在这一过程中节点并不会改变，相反，其状态改变源于这样一个事实，即它消失时本身并不改变。

被保留的节点汇集着这个形符所有存留的属性，即使这只是大概猜测到的一个不完整选择。假设，在星期五关于贝壳分类的讨论中，当玛丽说："What category shall we put this one in？（我们应该把这个放在哪一范畴？）"时，约翰听到了w1。因为约翰从来没有听过 category 这个词，所以他不得不猜测，这可能是一堆（heap）的意思。这个存活下来的意义与发音并存，一直持续到星期一晚上，当约翰听到一个新词位的形符（w2）时，之前的意义和发音才消失，但在该时间间隔内，他已经忘记了什么时候听到w1以及是谁说的。然而，在星期一晚上，这个词的意义更明确了，因为有人说到，恒星和行星属于不同的范畴（categories）。

这次约翰猜测的意义与之前稍有不同，但更接近于"范畴（category）"；他在调解这个意义和"堆（heap）"之间的意义时没有任何问题，因为w2 isA 原始的w1。在缺省继承中，新的意义会阻断旧的意义。因此，我们通过累积更多相关形符的体验来逐渐完善词位的属性，这就解释了为什么词位可以有一个复杂的次级词位结构（6.5）。

到目前为止，讨论的重点都是单个词符变成词位的方式，但同样的原则也适用于**多词序列（MULTI-WORD SEQUENCE）**的记忆。例如，假设约翰听到玛丽说 *I can't put up with the noise*（我受不了这种噪音），相信他可以从上下文猜测她不能容忍（tolerate）这种噪音。对于他来说，挑战在于弄明白 *put up with* 是"容忍（tolerate）"的意思，当他思考时，所有的词都将被高度激活以备获取。

在这个多词序列中，每一个形符都能连接到一个熟悉的词位：PUT、UP 和 WITH，其语法属性意味着至少 *up*，或 *with* 也可能依存于 *put* 的依存结构。这种依存关系包括在这些形符的属性中，因此它们作为一个具有 PUT UP WITH 三个节点的网络被输入长时记忆中。任何依存连接中的一对词符都可以以词串的形式被存储（P. 229），这样就会形成很庞大的数据存储，而8.4节中解释的句法研究都是基于此数据库。

本节概括：
- 每一个词的形符（或任何其他语言单位，如音素或字母）在认知网络中都有一个单独的**形符节点**（token node），无论它是属于听话人还是读者，或说话人还是写作人。该形符一旦被使用，通常就会从记忆中消失。
- 但有些形符能继续存活，这可能是因为它们非常新颖，所以异常活跃，并能成为永久节点——词位或次级词位。
- 由句法连接形符节点的**多词序列**（multi-word sequence）同样可能存活。

接下来阅读：

高级读者：返回到第一部分，第4.4节：构建归纳的节点

8.4　学习总结

4.4节概括：
- 认知不仅包括样例，也包括总体范畴［**图示**（schema）］——它在规律被总结出来时，作为新节点从样例中被**推导**（induce）出来。
- 激活通过共同属性形成紧密的连接，在"停歇时间"（例如在"睡眠"状态）进行扩散；规律即形成于此。
- 创建引导图式节点的机制可能同"赫布（Hebbian）"学习律相同，它对样例的属性进行了约束。

适用于词的引导图式原理同样适用于体验的其他部分，如总结鸟的属性。

我们能够记住大量形符，而激活显示这些形符拥有一些共同属性，为此我们创建一个拥有这些共同属性的新图式。形符通过isA关系连接到新的概念图式，这也是分类开始的地方，分类细化则是通过跨图式的方式来进行的。

依据此理论，引导过程是"脱机"进行的，因此它适用于记忆内容，并

非即时的体验内容。新图式只是一个概念,和记忆中的形符有着同等的认知地位。所以,如果它又与其他图式有相同属性的话,则可推理出更具总结性的图式,以此往复,直到发现语言的上层分类。例如:

- 通过 *cat* 的一些形符可以得出词位 CAT。
- CAT 和一些类似词位一起得出词类"普通名词"。
- "普通名词""专有名词"和"代词"一起得出词类"名词"。
- 根据这种推论,"词"的图式或许不是现成的,而是可以从词类中推断出来的。

我们听到的新的形符越多,归纳出的结论就越多,分类也就越高越丰富。

8.4.1　可以学到的内容取决于已知道的东西

但是,学习的发展过程其实比这要复杂很多。首先,属性并非固定的,而是随着分类的变化而变化。其次,属性本身是基于其他事物的分类,而这种分类也在不断增加。这些复杂性在语言中特别明显,成熟语言的细节与其他领域的认知相比更为明确(第 6 章)。

成人语言似乎涉及三个单独的实体分类(6.9):词、形式以及发音或字母,这些分类的单位属性基于各种关系(例如意义、实现、变体、语言、说话者),以及尤为发达的句法依存关系分类(例如前置从属、主语)。

从另一方面讲,儿童大体从零开始,这些复杂情况在他们的心智中极少存在或完全没有(Lieven 2006)。但即使是一个婴儿也知道很多成人语言的发音,且确实能够根据成人发音的方式记住词符。这些能力暗示了有一种可被称为"语音词"的图式,它有着非常初级的直观属性,包括发音和说话者。

8.4.2　语言学习的阶段

一个学步期的宝宝通过增加语境中更多的特征来发展分析能力,如把 *no*(不,否定词)和停止当前活动联系起来。虽然这最终会发展为成人想表达的真正意思，但这一阶段仅仅是词与语境之间的连接，这和成人间问候语的情况相差无几。同时，对发音的分析会发展出很多音素和组合模式，因此有"词"与"发音"两层分开的分析。

每一个单位都可以被称为"语境下的音位词"，学步期宝宝可能已经掌握了几百个。但值得注意的是，当这种"词汇"增长时，每个词还会获得一个更为详细的属性集。通过一般的归纳过程，儿童可以析取词与语境之间连接的一般规律，但这一过程行进得十分缓慢，且需要大量的形符。例如，可能需要

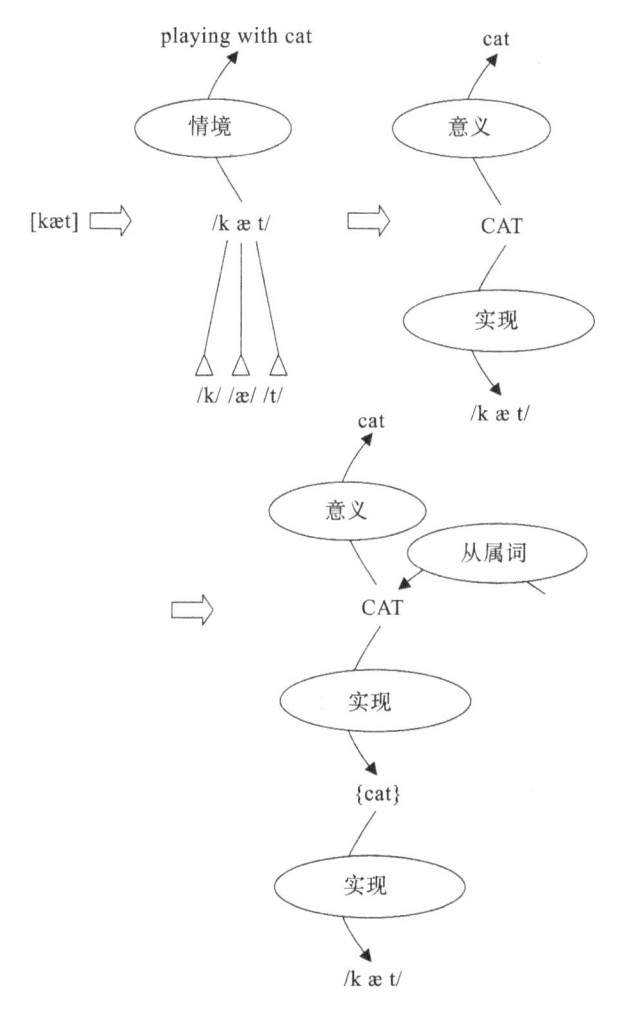

图 8.3　学习 CAT 词位的阶段

几十个 more（更多）才能让儿童注意到，成人给他们更多食物时通常用这个词。

真正的突破点很可能在于儿童归纳出词是"有意义的"这一结论——说话者每说一个词，就一定会想到的一个单独的概念（即这个概念在说话者的心智中确保是激活的）。

从这个转折点开始，儿童学词的速度迅猛提升，因为他们不用再依靠多个词符来猜一个词的用法。相反，仅是单个不熟悉的词符就足以触发"这是什么意思？"这个问题及猜测。即使猜到的意思是错误的，也比什么意思都没有有意义。

当儿童学到"从属"关系以及具体类型的从属词，并把它关联到词序时，这些进一步的关系标志着儿童句法学习的开始。同时，儿童开始注意到复杂词如 cats 和 catty 的部分可被总结归纳——这是形态学学习的开始，词的形素层面与发音开始分离。

简而言之，最初对于孩子来说是单纯的发音序列，然后发展到真正如成人语言结构中完整的词位使用能力；图 8.3 总结了这一阶段经历。

从一无所有发展到全面的成人，认知是长期的过程，远远超出通常人们认为足够的一到五岁的时间（Nippold 2006），并且研究发现，这一过程因语言和人的不同而差异显著。例如，在我家里，一个孩子第一次学会了用两个词来组词之后，很快就会用词素 {s} 来表示复数和所有格；另一个孩子在学会所有格之前，已经很好地掌握了复数 {s}，学会用两个词组词则是在很久之前了。

不同的人和社群的体验变化不定，如果使用一般的语言学习套路，那么个体之间和群体之间有差异也不足为怪。

8.4.3　学习句法

句法是什么情况？正如我在 3.6 节中解释的那样，句法通常被表述为某种"本能"的东西，不能通过学习获得（Pinker 1994）。不过，从我刚刚提到过的习得视角看，句法习得并没什么特别之处。

儿童根据自身迄今为止所建立的整体概念框架来分析每个词符，经过一段时间的经验与心智的发展，这一框架开始添入日益成熟的句法思想，从简单的词相邻关系开始,逐步认知到更为抽象的依存关系。一旦儿童认识到某个词与一边相关,那么这些词可能被存储为多词序列(8.3),其归纳系统也会开始总结规律。

当然,问题是这种解释是否适用于句法学目前所认知到的所有复杂形式。很多语言学家认为可以解释(也的确如此,对于这些复杂句法,我已经建议过易学的分析方法,请参见 Hudson 1990,Hudson 2007c),但显然还有很多事情要做,才能确定谁是对的。

本节概括:
- 多功能的归纳机制使心智以记忆的形符或不太普遍的图示构建**语言图式**(**linguistic schema**),最终实现高度丰富的语言**分类**(**taxonomy**)。
- 但是,学习者对新形符的**分析**(**analyse**)取决于已获得的图示,因此可总结的属性逐渐趋于丰富;儿童要花几年时间才能发展到成人所掌握的复杂的词结构,包括意义、依存关系和实现形式,且形式与音素相区别。
- 一旦学习者认识到词的前后有关系,**句法**(**syntactic**)总结也是同样的机制。

接下来阅读:
高级读者:返回到第一部分,第 4.5 节:构建继承节点

8.5 使用总结

在 4.5 节讨论了继承原理并在末尾予以总结,以供查询。本节要解释这些整体观点应用到语言的方式。

这里所述的"多重缺省继承"只是一种对逻辑的正式声明，几个世纪以来，语法学家和语言使用者认为这种逻辑是理所当然的。我们想当然地认为，语法由一般事实组成，自动适用于单个词，且可能是任何层级的分析：

- 形态学（例如，复数名词包含 {s}）；
- 句法学（例如，动词与主语一致）；
- 音位学（例如，重读短元音后必须跟辅音，即我们可以说 /kat/ 但不能说 */ka/）；
- 语义学（例如，复数名词指的是一系列事情）。

"继承"是对一般到个例这一逻辑的现代命名。我们还自然而然地认为，语法的普遍规律可以且经常有例外的，如"不规则动词"（6.7）。这就是为什么一般语法规则仅适用于"缺省"，其逻辑被称为"缺省继承"。最后，由于语言分类的两种特征，我们很自然地认为一个词的属性可能从一个以上的来源继承。

从一方面讲，分类法的分类层级可以很高，因此任何给定的词符都位于由 isA 连接的长图式链的底部。每一个这样的图式都代表一个不同的一般范围。例如，cat 会继承 CAT 的发音及意义，从"普通名词"继承作为限定词的属性，从"名词"继承能够作动词主语的属性，以及从"词"继承充当从属词的属性。

从另一方面讲，语法分类还允许交叉范畴，即两个上位类共享一个下位类，如"复数"与 CAT 合并成"CAT，复数"，即 cats 的语法命名。这就是为什么需要"多重继承"的原因。

几个世纪以来，所有的这些语法逻辑特性都为人所知，但直到最近语法学家才对逻辑上一些恼人的细枝末节兴趣浓厚。

8.5.1 兴趣、目的和注意力的影响

我们很容易把多重缺省继承当作逻辑严密的一种事物，即一个明确、有效地应用总结的系统。这种观点就其本身而言是正确的，总体上继承确实可以

给出明确的答案。但这种看法又可能是错误的，因为继承与扩散激活的神经系统相互作用，这个神经系统随机且杂乱。这一点我在 4.5 节解释过，我们可以称其为"非严密逻辑"。

这种心理（而不是逻辑）的观点认为，我们根据兴趣进行有选择的继承（8.2）。这可以解释听、说、读、写四个主要语言方式之间的明显差异。

例如，当我说 *cat* 时，我主要关注其发音，而听者关注的则是意义。以上两种是我们最想要继承的属性；与此相反，我们完全不在乎其拼写，因为就算我们不知道一个词的拼写，在发音时也不会有丝毫的犹豫。根据词语法理论，激活水平的不同是区别我们对"意义""发音"和"拼写"这些关系概念的兴趣的原因。一旦相关词被检索（见 8.2），根据其被激活导向到词的意义、发音还是拼写，继承方式会有所不同。

但正如我在 8.2 提及的，对词的知识的运用还有其他许多方法，这些不同部分归因于人的喜好或当前活动。例如，拼写有多重要？对有些人来说，即使他们读写时也不怎么在意拼写，那么可以认为这些人在"拼写"节点上具有相对较低的激活水平；与此相比，比如说专业的校对人员，这些人即便没有在校对，也往往对于拼写十分较真。

8.5.2 教育和心理实验的特殊效果

同样，尽管我们需要更多大量的研究才能得出确切的结论，但一些证据表明，个体对句法的关注度有所变化。有研究发现，对句法的关注度不同与受教育的程度相关（Gleitman and Gleitman 1979，Dabrowska 1997）。

其中一项研究表明，受教育少的人在解释三词复合词如 *bird house black* 时往往忽视其词序，他们认为这个词的意思可能是"在这个房子落窝的黑鸟（a black bird who lives in the house）"。这种解释实际上是说不通的，因为句法规则规定中心名词总是位于类似序列的最后位置。因此，唯一能让这三个词指一种鸟的方式是把 *bird* 放在最后，变成 *house black bird*。假定词序确实如此，唯一正确的句法解释是指一种"黑色"，这正是受过更多教育的人所认为的意义（即使他们的教育与语言及语言学毫无关联）。

与研究中没有受过教育的人相对，相反的极端例子是语言学家，我们发现语言学家们以极其注重语法和发音的细节，甚至牺牲普通意义而闻名（或者可以说，臭名远扬）。此外，毫无疑问可以想象这些情景：唱歌时歌词毫无意义，或给孩子讲故事时心里想其他事，这两种情景都不适应于四个标准模式中的任意一个。

关于特殊语境影响，一个特别重要的例子是心理实验对受试者的影响。例如，在一系列实验中，受试者被要求说出屏幕上一个接一个一闪而过的英语动词的过去式（Pinker 1998b: 130）。这一实验的目的是研究人们说出规则和非规则的过去式是否花费同样的时间。结果很明确，规则动词的过去式[如 *walked*（走路）]总是比不规则动词的过去式[如 *swept*（扫）]说出的要快。

这个结果是让人意想不到的，因为根据定义，不规则动词应当是以现成形式存储的，而大多数规则动词只是在需要时才组合。但事实如此，这就需要我们对其进行解释。平克（Pinker）的解释是，有一个只适用于不规则词的独立的"阻塞（blocking）"过程，它"阻塞"了规则形式。但这一解释是行不通的，因为从词语法来看，例外一开始就会阻止缺省（4.5）。

一个更简单的解释是，由于这种试验情况的特殊性，其中所有的规则示例启动规则形式，使其激活水平和可及性比任何不规则形式都要高。不幸的是，这种实验偏差在所难免，实际上我们很难以实验的形式调查日常行为。

结论很简单：语言网络提供了一张地图，可供我们跟踪多个不同类型的线路。有关语言使用的任何一般性理论都需要足够的灵活性来囊括各种用法，因此它不会由少量提前定义好的，如，说、写等标准活动的"机制"组成。词语法则有这种灵活度，它能根据当前的兴趣定位激活，并允许激活被导入到不同的路线中。

本节概括：
- **多重缺省继承（multiple default inheritance）**是描述描写性语法的语法学家想当然的逻辑，描写性语法允许通用法则、例外和交叉分类。

- 但继承的"严密逻辑"与**激活扩散**(spreading activation)的"非严密逻辑"相互作用,以定义如"**兴趣**(interest)"和"目的"等概念。有证据表明,对语言具体部分的兴趣,如句法,会因人而异,且这种差异性与受教育程度相关。
- 根据当前兴趣的不同,语言使用也不尽相同。这区分了语言使用的四个主要**模式**(modality):听、说、读、写;也允许语言很多的其他使用方式,但我们不能用独立"机制"来解释每一种模块:歌唱、大声朗读、语法判断等。

接下来阅读:

高级读者:返回到第一部分,第 4.6 节:约束节点

8.6 词识别、句法分析和语用的约束

4.6 节概括:

- **约束**(binding)涉及一个需要**填补**(enrich)的**空节点**(emptynode)和一个同样需要补充的**目标节点**(target node),即添加属性到已有属性以丰富该节点。
- 如果空节点处于以某种非常普通的概念范畴,如"具体对象"为首的分类系统中,那么目标节点必须处于同一分类系统中;节点与其同类的上位节点之间的关系是**超 isA 关系**(super-isA),符号是一般 isA 线的点线形式。
- 空节点和目标节点之间的关系是**认同**(identity),符号是一个双轴箭头,从空节点指向到**认同的**(identified)目标节点。
- 根据**最佳匹配原则**(Best Fit Principle),目标节点与空节点的已知属性在**全网络范围内最适配**(best global fit),且由于激活扩散开始于空

节点，空节点由此被认为是最活跃的候选节点。

- 约束用于**分类**（**classify**）**样例**，节点 E isA 空节点，该空节点被识别（通过约束）为一般范畴；其所具有的属性与 E 的属性在全网络范围内最为匹配。
- 它也适用于其他心智活动，如**回顾**（**recall**）过去的事件，**规划**（**plan**）或**预测**（**anticipate**）将来的事件。

本节讨论的是，把这些结论应用于至少三个明显不相关的语言领域：识别词、研究词之间的句法关系，以及查找代词的指代对象。

8.6.1　识别词

每次使用语言都要识别词，无论是听、说、读或写，还是之前 8.3 节和 8.5 节中提到的任何其他的语言使用形式。

在每一种情况下，形符节点一开始未被识别，但已经有几个可识别的属性——听到的发音，说与写时想表达的意义等等，此时首要任务是识别该词作为某一已知词类的成员。回顾 4.6 节中的激活活动，这可被确认为一个**分类**（**classification**）的过程，因此，我们认为该形符节点［现在用 T 代表"形符（token）"，而不是用 E 代表"样例（exemplar）"］isA 空节点"?"，它代表了任何我们最终选择的稳定节点。

例如，假设您正在听我说话，那么您刚才会听到 T 的发音为 /kat/。有关 T 本身您知道的就这么多，但您还知道很多相关知识，包括 CAT（猫类）是一种宠物，它通过词符 {cat}（猫）来实现，其发音为 /kat/，并且您还知道我们在谈论宠物。在这一时间点上，您有一个概念网络，其中 T、"?"和"pet（宠物）"高度活跃，但 {cat} 和 CAT 却不活跃。这一活动如图 8.4 的 (a) 所示。

这时，您的心智中有少量高度活跃的"热点"——节点 T（代表音节 /kæt/ 以及代表"宠物"的节点）——这些节点都向相邻节点辐射激活。所有完成后的激活汇集在猫 {cat} 节点上，即选它作为最佳匹配的竞争胜出者。在这一点上，约束机制通过在"?"和 {cat} 之间插入一个识别连接来完成工作，这样 T

8. 使用和学习语言

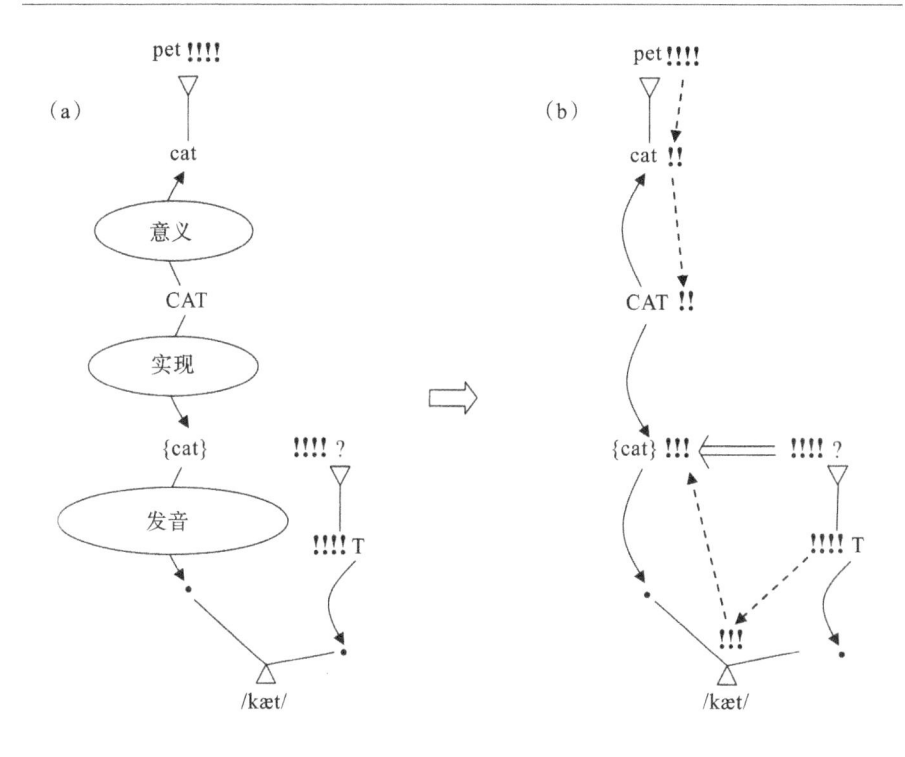

图 8.4 识别 {cat} 和 CAT 的方式

被归类为猫的一个例子。

该网络也可被继承填充以示 T 是猫类 CAT 一个例子的发音，意味着一只猫，以此类推。该示例的要点告诉我们，在分类词符时，激活的扩散是如何引导我们的。

当一个激活竞争胜出者迅速出现时，这种分类过程最有效。但也并非总是如此，因为在确定听到的到底是什么时，我们有时会面对一种非确定性，这些非确定性验证了潜在的问题，同时也支持了这种总体的分类模式。

8.6.2 斯特鲁普效应

最有名的心理实验之一为这个模型提供了别出心裁的证据，这被称为**斯特鲁普效应（STROOP EFFECT）**（以 1935 年设计此实验的心理学家命名——MacLeod 2006）。在一个经典的斯特鲁普实验中，受试者看到的是一个用特定颜色写的词，而重点在于测量命名该词或该颜色的时间。

要研究的问题是，如果词"绿色(green)"是用红色墨水写的，会出现什么情况。结果显示，如果是"命名(name)"该词，如大声朗读，词的颜色并不影响阅读的速度；但如果书写词的颜色与该词意义表达的颜色矛盾时（如上例），命名这个词显示的颜色需要的时间明显较长。

在这一经典实验基础上，一个重大的变化是用图片替换颜色，这种方法能让我在这里更好地说明。图8.5总结了无数次实验的结果。

想象您自己坐在心理实验室里的计算机监视器前，听着指令对着麦克风说出屏幕上看到的是什么图片，而无视可能会看到的任何词。当看到一个方形图片，您就说"方形(square)"，计算机会非常精确地测量您完成任务的时间。

(a)	(b)	(c)	(d)	(e)
square	nedib	extol	friend	circle

最短 ←———— 说出"square(方形)"的时长 ————→ 最长

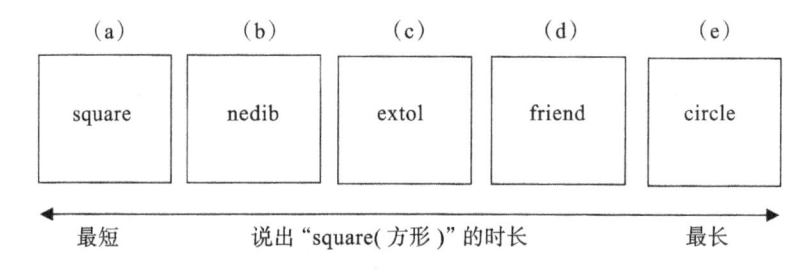

图 8.5　斯特鲁普效应

当然，问题是，人们不能总是直接忽略词。由于长期的阅读训练，忽略词几乎是不可能的。有时，词确实会有帮助，如出现的词与图片相匹配时所发生的，如(a)所示；有时，词的帮助很少或没有帮助，如(b)，其中 *nedib* 是一个"非词"——也就是有可能成为词的字母串，但实际不是。但大部分词都会让人或多或少慢下来，这些词包括低频率不相关词(c)，高频不相关词(d)以及矛盾词"圆形(circle)"——其他形状的名称。

该调查结果是有力的，但随着语言使用的清晰模型的发现，最近才找到了解释的框架。依据词语法模型，这种解释合理且直接。

再次假设您是实验的受试者。您知道要说一个词，而问题仅是选择正确的词。现在，假设您已经被告知要"命名"（例如，说出）一个您看见的词，并忽略其颜色或配图。色彩或图片的名称没有任何影响，因为您不必对其进行命名，所以看到红色或一个正方形并不激活词"红色(RED)"或"方形(SQUARE)",这和日常生活中看到红色或方形东西的反应情况是相差无几的。

但现在假设您的任务是命名颜色或图片。在这种情况下,您要通过一个非常活跃的"意义"连接查找要确定的词,因此当您看到红色或方形时,会激活词"红色(RED)"或"方形(SQUARE)"。问题是,如果您也看到词"蓝色(blue)"或"圆形(circle)",您会不自觉地念出来,那么这个词的节点也会变得活跃起来,它越是活跃,就越有竞争力去竞争颜色或图片的命名。

低频词——如例(c)——竞争力弱,这是因为其激活度低;高频词——如例(d)——竞争力强;而最大的竞争来自相矛盾的命名(e)。这是因为颜色或图片词本身启动了所有语义相关词,因此越是激活"方形(SQUARE)"这个词,就有越多的激活溢到其竞争词"圆形(CIRCLE)"中。

总之,如果词语法的识词方式模型是对的,斯特鲁普效应正是我们应该期待的。

8.6.3　识别句法关系

现在我们来看一个非常不同的语言使用的领域,它通常被称为**句法分析**(**PARSING**)(此命名源自一个旧式学堂的活动,孩子们给每一个词分配一个"词性",拉丁语是 *pars orationis*)。当听或读时,句法分析是我们必定要做的,以找出词符搭配的句法方式。

鉴于第七章已解释过有关句法的论述,句法分析几乎完全等同于匹配个体词的需求:一个词需要支配词,而另一个词有成为支配词的需要,因此它们之间的依存连接满足了双方的配价(7.2)。约束是相关的,因为句法分析是把一个词符配价的空节点"约束"到目标节点——即另外一个词符。

例如,来看图 8.6 所示的句子(1)的分析。

(1) Short examples sometimes raise problems.
（短例子有时会产生问题。）

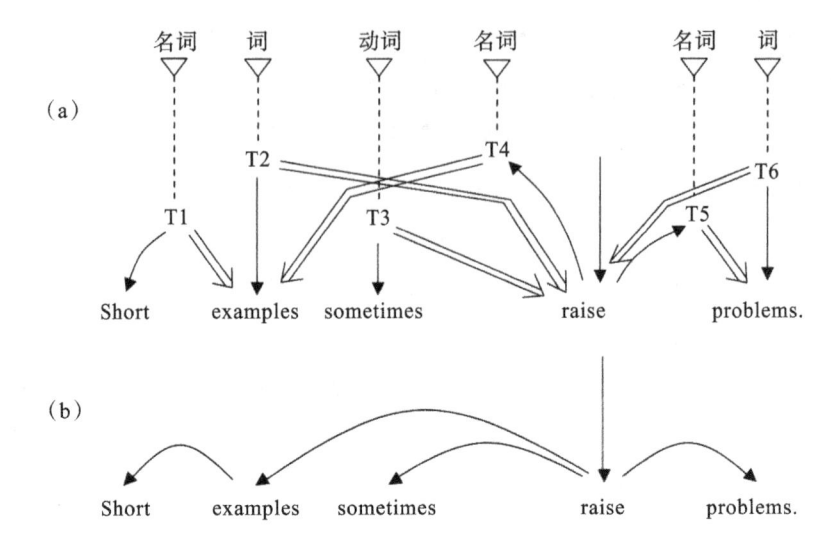

图 8.6 简单句的句法分析方式

上图显示了空节点和目标节点作为独立的节点，是以识别关系相连的，而下图只是像常规图那样合并了两个节点。

现在来逐词看这句话，就像在听，当然还要慢很多很多。简洁起见，我会忽略一些细节。

首先您将听到 *short*，这个词（在分类后）会继承一种需求，即其后要有可依存的名词。这个名词词符是一个可预测的事例（就像闪电之后会预测到打雷一样），因此，您只需将其命名"T1"，然后给它一个超 isA 连接到"名词"即可，接下来要做的就是积极地在后续词中寻找一个名词。

您无需等待很长时间，因为紧接着就是一个名词，*examples*（示例）。因此，您将 T1 约束到 *examples*，如图（a）中的专业符号所示，其中 T1 配有一个双轴认同箭头连接到 *examples*，这种依存关系在图（b）中以更为熟悉的符号表示。

同样地，*examples* 继承了对支配词的需要，尽管后续的 *sometimes* 是一个词，但它本身既无配价实质，也无用于 *examples* 的语义连接。

与此相反，接下来一个词 *raise* 是一个很好的候选项，因为它正好需要一个前置的名词来作为其主语，所以 *examples* 和 *raise* 之间的依存关系同时满足这两个词。配价的典型特征是从属词和支配词相互约束，这一点从 T2 和

T4 发出的交叉身份箭头中可以看到。

相互约束的同一模式在 raise 的另一种配价中也有，即它的宾语 problems。如您所见，一旦 problems 被连接到 raise，每个词的配价要求都得到满足，所以，该句的句法结构就完整了。

8.6.4 歧义

句法分析作为更普遍的心理约束过程的示例，其好处之一是解释我们对歧义的反应方式。句法歧义非常普遍，但往往不被人注意，因为我们很擅长解决这些歧义。

著名的格劳乔·马克斯（Groucho Marx）笑话是这样说的：

(2) Time flies like an arrow: fruit flies like a banana.
（时间像箭一般飞逝；果蝇喜欢香蕉。）

您马上就能发现，第一句中的 *flies*（飞）是一个动词，而在第二句是名词；但您是怎样做到的？为什么第二句会让人吃一惊？

句法分析的一种观点是，将其区分为两种过程：一种完全是语言内部的、仅考虑相关词的分析法，另一种则是包含意义、上下文和普世知识的"语用"过程（van Gompel 2006）。与此形成对照的是"基于约束"的理论，如词语法，它提供了一个非常普适的程序，来一举处理所有的不确定性，这要归功于偏向最佳搭配分析的最佳搭配原则（Best Fit Principle）。

上述笑话的关键点是，第一句话强烈激活了一个句法模式，即 *flies* 是动词，而 *like* 是介词，因此当我们读第二句时，这种句法模式"处于我们心智的靠前位置"。但同样强大的激活来自已知的果蝇和香蕉的相互关系，这将会促成完全不同的句法分析。理解笑话的困难与乐趣均来自寻找最佳搭配的直接竞争，其中原本明显的获胜候选者在最后一刻被淘汰。

尽管词语法拒绝传统的两步句法分析观点，但词语法和其他大多数理论一样，将继承配价要求的过程和满足这种要求的约束过程区分开来。

这种区分有助于解释，为什么一些句法结构需求的工作记忆量比其他句法结构要多些，特别是解释了为什么依存距离能很好地测量记忆负载(7.1)。因为突出的配价符一直保持激活状态，直到它们通过约束得到满足为止，处于激活状态的这种形符越多，能提供给其他节点的激活水平就越低。这就解释了为什么长主语很难处理，也是为什么，考虑到听众时，我们比较倾向于使用较短的主语(11.4)。

8.6.5　识别指定代名词的先行词

到目前为止，词符有两种约束方式：分类约束及句法连接方式约束。第三种语义应用水到渠成，这是下一部分的主题。

但问题是，在类似例句(3)的句子中，听话者如何决定"*he*(他)"是谁。

(3) John says he's ready.
（约翰说他准备好了。）

这个"他"是约翰还是其他人？如果是其他人，是谁？

在这个例子中，有疑问的是人称代词，但任何**指定（DEFINITE）** 代词都会遇到此问题，包括定冠词 THE，我认为它是一种特殊的代词(10.1)。例如在例(4)中，如何决定"the man（这个人）"是谁？

(4) The man woke up.
（这个人醒了。）

"约束"与例(3)和例(4)都有关系，因为我们可以肯定涉及的人——"*he*"或"*the man*"——都是我们认识的。这个人（或是其他一些例子）称为代词的**先行词（ANTECEDENT）**(Cornish 2006)。更准确地说，先行词通常是一个实体，它在我们心智中已经有了一个对应的节点，尽管在一些情况下（一会儿会讨论到），我们可能要通过继承来建立节点(Abbott 2006)。

在先行词存在的情况下,我们的目标首先是发现先行词,然后将其与空节点约束在一起。与此相反,*someone*(某人)或 *a man*(有人)让听话者找不到先行词,那么在心智中搜索相关的人也就没有了意义。

因此,指定代名词要求我们主动寻找先行词节点,然后将这个代词的空意义节点约束在它身上。例如,如果例(3)中的 *he* 指代约翰,我们先给予 *he* 一个空白的意义节点,然后通过将其约束到我们心智中的约翰节点来完善它。

理论语言学家根据先行词之前是否有被提到过,一般将先行词区分为两种。如果之前有提到过,相关的两个节点间的关系被称为"前指照应(anaphora)",但如果是在一般性的非语言情景下,就是"外指照应(exophora)"(Huang 2006)。依据这些术语,如果约翰之前被提到过,*he* 与约翰之间的连接是前指照应的示例;如果没提到,如只是刚看到约翰,但尚未讨论约翰,这种情况就是外指照应。

这种区分给不了我们太多帮助,因为它掩盖了两个例子最重要的相似性,即说话者知道听话人有一个可获得的节点对应约翰。无论是因为约翰刚刚被提到或因为约翰刚刚出现了,结果并无多大区别。不管采用哪一种方式,约翰在听话人心智中是最重要的,说话者也知道这一点。

还有一些情况,先行词只能通过继承间接获得。看例(5)。

(5) I've hired a car, but the keys don't work.
(我租了辆车,但钥匙不管用。)

哪种钥匙?很明显是该车的钥匙,但这一点是基于您所知道的,车一般都配有钥匙。要明白这一点,比较例(5)和例(6)。

(6) I've hired a car, but the bolts don't work.
(我租了辆车,但螺栓不管用。)

哪种螺栓?在这个例子中没有明显连接,因为我们一般不会将车和螺栓联系在一起。例(5)中的内容很容易被理解，它也很好地验证了本书提出的观点，即继承确实起着作用：如果某样东西是车，那么它就可能继承"有钥匙"而不是"有螺栓"的属性。

8.6.6 省略

触发约束的语言机制不仅是指定代名词，**省略（ELLIPSIS）**的处理过程也类似，如例(7)。

> (7) I got my car out of the garage but I locked my keys inside.
> （我把车驶出车库，但把钥匙锁在了里面。）

在什么里面？介词 INSIDE（里面）允许补语被抑制，但在这种情况下，我们可以通过类似决定"他"是谁的过程来重新建构：创建一个空节点，然后尝试约束到一个完整的目标节点上。正如代词，目标节点可能是语言的，也可能是非语言的。

那么，看起来指定代名词和省略似乎都需要最佳搭配的检索与约束机制。在这两种情况下，听话人都知道当前词的意思不完整，要补全它必须去寻找先行词。同时，他还知道先行词是什么类型的事物——*he* 指一类人，*keys* 指一种钥匙，*inside* 指的是诸如车的容器。依据确定的部分搜索最佳匹配的实体，并且获胜者通常是最活跃的相关节点。一旦获胜者出现，听话人所要做的就是通过识别连接把获胜者约束到意义不完整的节点上。

如果对先行词搜索的描述正确，那么其心智过程与我们分类词和发现句法关系的心智过程完全相同。但最重要的是，同样的过程也发生在我们辨认出天空中的鸟、预测打雷和解决问题上，而这些都与语言毫不相干。

本节概括：

- 约束是把一个词符**分类（classify）**为一种具体词类的例示，形符 isA 某个空节点，这个空节点又超 isA "词"，而我们的目标是要把空节点约束到最活跃的词节点上。

- **斯特鲁普效应**（**Stroop effect**）显示的是，一个竞争词可能会干扰目标的查找。
- 约束还适用于**句法分析**（**parsing**），即通过依存关系连接两个词符：词的配价识别很多依存关系，其中每一个依存关系都连接到空节点，并超 isA "词"（或一个更为具体的词类），所以句法分析的目标是把每个空节点约束到工作记忆中最活跃的词上。
- 句法分析的激活作用说明了解决**歧义**（**ambiguity**）的方式，也说明了长距离依存对工作记忆负载重的原因。
- 第三，约束也适用于寻找**指定代名词**（**definite pronoun**）的**先行词**（**antecedent**）（例如 *he* 或 *the man*）或**省略**（**ellipsis**）的例子（例如 *inside*），在没有约束到完整目标节点之前，该指定代名词节点暂时为空节点。

接下来阅读：

高级读者：继续！

8.7 意义

8.7.1 所指意义

讨论到目前为止，"意义"的概念可谓理所当然，现在是时候要更仔细地研究它了。

毫无疑问，您会同意我说（8.5 节）的观点，即语言的主要使用手段——听、说、读和写，都是连接发音或书面语到意义。但到底什么是意义？几个世纪以来哲学家一直在探索，"意义"的意义究竟是什么？（Hassler 2006, Martin

2006）。

221 不足为奇的是，意义取决于您所做的其他假设，而词语法的假设引出的是一个非常简单的意义理论：一个词的意义是该词通过其"意义"的连接所关联的概念。

这听起来可能非常地拗口，但如果您还记得理论背景，实际上，它就类似于另一个说法，即一个词的实现或主题是与这个词通过"实现"或"主题"连接的形式。正如我在 2.5 节中解释过的，寻找定义是没有意义的，因为这不符合自然规律。范畴不是从定义获取内容，而是从总体属性获取意义；因此，"猫"没有定义，"意义"也没有定义。如果想知道什么是"意义"，得看这个概念的网络邻接节点。

社会意义和所指意义

关于对意义的思考还有一个问题，即一个词的意义并不仅仅是该词传递给听话人的信息。假设真是那样的话，那么"DOG（狗）"的意义还包括听话人要懂英语这一事实。这在一些语境中非常重要，但并不是我们通常所指的意思。要再讲得清楚些，我们则需要区分一个词在词典中的一般意义和所谓的社会意义，社会意义是 8.8 节要讨论的。

对于普通意义，一个常见的术语是**所指意义**（**REFERENTIAL MEANING**），即当我们用一个词指某种事物，如一只狗时，所表达的意义。[术语"参照（referring）"在下一小节会有更清楚的解释。]提到所指意义之后，在随后的讨论中我仍将继续坚持简单的"意义"，并声明是以"所指意义"的方式来讨论。

意义是一种关系

那么，我们怎么看"意义"这个概念？第一，它是关系概念，而不是一种特殊的实体，因为（据我所知）没有一种概念不能成为一个词的意义。

甚至词或词类也可以是意义——想一想 WORD（词）和 NOUN（名词）这些词，更不用说语言学家习惯使用词的斜体或大写来命名相关词，如我写的 DOG，它有三个字母（而"dog"有四条腿）。这些都是**元语言**（**METALAN-**

GUAGE）——关于语言的语言——的例子（Allan 2006b）。

概括地说，您可以"给词放入"任何可以想到的想法，没有什么是想得到而说不出的。当然您可能需要使用一个以上的词来说，例如，我要用一整句话来说此刻我在想的事情，但任何思想都可以是一个意义。

关键点在于，世界及我们的心智都没有能称之为"意义"的事物范畴或概念，至多世界上的人分为"朋友"和其他人这两类人。相反，"意义"是一种联结词和某种概念之间的关系，正如"朋友"是一个人和另一个人之间的关系。

"意义"关系与其他一些关系并存，它们都适用于单词，如"实现"和"从属词"关系，每一种关系表示一类属性。但与"意义"关系不同的是，其他关系非常讲究与词相连的概念分类："实现"的典型价是一种形式，例如 {dog}；而"从属"的典型价又是另一个词。您将注意到，形式和词都是语言的组成部分（根据图 6.8，它们 isA "语言"），因此这些其他关系都在语言内部，而"意义"通常把一个词联结到语言之外的事物。

换句话说，意义使我们能够交流人和事，而其他关系仅是语言"机制"的一部分。如您所见，现在我们已经着手开始了对意义的描写：意义是词和概念之间的关系，它通常超出语言范畴。

接下来我们就可以探讨一个词的意义与（在我们的心智中的）其他事物结合的方式。当您把 *dog*（狗）这个词与 *owner*（主人）这个词联系起来时，它们的属性也以一种很常规的方式结合起来。这种常规方式通常被描述为"分析层级"，6.9 节中有过讨论：

- 在形态学层面，{dog} 的形式与 {{own}{er}} 以一个有序的形式串组合起来，甚至可能形成一个较为复杂的形式，如 {{dog}{{own}{er}}}。
- 在句法学层面，名词 *dog* 与名词 *owner* 通过依存连接组合。
- 在**语义学**（**SEMANTICS**）层面，"dog" 的意义与 "owner" 的意义相结合，形成 "dog owner" 的概念。

关键在于，两个词结合在一起时，一个词的意义与其他词的意义组合，而非与其他关系，如实现，相组合。

如果将这一事实与早前的总结相结合，可以得到如下——一个更为权威的描述，即"意义"是词和概念之间的关系，它：

- 通常在语言之外，尽管在元语言中它可以是语言的一部分；
- 在语义层面与邻接词的意义组合。

如果从语言使用的角度看，很显然意义非常重要，因为它不仅能让我们谈论世界，而且能通过合并共现词意义的方式，用较为简单的概念构建复杂的概念。

意义是心智之间的联系

在研究意义更为专业的细节之前，让我们再回顾一下，意义的概念在认知理论中的简单的存在方式。

一个词的意义通常是一个普通概念，如"dog"的概念，且和语言无关。这里"通常"这个限定特别重要，因为有一些概念似乎是专门为语言而存在的，这在下面会讨论到。但重点是，语言可以直接访问到全部范围的普通非语言概念，并能够把所有的概念当作意义。

此外，意义是一种由两个实体之间的关系组成的普通属性，它与其他属性的心智状态完全相同。具体地讲，意义与任何其他属性一样接受激活，也像任何其他属性一样能被继承。因此，如果您听到我说 *dog*，那么您可以确定两件事："dog"这一概念在我的心智中被激活；同时，您所建立的 DOG 形符继承了"dog"这一概念。

在您的心智中这个意义也被高度激活，因此我对 *dog* 的提及已经达到了"自然世界的一个奇迹"（Pinker 1994:15）：两个不同心智之间的一种精确的心智合作活动。一言以蔽之，我嘴里的发音十分精确地告诉您我的心智活动。

当然，如果我知道您懂英语，我就知道 dog 会在您的心智中有同样的效果，所以我自然而然地认为您的"dog"节点和我的一样活跃。

这种理论不仅仅是说意义基于的是心智的"联结"，因为意义还涉及很具体的"意义"关系，以及同样具体的继承逻辑。[Wikipeida: "Association of ideas".（维基百科："思想的联结"。）]

例如，假设您上一次听到我说 dog 时正生着病。那么在这种情况下，听到我说 dog，您可能会再次想起您的疾病，但这并不意味着这种疾病与 dog 这个词的意义有关。正如我在 8.4 节中解释的那样，意义只是您学说话时所学到的一种关系，这种关系允许您从潜在相关或关联的概念中选择一个概念，来与这个词始终关联。

其他类型的关联都是由其他种类的关系来完成的（8.8）。但就意义而言，心理结构是合理而准确的。从另一方面讲，我们援引概念作为意义，在人类心智中有着不精确性也是可以理解的。例如，如何精确地划定 rain（雨）和 drizzle（毛毛雨）之间的分界线？说到 COSY、LOVE 或 FUN 时，我们精确的意思是什么？也许这些概念模糊不清，正是因为我们首先是通过语言来学习它们的。这就出现了一个问题，语言在多大程度上影响我们的思维（8.7.5）？

本节概括：

- （所指）意义[(referential) meaning]是词与其所指的任何概念之间的关系，而不是一种具体的实体。从原则上讲，任何种类的概念都可能是一个词的意义，包括元语言（metalanguage）提及的语言概念（如词等）。

接下来阅读：

高级读者：继续！

8.7.2 词义与所指对象

意义的第一个术语是对两种意义类型的标准区分。请看句子(1)。

(1) A dog barked.

（一只狗在吠。）

dog 是什么意思呢？它是通指"dog"的一般范畴，还是指正在吠的某只狗？

显然，我们并不想做这个选择，因为我们更倾向于认为这两个都是"意义"。但同样明确的是，它们非常不同，因此语义理论使用术语**词义**(**SENSE**)指一般范畴，用术语**所指**(**REFERENT**)指具体的狗(Sullivan 2006)。同样，我们可以说一个词"指"它的所指对象，它们之间的关系是"指称(reference)"。正因为这种意义的作用是指代对象，所以我们称这种意义为"所指意义(referential meaning)"。

诚然，传统理论中词义和所指之间的对比，本应用于指代现实世界的狗，而不是指某人心智中这只狗的概念。然而，这是最佳的可用术语，因为认知理论没有提供其他选项。

词义和所指对象之间的区别是词语法语义学的基础，因此我们需要深入探讨一下这种区别。

词义/所指对象和类符/形符

首先，这种区分与明显与其类似的词类（词位和屈折形式）和词符的区分有什么关系呢？显然，词位 DOG 没有具体的所指对象，类似例(1)中的 *dog* 都可以指代。DOG 拥有的是词义，因此我们可能会倾向于认为词义属于词位，而指代对象属于词符。

但这可能是错误的，因为词符继承于词位，所以，除继承其他属性外，它也会继承词位的词义。当然，这并不意味着这个意义不会改变，相反，如我们在 8.7.3 节中将会看到的，一个词的从属词对其所继承的词义影响十分深刻。

但形符本身确实也有词义。

反之，有些词位似乎有指代对象却几乎没有词义，如FIDO（人名）和LONDON（城市名）的名称，这两个词都没有如DOG（狗）和CITY（城市）所有的词义。但是，名称的吸引力在于它恰恰能让我们直接通过继承找到其所指对象[但我们当然保留这些情况，如我们知道叫菲多（Fido）的人不止一个，这会出现问题]。

总而言之，典型的词符（并非名字）都会从词位继承词义，然后通过句法丰富词义。关于词符的所指对象，是一个新的样例概念，专为词符而创造。如果所指对象是明确的，如在 the dog 中，那么它要被约束到现有的一些概念上（8.6）；但如果是不确定的所指对象，如在 a dog 中，那么在心智中就如同出现一个新的词符。

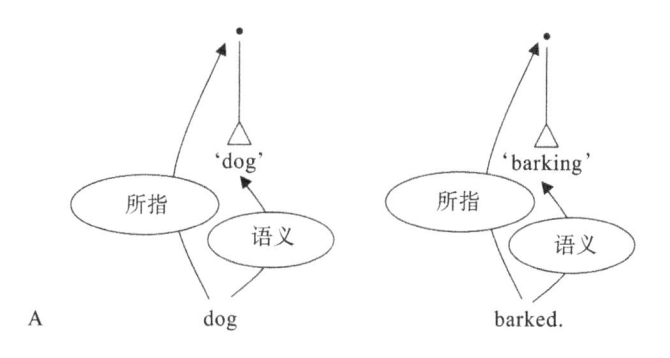

图 8.7 动词和名词都有词义和所指对象

指代对象，词义和词类

词的指代对象与词义的关联方式是什么？到目前为止介绍的理论框架给出了一个简单的答案：isA。我们之所以知道一只狗（dog）是形符DOG的合适指代对象，是因为我们知道它 isA "dog"，即DOG的词义，从更深层级来讲，词义是指代对象的上位。

同样的分析也适用于具体名词，如DOG的词义及指代对象之外的分析。以例（1）中动词 barked（犬吠）为例。BARK有词义，属于一般范畴的犬吠。

但例（1）是指某种特定的犬吠，就如同是指一个具体的狗，所以 barked 既有指代所指，也有词义。无可否认，这个动词的指代对象是一个事件而不是一个具体实物，因为它的词义就是一种事件，而不是一种具体物体。图 8.7 显示了例（1）语义分析的开始部分，下面会继续扩展。

指代身份和词义身份的回指

词义和指代对象之间差异很清楚，这一点我在 8.6 节中的语义学部分讨论过：回指，即一个在文中稍后出现的词从稍前出现的词中获取其意义。

语义学家根据回指是涉及先行词的词义还是所指对象，来区分两种类型的回指（Huang 2006）。指定代名词（8.6）中可以找到**指代身份回指（IDENTITY-OF-REFERENCE ANAPHORA）**，如例（2）和例（3）中的 IT。

(2) A dog barked, and it went on barking all night.
（狗叫，它整晚都在叫。）

(3) A dog barked, and it lasted all night.
（狗叫，叫声持续了一晚。）

it 在例（2）中指特定的狗，在例（3）中指一事件。

与此相反，**词义身份回指（IDENTITY-OF-SENSE ANAPHORA）**是词义之间的联结，如例（4）和例（5）所示。

(4) A dog barked, then another one howled.
（一只狗吠了，然后另一只嚎叫了。）

(5) A dog barked, and so did a fox.
（一只狗吠了，一只狐狸也吠了。）

在这些示例中，回指词是 *one* 和 *so*。*one* 显然不是指 *a dog* 中的 dog，但它的确共享后者的词义——"dog"，因此例（4）与 "*A dog barked, then another dog howled*"意思相同。ONE 不一定都指"dog",也可以借用先前出现的词的词义,就像 IT 借用其先行词的指代对象一样。同样的道理也适用于例(5)的 *so*,其当下的意思是"barked",但词义会根据前在动词的变化而变化。

显示词义身份回指的另一种方式是省略(8.6),其中原本表示相关词义的词被省略,如例(6)。

(6) Her dog barked, and his ~~dog~~ did ~~bark~~ too.
(她的狗吠了,他的也是。)

请再次注意,尽管名词和动词处理词义和指代对象的方式不同,但却有相同的选项。

确定性和省略说明词义/指代对象的对比不仅在语法中非常重要,在其他语法领域也比较容易阐释。

屈折和词法形态学中的指代对象和词义

举一个屈折形态学的例子,如例(7)中的复数名词和过去时态动词:

(7) Some dogs barked.
(一些狗吠了。)

barked 的屈折形式对词义根本没有影响,因为 *barked* 指的是某个 isA "barking"的事件,和现在时的 *bark* 没有区别。屈折形式只是改变了所提到的事件的时间。图 8.8 是对 *barked* 的语义分析,它显示了"now(现在)"是词符本身的时间,即说话时的时间。如您所见,所提到事件发生的时间是以"now"作为其"before(在……之前)"的界标。

dogs 的复数屈折形式也是一样,尽管这里语义结构较为复杂,因为复数名词是指一类而不是一条狗。但是词义仍然相关,因为它定义了这一类中的"典型成员"。根据这一分析,*dogs* 是指狗的范畴,其典型成员 isA "dog"——

DOG 的词义（Hudson 2007c:224—232）。

值得指出的是，即使是处于语法核心的屈折形态语义学，也利用了其他认知中已有的概念。复数的语义学涉及我在 3.4.4 节介绍过的"类（set）"，过去时态则涉及"之前"关系，这种关系主要用于时间和空间（3.4.3）以及词序（7.4）方面的讨论。对于"now"的概念也需要进行讨论，但目前可以先放下，之后再进行（8.7.4）。

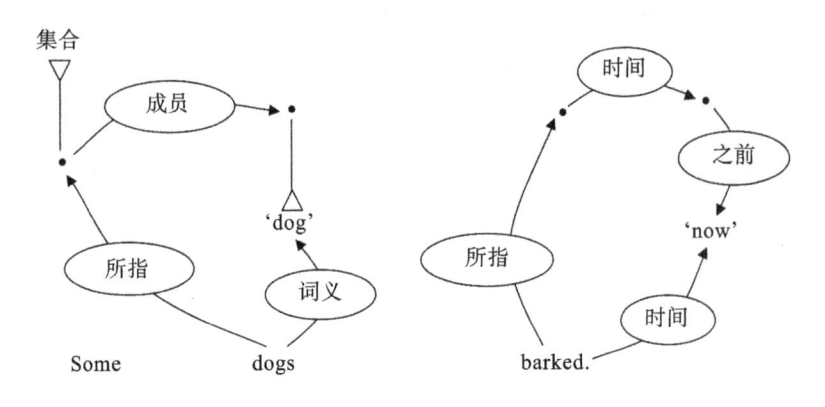

图 8.8　复数及过去时屈折形式的语义图

这两个例子都是典型的屈折形态的语义影响——屈折形态经常会影响词的指代对象，而不影响词义。与此相反，表示词法关系的"词法形态"（6.7）始终会影响词义，但不影响指代对象。例如，把 WALK（步行）更改为 WALKER（步行者）改变了词义（从一个事件变成了人）。区别词义和所指对象对语法至关重要。

本节概括：
- 大部分词有两种类型的所指意义：常态的**词义（sense）**和**指代对象（referent）**，指代对象 isA 词义，并因形符不同而不同。这种对比不仅适用于名词，而且也适用于包括动词在内的其他词类。
- 词义／指代对象对比适用于回指，区分词义身份回指（**identify-of-sense**

anaphora)和指代身份回指(identity-of-referent anaphora)。
- 这一对比还适用于形态学,其中屈折形态(inflectional morphology)影响指代对象,但词法形态(lexical morphology)影响词义。

接下来阅读:

高级读者: 继续阅读!

8.7.3 意义和句法

我们考虑句法影响意义的方式时,词义/所指对象的区别也同样重要。词的意义是如何受到搭配词的意义影响? 我们又如何把个体词的意义组合成一整句连贯的语义结构?

如果句法结构是由单个词的依存关系组成,那么第一个问题是: 一个词的意义是如何受到其从属词意义的影响? 幸运的是,这也是第二个问题的答案,因为句中所有的词(忽略并列)都是由一个词聚集起来的,这个词即句根词。它在语义上受到其从属词的影响,而这些从属词本身又受到其从属词的影响,依次往复直到最后的从属词,所以最终句根词的意义反映了其他每一个词的意义。

我将会解释一个词的从属词是如何影响其意义的,但在以下讨论中,重要的是要记住我们讨论的是词符,而不是词位。这是很重要的,因为形符的属性因继承类型不同而不同。例如,在 *Fido barked* 中,形符 *barked* 的主语是 *Fido*,但这不适用于词位 BARK。同样地,它的意思 "Fido barked" 也不适用于词位 BARK。

一个词意义受其从属词影响有四种方式:

- 缺省方式: 从属词的所指对象与词义结合,如 *Fido barked*。
- 共指: 从属词的指代对象与其支配词的指代对象合并,如 the dog。
- 表语方式: 从属词的词义与支配词的词义结合,如 is a linguist。
- 成语方式: 从属词以一种非常规的方式改变支配词的词义,与支配词意义无关。

我们将逐一讨论这些模式。

缺省方式：从属词的指代对象修改支配词的词义

举一个更简单的例子：

(8) Fido barked.
（菲多吠了。）

词符 Fido 依存于词符 barked，所以词符 Fido 修改了 barked 从词位 BARK 中继承的意义。BARK 的词义仅仅是"犬吠"，而 barked 是一种特殊的犬吠，即是菲多的吠声："Fido barking."

这是一种词义的变化，并非所指对象改变，这点在例(9)的回指中可看到。

(9) Fido barked, which had only once happened before.
［菲多（狗名）叫了，这曾经只发生过一遍。］①

之前发生了什么？显然不是这个特殊事件，而是另一个"Fido barking"事件；因此，which 和 barked 之间的关系是词义身份回指，并非指代身份回指。简而言之，通过 Fido 作主语，barked 的意义由"犬吠"改变为"菲多叫"，指代对象也不仅仅是"犬吠"，而是"菲多叫"。

从属词会直接影响到一个词的词义，但对其指代对象却只是间接影响。同样地，也许更明显的是，如果把 some dogs 更改为 some big dogs，从属词 big 会把词义改变成"big dog"，但指代对象类却并不改变，即没有变成一个大类。相反，指代对象变成大狗一类。

---

① 为了对应结构，采取直译。意译：菲多叫了，它之前仅叫过一次。

但从属词是什么情况呢？从属词的词义或指代对象是否会影响被修饰词的意义？如果我们取 *Fido* 为例，一定是指代对象影响被修饰词的意义，因为名字并无词义（非常通用的范畴如"dog"除外）。即使从属词有词义，情况也是同样的。如在 *A dog barked* 中，barked 的是什么呢？它是一般范畴的"dog"，还是特指的 dog？答案很明显。

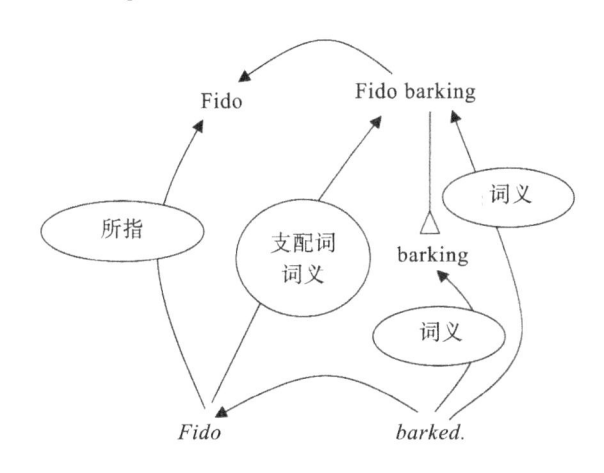

图 8.9 从属词指代对象影响支配词词义的最典型方式

普遍结论是，当一个词依存于另一个词时，通常是从属词的指代对象修改支配词的词义。图 8.9 展示了这一方式，其中 *Fido* 的指代对象与 *barked* 的词义在语义方面相关。

该图还显示了另一个专业性问题：标记为"支配词词义"的连接区分了修改后的"Fido barking"和基本词义"barking"。该连接显示了"Fido barking"是添加了 *Fido* 的效果，此功能有助于理解修改过的详细信息。

共指：一个词与其从属词共享所指对象

在共指（**COREFERENCE**）中，相关的两个词有相同的指代对象。

例如，*a dog* 指单个的实体，该实体 isA "dog"，所以这个词义只由 *dog* 提供，并且两个词都不修改彼此的词义。从另一方面讲，限定词 *a* 确认指代对象是单数可数的非限定实体。很显然，分析显示 *a* 和 *dog* 有相同的指代对象

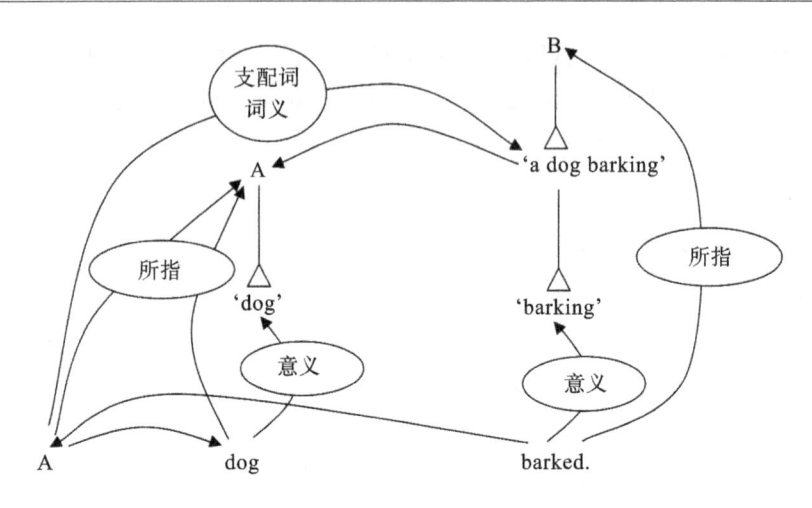

图 8.10　限定词及其补语之间的共指

时，两者都为指代对象添加了一些信息：它是一个单数的未知实体（从 a 得知），以及它是一条狗（从 dog 得知）。

这种分析使图 8.7 发展成图 8.10。我们现在可以看到，词在句法以及语义方面连接在一起的方式。如 231 页①所见，dog 一词在句法上依存于 a，但这两个词有共同的标记为 A 的指代对象。a 一词又依存于 barked，但该例 a 修改了 barked 的词义，从而产生了自己的"支配词词义"："一只犬在吠叫"。最后，barked 是指事件 B，即"一只犬在吠叫"的示例。

共指在"语法"支配词，如限定词和"词汇"补语之间，是一种很常见的语义关系。所有限定词都有共指，一些助动词和介词也有，例如，will bark 指一单个事件，其时间（通过 will）设置在将来；还有一个例子，如 in a book by Dickens 中，介词 by 与 Dickens 的指代对象是同一人，这个指代对象把"作者"连接到书。"同位语"的语法构建中也可发现共指，这一点我在 7.7 节的末尾中简要地提到过，如 my brother Colin 或 the word DOG。

---

① 文中页码均指原书页码，即本书边码。原书为"289 页"，根据内容，疑为"231 页"。——译者

分裂句中的共指及身份

显然，共指与约束（4.6 节）中的"身份"关系效应十分类似，但两者在结构上存在不同。以 the dog 为例，限定词 the 有两个相关的语义属性。the 与其补语（dog）共指，以此将共享的指代对象标记为限定。但由于这种限定性，它会和其先行词，例如刚刚提到的一只狗，之间有身份连接。在一种情况下，指代对象融合成一个节点，而在另一种情况下，各节点保持独立。

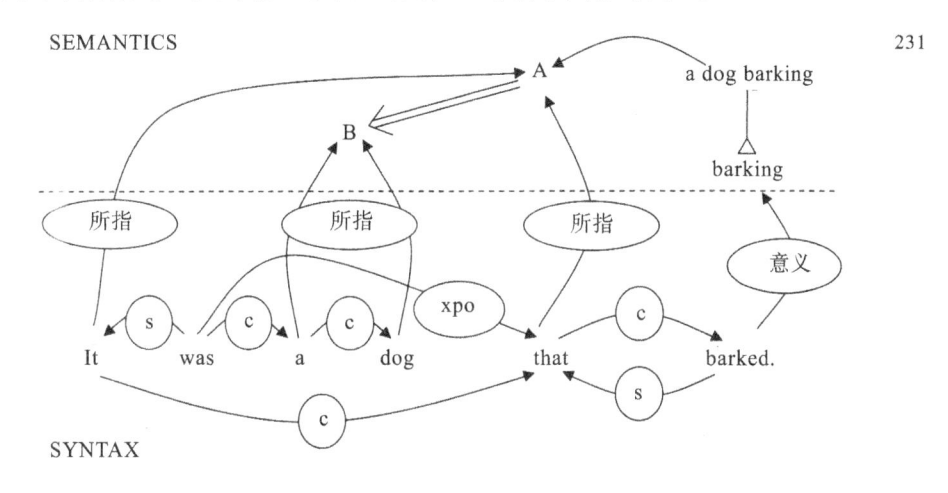

图 8.11　分裂句中的语法和语义

同样地，动词 BE 的一个作用是表示主语和补语之间的身份关系，如例（10）：

(10) That building is the post-office.
　　（那座建筑是邮局。）

但 that building 及 the post-office 的指代对象必须是独立的，因为这种身份关系也可以被否定。如例（11）。

(11) That building is not the post-office.
　　（那座建筑不是邮局。）

共指和身份的合并效应通常把一个复杂的句法结构精简为较为简单的语义结构，如例(12)中的分裂句(11.6)：

(12) It was a dog that barked.
（是一条狗在叫。）

这几乎和例(1) *A dog barked* 语义结构相同，但例(1)更为简单。图 8.11 显示了这个效果是如何达到的，下面我会进行解释。

句法和语义结构用虚线分隔，首先可以注意到的是语义结构如此简单。第二点是此语义结构与图 8.10 中的 *A dog barked* 的语义结构非常类似。如果给 *barked* 添加一个指代对象，那么相似度会更高，但此处故意省略，因为这样会引起一些复杂问题，即该指代对象与 *was* 的指代对象之间的关系，但这与我们现在讨论的问题并不相关。

此图重点显示共指和约束的精简效应，如下所示：

- 根据上文解释，*a* 和 *dog* 的指代对象通过共指融合。它们共享的指代对象是图中的节点 B。
- *It* 的指代对象标为 A，根据 *it was a dog* 中的 *was* 的语义，A 和 B 有一个"身份"连接。
- 关系代词 *that* 的所指对象通过共指，与 *it* 的所指对象，即 A 融合，这是因为 *it* 外置的特殊使用而形成的特殊句法及语义结构，标记为"xpos (11.6)"。外置结构的特殊性在于它是"虚拟的" *it*，与动词的滞后支配词，即当前例子中的 *that*，有一个无关词序的补语连接。对于我们称之为限定词的代词来说，这种补语连接带有语义共指，因此 *it* 和 *that* 共指。

分裂句提出了关于句法和语义分析的重要问题。对 *A dog barked* 和 *It was a dog that barked?* 进行同样的语义分析是否正确？图中确实应该有重要的区别吗？第一个问题只是指出了事件，而第二个则聚焦在狗(*dog*)上（它与其他，如狐狸之间的区别）。

这些差异的确很重要，但放在结构图中解释是否正确？词语法不同于其他理论，它把语言结构置于认知结构中，其中激活受注意力控制，因此可以更好地解释这两个句子的差异所在。根据词语法，虽然其语义结构都非常相似，但分裂句的句法保证了"dog"上聚集了更多的激活。

述谓部分：一个词的词义受从属词的词义修饰

缺省模式是从属词的指代对象修改支配词的词义，除此之外，我们现在可以考虑另一种选择，即由从属词的词义，而非其指代对象，来修改支配词词义。在一些（但可能不是全部的）述谓部分中（11.2），其配价模式中的"句法三角"允许动词的从属词共享其主语。

如例（13）完美地展示了术语 isA 适用于基本分类关系的理由。

(13) He is a linguist.

（他是一位语言学家。）

其句法和语义结构如图 8.12 所示。请注意，第一，述谓部分 *a linguist* 并非指任何具体的语言学家，所以我们可以这样回问例（13）"他是哪一位语言学家？（*Which linguistic is he?*）"〔这是对例（13）的一种可能的解释，但并不

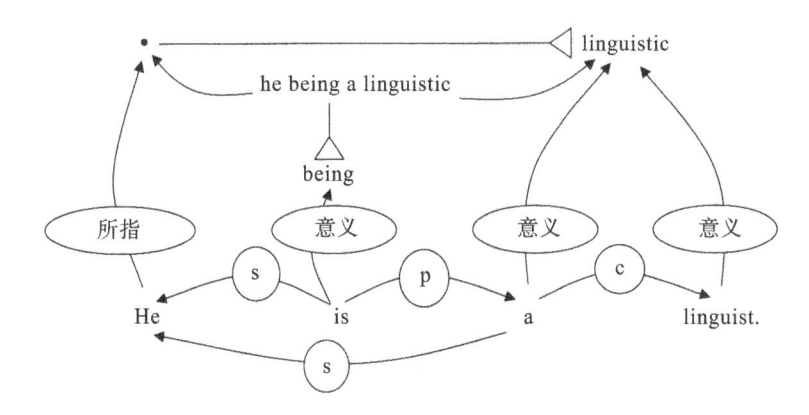

图8.12 *He is a linguist* 的意思是 "He isA linguist"

明显]。关于 linguist，重要的是其词义，即 "linguist" 这一泛类。

该例中的限定词 a 是纯句法的，在句法上满足限定词在单数可数名词之前的句法需求，但有趣的是，当例(13)翻译成法语或德语时，是没有限定词的。对该例中限定词 a 最简单的分析，给予了 a 与其补语名词同样的意义。

动词的意义较为复杂。很显然，它至少会涉及原始的 "isA" 关系，尽管一定会有其他额外的东西（我暂时称之为 "being"）允许其被时间限定［所以我们可以解释例(13)和 He was a linguist（他过去是语言学家）之间的区别］。但是，关键在于是 a linguist 的词义，而非其指代对象修饰 "being"。

述谓结构，有一个类似的语义模式，如例(14)中的非限定词 swim。

(14) He can swim.
　　（他会游泳。）

其结构如图 8.13 所示。

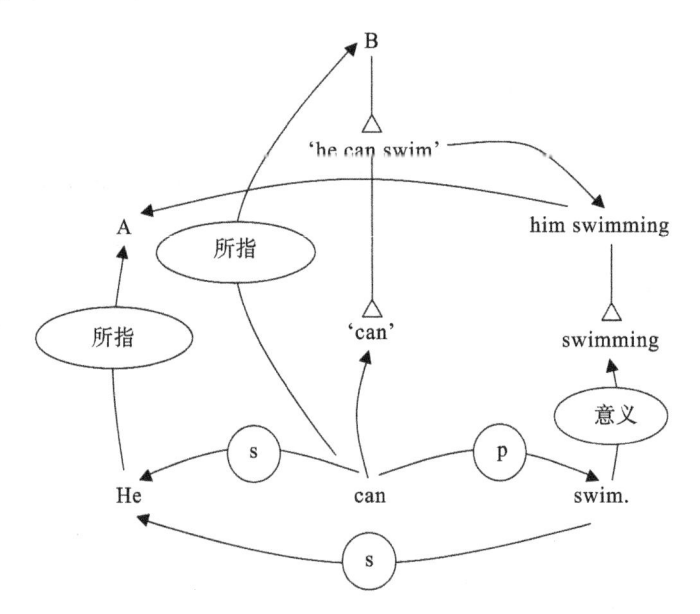

图 8.13 *He can swim* 的意义

He can swim 的结构之所以复杂，是因为根据三角"述谓"关系，*He* 实际上既是 *swim* 也是 *can* 的主语。这就是为什么在 *swim* 的词义与 *can* 的词义相结合产生 "he can swim" 之前，*He* 的指代对象（节点 A）与 *swim* 的词义 "swimming" 相结合。这样的结果是一个类似于 "*Him swimming is possible*" 或（更句法化些）"*It's possible for him to swim*" 的结构。

但此图最重要的相关特征是修饰 *can* 意义的是 *swim* 的词义，而非其指代对象。这就是我们所需要的，因为可能的情况不是某种"他游泳"的特殊事件，而是普遍的、无时间限制的"他会游泳"这一事件范畴。与此相反，整个句子确实指某一特殊状况，被标记为 B。他会游泳这一状况的时间锁定在现在时（对比之下，*He could swim* 的时间锁定在过去时）。

成语：从属词的作用无法预测

从属词的缺省语义作用还有最后一种形态，即不规则性。这种情况称为**成语（IDIOM）**，典型的例子是 KICK THE BUCKET，意为"翘辫子"（Ayto 2006）。图 8.14 显示了成语 KICK THE BUCKET 作为次级词位与普通动词 KICK 的相关方式。

如您所见，图 8.14 中成语的每一个词都是普通词位的次级词位，次级词位 "KICK $_{\text{the bucket}}$" 的特殊之处在于其意思是"翘辫子"。这也是其特殊宾语的

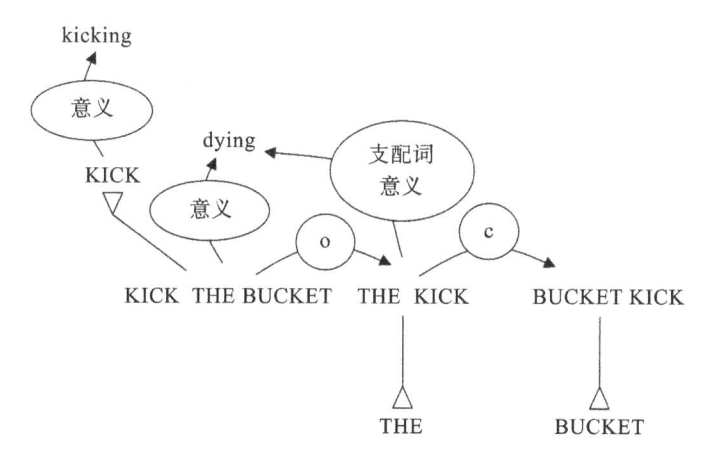

图 8.14　成语 KICK THE BUCKET

"支配词词义"。

成语的这种处理方法,会产生这样一种结果,即同样的词序列,*kick the bucket* 可以做词面解读,每一个词都是主体词位的普通例子。

语义释义

因此,每一种模式中,从属词都是从词位中继承缺省词义,从而改变支配词的词义。正如我早些时候指出的,这并不违背词位的词义,因为新词义属于一个词符,而不是词位。

但整个句子的意义是什么呢?如果我们逐词分析意义,是否妨碍认知所有词的组合意思,即整句话的意思大于部分之和?

这一异议忽略了所有这些修改的累积效应。举一个很简单的例子,如 *Fido barked*。如果是 *Fido* 修饰了 *barked* 的意义,那么 *barked* 的意义就是 "Fido barked"——即整个句子的意义。两个词的意义在 *barked* 上聚集,因为 *barked* 是句根词,即句中所有的词最终都依存于它。

这种情况同样适用于更为复杂的例子,如例(15)。

(15) A noisy dog in the next house barked all night because he was lonely.
（隔壁家一只吵闹的狗吠了一整夜,因为他很孤单。）

在这里,整句话的意思同样位于句根动词 *barked*。句根动词又受到其从属词 *a*、*all* 和 *because* 修饰,这些词同样受到其从属词的修改,以此类推。所以 *barked* 的实际意思是 "a noisy dog in the next house barked all night because he was lonely"。

意义调整原理也会产生中间复杂意义,如 "a noisy dog in the next house",即 *a* 的意义。我称这样的语义层级结构为**语义释义**(SEMANTIC PHRASING)(Hudson 1990:146—151)。根据词语法,"短语结构"属于语义释义,并非句法(7.1)。

意义和句法的边界

语义结构和句法结构搭配的方式涉及很多内容,但在这里先不做阐释。我把之前在其他地方讲过的重要话题列一个清单,算作总结:

- 当一个词有两个或更多从属词时,如一个动词既有主语,也有宾语,那么语义释解是如何运作的:例如,在 He ate it 中,he 和 it 每一个都有独立的支配词词义,还是 he 得建立在 it 的词义上,继而产生一种介于主语和宾语之间的不平等关系?(Reinhart and Siloni 2006,Hudson 2007c: 122)
- 复数(和并列式)名词的"分布式"解释和"联合式"解释之间的差异:例如,They drank a litre of wine,是每个人(分布式)喝了一升还是所有人(联合)喝了一升?(Hudson 2007c: 229—231)
- "数量词"如 Each of the five students wrote two essays 中的 each 或 two 的作用:总共有多少论文呢?(Hudson 2007c: 228—230)
- 陈述句、疑问句和祈使句结构之间的语义差别:例如,祈使句 Hurry up! 通常指的是您(在将来)会做的一个事例,即加快速度,这也是说这些词符的目的。(Hudson 1990: 220—222,380—383)

所有这些已出版的讨论没有一个能终结这个话题,但至少它们为恰当地研究词语法分析指出了一条途径。

本节概括:
- 一个词的每一个**从属词**(depeudeut)都会在某种程度上影响其语义。通常情况下,从属词的指代对象与其支配词词义相结合,但也有其他可能性:**共指**(coreference)、**述谓部分**(predicative)的词义-词义关系,以及**成语**(idiom)的不规则性。
- 因为词符会给其每一个从属词一个单独词义,所以支配词词义包括了其所有从属词的词义(依次往复)。这就产生了**语义释解**(semantic

phrasing），它类似于句法的非依存理论中的句法短语结构。

接下来阅读：

高级读者：继续！

8.7.4　语义属性

所有人都知道词典可以"定义"意义。但是，在6.6节中我们也看到，词典的定义实际上言不符实，而且要理解一个词的意义，我们真正需要的不是定义，而是语义分析。

一个概念的语义分析是一个属性列表，在3.5节中我们看到，属性是由与其他概念间的连接组成——这被称为"网络概念"。因此，我们可以肯定，作为词义使用的概念与其他概念一样，相互紧密地依存。

举一个简单的例子，"bicycle（自行车）"和"pedal（踏板）"这两个概念相互定义，因为有踏板是自行车的一个属性，而作为自行车的一个活动部件是"踏板"的一个属性。同样地，"bicycle（自行车）"和"cycling（骑自行车）"，以及动词CYCLE（骑）的意义也是如此，因为自行车是用来骑的，骑车就是使用自行车。

循环和语义角色

这种相互的连接不会导致循环，因为涉及的概念通常有其他属性，但这些属性允许概念随着新连接的发现，而不断在我们心智中成长。这种心智丰富遵循循环原则（3.5）：在任何可能的情况下，使概念彼此相连。

循环原则的主旨与另一个研究意义的途径非常不同，该途径认为每个词应该通过一套固定的、非常宽泛的术语来定义，即自然语义元语言（Natural Semantic Metalanguage）（Goddard 2006）。以"bicycle"为例，循环致使我们把自行车和"踏板"联系起来，然而这一点在自然语义元语言中是被禁止的。

循环原则还解决了语义学的一个非常普遍的问题，即如何分析**语义角色**

(SEMANTIC ROLE)——我们用它来区分不同从属词的作用。

以动词 EAT（吃）为例，当我吃三明治（sandwich）时，我和三明治在行为中扮演着非常不同的角色。而且，当我谈到这一事件时，正是因为这些角色使我能够作为 EAT 的主语被表达出来，三明治被归为 EAT 的宾语：*I ate the sandwich*，而不是 *The sandwich ate me*。后一句是完全合乎语法的，但需要极大的想象力，因为主语依存迫使三明治进入到食用者的角色。但问题是，该如何区分这两个角色。

正如我在 3.2 节中解释的，大多数语言学家认为可以用少量的一般角色命名组，如用"施事者（agent）"（指我）和"受事者（patient）"（指三明治）来描述。这种假设是会产生问题的，因为事实上有好几个正在竞争的角色组，且任何一组角色都不可能分析到位，因为它们没能区分细微的差别，这种例子比比皆是（Pustejovsky 2006）。

与此相反，循环原则意味着只要在现存概念的定义下，语言学习者和语言学家都可以自由地创造新的关系概念。我在句法中使用这一原则，以区分不同种类的从属词（7.2、11.2）。这一原则同样适用于语义学，它让我们能够随心所欲地创建或宽泛或具体的关系。

例如，请想一想吃三明治和做三明治之间的区别。从一方面讲，在这两种情况下三明治的角色是类似的——该事件对三明治的影响很大，且三明治（和我不一样）既不控制事件，也不推动事件。为了反映这些相似点，可以用传统的术语"受事者（patient）"来命名三明治的角色。从另一方面讲，这两个事件以非常不同的方式影响三明治，因为其中一个是破坏它，而另一个是创造它，因此，做三明治时，称为"被实现（effected）"；被吃掉时，称为"受影响（affected）"（再次重申，这些术语由来已久）。但尤为喜人的是，我们可以把这两种分析组合到一个分类中，即"被实现"和"受影响"两个都 isA "受事"。

由此，我们再一次发现，分类法和继承是组织思想的核心。

指示

一个特别有趣且重要的语义属性是**指示**（**DEIXIS**），它由希腊词"pointing

（指点）"演变而来（Green 2006）。

指示词的典型例子是 ME（我）、YOU（您）、NOW（现在）和 HERE（这里），所有这些词都根据当前词符的属性来定义自身的指代对象，这些属性包括谁说的、对谁说、什么时间、什么地方。如果认为词符是语言的核心，那么这些词就很容易分析。事实上，如果这些词不存在，那会是件很奇怪的事情。

如果约翰正在和玛丽谈话，想要一个明确指代自己的词，那么还有比这个能指明当前说话者的指示词更清楚、更简单的事物吗？不管玛丽还知道些什么，至少她知道他在和她谈话。

当然，脱离语境时指示词的用处不大，如冲上海滩的瓶子里面通常写道："Help me! I'm here and need help now.（救救我！我这里现在需要帮助）"。至少在现代的远距离通讯系统发明之前，大多数词符都是用于面对面交谈的，因而非常适合指示词的使用。

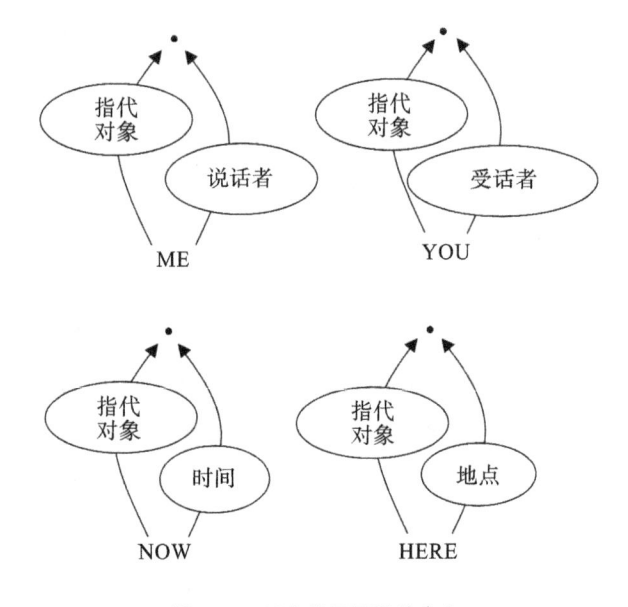

图 8.15　四个指示词及其意义

图 8.15 定义了这四个词的意义。"说话者""受话者""时间"和"地方"的关系对任何词符来说都至关重要，但这些关系与大多数形符（见 8.3）中的词位没有关系。

这些词是不同的，因为形符特点允许有这样一个简单的总结："任何说ME（我）这个形符的人也正是形符指代的人"。换句话说，这里说话人和指代对象是相同的。

时态以相同的方式运作——把所指事件发生的时间定位到相对于说出指示词的时间。这有力地提示了，即使是核心语法也不能从普遍的认知关系，如"before（之前）"，或从词符的属性中分离开。

本节概括：
- 不同词的词义定义通常与彼此相关，并遵循**循环**（recycling）理论，根据该理论概念能够在可能的情况下建立在现有的概念上。如有需要，这一原则同样适用于定义新的**语义角色**（semantic role）。
- **指示**（deixis）是一种特殊的意义，其中一个词的指代对象是通过这个词符的一个属性来识别的；典型的指示词是 ME 和 NOW，但时态的屈折形式同样也有指示意义。

接下来阅读：
高级读者：继续！

8.7.5 意义、思维和文化

最后，我们来讨论一个大问题：语言意义与思维是什么样的关系？从小学习的语言，这是否深刻地影响着我们认识这个世界的方式？退一步说，不同语言的语义之间有多大的差异？

对于懂多个语言的人来说，最后一个问题并非难题：语言的差异的确很大（Evans and Levinson 2009）。

即使是类似的语言如德语和英语，在作为词义使用的概念方面也显示了重大差异。例如，德语没有表示"go"意义的动词。取而代之的是，德语GEHEN表示徒步走（going on foot），FAHREN表示乘车（going in a vehicle），因此 *I went home* 的德语翻译是根据走回家还是搭乘交通工具回家而不同（走回家翻译为：Ich bin nach Hause gegangen，搭乘交通工具回家翻译为：Ich bin nach Hause gefahren）。与此相反，英语没有和FAHREN意义相同的动词，它可以有时翻译为"go（去）"，有时翻译成"ride（骑）"。

两种语言只是用不同的方式去区分动态世界。如果考虑地域距离更远的语言，差异性会更大，这一点不难想象。

但这些语义差异究竟能否影响我们认知世界的方式？答案很简单，"Yes（是的）"，因为句子的意义是"一种认知世界的方式"。如果语言是一般认知的一部分——我在整本书里都在为此观点做辩护，以及如果意义由总体认知的普通概念组成——如概念"dog"和"barking"，那么根据定义，不同的语义结构提供不同的认知世界的方式。

但这里有一个重要的附加条件。有这样一种可能，只有当我们听或说时这些思维方式才起作用，也就是说，它们构成了一种特殊的思维范畴，称为**说话思维**（**THINKING FOR SPEAKING**）（Slobin 1996）。如果我们知道自己正在说话，我们就知道自己正在寻找词来表达思想，这并不容易，因为我们知道的词往往与思想毫不匹配。因此，我们要做的是调整信息以适应于可用的词，可以这么讲，词汇是布，语义是衣，要看布裁衣。

例如，讲英语的人想要说已经"回（gone）"到家时，他们会选择使用"going"这个概念，因为这很容易表达；然而，对于讲德语的人来说，他们得选择一个更为具体的匹配概念如 GEHEN 或 FAHREN。

但即使是这样，也并不一定意味着不说话时，英国人和德国人对移动的思考方式不一样，例如规划行程时，德国人可能会更多地关注交通方式。

从另一方面讲，我们也不能肯定语言差异**没有**影响非语言思维。这是一个很难解的问题，它带动了一些非常有趣的研究（Taylor 2006），但目前尚无定论。

这项研究的困难部分来自于我们很难将语言影响与总体**文化**（**CULTURE**）的影响区分开，这个总体文化是指我们从群体中学到并与群体分享的思想，以及我们部分地，但也仅仅是部分地，通过语言而学到的思想。

例如，大家都知道"sibling（兄弟姐妹）"的概念是指兄弟或姐妹，但由于没有语言的帮助，因为没有可以替代的普通词，其意义得由我们自己去了解或猜出来。我们怎样才能了解它？先学习"brother（兄弟）"和"sister（姐妹）"，然后在两者共性的基础上，以常见的方式引出一个上位概念（4.4）。

这个例子表明，即使没有语言帮助，我们也能够了解文化概念，且毫无疑问，多数概念的大多数属性就是这样被了解的。

然而，语言无疑是最重要的文化概念指南，即使我们能通过更直接的体验来习得属性，但对于许多概念来说，语言几乎是唯一能够发现现存概念的方式。我在这里特别点出抽象的价值和思想，它们在文化中有着重要的作用，能够被政客们非常有效地加以利用，如 FAIR（公平）和 FREE（自由）。

但无论语言作为文化指南的可靠性有多强，总归比作为现实指导的可靠性弱些。例如，仅仅是因为有"SPIRIT（灵魂）"一词，我们就能发现"灵魂"这一概念必有的属性，且这种属性能引导我们到某种超现实中来，是这样的吗？

假如您认为这样的例子很好找，那么方言（DIALECT）和语言（LANGUAGE）这两个词又是怎样的呢？我们是否可以假设，因为两个词意义不同，其现实也一定不同。如果我们足够聪明，就会发现这种现实差异，我们可以这么想吗？

本节概括：

- 我们所学的作为词义的概念是思维的一部分，因为概念因语言不同而有所差异，所以我们确信语言会影响我们的思维方式，但可能只是影响**说话思维**（thinking for speaking）。
- 另一方面，语言是社会群体向下一代传递文化的主要工具，因此语言可能具有更深刻的影响。

接下来阅读：

高级读者：继续！

8.8 社会意义

我们最终差不多肯定了这样一个方向——对于我来说——该领域是语言最有趣的部分，我们称它为"社会意义"。**在社会语言学（SOCIOLINGUISTICS）**的领域中，我们研究的是语言之于社会的关系（Hudson 1996, Mesthrie 2006）。

词语法之所以特别适合作为社会语言学的理论框架，正是因为它将语言视为社会认知关系网络的一部分，这种网络包含我们对组成社会的个体、社会团体和社会关系的了解。在这样的情况下，两个知识体的关联应该是相对直接的，主要表现为如何选择词汇以使其适合任何社会语境要求。在此项目中，"社会意义"包括词（或其他语言单位，如形式或发音）与社会范畴之间的所有连接。

8.8.1 亲属关系

从广义上讲，社会意义包括大量的所指意义，因为社会对于我们来说很重要。表示社会关系的词和其他词一样与文化紧密相连，所以在分析这些词时，很难判断是在分析语言还是文化。

我们已经从核心词汇领域找过几个亲属关系术语的例子（3.4.1）。在这一领域中，词汇网络结构特别清楚，因为在定义较为基础的词如 BROTHER（兄弟）和 PARENT（父母）时，两个基本术语如 MOTHER（母亲）和 FATHER（父亲）的意义是循环的；同样，在定义更外围的关系如 AUNT（姑姑／姨姨）和 COUSIN（堂兄弟姐妹／表兄弟姐妹）时，BROTHER 和 PARENT 也是被循环使用的。

这是讲英语的人说话时都会使用的系统，其影响直至心智，足以被称为"说

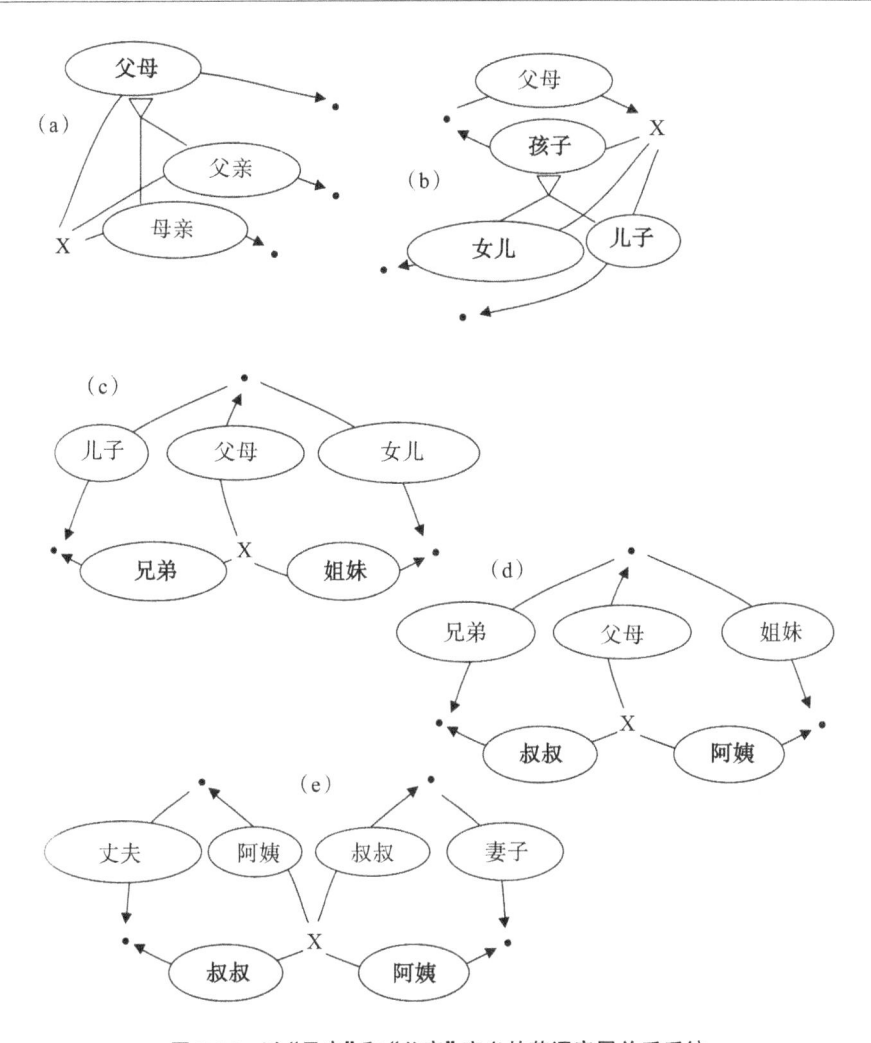

图 8.16 以"母亲"和"父亲"定义的英语亲属关系系统

话思维"(8.7.5)。如果联想到有关拜访、寄送圣诞卡片等社会行为,这一系统的影响可能更远。

网络分析正是解决细枝末节所需的,特别是因为它允许考虑每个连接的直接邻接节点。这一点在图 8.16 有示,该图探索的是英语亲属关系系统,它通过五个小型网络逐渐延伸到整体网络。

以"母亲"和"父亲"作为起点,每个网络都以现存词为基础,定义一到两种新关系（以粗体显示），如下所示：

- 网络（a）把 X 的父母定义为 X 的母亲或父亲。
- 网络（b）把 X 的孩子定义为以 X 为父母的任何人，其中 X 的女儿（daughter）和儿子（son）作为亚纲。
- 网络（c）把 X 的兄弟和姐妹定义为 X 的父母的儿子或女儿。
- 网络（d）把 X 的叔叔和阿姨定义为 X 的父母的兄弟或姐妹。
- 网络（e）选取这种独特的事实，将这种关系延伸到叔叔或阿姨的配偶。

这就是英语的系统，它和本族语者的文化非常合理地啮合在一起，但也会有例外存在（Health 2006）。人类学家一个世纪以来都在研究亲属关系术语，发现了一些差异很大的亲属术语系统，例如，在某种亲属系统中，单个的术语不仅可指 X 的父亲，还可指 X 的叔叔（或在某些情况下，仅指 X 的父亲的兄弟）。那么，在这些社会中，对于孩子，叔叔要承担与父亲同样的权利和责任吗？希望如此，但这需要事实和研究。

关键点在于，语言的词汇有一个网络结构，与说话者加给社会关系的网络结构关联。当然，我们会发现，不只是亲属关系的词汇结构与社会结构有对应性，还有其他词——如朋友（FRIEND）、同事（COLLEAGUE）、粉丝（FAN）和学生（STUDENT）。

8.8.2 社会互动

语言提供指导的另一社会关系领域是**社会互动**（SOCIAL INTERACTION），它指的是我们与社会生活中遇见的人之间的关系。

需要标记的主要人际关系是 3.4.2 节中提到的**权力**和**亲密**关系。每种语言对此的标记方法都不同，有些语言使用核心词汇进行标记。例如，对于"you（您）"这个意思，许多欧洲语言根据说话人和听话者之间的亲密程度，形成两种不同的单数代词。英语过去也用 *thou* 和 *you*，但如今这些词变得边缘化了，现在使用的是：问候语（*hi!* 与 *good morning*），礼貌用语（*please*，*thanks*）。最重要的是称呼的选择：妻子和朋友叫我"迪克"，女儿叫我"父亲"，有些同事称我"哈德森教授"（Hudson 1996:106—143）。

所有这些词把社会结构纳入到语言中。这种方式对语言学理论挑战极大，因为它不仅仅指代意义，即所提到的人的属性。相反，社会关系关注的是说话者，但他们在大部分语言理论中却一点地位也没有。

反之，词语法把说话者作为词符的一种属性，因此也把它看作某些存储类符甚至词类的一种潜在属性。例如，英语人名如 *Dick* 一类词的使用规则似乎是用于说话者和指代对象关系"亲密"时（我在 3.4.2 节中定义过"亲密地"的意义）。该规则在图 8.17 中用网络标记符号所示。也就是说，人们（说话者）通常用名来称呼与自己关系"亲密"的人。

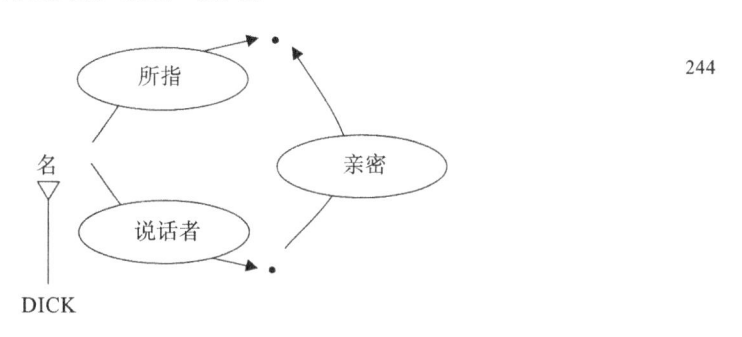

图 8.17　名只用于和说话者"关系亲密的人"

一旦认识到语言可以"意指"说话者的属性，且这种属性有别于语言赋予其他普通所指对象的信息时，我们就展开了一个全新的语言和**社会身份（SOCIAL IDENTITY）**的研究领域（Joseph 2006）。每当说话时，我不可避免地会透露我的社会身份信息，对于如何适应自己在社会中建构的更大的心智网络（即我的 I- 社会），如果您已建立了类似的网络，您就可以理解我想表达的"社会意义"。仅是"选择说英语"这一项我已经给出了大量信息，因为可以把讲英语和诸如生活在英国、茶里加牛奶等属性联系起来；但对于语言学家来说，最有趣的选择是涉及语言系统的详细细节。

说"*Jolly good!*（相当不错）"暴露了我的年龄；说"*It's an empirical hypothesis*（它是一个实证假设）"显示的是我的受教育水平；说"*That's nice*"［而

不是 *That is nice*（是否缩写是正式与非正式的一个标记）]显示了我此时是放松而随和的；在发诸如 *hit*（但绝非 *hitting*，除非我开玩笑时会"装腔作势地模仿口音"）一类词时，我偶尔会用声门塞音，这显示我差不多是一个伦敦本地人。定量社会语言学的研究方法可以详细地、创新性地研究所有这些具有社会意义的例子，而词语法的网络标记为研究结果的解释提供了理论框架（Hudson 2007c:246—248, Hudson 2007a, Hudson 2007b）。

本节概括：

- 词语法可以作为**社会语言学**（**sociolinguistic**）合适的理论框架，因为它把语言当作总体认知网络的一部分，这个总体认知网络与社会网络相同。
- 诸如**亲属关系术语**（**kinship terminology**）之类的词汇，其所指意义是社会结构的一部分，它们揭示了这些结构的细节，包括一些概念在其他概念中的循环方式。
- 语言提供的语言符号也有助于我们协调**社会互动**（**social interaction**），如称呼的选择、权势与亲疏的人际关系等。这些符号的社会意义一定包括"说话者"关系，词语法中就有这一块。
- **社会身份**（**social identity**）也与许多不同种类的语言选择密切相关，包括从语言选择到词汇或发音的细节选择。

接下来阅读：

高级读者：已阅读完。祝贺！

第三部分

英语运作的方式

9. 英语语言学简介

　　英语语言学应用"普通语言学"的思想和方法来研究英语；普通语言学推动了我们对语言运作方式的深入理解。

　　与拉丁语和希腊语研究相比，英语研究时间相当短，第一批词典和语法书出现在十七和十八世纪[Hanks 2006, Wikipedia: "History of English grammars"（维基百科："英语语法史"）]，但正式的、系统的英语语法，而并非仅仅记录"习惯用法"的手册，更是近代才开始，可追溯至十九世纪末和二十世纪初。[Wikipedia: "Henry Sweet" and "Otto Jespersen"（维基百科："Henry Sweet"和"Otto Jespersen"）]

　　即使这样，这种系统分析的重点是现代语言的历史，并非其当前的结构，它倾向于选择让人感兴趣的或有一定争议的细节，这些或许对英语高级学习者有用，事实上，也只有这一类高级学习者才能读懂语法书。因此，他们忽略了基本信息（如基本的词序）和一般模式。

　　由于历史导向性及其聚焦于细节的方式，使这些学者极其受挫和孤立，其交流仅仅局限于语法书的作者专家团队而已。而在最需要正确理解英语的教育界，其失败不言而喻。1921年，一份关于英语课堂语法教学的官方报告总结如下："在这个关键时刻，学校的英语语法教学是不可能的，只因没有人确切地知道语法是什么"（Hudson and Walmsley 2005: 601）。

　　现代英语语言学的兴起始于二十世纪五十年代早期，由两股强大的力量推动：美国在语言学研究中的中心地位，以及出版商从英语作为外语的书籍市场中获得的高利润回报。至于英语语法，现在也没有人会声称"无人确切地知道语法是什么"了。

　　我们清楚地知道什么是标准英语。在收集的庞大的英语口语和书面语语料中，我们基于计算机的大规模研究发现了大量语法细节。这些精细的语法被出版成系列的大部头语法著作，每一部有1000到2000页之多（Quirk 等 1972，Quirk 等 1985，Biber 等 1999，Huddleston and Pullum 2002，Carter and McCarthy 2006）。此外，与较早前的语法不同，无论是司空见惯的用法总结，还是语法的细枝末节，这些语法结构都有语言结构的普通理论做解释。

没有任何其他语言能像英语一样，在过去几十年里得到了那么多的关注，因此英语作为语言理论的试验田有其非常特殊的地位。英语的主导地位给懂英语的人带来了明显的优势，但也会给语言学理论带来危险，这一点我们应该意识到。

拉丁语在欧洲盛行时，语言学也遇到过类似的危险——"拉丁语"语法学家把拉丁语作为模范强加给其他语言。当他们研究英语时，会去寻找将来时和过去完成时（两者都是拉丁语的屈折形式），并且找到了 *will go*（要去）和 *had gone*（去过）的例子，却不顾一个明摆着的事实——英语的形态句法是由两个时态系统组成的组织结构。同样地，他们在英语介词 FROM（从……中）中发现了一个"夺格（拉丁语语法）"，再次无视屈折和词位两者之间的根本区别。

危险的是，现代语法学家也可能和"拉丁语"语法学家的做法一样，把英语的范畴和结构强加给其他语言，在其他语言中寻找其本身并没有的限定词、时态、数的屈折形式，或是试图区别其他语言本身就没有的"前置从属词"和"后置从属词"。

更糟糕的是，理论语法学家可能认为（实际上已经有人偶尔这么认为了）英语是一个典型语言，因此有可能以英语语言结构为基础，建立一套稳妥的一般语法理论。这种假设是错误的。鉴于世界上6000种语言的巨大多样性，我们很难想象任何一种语言是"典型的"，何况我们并没有任何理由认为英语可能是个尤为合适的候选语言。

英语语法的问题之一是第五章论述过的描写和规定的对比。此处列举的语法，正如先前历史导向的语法一样，都是"描写性"的，因为它们的目标是描述语言而不是改变语言。但当然也有很多"规定性"语法，全是建议您如何提高英语能力，从而避免语法学家所谓的"常见错误"。教育的主要成就之一似乎变成了对类似常见错误进行不确定研究的积水池。[Wikipedia: "Linguistic prescription". To get an idea of the depth of this pool, type "grammatical error" into Google（维基百科："规定性语言学"。要了解一下该池的深度，请在谷歌输入"语法错误"）]

这就是英语语言学的研究背景，接下来我会非常简要地介绍下英语的运作方式。这部分以传统词语法理论为背景，建立在较早前出版的英语语法书的基础上，可以看作是一部大块头的专著或一本轻薄的教科书（Hudson 1990, Hudson 1998）。

接下来阅读：

高级读者：继续！

10. 英语的词

10.1　词类

6.3 节概括：

- 词和其他所有的概念一样，属于普通范畴，有不同的命名，如**词类**（**word-class**）、词汇分类以及词性。
- 词构成一个分类系统，其中还可以再分为亚纲。
- 词类现代分类系统大纲的首次提出可追溯到 2000 年前，专为拉丁语和希腊语制定。

6.3 节中列出了一个传统的英语词类列表：名词、形容词、代词、介词、动词、副词、冠词、连词。不足为怪的是，近些年的英语语法研究揭露了传统语法系统细节中存在的一些严重的弱点，对此将会在 10.3 节中进行更慎重地讨论。与此同时，我们可以用现代理论标准来检验传统词类，以审查其主要变化。

大多数传统的词类能出色地通过测试，这也许是它们能够存活 2000 年之久的部分原因。现代语法学家仍旧谈论**名词**（**NOUN**）、**代词**（**PRONOUN**）、**动词**（**VERB**）、**形容词**（**ADJECTIVE**）、**副词**（**ADVERB**）、**介词**（**PREPOSITION**）和**连词**（**CONJUNCTION**）。这些词类在任何现代英语语法中都发挥着重要的作用，因为每一个词类都是通过大量总结而来的，不容替代。也就是说，不承认这些词类，就无法写出具有启示性的英语语法。

当然，这些词类的实际命名可以商榷，但找一些听起来很现代的命名来替换由来已久的这些名称并没有太大的意义。

10.1.1 限定词和代词

传统词类中唯一一个不值得保留的词类是"冠词",它仅包括两个词:*a/an* 及 *the*,即所谓的不定冠词和定冠词。顺便说一句,希腊语有冠词(现在仍有),而拉丁语没有,且拉丁语语法学家认为这是两个语言的区别特征,记住这一点有所裨益。

应用于英语中的"冠词"的主要问题,不在于 *a/an* 和 *the* 之间有区别(事实上它们有很多相同之处),而是它们和其他许多词如 ANY、THIS、WHICH 和 HIS 有相似之处,但这些词都不是冠词。传统语言学都称其为形容词,现代语言学家却称这些词为**限定词(DETERMINER)**。

从英语语法运作的方式来看,形容词的分类是错误的。传统的观点是,如果取三个词位如 ANY、BIG 和 LINGUISTICS,前两个词位共享的属性要多于它们和第三个词位共享的属性。让我们一起来检验这一点。

首先,ANY 和 BIG 共享什么属性?它们两个都能和同一名词组合,这一点千真万确,如 *any book* 或 *big book*;但 LINGUISTICS 也可以,如 *linguistics book*。此外,它们能以共同出现在名词前的方式与名词组合:*any big linguistics book*。据我所知,没有任何属性是仅由 ANY 和 BIG 共享而不包括 LINGUISTICS 的。

这次讨论提出的第二个问题是,是否有一些属性能区分 ANY 和 BIG。的确,有很多属性可以区分它们。首先,形容词可以用在 BE(系动词)后,限定词则不能:

(1) The book is big.
　　(这本书很大。)
(2) *The book is any.
　　(*这本书是任何。)

另一个重要的区别是,形容词通常是可选的,去掉形容词并不影响语法正确性，而限定词做不到这一点：

(3) Any big book will do.

（任何大本的书都行。）

(4) Any ~~big~~ book will do.

（任何~~大~~书都行。）

(5) *~~Any~~ big book will do.

(*~~任何~~大本的书都行。)

与此区别对应的语法规则表明，如 BOOK 这类的名词——即单数**可数**（COUNTABLE）普通名词——需要与一个类似 ANY 的词结合，但与 BIG 之类的词结合并非必然。与此相反，显然限定词在复数名词如 *books*，或**物质**（MASS）名词如 COFFEE（咖啡）中并非必需：*I like books*（我喜欢书），*I like coffee*（我喜欢咖啡），不允许出现的是 **I like book*。

限定词和形容词之间的另一不同之处在于，形容词可以多个同时出现，但限定词不能：

(6) I bought a nice big red book.

（我买了一本漂亮的、红色的、大本的书。）

(7) *I bought this his book.

(* 我买了这本他的书。)

最后，大多数限定词后可无名词，但形容词不行：

(8) Any ~~book~~ will do.

（任何~~书~~都行。）

(9) *Big ~~book~~ will do.

(* 大的~~书~~都行。)

这些差异解释了为什么所有现代语言学家都要区分限定词和形容词。但是，一旦有了"限定词"词类，就无须再有"冠词"，因为冠词或多或少是一种直接的限定词。简而言之，语言学家似乎应该从词类列表中删除"冠词"，添加"限定词"。这看似只是名称的变化，但其实不是，因为"限定词"和"冠词"不同类，限定词是更有效的词类，包含更多的属性和成员。

但词语法实际上通过合并传统词类中的"限定词"与"代词"，实现了更好的词类重组。理由如下：

上面列出的限定词的最后一个属性表现出了它和代词之间有很强的联系。传统分析中，当 *any* 后无名词时，如例(8)，它就被称为代词，这包括较早列表中的其他限定词如 *this*、*which* 和 *his*。事实上，几乎所有的限定词都可被用作（以传统术语命名）"形容词"（*I like this book*）或"代词"（*I like this*）。

明显例外的是冠词 THE 和 A，这两个词要求后面必须跟名词：**I read the book*（我读这本书），**I read a book*（我读一本书）。但还有另一个限定词必须跟名词，即 EVERY：*I read every book*（我读每一本书）。我们并不排斥特殊情况，没有例外才奇怪。

但要说 ANY 属于两个不同的词类，这也很奇怪，因为这意味着 ANY 是两个独立词位：一个是限定词，另一个是代词。要说其他很多词如 THIS、WHICH 和 HIS 等二十个左右的限定词都属于两个词类，更令人觉得不可思议。

此外，这种双重分类的依据也非常让人惊讶：仅仅根据其后是否有名词，即配价的区别。动词可以有宾语名词，也可以没有，但我们不会把它们归类到两个根本不同的范畴中。例如，无论 SING（唱）是否有宾语[*sing a song*（唱歌）]，它仍旧是动词。那为什么不这样看待限定词呢？

这些反对限定词双重分类的意见广泛支持一种不同的分析方法，即每个词只是一个词位，只属于一种词类，后续名词是一个可选的伴随词，不会影响词类。在这一分析方法中，无论 ANY 其后有[*Any book will do*（任何书都可以）]还是没有[*Any will do*（任何都可以）]名词，它都属于同一词类。

唯一的争论点是，ANY 究竟是一个后面不需要跟名词的限定词，还是后面需要跟名词的代词。在这里，我不敢苟同于大多数语法学家。在我看来，限定词只是允许（或要求）后面跟名词的代词。

这一分析方法的一个理由是，后面无名词的代词数量，要比后面跟名词的限定词数量多得多，因此就有更充分的理由把限定词作为代词的亚纲。当然还有一些其他可视为理所当然的理由（Hudson 1990: 268—276）。

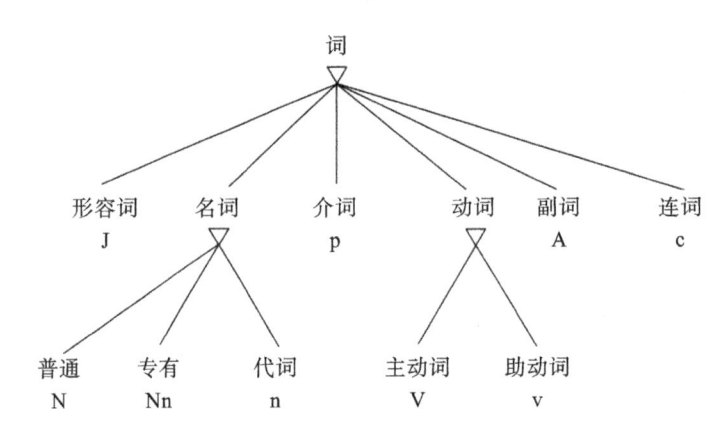

```
                           词
         ┌──────┬──────┬───┴──┬──────┬──────┐
       形容词   名词   介词   动词   副词   连词
         J      △     p      △     A      c
              ┌─┼─┐         ┌─┴─┐
             普通 专有 代词   主动词 助动词
              N   Nn   n     V     v
```

图 10.1 更有效的英语词类分类

概括地说，我提出了一个如下的分析方法，即把限定词当作代词，其后带名词作为补语。但是，由于限定词和其他代词之间的差异是配价问题，并非词类问题，因此不需要将限定词独列一类。简单讲，继"限定词"替代"冠词"之后，现在我又用"代词"替代"限定词"。

即使这样，也不是对传统词类的最终更改。代词和名词之间又是什么关系呢？

您可能已经注意到，我列举的动词的两项属性提及"名词或代词"。"名词或代词"也在传统语法书中频繁出现，这表明词类总结的缺失，词类系统本不该如此低效。如果名词和代词使用方式相同，那为什么不认为它们属于同一词类呢？

除"名词"名称外，对这一类词还有什么更好的名称吗？在这项分析中，"代词" isA "名词"，与"普通名词"和"专有名词"这两个由来已久的传统概念都处于亚纲。"代词"中有 ANY、THE、ME 及 WHO 等;"普通名词"中有 DOG、IMAGINATION 及成千上万个其他的词;在"专有名词"中有 DICK、LONDON 等。

10.1.2　词类的分类及符号

慎重讨论的结果是,英语词类的分类法如图 10.1 所示,并非图 6.2 所言。

图 10.1 舍弃了处于同一水平面上的八个大类的分类法,取而代之的是只有六个大类的分类法,而每个类划分得更细。除此之外,还可以通过合并形容词和副词成为上位的"ad- 词类",将词类数进一步减小,而且我认为这一分类法的有效性会证明其是合理的(请参阅 Hudson 1990: 168—170),但这种想法还有待更多的研究。

词类系统几乎给任何英语文本的每一个词都提供了一个词类。语法中建立信心最有效的方式是把您日渐增长的学习能力应用到例子上,并且因为我们在谈论的是你我心智中真正的英语,所以我们可以用真实的例子。

为了使这种分析更容易,图 10.1 也尝试给每个词类命名一个缩写形式。缩写形式反映出词类大小:大写字母 J、N、nN、V 和 A 表示大词类,而小写字母如 n、p、v 和 c 表示次级的小词类。例(10)展示了这些缩写形式应用于普通句子的方式(您也许能辨认出来)。

(10) This system of word classes provides a class for almost ever
　　　 n　 N　　p N　　N　　 V　 n　 N　p A　　n　 N
　　word in any English text.
　　　p　n　 J　　 N

10.3 节就词类的识别方式,给初学者提供了更为详细的指导。借助于此指导和网站上的支持材料,学生应该很快就能学会对几乎所有英语文本中的词进行分类,并从中受益。即使这样,重要的是要牢记,词的分类只是一个开始,其本身并不特别有趣。语法分析的乐趣和真正的智力挑战在于分析词之间的句法关系，这在第 11 章有专门论述。

接下来阅读：
高级读者：返回到第一部分，第 2.3 节：概括和继承
初学者：探讨第二部分，第 6.3 节：词类

10.2 屈折形式

6.5 节概括：

- 语法在列的词类有两种类型：**词位**（**lexeme**）和**屈折形式**（**inflection**）。
- 词位（如 DOG）是词典中收录的词类，有其基本的实现形式（称为**词干**（**stem**））和基本意义，其名称这里用大写：DOG。
- 屈折形式（如"复数"）是单词形式，自身有属性，也有语法功能，并独立于词位和词类，其实现形式是词位词干的**变体**（**variant**），意义则类似于所依附的词位的意义。
- 在这个分类法中，一个词位可以有任意数量的**次级词位**（**sublexeme**），这允许同一词位的例子相似或不同。
- 屈折形式的重要性因语言不同差别很大，有些语言有极其丰富的屈折形式系统，有些语言则根本没有。

和其他语言一样，英语有词位和次级词位，但问题是英语有什么样的屈折形式。最简单的答案是英语的确有屈折形式，但不多。

欧洲大多数类似语言中有大量的屈折形式，原因很简单，大多数的欧洲语言属于印欧语系，其 6000 年前的原始语言高度屈折（Collinge 2006）。贝奥武夫（Beowulf）和阿尔弗雷德（Alfred）时期的古英语与现代德语相比，仍有更为丰富的屈折系统［Wikipedia: "Old English"（维基百科："古英语"）］。但在

过去的 1000 年里，英语已经丢失了大部分原始的屈折形式。这些变化的结果是英语已经接近于非屈折语言，如中文、越南语和泰国语，它们根本没有屈折形式。

英语名词只有一种屈折形式，即"复数"，动词倒是有几个，还须仔细研究。

10.2.1 动词的基本屈折形式

如果只看形态差异，规则动词，如 COOK（做饭），除了词干之外就只有三种不同形式：*cooks*、*cooked*、*cooking*。然而，这并不意味着动词只有三种屈折形式，因为屈折形式比词形变化更为抽象。每个屈折形式都是一个概念，就像"cat（猫）"或词位 CAT，需要由大量属性证明其合理性，而不是仅仅由一个属性（形态学）。

要看其他属性重要的程度，请看以下两个含有 *peeled* 的例子：

（1）He peeled the potatoes.
（他把土豆削皮了。）
（2）The potatoes can be peeled with a knife.
（土豆可以用刀来削皮。）

尽管它们有共同形态，但这两个词有很大的不同。一个是约束到过去某一时间的一个事件，另一个则不是。*potatoes* 在例（1）中充当动词在句法上的"宾语"，但在例（2）中充当动词的"主语"（11.1 节中会解释到，动词的主语位于动词之前，而宾语位于其后）。例（1）中的动词可以独立存在，而例（2）中的动词则需 *can be* 来支撑。

这些属性形成两个分类，每一类定义一个不同的概念。它们碰巧共享一个属性，但重要的是不能被这一事实误导。形态学与屈折形式不是没有关系，而是这种关系十分复杂。

大多数语法学家接受表 10.1 中列出的动词屈折形式，这个列表列出的一些缩写形式也可以与 10.1 节中末尾部分给出的词类缩写形式相结合。

表 10.1 英语动词的屈折形式

屈折形式	缩写	标准名称	示例
祈使	m	祈使	Take it!（接受它！）
时态	t	现在时复数	They take it.（他们接受它。）
单数	s	现在时单数	He takes it.（他接受它。）
过去	a	过去时	He took it.（他曾经接受它。）
不定式	n	动词不定式	He may take it.（他可能接受它。）
完成	f	完成分词	He has taken it.（他接受了它。）
分词	r	现在分词	He is taking it.（他正在接受它。）
被动	e	被动分词	It is taken.（它被接受了。）
动名词	g	动名词	Taking it is important.（接受它很重要。）

10.2.2 屈折的分类法

屈折形式本身有相似之处，这表明屈折自身有其分类法，并非仅是一个单层级的列表，这不足为奇。这一分类法如图 10.2 所示。

这一分类法中的上位类对屈折系统的理解很重要，因此我将解释需要上位类的原因。

之所以说时态（TENSED）动词，是因为它们有一个时态，无论是过去或现在。

- 缺省时态的动词没有后缀，指的是事情的现在状态：*They like syntax*（他们喜欢句法）和 *We get up at seven*（我们七点起床）。这种动词总是具有复数主语（尽管主语 *I* 和 *you* 例外）。
- 单数（**singular**）时态动词和缺省形式一致，除了有后缀 {s} 及单数主语：*She likes syntax*（她喜欢句法）和 *He gets up at seven*（他七点起床）。
- 过去（**past**）时态动词是指事情的过去状态：*She liked syntax*（她过去喜

欢句法）和 They got up at seven（他们过去七点起床）。主语可以是单数，也可以是复数。

屈折形式之间最重要的区别是**限定**（**FINITE**）和**非限定**（**NON-FINITE**）动词。术语"限定"是指"有限"，与"非限定"相反，这些形式受限于主语及其时态。[Wikipedia: "Finite verb"（维基百科："限定动词"）] 我们很容易了解限定应用到时态动词的方式，它们都是受限于具体的某一时态或某一类主语。限定在**祈使**（**imperative**）动词中不明显，但即使是这样，*you* 仍旧是想

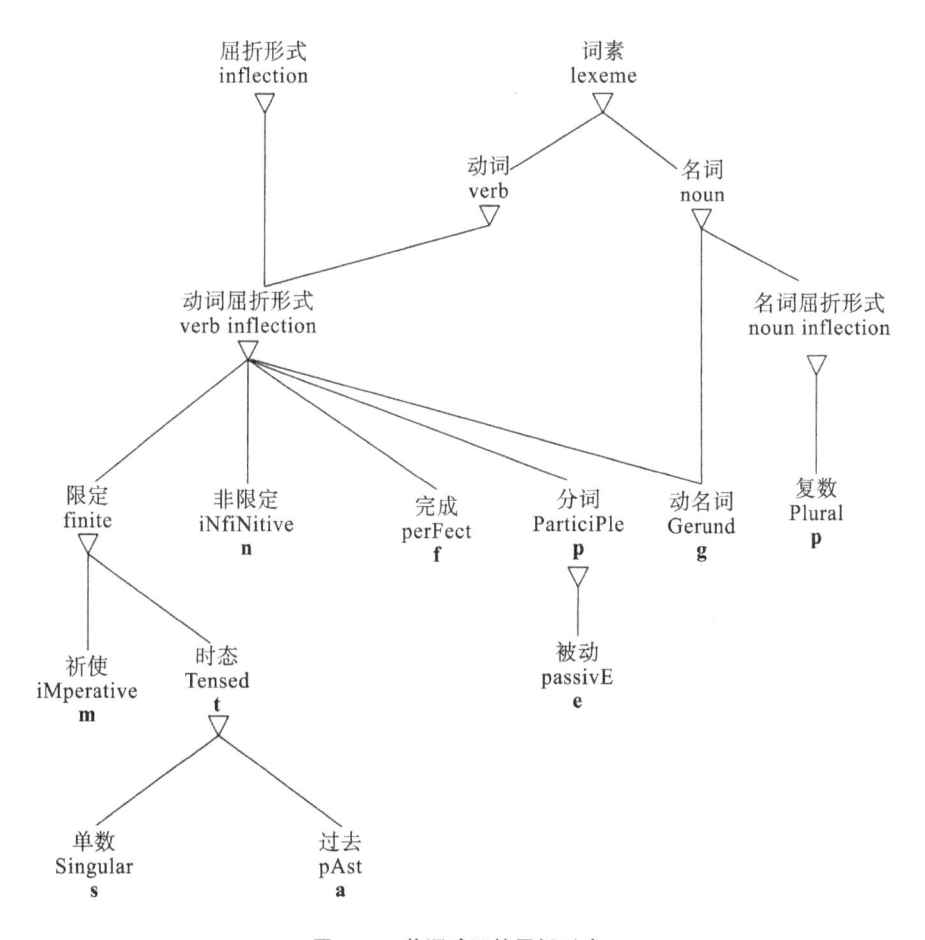

图 10.2　英语动词的屈折形式

当然的主语，且指听话者要执行的未来事件，如 *Hurry up!*（赶快！）*Take my advice!*（听我的！）

限定动词之所以重要，原因在于其独有的充当句根的能力（7.2）。它们可以作为句子中唯一的动词使用，而其他所有的词都要依存于某个词。实际上，限定动词除外的每一个词类，都需要依存于其他一些词，这样限定动词就在句法上真正地突显出来。传统语法少有的有用且正确的规则之一就是，每一个句子都需要一个限定动词。真实情况比实际上更复杂一些，但这一传统规则是在正确方向上的一个进步。

与限定屈折形式相比，"非限定"屈折形式仅仅是不限定的，因此没有理由将它们放在一起。非限定形式中的大类是**分词**（PARTICIPLE），它在我的分析中只包括两种屈折形式：现在分词（*taking*）和被动分词（*taken*）。它们的共同特点是能被用于修饰名词，如 *the person taking the photograph*（正在照相的人）和 *the photograph taken by Elizabeth*（伊丽莎白拍的照片）。所谓的"过去分词"（这里我叫"完成时"）在这个意义上不是分词，因为它只用于助动词 HAVE 之后（*has taken*）。

10.2.3　动名词

之前没有谈到的屈折形式是**动名词**（GERUND）。动名词都是以 {ing} 结束的动词，但在句法上的功能和动词或名词一样。

例如，类似于 BY 的介词其后通常只能跟名词，因此其后跟 DISCOVERY 可以，但跟 DISCOVER 不行，即使提供主语和宾语也不行：

(3) He impressed the world by his discovery.
　　（他的发现震惊了世界。）

(4) *He impressed the world by (he) discovered (new sources of energy).
　　[* 他发现了（新能源）震惊了世界。]

但是，*by* 可以后跟 *discovering*，如(5)：

(5) He impressed the world by discovering new sources of energy.
（他发现新能源，震惊了世界。）

出现在 *by* 之后的可能性（与许多其他观察到的类似的词相同）表明 *discovering* 是名词。

我们现在看后面跟的是什么：名词 *sources*。名词不能以这种方式直接跟在另一个名词之后，这一点在例(6)中可以看到，其中我试图在 *discovery* 后添加 *sources*：

(6) *He impressed the world by his discovery new sources of energy.
（* 他的发现新能源震惊了世界。）

如果想合用这两个名词，必须使用介词 *of*：

(7) He impressed the world by his discovery of new sources of energy.
（他发现的新能源震惊了世界。）

而例(5)显示 *sources* 在没有介词支持的情况下，可以添加到 *discovering* 之后，就像它可以跟在动词 DISCOVER 之后一样：

(8) He discovered new sources of energy.
（他发现了新能源。）

简而言之，例(5)显示 *discovering* 有一些名词属性（在 *by* 之后），也有一些动词属性（在 *sources* 之前，无介词 *of*）。结论很明显，DISCOVER 的这种屈折形式既是名词又是动词（Hudson 2003a，Malouf 2006），这在词语法中，由于多重继承的存在，是可能的（2.4）。

10.2.4 屈折形式与缩略词概述

英语中其他可能的屈折形式仅存在于形容词和副词中，如 BIG 和 SOON 对比 *bigger*、*biggest* 及 *sooner*、*soonest*。但是，我们不能确定这是否是屈折形式，因为大多数的形容词和副词使用 *more* 和 *most*：*more successful*、*most recently*。如果它不是屈折形式，那么它是词法关系的一个示例，在 10.4 节中将会讨论到；简单起见，我认为这些形式属于词法关系。

缩略词可和词类名称结合起来，对词进行彻底的分类。例如，"V, a" 意思是"主动词，过去时"，"v, n" 意思是"助动词，不定式"。例（9）是人为造句，包括每种屈折的示例，用以说明分析中屈折形式的使用方式。

(9) Tell them he knows people think he had been helping us by letting
    V,m n,p   n   V,s   N,p   V,t   n   v,a v,f   V,r   n,p p V,g
John get beaten.
Nn   V,n V,e

屈折形式的分析比简单的词类分析更具挑战性，因为对词类分析不得已时往往可以查词典，而屈折形式则需要较为复杂的分析，要更多地考虑到其周围词。例如，为了识别例（9）中的 *think* 是缺省时态动词，您就必须要对时态意义敏感，并认识到 *people* 是其主语。

接下来阅读：
高级读者：返回到第一部分，第 2.5 节：缺省继承和原型效应
初学者：返回到第二部分，第 6.5 节：词位和屈折形式

10.3 词类属性

6.6 节概括：

- 评估如词类这种一般认知范畴的唯一标准是其作为表达归纳工具的**有效性(efficiency)**。
- 词类没有定义，因此寻找"正确的"定义没有意义。与此相比，词类有一个典型成员词共享的属性列表。
- 当初学者学习更抽象的词类属性时，**成员资格测试(membership test)** 可能是有帮助的，但前提是学习者已经可以认识到两个词属于同一词位。

6.6 节的主要思想是包括词类和屈折形式在内的范畴都是从其属性组合中得到证实和识别，而并非传统语法的伪定义。

那么，什么属性能证实图 10.1 和图 10.2 所总结的词类和屈折形式呢？完备的英语语法能够说明各类词使用的错综复杂的方式，如果语法不完备，那么对问题的回答就是空洞的。在研究完备语法的道路上，英语语法学家现已非常前沿了，但完整的属性列表根本不是初学者需要或想要的东西。

我能做的贡献顶多是提供一些基本的"成员身份测试"。此列表选择性强，且测试不一定与实际属性相同；但本节基本目标是帮助读者去认识英语普通样本中的主要词类及屈折形式。

10.3.1 动词

幸运的是，最容易被识别的词类也给识别其他词类提供了最坚实的基础。由于屈折形式的存在，动词相当容易被识别。图 10.2 总结了其可能的屈折形式（详见下文）。

任何有过去时和现在时的词位都是动词，因此，如果怀疑某词是否是动词，您可以问自己这个词本身是过去时还是现在时，如果识辨不出来的话，要问自己这个词是否有可能用过（当然是在另一句中）这两个时态之一。

例(1):

(1) I was writing a book.
（当时我正在写一本书。）

was 一定是动词，因为它是过去时态，这一点可以通过把这个句子改写到现在时态来检验，*I am writing a book*。这种更改是相关的，因为这两个句子的唯一区别是 *was* 变成 *am*。例(1)中的 *was* 可被 *am* 替换，这肯定了 *was*（如果您有任何疑问）是过去时，而且因为它有时态，所以必定是动词。

但是 *writing* 的情况是什么样子呢？它没有时态，想确定这一点很容易，如果不能确定，可以用 WRITE 的其他屈折形式的替换来改变时态。不过，它必是动词，因为同一词位 WRITE 有动词所有的屈折形式，包括过去和现在时态：

(2) I wrote a book.
（我写了一本书。）
(3) I write a book.
（我写一本书。）

这些时态屈折形式表明 WRITE 是一动词，并且，如果 *writing* 是 WRITE 的一个屈折形式，那么 *writing* 一定是动词。这样，问题就解决了。

虽然这可能听起来很简单，但需要很高水平的复杂推理。主要的挑战是判断不同的词符什么时候的确属于一个词位，什么时候又不属于一个词位。这要求关注一系列不同的属性，不仅仅是形态学。与其相邻的词也极其重要。

例如，来看例(4)中的 *interesting*。它是动词吗？

(4) It was very interesting.
（这非常有趣。）

这个词看上去像例(5)中的 *interests*。

(5) It interests me.
（这让我感兴趣。）

因为它在例(5)中显然是现在时动词，那么我们能否得出一个结论，例(4)中的 *interesting* 也是一个动词呢？答案是否定的，因为这两个词符其实属于不同的词位。这才是理由。

如果它们属于同一个词位，那么它们应该有同样的能力，即在语法上与其他词结合(11.2 中再论)。例(4)中的 *interesting* 左边可以和 *very* 结合，右边却一个词都不需要。如果例(5)中是同一动词词位的样例，那么将它转换为现在时动词时，就会有相同的句法模式。但当我们对 *very interesting* 做这样的转换时，会得到例(6)：

(6) *It very interests.
(* 这非常感兴趣。）

任何英语本族语者都知道这是绝对不可能的。

所以，结论是，例(4)中的 *interesting* 与例(5)中的 *interests* 不属于同一个词位，没有证据表明它是一个动词。此外，我们知道 *very* 后通常跟形容词，因此所有的事实都指向同一个事实：例(4)中的 *interesting* 是一个形容词。换句话说，INTERESTING 这一形容词是一个有别于动词 INTEREST 的一个词位。

10.3.2 助动词和主动词

动词有两个重要的亚纲，即**助动词**(AUXILIARY)和**主动词**(MAIN)，10.1 节中有其缩写词："v"指数量较少的助动词类，"V"指数量巨大的主动词类。这两类通常以词序 vV 合并，如 *will rain*、*were talking*、*was seen* 等。

这是一个由来已久的传统术语，但不幸的是，这暗示了助动词和主动词的主要区别在于两者之间是谁"支持"谁（拉丁语 *auxilium* 的意思是"支持部队"）。下面是对例（7）中助动词 *were* 和主动词 *talking* 之间关系的一个详细描述。

(7) They were talking.
（他们在说话。）

目前面临的问题是，虽然所有的助动词都可以这么使用，但还有很多其他非助动词也可以这么用，如例（8）中的 *got*。

(8) They got talking.
（他们在说话。）

如何知道 *got* 不是助动词呢？因为 got 没有一个属性小群集，这个属性小群集可以将动词如 *were*（即 BE 和 WILL）与其他动词区别开来。但通过观察助动词的这些属性可知，它们和"支持"另一个动词没有任何关系。

那么，我们该如何识别助动词呢？这里有三个简单测试，其中任何一个都可行，因为它们给出的答案都相同。

- 倒置。您能通过"倒置"要检测的动词和其主语从而得出一个疑问句吗？（例如，您可以将主语放在动词之后，而不是放在动词之前的缺省位置吗？）如果可以，这一动词则是助动词。
- 否定。能否在动词后添加 *not*，然后简写成 *n't*？如果可以，这一动词则是助动词。
- DO。能否在动词之前添加 DO 来形成倒置或否定？如果可以，这一动词则**不是**助动词。

现在让我们来看看这三个测试在例(7)和例(8)中如何区分 were 和 got。

倒置：

  (7) Were they talking?

   （他们在说话吗？）

  (8) *Got they got talking?

   （*他们在说话吗？）

否定：

  (7) They weren't talking.

   （他们没在说话。）

  (8) *They gotn't talking.

   （*他们没在说话。）

DO：

  (7) *Did they be talking?

   （*他们在说话吗？）

  (8) Did they get talking?

   （他们在说话吗？）

  (7) *They didn't be talking.

   （*他们没在说话。）

  (8) They didn't get talking.

   （他们没在说话。）

如您所见，测试非常简单利落。

  这个小练习的结论是，BE 和 GET 有不同的属性，但在对其他动词使用相同的测试时,就会发现 BE 和这样一小撮动词类似,如 HAVE、WILL、CAN 和 DO,这些词在传统语法中是"助动词";而 GET 和其他所有的成千上万的动词类似,传统语法称这些动词为"主动词"。既然如此,这两类词是怎么命名的就很明显了。

现在再返回原点,可以看到传统术语是有误导性的,因为两种动词的区别和助动词是否作为主动词的"支持者"毫无关系。为了强调这一点,我将动词 *were* 放入句子中进行测试,该句中没有其他任何明显或隐含的动词。

(9) They were happy.

（他们很高兴。）

测试的结果是这个词是助动词：

倒置：Were they happy?

（他们高兴吗？）

否定：They weren't happy.

（他们不高兴。）

DO： *Did they be happy? *They didn't be happy.

简言之, *were* 在例(9)中和例(7)中是一样的,尽管没有支撑其他动词,也明显是助动词。

表 10.2 是助动词列表。如果一个动词不在此列表中,那它就是主动词。如您所见,这是现代英语中一个特别有趣,且充满差异和变化的领域。

10.3.3 名词

名词更为复杂,因为简单明了的屈折测试（复数屈折形式）并不适用于多数名词。例如,命名物质（或事物的"质"）的名词没有复数,所以 STUFF、MONEY、INFORMATION 尽管是名词,却没有显性的复数形式。

表 10.2　英语助动词

词位	特别限制	示例
BE	BE 在任何情况下都是助动词	I am leaving.（我正要离开。）
		I am to go.（我快要离开。）
		I am happy.（我很高兴。）
$HAVE_{PP}$	仅用于完成分词前	I have left.（我离开了。）
$HAVE_{POSS}$	仅用于说话者之前	Has he brown eyes?
		（他的眼睛是棕色的吗？）
DO_{AUX}	仅在句法需要助动词时使用，	Did he leave?
	而非在意义需要时使用	（他离开了吗？）
		He didn't leave.
		（他没有离开。）
WILL(*would*)		I will leave.（我将要离开。）
MAY(*might*)		I may leave.（我可能离开。）
CAN(*could*)		I can leave.（我会离开。）
SHALL(*should*)		I shall leave.（我应该离开。）
MUST		I must leave.（我必须离开。）
OUGHT(+TO)	倾向于非助动词	I ought to leave.
		（我应当离开。）
USED(+TO)	倾向于非助动词	I used to leave.
		（我一般都离开。）
DARE	用于否定或倒置	I daren't leave.
		（我不敢离开。）
NEED	用于否定或倒置	I needn't leave.
		（我不需要离开。）

确定名词最简单的测试是，使用一般性的"框架"如"____ *matters*"，看看这个词是否能作为动词左边的唯一一个词。因此，下面几个句子可以证明 STUFF、MONEY、INFORMATION 是名词。

(10) Stuff matters.

（原料很重要。）

(11) Money matters.

（金钱很重要。）

(12) Information matters.
（信息很重要。）

为了使测试框架更为灵活，可以忽略 *matters* 中的 *-s*，从而允许复数形式作名词：

(13) People matter.
（群众很重要。）
(14) Facts matter.
（真相很重要。）
(15) Nouns matter.
（名词很重要。）

这些句子表明，PERSON（人）（其不规则的复数形式是 people）、FACT（事实）和 NOUN（名词）都是名词。毫无疑问，这些举例的单词显然是名词，因为它们是典型的**普通名词**（**COMMON NOUN**），但很多其他词也能通过这一测试：

(16) Mary matters.
（玛丽很重要。）
(17) London matters.
（伦敦很重要。）
(18) Africa matters.
（非洲很重要。）

这些都是**专有名词**（**PROPER NOUN**）或名字。但对于一些专有名词来说，测试框架需要更灵活，即添加一个可选的 *the*: *The___matters*。有了这个改变，这个测试框架不仅可以适用于目前所有例子，也适用于专有名词如 *the Thames* 和 *the Sudan*。

此外，第一个测试框架还可接受大多数传统的**代词**（**PRONOUN**）：

(19) It matters.

（这很重要。）

(20) We matter.

（我们很重要。）

(21) Everything matters.

（每件事情都很重要。）

从另一方面讲，这一框架不接受非名词，如 *sings*（唱，动词，单数），*clever*（聪明的，形容词）或 *with*（和，介词），因此它可以很明确地区分名词和其他词。

这种测试的优点是，用一个非常简单的框架就能精确地挑出同一词类的词，其效果和很多其他类似但更为复杂的框架相同，这意味着在同一词类上汇聚了很多句法属性。

例如，我们也可以使用之前提到过的，判断是否可以跟在介词之后的测试（与动名词有关—参阅 10.2），如 BY，其结果会完全相同（前提是我们可以分辨出像 *I* 和 *me* 这对词属于同一词位这样的事实）。

10.3.4 普通名词，专有名词和代词

"名词"的三个亚纲都很容易进行测试。在这里需要两个框架，第一个只允许普通名词：在疑问句开头紧跟在 *what* 之后，如例（22）至例（24）：

(22) What book do you want?

（您想要什么书？）

(23) What idea came to you?

（您怎么看？）

(24) What evidence do you have?

（您有什么证据？）

不能通过这个测试的名词一定是专有名词或代词。

第二个测试框架可对其余两者进行区别：专有名词紧跟在 the 之后。一些专有名词[如 the Alps（阿尔卑斯）和 the Nile（尼罗河）]总是符合这一框架，但所有的其他专有名词只有在特殊语境下才可接受这一框架，如例(25)和例(26)：

(25) He's not the John I knew.

（他不是我认识的约翰。）

(26) The London of Charles Dickens was smelly.

（查尔斯·狄更斯笔下的伦敦很臭。）

与此相反，代词永远不可能这样使用。正如助动词和主动词，这种区分会使各分类的成员数量极不平等。普通名词成千上万；专有名词是一个完全不限成员名额的列表，每次听到的新人名或异域地名都可以被添加进去；但代词是一个非常小的类别，在传统语法的范畴中其成员可以很容易列出。有一些代词有其他可选择的形式，它们看起来可能像屈折形式，但我们最好从另外的角度去看待它们。表 10.3 是一个临时列表，列出了所有代词及其替换形式（用括号标出）。

表 10.3 英语代词

代词类别	成员
人称代词	ME (*I*), YOU, HIM (*he*), HER (*she*), IT, US (*we*), THEM (*they*)
反身代词	MYSELF, YOURSELF, HIMSELF, HERSELF, ITSELF, OURSELVES, YOURSELVES, THEMSELVES
互指代词	EACH OTHER, ONE ANOTHER
物主代词	MINE (*my*), YOURS (*your*), HIS, HERS (*her*), ITS, OURS (*our*), THEIRS (*their*)
关系代词	WHO (*whom*), WHICH, WHOSE, WHEN, WHERE
疑问代词	WHO (*whom*), WHAT, WHICH, WHOSE, WHEN, WHERE, HOW
指示代词	THIS (*these*), THAT (*those*)
不指定代名词	ONE, SOME, ANY, EACH, EVERY, NONE (*no*)
复合词	EVERYTHING, SOMETHING, ANYTHING, NOTHING；EVERYBODY, 等；EVERYONE, 等；EVERYWHERE, 等

11.2 节会探讨三个不能通过名词测试的代词（323 页）：冠词 THE 和 A (*an*)，以及 EVERY。该节还要论证物主所有格，如 *John's wife* 中，*John's* 其实是一种代词。

10.3.5　形容词和副词

动词和名词被确定后，其他词类就很容易被识别。形容词可用在普通名词之前，动词 BE 之后，如例（27）和例（28）中的 *big* 所示：

(27) A big book stood on the shelf.
　　（一本大部头的书立在书架上。）
(28) The book was big.
　　（这本书很大。）

请注意，这种测试显示例（29）中的 *linguistics* 并不是形容词，实际上我们已经知道了这一点，因为它通过了名词测试：

(29) A linguistics book stood on the shelf.
　　（一本语言书立在书架上。）
(30) *The book was linguistics.
　　（*这本书是语言学。）

判断形容词的另一个有用的测试是，其通常可以和 *very* 搭配，如例（4）中 *very* 和 *interesting* 结合。

相反，**副词**（**ADVERB**）后面可以紧跟动词，但却不能跟 BE。如例（31）中的 *recently*。

(31) I recently saw an accident.
　　（最近我目睹了一起事故。）

(32) *The accident was recently.

（*这起事故是最近。）

注意这个测试如何说明 yesterday 不是副词：

(33) *I yesterday saw an accident.

（*我昨天目睹了一起事故。）

267　yesterday 如果不是副词，那又是什么呢？它很可能就是一种相当不寻常的专有名词。

副词的另一项测试是是否可以用在形容词之前：

(34) It was extremely nice.

（这真是相当好。）

但名词也可以用在形容词之前，如 miles long，因此该测试只适用于那些没有确定是名词的词。

10.3.6　介词和连词

介词可以把名词或动词和其后的名词连接起来，最常见的介词是 OF：

(35) I bought a book of stamps.

（我买了一本集邮册。）

(36) I thought of you.

（我想念您。）

在这些句子中，of 连接其前后两个关系不平等的搭配词，所以一本集邮册（a book of stamps）是一种书，而不是一种邮票；想念你（thinking of you）是一种想念（7.1 节再来详细讨论这种不平等现象）。

OF 对其句法搭配词非常挑剔，其后跟名词是必须的，但有些介词相对会更灵活一些。例如，BEFORE 可以后跟名词，没有后跟词，或后跟动词：

(37) Betty had seen Mary before him.
（贝蒂比他早见过玛丽。）

(38) Betty had seen Mary before.
（贝蒂之前见过玛丽了。）

(39) Betty had seen Mary before he did.
（贝蒂在他见过之前已经见过了玛丽。）

类似的例子给传统语法出了一个难题，即传统语法的定义驱使其忽略 BEFORE 在不同使用中的相似之处，并做如下区分：

BEFORE
- 在(37)中是介词，因为后面跟着名词。
- 在(38)中是副词，因为后无名词。
- 在(39)中是"从属连词"，因为后面是**从属句**(SUBORDINATE CLAUSE)，即一个潜在的完整句子，作为较大句子的一个从属部分。（在 11.1 节将更彻底地探讨这些句法概念。）

但是，BEFORE 三种用法的相同之处比其之间的差异更为突显，更重要的是，BEFORE 并不是唯一允许这些特殊使用的介词（最明显的平行词可以参考 AFTER 和 SINCE）。

因此，大多数现代语法学家把从前的从属连词，以及一些看上去比较明显的副词看作介词(Huddleston and Pullum 2002: 599—600)。在这项分析中，介词不符合作为任何其他词类成员的条件，但是它可以把动词和其后的名词或动词连接起来。

去除传统的"从属连词"后，只有"并列连词"存在，实际上，"并列连词" 268

的数量非常少，典型的成员有 AND、OR、BUT、NOR、THEN，以及（有可能）SO 作为例外成员，上述每个词各有一些不适用于核心成员的限制。

这一数量非常少的词类干脆就叫**连词**（**CONJUNCTION**），它们在语法中起着至关重要的作用（11.5）。其语法功能是连接对等的词（与介词或"从属连词"相反），这一点在例（40）中可见，两个动词平等地分享它们和名词 *Fred* 的关系：

(40) Fred sang loudly and talked quietly.
（弗雷德唱歌很响亮，说话很轻。）

其他连词也可以用同样的方式处理，所以这类句子可以用来检验连词，并排除各种可能的候选词如 *whereas*：

(41) *Fred sang loudly whereas talked quietly.
（* 弗雷德唱歌很响亮，但说话很轻。）

正如其他词类，这一成员资格测试是基于诸多属性中的一种属性。

10.3.7　词类及其测试总结

词类及其成员资格测试在表 10.4 中有总结。但需要强调的是，不要将这些测试和适当的语法分析混淆。请允许我在这里向您介绍更高级的理论，尤其是词之间的语法关系。

测试框架非常简单，包含可以插入词的空白处，但要正确使用它们，您实际上还需要对语法结构有更抽象的一种敏感度。您不仅要能认出词符是否属于同一词位，还需要对句中词之间更抽象的连接方式有所敏感。

例如，要识别一个介词，您需要知道的不仅是该词是否可以用在动词和后跟名词之间，还要知道当这种情况发生时，介词具有连接这两个词的语法功能，例如，*three* 位于 *saw* 和 *ships* 之间，但这一事实并不能说明 *three* 是一个介词。

想以更为成熟的方式讨论这类现象，我们真正需要的是"句法依存"的思想，这在 7.1 节中正式讨论过。但同时，关于词类，至关重要的是您要有自己的立足点，所以我们得根据自己掌握的知识行事。

正如我在 255 页提到的，有了这些测试，您应该能够对英语文本中的每一个词进行分类。即使它漏掉了主要的语法点，即通过词的具体搭配表达复杂意义，但有时您可能会发现这种方式有助于您研究词类，甚至是了解词类的数目。

表 10.4　主要英语词类的测试方式

词类	测试	示例
动词	过去和现在时屈折形式	He **walked/walks** home. （他走回家 / 了。）
助动词	可用 n't 表示否定式	We **weren't**/*gotn't talking. （我们没有在说话。）
名词	(the)＿＿matter(s)	**Things** matter.（事情很重要。） The **Nile** matters.（尼罗河很重要。） **This** matters.（这很重要。）
普通名词	What＿＿...?	What **things**/*Nile/*this did you see? （您看见了什么事情 /* 尼罗河 /* 这？）
专有名词	...the＿＿.	I saw the **Nile**. （我看见了尼罗河。）
代词	*...the＿＿.	*I saw the **this**. （* 我看见了这个。）
形容词	...＿＿[普通名词]... ...BE＿＿.	I bought a **big**/*linguistics book. （我买了一本大部头的 /* 语言学书。） The book was **big**/*linguistics. （这本书很大 /* 是语言学。）
副词	...＿＿[动词]... *...BE＿＿.	I **recently** saw an accident. （最近我目睹了一起事故。） *The accident was **recently**. （* 这场事故是最近。）
介词	[动词]＿＿[名词或动词]	I saw it **before** her. （我在她之前看到了。） I saw it **before** she did. （我在她看到之前看到了。）
连词	[名词][时态动词]＿＿ [时态动词]	Fred sang loudly **and** talked quietly. （弗雷德唱歌很响，说话很轻。）

10.3.8 通过类符计数来测量成熟度

例如，有一种现象很有意思：随着年龄和语言技能的增加，语篇中的名词比例平均也会增加（Hudson 2009）。那么，您现在所阅读的文本如何呢？

如果把之前段落的所有 302 个词（即 10.3.7 节的正文词数）进行词类区分，您会发现如表 10.5 所示的数量。表中竖行是词类，第一行显示本书中词符分类百分比。这些数字可以和两个主要范畴的数据（下面行）做比较，这两个范畴数据出自一个百万词的英语书面语文本（Hudson 1994）。

正如您所见，尽管我的书面语类型不像您所预测的那样，但绝对是一种典型的书面英语。假定有"告知型""想象型"行文之分，您会预想语法教科书一定是在告知类型之列。但表中名词和动词的比例显示，它其实属于想象型。我把这个现象的调查研究结果留给读者来解释。我可以自豪地说，尽管我行文中 19% 的名词比例大大低于告知型写作的预期值，但至少要高于 16 岁畅销作家 17% 的名词比例（Hudson 2009）。

10.3.9 动词屈折形式认知测试

关于词类，初级学习者虽不必急着去查找其"定义"，但在刚开始时，的确需要使用简单的测试来为更深入的了解做铺垫。

表 10.5 本书所有词符的词类百分比与书面英语百万词语料库的比较

	名词	动词	形容词	介词
	（N 或 Nn）	（v 或 V）		
本书	19	21	8	12
典型想象型书面英文	19	22	7	10
典型告知型书面英文	30	17	8	13

表 10.6 包含表 10.2 中屈折范畴的一些简单测试，或许对你们有所帮助。

接下来阅读：

高级读者：返回到第二部分，第 6.7 节：形态学和词法关系

初学者：探讨第二部分，第 6.6 节：定义和效率

10.4 形态学和词法关系

6.7 节概括：

- **语法**（grammar）包括**形态学**（morphology）和**句法学**（syntax），形态学处理词内模式，句法学研究句中词之间的关系。
- 词结构由**形式**（form）以及更复杂的**词形**（word-form）组成，形式包括不可分割的**形素**（morph）[可进一步划分为**词根**（root）、**前缀**（prefix）和**后缀**（suffix）]。
- 从符号标记来看，形式与词用大括号区别：{……}。
- 形态变化最佳的处理方式是"**变体**（variant）"关系，而不是直接应用于形素的实现规则。
- 形态结构不仅涉及屈折形式（单个词位的变体），而且还涉及不同词位之间的**词法关系**（lexical relation）。

我们已经看到（10.2）英语仅有几个屈折形式，但这并不意味着我们没有很多形态学知识。相反，英语有大量的形态结构，尽管与其他一些语言相比，这些形态结构大部分是比较简单的。而且英语中大多数词与词法关系有关，而与屈折形式无关。

10.4.1 词法形态和词源学

取词位 MORPHOLOGY 及其词法关系——与其他词位的相似之处为例。如果想要找看上去或听起来像的词，您就会注意到诸如 GEOLOGY（地质学）、METEOROLOGY（气象学）、BIOLOGY（生物学）及 THEOLOGY（神学）这

表 10.6　动词屈折形式测试

屈折形式	动词(V)测试	示例
限定	动词有时态或祈使语气，且前面没有助动词	*He sleeps/slept.*（他睡觉/睡了。） *Sleep!*（睡觉！）
祈使	动词是一个无附加的非屈折动词，对显性的或众所周知的 *you*（您）做命令或邀请	*Sleep!*（睡觉！）
时态	动词有时态，也就是说，您可以在动词的过去时和现在时之间切换 缺省：现在时，不加 {s}	*He sleeps/slept.*（他睡觉/睡了。） *They sleep.*（他们睡觉。）
单数	动词有后缀 {s}	*He sleeps.*（他睡觉。）
过去	动词有一个清晰的过去时态形式或动词可以被一个过去时态形式清晰的动词替换 动词不跟在助动词 HAVE 之后	*He took it.*（他拿了它。） *I hit it. > I knocked it.* （我打了它。>我敲了它。）
非限定	动词没有后缀，但（不同于祈使或缺省时态）依存于其他一些动词如 WILL，SEE，或 TO	*It will be cold.*（天会冷。） *I saw him leave.* （我看到他离开了。）
完成	动词紧跟 HAVE 之后，其形式或者与过去式一致，或（一些不规则形式）拥有不同的形式	*I have talked.*（我讲过。） *I have spoken.*（我说了。）
分词	动词可用于修饰名词。 缺省：现在分词，以 {ing} 结尾	*a book written long ago* （很久之前写的书） *It was written long ago.* （很久之前写的。） *the man writing it* （正在写书的人） *He was sleeping.* （他在睡觉。）
被动	动词的形式总是与完成式一致，但词位的缺省主语和宾语是重新组织的，宾语被"晋升"为主语，而主语被"降低"到 *by* 之后	*a book written by an expert* （专家写的一本书） *He was interviewed by the committee.* （组委会面试他。）

样的术语。仔细观察，这些词显然在以下几方面类似：

- 包含一个词素 {ology}；
- 指某个领域的学术研究；
- 是名词。

这种属性集可归纳出：包含 {ology} 的词是名词，指学术研究的某一领域。

这种归纳在心智中是否真实？简短诚实的答案是，我们不知道，或者说，在您读这一段落（即三点归纳）之前，我们不知道这种归纳是否在您的心智中是真实的，但至少现在可以确定它是真实的。我们还确定对于任何能够应用此归纳到新词上的人来说，其在心智中都是真实的。所以，任何能靠自己弄明白 VOLCANOLOGY（火山学）（或其变体 VULCANOLOGY）指火山研究的人，一定知道这一归纳的模式。而对于那些可以发明一个以 "ology" 结尾的新词，如 LONDONOLOGY（伦敦学），甚至 OLOGYOLOGY（学科学）的人来说，这种说法更为真实。包含此归纳的任何心智，必定还包含各种相关词之间的词法关系。

但这些词的其他部分是否有关联？在某些情况下，剩下的部分则是另一种形素，有其自身的归纳。如形素 {morph} 可以组成 {{morph}{ology}}，也能出现在其他词位中，如 METAMORPHOSIS，即 "形变"，以及 AMORPHOUS，即 "无形的"。很显然，有 {morhp} 的词其意义和形状有关。但 MORPHINE 是什么情况？它包含一化学形素 {ine}，这也可在 GLYCERINE（甘油）和 BENZINE（轻质汽油）中找到。答案是，这是一个例外，这里的 {morph} 和 "形状" 没有关联（显然，此命名以鲜闻的罗马梦之神 Morph 来命名，因为梦之神在人睡觉时能在人的心智中创造形状；诸如此类的词还有很多，可以查找在线词源词典 www.etymonline.com.）。

在语法领域，例外情况是常见的，它们通常显示了我们对世界固有看法的改变。取学科中的 METEOROLOGY（气象学）为例，现在它的意思和流星（meteor）没有任何关系，但当时造词时，*meteor* 指任何在高空的东西，因此

272

METEOROLOGY 在这一个方向有了专门的意义,而 METEOR 则在另一方向上有自己的专属意义。探索词结构很像考古,触发形态的原始词义会消失在时间的迷雾中,但形态却长存下来。

重点在于,讲英语的人能够、也确实会根据某个词与其他词之间的相似点把词分成不同的组成部分来进行分析。在英语中这一点很重要,因为很多词汇以这种方式紧密互联,同时也因为模式的出现反映了语言相当复杂的历史。

英语中的大量词汇,特别是"学术"词汇,即在学校和大学学到的词汇,是借自其他语言,尤其是希腊语、拉丁语和法语。事实上,对英语词典中 80000 个词的研究发现,最少 62% 的词从以上提到的一个语言中借入,只有四分之一是从现代英语祖先,即古英语中直接继承下来的。[Wikipedia:"Loanword"(维基百科:"外来词")]

从这个角度来看,对形态学及同类学科名称的讨论是典型的,因为这些词中所有的形素均来自希腊文或拉丁文。这也解释了为什么有些形素永远不能单独使用,例如,{geo} 和 {bio} 只能作为词的一部分。

矛盾的是,由于科学技术的发展,以废弃语言希腊文和拉丁文为基础的词大量增加。制药公司不仅发明新的化合物,也带来了新的名称,而这些名称都出自拉丁文或希腊文的形素,例如 {mono}、{hydr} 和 {ster}。从另一方面讲,这些新词的使用相对来说比较少,真正常用的词往往来自英语本土词及其原始语言。例如在上一句(On the other hand, these new words are relatively rarely used, and really common words tend to be native to English and its ancestors.)中,除了 *relatively*、*rare*、*really*、*common*、*tend*、*native*,以及 *ancestors* 这几个词,其余都来自古英语。

10.4.2 词的形成规则和变体

当词之间的相似性模式足够普遍时,我们可以抽象出词类、意义、形式组合的**词法关系**(lexical relation)。这些模式通常被称为**词的形成规则**(WORD-FORMATION RULE),因为它们既能够让人创造新词,又可以让人明白现存词之间的关系。

举 TIDY（整洁）和 UNTIDY（脏乱）为例，这是一对形容词，它们之间是"相反"关系。任何一本英语词典都列出了成百上千含前缀 {un} 的词：UNABLE（不能），UNACCEPTABLE（不可接受）等。此词法归纳适用于所有形容词，所以典型形容词就是反义形容词的肯定伙伴。

在形态方面，反义形容词的词干是肯定形容词加 {un} 形成。但是，也有很多不同种类的例外情况。一方面，{un} 不是唯一的否定前缀，否定也可以用 {in}、{a} 或 {non} 表示，如 INACCESSIBLE（不可获取），AMORAL（非道德）（或 AMORPHOUS，包含词素 {morph}）以及 NON-COMMITTAL（不明朗的）。从另一方面讲，这些前缀可以改变其形状以适合后面的发音，如 {in} 在 IMPATIENT（没耐心的）中变成 {im}。最后，一些简单形容词在本身是否定意义的情况下，缺省形态是被覆盖的，如 SMALL（小的）和 LITTLE（小的）

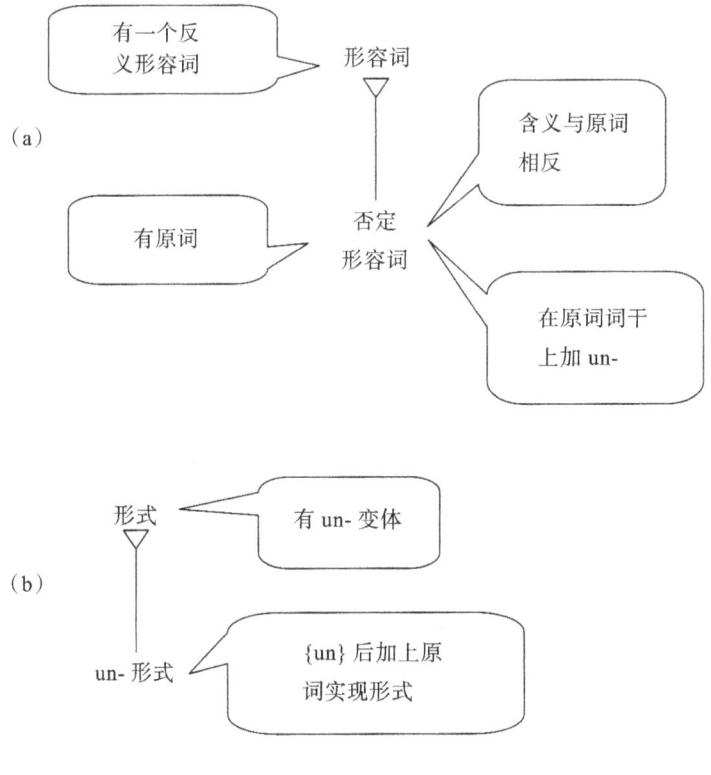

图 10.3 "相反"词法关系的形态和语义

(LARGE 和 BIG 的反义词)。

尽管存在这些例外情况,但是一般模式建立了一个适用于所有形容词的通则(Huddleston & Pullum 2002: 1687—1691)。所以,几乎可以肯定地认为,我们的心智里有类似图 10.3 中的非正式的网络关系。

网络(a)显示了这种"相反的"关系本身,而网络(b)则通过给出一个"un-变体"形式的缺省实现来扩大形态部分。这是 UNTIDY 的规律,但每一个归纳都有例外,因此我们会发现例外的 un- 变体(如 {{im}{possible}}),不以肯定词基的 un- 变体实现的反义词(如 LITTLE),以及那些并非和肯定词基意义相反的反义词(例如 UN-AMERICAN,意思是"反美",而不是"非美国")。

10.4.3 形素无意义

把形素当作无意义形式的一个好处是,同一形态模式可用于一系列不同的意义。形素 {un} 就是一个很好的例子,因为用于动词时,它有一个非常不同的意义,即"逆向(reverse)"。

例如,*undoing* 意为把做过的事情恢复到之前的形态,而非不做,因此,*unbutton a coat* 意思是把外套返回到之前的扣紧状态(buttoning),并非"不扣"。在这个例子中,同一个形态关系——un- 变体关系——支持的是完全不同的词法关系。

这样的例子在英语中比较常见——想想复数名词和单数动词的(6.7)s- 变体,或 er- 变体,它不仅出现在代理名词如 SPEAKER(说话人)中(6.7),也在其他名词中[FIVER(五英镑),SOUTHERNER(南方人)]普遍存在,并且(可能)也存在于比较形容词中如 BIGGER(更大),更不用说那些包含 {er} 但并非词干加 er 构成的形式了,例如 {{groc}{er}} 和 {{moth}{er}}。

但这些有 {er} 的词和其他没有 {er} 的词没有关系,所以它并不标记词法关系。{fe} 把 FEMALE(女性)和 MALE(男性)联系起来,它在心智上一定是真实的,因为它是词源学的一个示例(6.7)。我们祖先认为 MALE 的连接是把 *femelle* 改成 *fe-male*,*femelle* 是拉丁词 *fem-ella*,意思是"小女人"(在线词源词典的词源学解释)。

以上例子得出的结论是，即使两个词位仅共享一个形素，我们也能，且确实会识别出该形素。形素不需要显示任何类似"规则"或"变体"之类的普遍东西。

10.4.4 递归结构

英语中变体的形态学一般比较简单。一个形式的变体一般是由这种形式添加某个形素而成，无论是前缀还是后缀，如{{dog}{s}}。

然而，还有很多词有着复杂的形态结构，因为构词法能够以**递归**（**recursively**）的方式运作，即一个规则可以应用到另一规则的结果中去，其结果是出现一系列越来越复杂的形式，如：

- X（=动词）>{{un}X}（=动词，"X的相反效果"）: ZIP（拉紧，压缩）>UNZIP，"拉开拉链"；
- X（=动词）>{X{able}}（能）（=形容词，"能够被Xed"）: UNZIP>UNZIPPABLE，"能够被拉开拉链"；
- X（=形容词）>{X{ity}}（=名词，"X的属性"）: UNZIPPABLE > UNZIPPABILITY，"能够被拉开拉链的能力"。

这些模式非常宽泛，至少在原则上我们可以创建全新的词。您可能不知道递归列表的一些词：UNZIP当然是熟悉的，但UNZIPPABLE呢？

为了证明该系统可以生产出真正的新词汇，这里给出一个您肯定闻所未闻的例子：UNUNZIPPABILITY。以下是证明它是如何符合规则的：

- X（形容词）>{{un}X}（=形容词，"非X"）: UNZIPPABLE（同上）>UNUNZIPPABLE，"不unzippable"；
- X>X{ity}（同上）: UNUNZIPPABLE> UNUNZIPPABILITY。

当然，您有生之年可能都没有机会看到这种怪词出现，但事实上，这是一个可能的英语词位。

有人声称最长的英语单词是 29 个字母的 ANTIDISESTABLISHMENTARIANISM，这是错误的。除了现存的那些技术怪词，如已知的最大蛋白质的化学命名有 189819 个字母可以作为反例外，上述说法的错误在于，任何有足够决心的人都可以用构词法拓展大多数词。例如，对 antidisestablishmentarianism 的研究——ANTIDISESTABLISHMENTARIANISMOLOGY？[Wikipedia: "Longest word in English"（维基百科："最长的英语单词"）]

10.4.5 各种形态

形态学研究的是"形式"，即单词的语音和书面实现形式，无论是单个形素还是由多个形素组成的复杂形式。

形态学揭示相同点和差异性，从适用于很多词的非常普适的规律，到只适应某个词的很具体的模式[如 {fe} 把 FEMALE（女性）和 MALE（男性）区别开来]。但凡有规律可总结，就有"变体"的表达形式，但一般性在形态学中并非必不可少。

形态学中另一个重要的对比可能是屈折形式和词位之间的对比。一些形态模式属于屈折形式，另一些属于词法关系，但单个的形态学模式可同时用这两种方式（178 页）。例如，{ing} 可用于一些屈折形式（分词和动名词），但也可用在一些复杂词位中，如 WIRING（布线）和 PAINTING（刷或画）。这些例子表明，形态不像其他理论声称的那样，被严格地划分成"屈折形态"和"词法形态"。

接下来阅读：

高级读者：第一部分，第 2.6 节：社会范畴和定势

初学者：第二部分，第 6.7 节：形态学和词法关系

10.5 社会属性

6.8节概括：

- 由于我们通常在一定的社会背景下体验语言，我们学会了特定的人如何使用特定的词，这种知识使得 **I-语言**（**I-language**）的元素与 **I-社会**（**I-society**）的元素相关联。
- 这一变体类型是**社会语言学**（**sociolinguistics**）研究的主题。

这部分的重点就是每一个英语词都能透露出很多说话者的社会信息。

这点很明显，只要我们想想具体社会阶层使用的词，如 BONNY（苏格兰人使用的词）和 GOSH（之前某个年代的青少年使用的词）。但重要的是您不能忽视这些事实，即仅是讲英语就让我们和一种社会范畴相关联，而大部分能听出来口音差异的词则确定了说话者来自说英语的哪个国家。语言从根本上讲是社会成员资格的标记，所以我们不仅要给个体词位分配社会属性，还要给整个语言分配社会属性（Hudson 2007c:239—246）。

事实上，英语成为世界语言意味着其单词有很大的地域差别，而现代传媒可以确保我们能够理解在世界其他地方使用的词。这表明一些变体在客观上作为 E-语言而成为英语的一部分，同时也是某些人 I-语言的一部分。但没有谁的 I-语言包括所有的 E-语言变体。

同一部分知识在同一个国家，如英国，也是有差异的：在我们的社群里，我们都是 E-语言的专家，但如果我们对其他社区的体验减少的话，我们也会逐渐淡忘这些社区的 E-语言。

因此，就不可能建立完整的"典型英语说话者"，甚至是"典型的英式英语说话者"的 I-语言模型。您和我注定使用不同的 I-语言，如果我们用心寻找这种语言差异，一定会有所发现，不管差异有多小。

这种差异对语言学的方法论提出了严峻的考验，但实际上问题没有想象的那么严重，因为反馈机制（2.6）驱使我们在语言学问题上寻求一致。

那么，英语词与社会信息之间的联系主要是什么？这可以分为两个不同但相互联系的问题：英语词汇如何表达社会信息？以及英语词汇传递什么样的社会信息？

就"如何"而言，最明显的方式是由整体词位传递社会意义。例如，英国人会觉得，任何使用 SIDEWALK（人行道）的人都像是美国人（无论他们是或不是）。

词位有几个不同的属性，其中任何一个属性自身都可以承载社会信息，例示如下：

- 意义：如果 HOOD 指车的发动机引擎盖，那么说话者是美国人（与之对比，同样的意思，英国人用 BONNET 这个词），但英国人也会用 HOOD 指头上戴的东西。
- 句法：如果 ENOUGH 通过 THAT 而形成"完全形式"，如 *big enough that it held everything*，那么说话者是美国人（而英国人使用 TO，如 *big enough to hold everything*）。
- 发音：如果 LUCK 发音像 LOOK，那么说话者是从英格兰北部来的。

要明白的是，我们不能总是将社会信息简单地约束在相关的词位上，而可能需要把它们约束到词位的特定属性上。

现在再来谈"什么"这个问题。英语词位可以传递所有种类的社会信息，不仅是关于说话者的信息（如上面的例子），它们也能传递词位使用的其他社会背景特征。

例如，问候语不仅是开始社会互动的信号，也提供了例如一天中的时间（GOOD MORNING）（早上好）或季节（HAPPY CHRISTMAS）（圣诞节快乐）等共享信息，从而确保交流双方有最低限度的互通。

英语发展得特别完善的部分是**正式度（FORMALITY）**的表达，如下列所示：

(1) John Smith departed this life 1 June 1995. RIP.

（约翰·史密斯于 1995 年 6 月 1 日逝世。愿他安息。）

(2) We regret to inform you that John Smith passed away on 1 June 1995.

（我们很遗憾地告知您约翰·史密斯于 1995 年 6 月 1 日去世了。）

(3) Unfortunately, John Smith died on 1 June 1995.

（很遗憾，约翰·史密斯于 1995 年 6 月 1 日去世了。）

(4) I'm afraid John Smith died on 1 June 1995.

（恐怕约翰·史密斯死在 1995 年 6 月 1 日了。）

(5) John Smith? Oh dear, didn't you know that he died in 1995?

（约翰·史密斯吗？哦，亲爱的，你不知道他 1995 年就挂了吗？）

任何英语说话者都可以识别这些语言的社会差异。对上述各个例子的合理猜测是：(1) 写在墓碑上或讣告里；(2) 是律师来的信函；(3) 是一个朋友的来信；(4) 是两个不熟悉的人之间的对话；(5) 是亲密谈话的一部分。

但是不管这种差异有多明显，我们仍旧不太了解正式度的运作方式 [Wikipedia: "Register"（维基百科："语域"）]，所以词语法可以提供的只是指导原则，其思想是把 I-语言和 I-社会当作两个独立但又相互关联的认知领域。

接下来阅读：

高级读者：返回到第一部分，第 3 章：网络结构

初学者：阅读第二部分，第 6.8 节：词的社会属性

11. 英语句法

11.1 依存性

7.1 节概括：

- 传统**句法关系**（syntactic relation）如同其他类似的关系概念一样，是以开放的分类法组织起来，并非出自所谓的少量、普遍的规则。
- 之所以是**依存关系**（dependency），是因为依存关系赋予个体词之间的关系不平等：**从属词**（dependent）及其**支配词**（parent）。
- 从属词**从属于**（subordinate）支配词，因为它使支配词的意思更为精确。
- 依存分析与现代句法的主流，**短语结构**（phrase structure），形成强烈的对比，短语结构认为短语的基本关系是**部分-整体**（part-whole）关系，并非传统的句法关系。依存分析较为可取，因为它建立在更坚实的心理学假设基础上，并使分析更为简单。
- 依存分析的一个特别重要的概念是**依存距离**（dependency distance），它取决于一个词与其支配词之间有几个词，这与独立测量的记忆负载相关。
- 传统语法的**主语**（subject）和**宾语**（object）关系是通过一组属性来定义的概念。
- 继承的逻辑解释了为什么语言把继承于从属词和支配词的**配价**（valency）与继承于**修饰语**（adjunct）的**配价**加以区分，**修饰语**的**配价**仅仅从支配词继承。

由于依存关系是句法的基础,现在要讨论的是英语需要哪些依存关系。初学者们可能更喜欢先读 11.1.3 节(364 页)。

出发点是图 7.4 展示的一组普遍依存关系,其中价和修饰语形成鲜明对比。由于这种对比植根于适用所有语言的继承逻辑,虽然细节会因语言不同而产生差异,但我们仍可能希望它与每种语言都相关。

依存关系的分类法远远超出了基本的配价/修饰语对比。图 7.4 进一步对比了主语和宾语,对其介绍只是为了展示依存关系的普遍思想,并不是说每一种语言都必须有主语和宾语。

相反,如果概念从体验中获得,而并非来自普遍的人类遗传天赋,语言之间就会有根本的差异。特定语言中有所区别的依存关系既反映出该语言的历史,也反映出说话人在解决交流过程中出现的问题时所付出的努力。

因此,我们认为英语的依存关系无须适应其他语言。这是词语法与其他大部分理论的一个重要区别,因为其他大多数理论认为一套少量的语法关系就能满足所有语言的需要(Van Valin 2006)。

11.1.1 前置从属词和后置从属词

英语和其他许多语言最明显的区别之一是词序规则(7.4)。许多语言的词序并不区别依存关系,因为所有的依存关系(或多或少)遵从相同的词序。在自由词序语言中,从属词同样自由地位于支配词的两侧。在中心语后置的语言中,从属词都在支配词之前;在中心语前置的语言中,从属词都在支配词之后。在这些占世界上所有语言的大多数语言中——中心词前置或后置不区分从属词。

但在中心词中位的语言,如英语中,根据依存关系,从属词的位置往往是固定的。此类最明显的例子是主语和宾语两者位置的对比,*I saw him*(我看见了他)而不是 *Him saw I。典型的主语位于动词前面,而宾语位于动词后面,这往往是我们区分它们的唯一方式。如果读到 *John likes Mary*(约翰喜欢玛丽),我们知道是约翰而不是玛丽有此感觉,因为词序毫不含糊地显示了 *John* 是主语,*Mary* 是宾语。不过,和预想中一样,这里确实存在复杂情况和例外情况：如助动词及其主语有可能"倒置"（10.3），更多例外情况见 11.6 节。但缺省规则既明确又严格。

然而，其他种类词的从属词规则同样明确且严格。例如，形容词必须位于其所依存的名词之前，如 big book（大部头的书），而不是 *book big。相反，依存于名词的介词却在其后，因此 book about linguistics（关于语言学的书）是允许存在的，而 *about linguistics book 则不存在。

当然您会注意到，这些规则与主语和宾语定位规则之间有一个重大区别。主语和宾语的词序取决于意义，但名词的从属词取决于词类。在 John likes Mary 中，之所以把 John 而不是 Mary 放在动词之前，是因为要显示约翰（John）是"喜欢者（like-er）"，但是把 big 放在 book 之前与意义毫无关系，这完全是因为 big 是形容词。

表 11.1 四个词类的前置从属词和后置从属词

支配词的词类	前置从属词	后置从属词
动词	Mary sang	(Mary) sang it.
名词	big book	book about (linguistics)
形容词	very keen	keen on (linguistics)
介词	just before (it)	before it

然而，事实依旧是，某种事物——无论是意义或词类——决定了词序。其结果是，一旦决定了从属词的意义和词类，人为地改变其位于支配词之前还是之后是很难的。

在认识到英语这一基本事实之后，词语法（句法理论中独有）将两个非常普遍的依存类型进行对照：**从属词前置（PRE-DEPENDENT）**，即位于支配词之前；和**从属词后置（POST-DEPENDENT）**，即位于支配词之后。表 11.1 显示了这种模式在英语语法中普及的方式，以及它如何影响五个主要词类中四个词类的从属词位置关系。

我尚不太了解为什么副词不受影响，因为副词只允许前置从属词，如 very quickly。即使副词所依附的形容词允许后置从属词，但副词却不允许后置从属词，例如，可以有 indignant at the allegations（对指控感到愤怒），却不能有 *indignantly at the allegations。

为什么英语会如此演变呢？毫无疑问，答案很复杂，这是多重影响相互汇集的结果。对于主语和宾语的标准解释是，随着古老的格屈折形式消失，英语越来越多地用词序区别主语和宾语。

但是，一些从属词放在支配词之前，另一些放在支配词之后，这样做的普遍益处是可以减少依存距离（7.1）。如果某个词有两个从属词，保证它们紧邻支配词位置的唯一办法是将它们置于支配词两侧。例如，Mary slept soundly（玛丽睡得很实在），其中 Mary 和 soundly 依存于 slept。紧邻其侧是正确的，这样记忆负载尽可能达到最少。与此相反，两个从属词放在同一侧上，如 *Mary soundly slept 或 Soundly *Mary slept，这使得其中一个词一定会把另一个词从共享支配词隔开。

无论何种解释，可以确定的是，前置从属词和后置从属词两者之间的对比在英语句法中发挥着根本作用。即使语言中的规则允许从属词出现在支配词的任何一边，所有从属词遵从同一词序规则是完全没必要的。在自由词序语言中，从属词的位置并非继承于语法，所以不是语法的一部分。

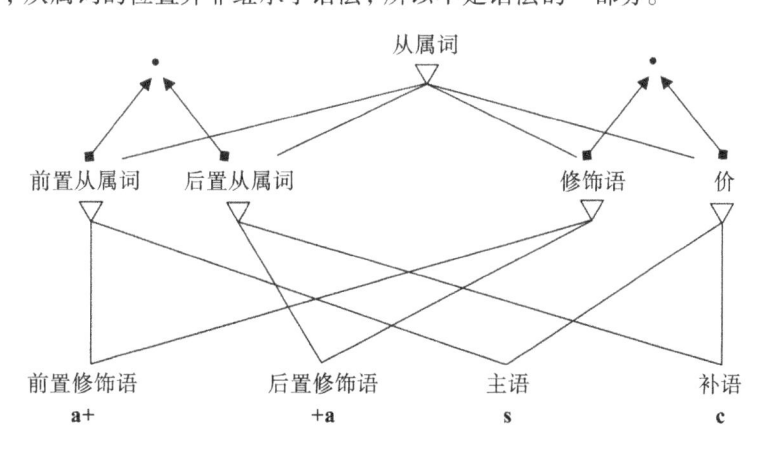

图 11.1　英语四个基本依存范畴

另外，同样重要的是，要记住前置/后置依存词之间的对比是一种依存分类，而并非是词序符号。即使助动词的主语倒置，就像在 Are you tired？（您累吗?)中,这仍然是前置从属词,即使主语的实际位置很特殊,它也始终是前置从属词。

11.1.2 前置与后置修饰语、主语和补语

现在我介绍依存类型之间的两个基本对比:
- 修饰语与价,这是继承逻辑规定的普遍对比;
- 前置从属词与后置从属词,这是针对如中心词中位的英语语言的对比。

这些范畴相互交叉,一方面产生了前置修饰语和后置修饰语,另一方面是主语和补语,如图 11.1 所示。

此图显示了两个选项(如图所示的选择集)组合以定义四个范畴。前置与后置修饰语是位于支配词(通常语境下)之前或之后的修饰语,缩写为 "a+" 和 "+a",其中 "+" 是支配词,在同一侧。相反,通常位于支配词之前或之后的价有现成的术语:之前是 "主语",之后是补语(COMPLEMENT)。"补语"是一个非常传统的术语(建立在 "完善" 支配词的思想基础上),现代语法已对其进行了重新定义。

图 11.2 展示了这种分析是如何适用于一个简单的例子。

```
    a+      +a      c            s       c         +a      c
  Keen   students   of    linguistics  analyse sentences  for    fun.
    J      N,p      p         N          V,t     N,p      p      N
```

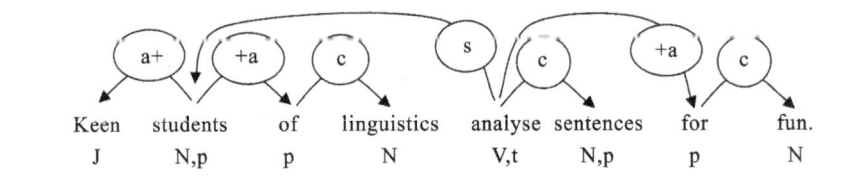

图 11.2 句子的句法结构

这是本书中第一个真正的词语法分析的例子,所以请用心看。特别需要注意的是,词分类与组词的依存结构之间的方式是完全分开的。此外,在线网站还提供了很多其他的例子。

11.1.3 依存关系测试

正如词类和屈折形式,初学者需针对依存关系进行简单测试。但此时,他

们所面临的挑战更严峻，因为依存关系类型不像词一样可以轻易地被分类。

分析句子的句法时，专家可以采取全方位的手段，但初学者一般都尽力集中在具体的点上，一次针对一个词并且提出两个问题：

- 如果有的话，这个词还依存于哪个词？
- 两个词之间是什么样的依存关系？

我将解释由图11.2分析中所出现的例（1）可能的分析方式。

(1) Keen students of linguistics analyse sentences for fun.
（热衷于语言学的学生喜欢分析句子。）

首先尽可能地对词进行分类，然后从**最后**一个词 *fun* 开始分析。为什么要从最后一个词开始，而不是第一个呢？因为英语大部分词符依存于其前面的词，即大部分词都是后置从属词。

现在考虑 *fun* 依存于哪个词。我建议通常从**最靠近**这个词的词开始，即 *for*，因为大多数英语词依存于紧邻其之前或之后的词。所以，问题是 *for fun* 这两个词是否通过依存关系约束成一个短语。在这个例子中，您大可相信直觉，给予肯定回答 *yes*（是），因为 *for fun* 是一个熟悉的固定短语，其意义众所周知。

但是，如果 *for* 和 *fun* 之间有依存关系，那么依存方向如何呢？*for* 依存于 *fun* 吗？*fun* 因此是短语的中心词吗？或 *for* 是中心词？一种确定方式是问，关于句子其他部分，*for fun* 回答了什么类型的问题：是一个"怎么样"的问题，需要一个以介词开头的答案，如 *for*；还是一个"是什么"的问题，答案需要名词打头，如 *fun*。显然，这句话要说明的是为什么好学生分析句子，那么中心词一定是 *for*。

到目前为止，我们知道 *fun* 依存于 *for*，因此，下一个问题有关依存分类。最明显的是，*fun* 是一个后置从属词，因为它跟在 *for* 之后（可认为这是其缺省位置)。但它同时也是 FOR 的价,因为 FOR 后必跟名词。举例来说,不能说 * "*Fun is important, and I always read for.*" 所以,这一分析过程的结果是,*fun* 是补语,即 *for* 的后置从属配价。

为了稍微减少分析细节的麻烦,其余的词应遵从同一分析过程。我们继续倒序着分析这些词。

- *for* 不依存于紧邻词 *sentences*,因为 *for* 告诉我们,学生为什么分析句子,而不是分析什么种类的句子。将 *books for fun* 放在一起没有任何意义。否决掉 *sentences* 后,左移一个词到 *analyse*。例如,*analyse for fun* 听起来的确合理,因为 *for fun* 可以修饰 *analyse* 的意义。至于依存类型,*for* 一定是后置修饰语,因为其跟在支配词之后,它的存在是完全可选的,而且在事实上是不可预测的。
- *sentences* 可能依存于其邻接词之一,但我们已经排除了 *sentences* 和 *for* 之间的任何类型的依存,所以唯一的候选词是 *analyse*。词组合 *analyse sentenses* 是很合理的,而且,显然 *sentences* 一定是 *analyse* 的补语,因为这种动词后所需的词组与例中是一致的。
- *analyse* 不依存于任何其他词,因为它是一个限定动词(请通过尝试更改时态为 *analysed* 作为这一点的证据)。
- *linguistics* 可能依存于 *of* 或 *analyse*,但是 *linguistics analyse* 既不合乎语法,也不合理,因此 *of* 最保险: *of linguistics*。因为 *of* 后面没有跟名词是不合乎语法的,*linguistics* 一定是其补语。
- *of* 可能依存于 *students* 或 *analyse*,但 *student* 会更保险些,事实也的确如此,因为 *students of linguistics* 的意义相当合理,其中 of 做后置修饰语(或可能是补语——这是一个需要讨论和研究的问题)。
- *students* 可能会依存于 *keen* 或 *analyse*,但稍加考虑就会放弃 *keen* 而选 *analyse*,因为 *students analyse* 意思讲得通,语法也正确,这是因为 *analyse* 的形式(原型)意味着匹配复数主语如 *students*(如对比 *a student analyses*……)。

- *keen* 可能原则上依存于邻接词 *students* 或 *analyse*，但同往常一样，胜出的备选词通常是最靠近的 *keen*，*keen students* 也是其本意。

列举以上例子的目的是为了详细说明每个依存关系聚集词序、词类、意义的不同属性的方式和意义。这就是为什么句法分析既具挑战性又有研究意义，它是培养人们对语言更敏感的一种方法，更不用提这类心智体操能对心智带来益处的训练。

下一节将通过细分"补语"来识别诸如熟悉的"宾语"依存关系，并介绍更多的依存类型。

接下来阅读：

高级读者：返回到第二部分，第 7.2 节：配价

初学者：探讨第二部分，第 7.1 节：依存形式和短语

11.2　配价

7.2 节概括：

- 一个词的**配价**(valency)是一组需要满足的依存关系。
- 一个词的**支配词配价**(parent-valency)是其对特定类型的支配词的需求。普通词一般都需要支配词。
- 特殊的情况是，限定动词可能是**句根**(sentence-root)（其支配词仅是潜在的，用垂直箭头符号所示），因为限定动词的语义包含使其语义完整的**施为用意**(illocutionary force)（如陈述句）。
- 一个词的**从属词配价**(dependent-valency)包括它所需要的所有从属词，这（在定义上）就是**价**(valent)。相比之下，**修饰语**(adjunct)仅仅满足其支配词配价，而不能满足这个支配词的任何从属词配价。

- 一个词的从属词配价允许多个不同的价，但这些价通常有不同的约束，其有助于相互区别。这些限制可能指价的词类、数量、屈折形式［例如**格**（**case**）］、词序、词位或其意义，而且每个价提供给词一个具体的意义元素。
- 词符的配价可能继承于不同的词汇分类源，包括非常泛指的词类到具体的词位。
- 一个词的配价可能包括一个句法**三角**（**triangle**），其中一个词有两个支配词，两个支配词其中一个依存于另一个。在其他理论中，这一模式被称为**提高**（**raising**）。同一关系模式不仅体现在句法的其他领域，而且出现在认知的其他领域如亲属关系。

本节从支配词配价开始，给予英语配价一个非常宽泛的总览。

11.2.1 支配词的配价

支配词的配价是基于任何词都需要一个支配词这一缺省规则。但也有例外情况不需要支配词，如上一节中例（1）中的 *analyze*，或本句中的 *are*（本句英语原文：This is based on the default rule that any word needs one parent, but there are exceptional words which don't need one – analyse in example (1) in the previous section, or the verb are in the present sentence）。

我们以依存关系定义一句话，就是句子是一串词，词之间有依存关系连接，但不联结到该词串以外的词。虽然这一定义忽略了并列（11.5），但这是一个近似公平的写作应用原则。

如果一句话中所有的词都直接或间接地通过依存方式进行联结，它们最终必定会依存于一个词，这个词并不依存于任何其他词，而是作为句根（"根词"，即其他所有词都基于此词出现）。尽管典型的句根是一种限定词（见10.2节），但还有很多其他的可能性：

(1) How about a cup of tea?

（要不要来杯茶？）

（2）What a good idea!

（这主意真不错！）

（3）If only I could help!

（要是我能帮忙就好了！）

（4）Oh for the wings of a dove!

（哦，鸽之翼！）

这些表达式中每个表达式都有自己的施为用意，用作希望、感叹或别的目的，每个表达式的建立都是围绕一个小的词构架，这种构架形成一个词位：HOW ABOUT、WHAT A、IF ONLY、OH FOR。事实上，如果每个例子都选择一个词作为词根也是可能的，例如，HOW_{about} 会是 HOW 的次级词位，HOW 的特点是不需要支配词，但要求有形符 ABOUT，意思类似于"您觉得以下建议如何"？

支配词配价的另一方面是，词对其支配词非常挑剔。之前提到的一个例子是，副词 VERY 只接受形容词或副词为其支配词[例如 *very quick*（很快的）、*very quickly*（很快地）]，但拒绝动词（例如 * *very admire*），这为测试形容词提供了一个有用的方法。

一个更普遍的差别是形容词和副词如修饰语一样，依存于不同的词类，这就是标准英语区分 *quick runner*（跑得快的人）和 *run quickly*（跑得快）的原因，而非标准英语则不区分。标准英语对于动名词和名词的区别有一个有效的测试（见 10.2 节），其中 *a quick reading of the paper*（快速阅读报纸）中 *reading* 是名词，而 *quickly reading the paper*（快速阅读报纸）中 *reading* 是动名词。

11.2.2　从属词配价

回过头来再看从属词配价。这是配价研究的主要领域，揭示个体词位大量的详细信息（Herbst 等 2004）。

例如，您可能认为，至少同义词会有同一配价，但事实并非如此：尽管

287　TRY 和 ATTEMPT 是同义词，两者都允许 TO 做补语，但是这种补语对于 TRY 是可选的，对于 ATTEMPT 是必选的：

(5) He told me to try to do it, so I did try, but failed.
（他让我试试，那我就去试，结果失败了。）

(6) *He told me to attempt to do it, so I did attempt, but failed.
（* 他让我试试，我试了下，结果失败了。）

同样地，LIKELY 和 PROBABLE 有相同的意义，但配价不同：虽然它们在例(7)中可互换，但在例(8)中不行。

(7) It's likely/probable that it'll rain.
（很可能下雨。）

(8) It's likely/*probable to rain.
（很可能 /* 有可能会下雨。）

在限定词中同样会出现这样明显的任意变化，其中 EACH 和 EVERY 几乎具有相同的意义，但配价又很不同。

(9) Each/every student wrote an essay.
（每个学生都写了篇文章。）

(10) Each/*every of the students wrote an essay.
（这些学生每个 /* 每个都写了篇文章。）

作为说英语的人，我们在读写时显然会发现大量细枝末节，而学习英语的部分乐趣就在于发现和探索这些详细信息。

在这里我能做的主要贡献是描述主要的依存配价模式，并深入探讨几个特别重要的例子。总体上要回答的问题是：每个词类允许哪种价。我们会发现，11.1 节中的主语和补语之间的简单对比，对于某些词类的配价来说仍然是不够用的。

11.2.3　介词及"从属连词"的从属连词配价

先从介词开始。大多数介词只有一个补语，有的补语是可以选择使用的（INSIDE、UP、BEFORE），而有的补语则必须使用（如 OF、FOR、TO）。在这些例子中，我遵循约定俗成的规定，括号表示可选择性，*（……）表示不能省略相关的项，即该项是必须使用的。

(11) I put it inside (the box).
　　［我把它放进（箱子）去。］
(12) I was thinking of *(her).
　　［我正在想*（她）。］

但是，少数的几个介词允许有两个价，我们称之为"主语"和"补语"，因为它们实际上非常类似于动词的主语和补语。（事实上，我们会把这种补语等同于一种特别的、以下被认为是"述谓"的动词补语。）FOR 是这样一种介词，如在 *for...to...* 中。

(13) I bought it for you to wear.
　　（我把它带来让您佩戴。）

请注意，您是佩戴者，因此这是一个需要依存三角（7.2）的例子：*you* 和 *to* 都依存于 *for*，且 *you* 同时依存于 *to*。

WITH 也有同样的模式：

(14) I saw him with his hat in his hand.
　　（我看见他手里拿着帽子。）

这里 with 有两个价（主语和补语），同时第一个也是作为第二个的主语，这就解释了这句话中他的帽子是在他手中。

介词的另一个复杂性是，介词补语的词类范围比传统观点所认为的要更广泛（10.3）。介词的典型传统例子是例（15），其中 before 的补语是名词 her。（请回想一下，根据 10.1 节的内容，"代词" isA "名词"。）

  (15) He woke before her.
   （他在她之前醒来。）

例（16）中的 before 例子在传统上应当是从属连词，因为其补语是一个以动词 did 开头的从属从句。

  (16) He woke before she did.
   （他在她醒来之前醒来。）

但两个例子相似之处是 before 都以介词这一成分来统一分析。

此外，如果诸如 BEFORE（在……之前）的介词，可以有动词做补语而不是名词做补语，那为什么不将同一分析拓展至诸如 IF 或 ALTHOUGH 之类的，只允许动词做补语的词呢？这就是一些最受尊崇的现代语法分析对待大多数从属连词的分析方式（Huddleston and Pullum 2002: 1012—1013），而词语法也是如此。

因此，以例（16）为例，before 是介词，其补语是 did，she 做后者的主语。[在 *I know that/whether it's raining*（我知道正在下雨/我不知道是否在下雨）中，其中的"从属连词"THAT 和 WHETHER 需要不同的处理方法，这在网站上有所讨论]。

例（17）总结了介词的可能性。

  (17) He went *out with* his hat *on because of* the risk *of* sunburn, *although*

it rained.

（尽管正下着雨，以防被晒伤，他戴着帽子出去了。）

图 11.3 展示了其结构。

He went *out with* his hat *on because of* the risk *of* sunburn, *although* it rained.
n V,a p p n N p p p n N p N p n V,a

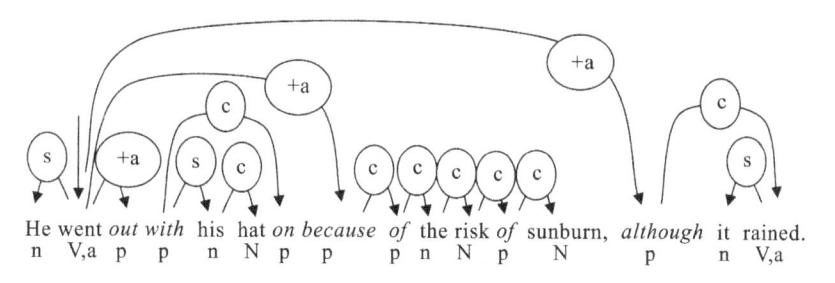

图 11.3　介词可有多种补语模式

该示例显示了介词可能有不同配价模式：

- 根本没有可见的价（*out*、*on* ）；
- 名词补语（*of*），限定动词（*although*）或另一个介词（*because*）；
- 主语和补语（*with*）。

11.2.4　名词的从属词配价

现在回过头来谈名词。我们要考虑到，名词包括代词，代词又包括限定词（10.1）。在这一分析中，举 *any money* 为例，它包含不止一个名词，而是两个名词，其中任意一个名词都可以脱离另一个独立使用：

(18) I don't earn (any)(money).

　　［我没挣（一点）（钱）。］

在本示例中，任意一个括号内的名词都可以被省略。

但是，当限定词和普通名词组合时，是谁依存于谁呢？答案既不明显也不确定，但据其利弊，我同意采取与现代语法的主要流派相同的分析（Payne 2006）。根据这种分析，常用名词（在这里指 *money*）作为补语依存于限定词（any；Hudson 2004）。

这种分析吸引人的地方在于，在分析含介词的长名词短语如 *the bridge over the river at the bottom of the valley* 或 *a book about the idea of a life after death* 时，会变得十分简单。图 11.4 展示了这样一个典型的分析。

a   book   about   the   idea   of   a   life   after   death
n   N   p   n   N   p   n   N   p   N

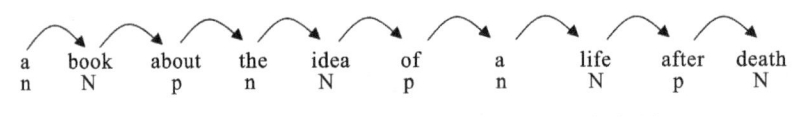

图 11.4 一个复杂名词短语的典型、简单的依存性分析

另一个分析方法吸引人的地方在于，这种分析所揭示的相似性同样适用于其他词类。限定词经常被描述为"语法性的"，而不是"词汇性的"词，因为它们的重要性在于语法意义，而缺乏普通意义。鉴于这种对比，限定词作为支配词的分析方法使得词汇词依存于语法词。介词-名词或介词-动词组，如 *before it* 或 *before*（*he*）*left*，以及助动词-主动词组如 *is working*（参见下文）也展示了如此的依存关系。

语法学家在寻找规律时，特别棘手的一个事实是，一些限定词根据其后是否有补语而改变其形式。例如，NONE 其后有补语时实现形式是 {no}（比较：*I have none* 和 *I have no money*）。同样的规律也适用于大多数物主限定词：MINE、YOURS、HERS、OURS、THEIRS，这种相当琐碎的形态学现象不应该让我们忽视这些词位的底层统一性。

11.2.5 表示物主的 'S

需要特别讨论一种特殊的限定词：表示物主的"撇号"，如 *John's house*。尽管它缺乏实质内容，但我们完全有理由把后缀 {s} 作为一个独立词的实现来分析，并可以给这个独立词一个大的头衔：词位 'S。

虽然词位 'S 通常直接连接到物主名词，如 *John's house*，但实际上它连接的是整个物主名词短语 [Wikipedia: "Saxon genitive"（维基百科："撒克逊属格")]。如果物主词有一个后置从属词,如 *someone else*(其他人)(如 *someone else's hat*)(其他人的帽子),或如果有两个并列的物主词,如 *John and Mary's house*(约翰和玛丽的房子),这一点显而易见。如果词位 'S 是一个独立的词,且物主词依存于其上,那么这正是人们通常认为的模式。但是(如一些人说)如果这仅仅是屈折形式,那么很难解释这样的例子。图 11.5 的左边那幅图是我建议的词位 'S 的分析。

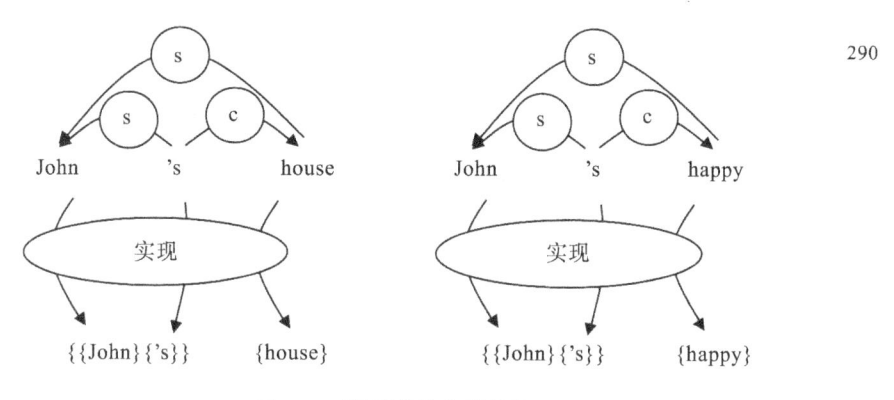

图 11.5 "撇号"作为附着词

但是,为什么词位 'S 是这么小的一个词呢?显然,当 is 简写成 's(如 *John's happy*)时,它和 is 是一样大的词。毋庸置疑 's 是独立的词,且它实际上是整个句子的句根。因此,如果一个单独的辅音可以实现整句话,为什么所有格就不行呢?图 11.5 中右边的图显示了这两个例子的相似性。但是,如果接受这一分析,事实上我们接受的是所有这些词都仅作为后缀实现,而不是以词的形式实现(实际上,它跟复数名词和单数动词有相同的后缀形式)。

这种分析有很多值得借鉴的先例,还有一个术语名:**附着词(CLITIC)**。[Wikipedia: "Clitic"(维基百科: "附着词")]附着词是一个由词缀实现独立的句法词,词缀在形态学上得粘贴在词前或词后。附着词在其他语言中普遍存在,如在法语中,主语和宾语代词是附着词,法语的"我爱您"是 *Je t'aime*,其中 *je*(我)和 *t'*(您)都是附着词。

但假定物主 'S 是附着词,即一个独立的语法词;那么它属于哪一类词呢?显然,它有典型限定词以及带补语的代词的所有属性(10.1):

```
         ┌─────────── s ───────────────────┐
         │    ┌─ +a ─┐   ┌─ c ─┐            │
      ┌ c ┐   │      │   │     │    ↓    ┌ c ┐
      The   man    who  made   it  lives in  Portugal.
                         └ s ┘
```

（制作它的人住在葡萄牙。）

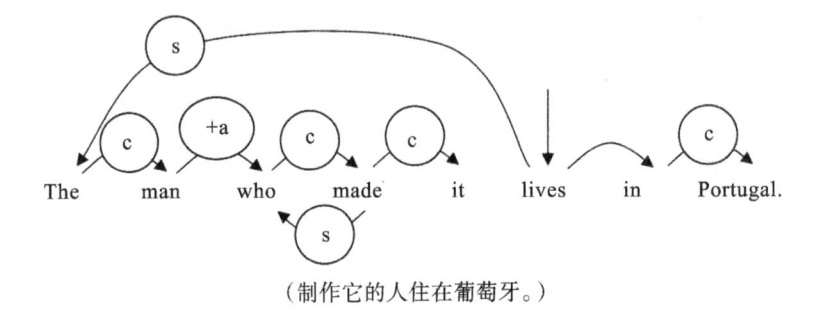

图 11.6 关系从句的相互依存关系

- 附着词允许其后跟普通名词（拥有的东西）；
- 不可能有任何其他限定词（例如：*the John's house 或 *the his house 不存在）；
- 单数可数名词不需要其他限定词［所以，虽然不存在 *I like house，但可以说 I like John's house（我喜欢约翰的房子。）］。

总之，物主 'S 是一种限定词，即一个代词，它以可选的普通名词作为其补语。

但不同于其他代词的是，物主 'S 有一个额外的从属词，即其前面的名词表示"物主"。那么，在这项分析中，John's house 包含的三个词，John 和 house 依存于 's，这类似于有附着动词 's 的 John's happy 的结构。此外，这两个例子似乎需要图 11.5 所示的依存三角，因为 John 既直接与 is 之后的形容词 happy 连接，又直接和物主名词相连接（house）。

虽然从认为 John's 作为两种句法词开始，再到认为它和其他物主代词一样使用，只跨出了一小步，例如，也许 {my} 的形式可以实现两个句法词，ME 和 'S，但是，我们一定处于研究的前沿，剩余部分可进行后续研究。

11.2.6 有补语的其他名词

当然，名词中不只是限定词有补语。例如，关系代词如 WHO 有限定动词作其补语，如例 (19)，其中 who 依存于 man，made 依存于 who：

(19) The man who made it lives in Portugal.
（制作它的人住在葡萄牙。）

这种例子表明存在**相互依存关系**(**MUTUAL DEPENDENCY**)(7.6)，因为 who 也是 made 的从属词（主语）。图 11.6 详细展示了例(19)的结构。

甚至是普通名词也可能有补语，例如，在 a student of linguistics（语言学学生）中，完全有理由把 of linguistics 作为 student 的补语。要了解为什么，请尝试用"虚拟"名词 ONE 更换中心词名词，如 a small one (Huddleston and Pullum 2002: 441)。例如，比较例(20)和例(21)：

(20) He teaches the students from the English Department but not the ones from French.
（他教英语系的学生，而没有教法语系的学生。）

(21) *He teaches the students of English but not the ones of French.
（*他教英语学生，而没有教法语学生）

用星号标记显示出例(21)远比例(20)糟糕。为什么会这样呢？因为 ONE 没有自己的补语，所以它只允许修饰语，如 from 短语（这有可能可拓展成 who are from... 再次证实了它们是修饰语）。明显对比之下，例(21)显示 of English 和 of French 是补语。

11.2.7　动词的从属词配价：直接和间接宾语

到目前为止，我们已经讨论了大部分英语主要词类允许有价，现在我们分析到目前为止配价最富有的领域——**动词**配价。

一般来说，词典根据动词是否作用于（或传递作用到）宾语，把动词配价分为及物和非及物类。[Wikipedia: "Transitivity (grammatical category)"（维基百科："及物性（语法范畴）"）] 但实际上，英语动词配价远不止这种双面对比。

来看示例(22)。

(22) I paid him a pound for the apples.

(我付了他一英镑来买苹果。)

这句话表明动词PAY有四个价：

- 主语——买方
- 第一个补语——卖方
- 第二个补语——钱
- 第三个补语——货物。

其中三个补语不可以互换，例如，卖方和钱不能改变位置(除非在卖方之前添加 to:... paid a pound to him)。这只是四个价之间差异范围中的一个例子，所以显然需要四个不同的依存类型，而不仅仅是主语和补语之间的基本对比。

我们所需的是进一步系统地区分"补语"，不仅要区分如例(22)中的同现补语，而且还要区分独立出现的不同类型的补语。我非常有信心提供一个范畴列表，尽管这个列表不尽完美，也确实没有包括应有的所有区别。不过，这个领域还需要更多的研究。

最令人熟悉的范畴是宾语，传统上被分为"直接"和"间接"宾语。直接

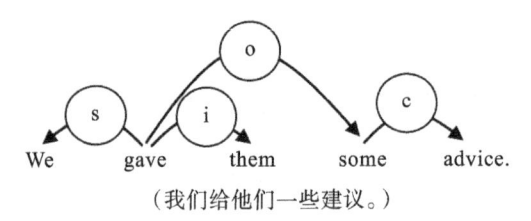

We gave them some advice.
(我们给他们一些建议。)

图11.7 典型双及物动词，有直接和间接宾语

宾语是基本类型，因此可以将其当作缺省宾语。

宾语是不带任何介词的名词，并且通常直接位于动词之后，如 *enjoy linguistics*(喜欢语言学)、*read books*(读书)、*sing songs*(唱歌)。如果动词

描写的是一个人作用于一个物体的行为，那么宾语通常指的是这个物体，如 bake a cake（烤蛋糕）或 eat a cake（吃蛋糕）。用一个词，如副词，将宾语和其动词分开是很难的：不能将 enjoy linguistics enormously（非常喜欢语言）说成 *enjoy enormously linguistics。

间接宾语也是一样，只不过间接宾语通常位于动词及其普通宾语之间，如 give Mary flowers（给玛丽花）、tell me a story（给我讲个故事）、pay the seller a pound（给卖家一英镑）。因此，间接宾语通常是指动词后两个名词中的第一个。间接宾语多数指人，或者指动物或机构。之所以被称为"间接"，是因为其间接地受到动词行为影响。例如，如果您给玛丽花，您拿起花，把它递给玛丽，这一行为改变了花的位置及物主关系，但对玛丽只是间接影响。

图 11.7 中典型的"双及物"（有两个宾语）动词 GIVE 显示了两个补语，在此图中，"i"和"o"代表的间接和直接宾语。

11.2.8　述谓部分

动词的"述谓"通常是形容词或非限定动词[如 became famous（成名）、got moving（行动起来）]，但它也可能是名词[如 are teachers（是老师）]或介词[如 seemed in a good mood（似乎心情不错。）]。

所有这些例子都有一个共同点，即所描述的是同一动词的不同价：如果有宾语的话，描写宾语，否则描写主语。例如 angry（生气）在 I got him angry（我惹他生气了）中描写他，而在 I got angry（我生气了）中描写我。从对比 He met a linguist（他见了一位语言学家）和 He became a linguist（他成了语言学家）中可以看到这与宾语的角色完全不同。当他遇到了一个语言学家（宾语），他遇到了一个不同的人，即语言学家；但是，当他成为一个语言学家（述谓），"语言学家"只是对变化后的他做一个描述。

术语"述谓"与对主语做任何描写的成分的传统命名即"谓词"相关，例如，He is a linguist 是由谓词"linguist"应用到主语"he"而组成。这种分析通常使用符号"linguist(he)"。即使是现代语法学家，也认为每个述谓有一个主语，即述谓所描述的人或物。

```
           s      p      p      p      p      p      p      p      p      p
          ↗      ↗      ↗      ↗      ↗      ↗      ↗      ↗      ↗      ↗
        John  has  stopped being tempted  to   try   to   get   rich.
              ↖ s ↙
```

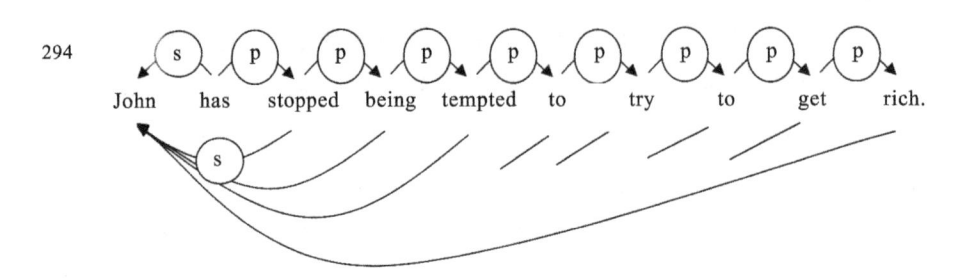

图 11.8 述谓链的递归依存关系

例如，在 *I got angry* 中，*I* 不仅是 *got* 的主语，也是 *angry* 的主语。这是一个熟悉的句法三角（7.2）例子，其中三个词都相互关联，一个词依存于其他两个。但述谓的主语不一定是更高一层的动词的主语，它也可能是后者的宾语，如在 *I got him angry* 中，"angry" 描写 *him*（变化之后），所以 *angry* 的主语是 *him*。

与其他句法三角一样，述谓部分也可以递归性地（7.4）产生，如，例（23）的句子。

(23) John has stopped being tempted to try to get rich.
（约翰已经不再对大富大贵感兴趣了。）

例（23）的分析如图 11.8 所示，"p" 表示 "述谓"。根据这一分析，多达九个词共享同一主语 *John*。正如我在网站上解释到的，动词不定式 TO 被归类为助动词。虽然这种分析有争议，但它解释了助动词的很多相似性，诸如省略述谓的可能性，例如，我们可以说：*I will*（我要），也可以说 *I want to*（我想）。

11.2.9 动词的其他补语

动词虽有其他种类的补语，但相对宾语、间接宾语和述谓部分来说，其分类有很大的不确定性。

例如，大多数分析能辨别出 "小品词"，即如 UP 或 AWAY 之类的并无补语的介词，通常位于直接宾语之前或之后：

(24) He picked up the book.

（他捡起了书。）

(25) He picked the book up.

（他把书捡起来了。）

但"小品词"是如何嵌入依存系统的呢？

从一方面讲，可以考虑将 up 作为述谓分析，例如，when he had picked the book up（当他捡起书时）中，"up"是描写书的。从另一方面讲，与大多数述谓部分不同，PICK UP 是固定的词组合。有什么其他的词能和 PICK 搭配表示"提升"而并非"选择"？

PICK UP 的词汇刚性类似于 LOOK AFTER，看例（26）。

表 11.2　英语的主要依存关系类型

依存性	缩写	示例
前置修饰语	a+	big book 大书
后置修饰语	+a	book about linguistics 关于语言学的书
主语	s	he slept 他睡觉
补语	c	about linguistics, the book 关于语言学，这本书
（直接）宾语	o	wrote it 写它
间接宾语	i	gave her (some) 给她（一些）
述谓	p	is big, make angry 大的，生气

(26) She looked after the book.

（她去寻找这本书。）

但在下面的例子中，the book 并不像例（24）一样是动词的宾语。相反，它是 after 的补语，通过重新排列词会更显而易见，如例（25）：

(27) *She looked the book after.

(*她寻这本书找。)

例(27)是不可能存在的，因为 the book 是 after 的补语，所以要在 after 之后；这与例(25)形成对照，其中，the book 和 up 同是补语，所以它们可以互换位置。换句话说，looked 只有一个补语，即短语 after the book，这与 picked 的两个补语不同。

那么，我们应该如何分类 LOOK 的次级词位的补语 AFTER？首先把它和 PICK UP 中的 UP 比较。从一方面讲，像 up 一样比较固定；但从另一方面讲，它和陪伴的名词有非常不同的句法关系，因为它有"描述"特征，所以绝不应该使用"述谓"分析。

也可以把 AFTER 和直接宾语比较。一方面，其补语很容易变成了被动词的主语，如在 The book was looked after by her 中。另一方面，AFTER 是介词，而不是名词。

在这种不确定性状态下，我们所能做的就是把所有的补语，而非宾语和述谓，归类为缺省"补语"，常用符号是"c"。

11.2.10　依存类型总结

除了图 11.1 列出的超范畴："从属词""前置从属词""后置从属词""修饰语"和"价"，表 11.2 概述了之前介绍的所有依存关系类型，英语词配价模式的简要介绍到此结束。配价是句法的根本，因为句子的句法结构由各个词的配价组成，而并非其他，每一个词的配价都需要句中其他某个词符来满足。

举一个很简单的例子，名词 wine[（红）酒]和形容词 nice（不错）都需要一个支配词，而动词 tastes（尝起来）要求名词作为其主语，形容词作其表语。将这三个词符连接在一起，就产生了 Wine tastes nice（酒尝起来不错）这句话，其中每一个词的需求由其他词来满足：wine 和 nice 满足了 tastes 的依存配价需求，tastes 反过来满足了它们的支配词的配价需求——这是一个相互支持的完美例子。一旦以这种方式解释了句中所有的依存关系配对,那么剩下的一点句法就是并列(11.5)。

接下来阅读:
高级读者:返回到第一部分,第 3.3 节:选择、特征和交叉分类
初学者:探讨第二部分,第 7.2 节:配价

11.3 特征、一致性和未实现词位

7.3 节概括:

- 一些屈折形式由**形态句法特征**(morpho-syntactic feature)构成,这些特征是一组选择,列出了相互替换的屈折形式[例如,"数"特征有"单数"和"复数"做其竞争的**值**(value)]。
- 形态句法特征的唯一证据来自**一致性规则**(agreement rule)(例如:限定词与其补语在数上一致),因为不提及此特征,就无法形成表达。不涉及一致性的屈折形式不归为特征。
- 形态句法特征值是相关词的属性,因此其中一个特征值可能是"**未标记**(unmarked)"缺省,而其他作为"**标记**(marked)"的例外情况。词的基本分类是基于分类法,特征作为附加选项。
- 在一些语言中,一致性规则为**未实现词位**(unrealized lexeme)提供了确凿的证据,即普通词,它们属于普通词位和屈折形式,但没有实现形式。

英语语法的一致性规则仅有两条:

- 限定词与其补语名词在数上一致(例如 *this book* 和 *these books*);

- 现在时动词与主语在数上一致（例如 he sings 和 they sing），BE 的过去时有一个特殊规则（例如 he was 和 they were）。

这两个规则实际上要比看上去复杂得多，但细节随处可见（Huddleston and Pullum 2002:499—511），此处不适合从词语法网络的角度来讨论它们的表达方式（Hudson 1999）。

到目前为止，就形态句法特征而言，一致性规则只指一个特征：名词数的对照，即"单数"和"复数"特征。

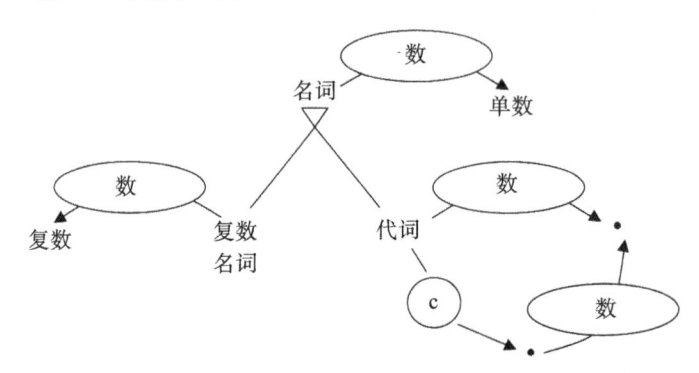

图 11.9　限定词与其补语名词的数一致

那么一致性规则是如何运作的？图 11.9 显示了代词（即限定词，例如 THIS）的规则。用语言表述就是名词的数是缺省的单数，但也可能是复数，如果这个名词是复数名词。此外，如果这个名词是一个代词，那么它的数和补语的数是一致的。

主语-动词一致同样简单。唯一需要特别注意的是，数特征适用于现在时动词，对比下 think 和 thinks。（请注意形素 {s} 与名词复数以及动词单数关联的方式，这极好地展示了形素和意义分开的必要性。）一致性规则在图 11.10 中顶部网络有示，底下有两个简单的例句。用语言表述就是：缺省时态动词的数是复数，但单数（现在时）动词的数是单数，过去时动词没有数，如果动词有数，则和主语一致。

11.3.1 未实现主语

简而言之，形态句法特征在英语语法中的作用微不足道。但是如 7.3 节所述，对于其他一些语言而言，形态句法特征则显得更为重要。而涉及这些语言的一致性规则给未实现词位提供了可能的最佳证据——未实现词位即形式未实现的普通词。

在没有很明确的证据的情况下，是否可以认为英语也有未实现词位？是的，或许我们可以这么认为。在很多地方它会使语法更容易，在这种情况下，也有理由认为语言学习者会采取和语法学家同样的捷径。

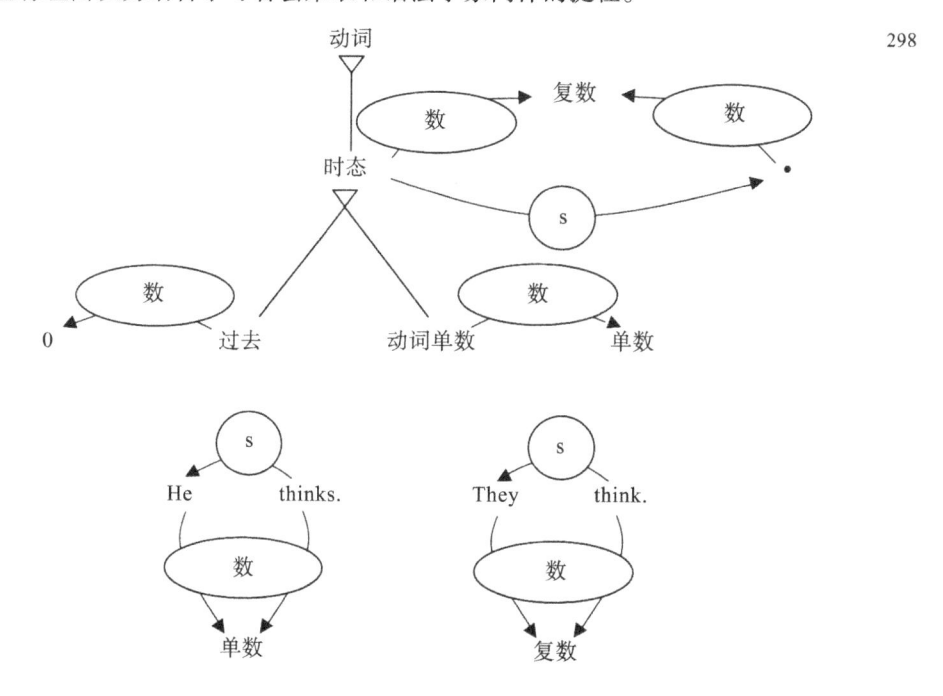

图 11.10 英语的主语-动词一致

再次回头看 7.3 节中提及的祈使句例子。通过如例（1）一样简单的句子来分析祈使句所避免的复杂结构，也许可以证明未实现的 YOU 是祈使句的主语。

(1) Follow me!
（跟着我！）

我们如何判断所请求的人是"您",即让受话者跟我走？比如说,我先走,您跟着,而不是倒过来呢？很明显,我们清楚这一点是因为这是 FOLLOW 的运作方式。更准确地说,其主语是跟随的人,宾语是"被跟随的人"。

但是,如果出现例(1)没有主语的这种情况呢？如果那样,FOLLOW 的一般规则提供不了什么帮助。也许例(1)没有追随者？这是不可能的,因为我们都知道这句话是要求您跟着我。到目前为止,最简单的解决方法是认为有一个未实现的词 YOU 作为 *follow* 的主语,这样一切都可以说通——*follow* 有主语,主语的指代对象是"you",即跟随者。

这一分析的好处是让类似于例(2)的例子更清楚。

(2) Keep following me!
（一直跟着我！）

在没有主语的情况下,更难知道如何应用 FOLLOW 的规则,因为 KEEP 的配价通常使它的主语和其后的动词共享述谓三角。如果 *keep* 没有主语,不光是跟随者模糊不清,并且两个动词如何搭配也不清楚。但如果确有主语,那么一切如常,句法结构和例(3)完全一样。

(3) You keep following me!
（您得一直跟着我！）

那么例(2)和例(3)之间的差异则在于句法,而并非形态。

如果祈使句有未实现的主语,那么其他动词呢？英语的一个特点是时态动词没有未实现的主语,所以不能说例(4)或例(5)这样的句子：

(4)*Came.

(*来。)

(5)*Loves you.

(*爱您。)

在这方面英语不同于如西班牙语、意大利语、俄语、现代希腊语、阿拉伯语和日语等很多其他语言,这些语言中时态动词不需要显性的主语。[Wikipedia: "Null-subject language"(维基百科:"空主语语言")]

但是,动词不定式和分词在英语中通常没有显性主语,在这些例子中,未实现主语也可以用祈使句主语同样的论点加以证明。请看例(6)。

(6) When elderly people are outside in cold weather, it's important to keep moving.

(寒冷天气,老年人在室外时,很重要的一点是要不断地走动。)

如何知道是老人需要持续走动呢?我们可以合理且直接地认为未实现的 THEM 是 *to keep* 的主语,假设没有这一隐藏成分,句子就会变得很难解释。

11.3.2 其他未实现词位

此外,没有任何理由认为只有主语可以未实现。各种省略的情况都有可能出现未实现情况(8.6.6),即任何会被使用的词都可能被省略。

拿限定词举例。在 10.1 节中我认为限定词其实是代词,因为几乎每个可后跟补语名词的限定词后也可以没有补语名词:

(7) Those books are his books.

(这些是他的书。)

(8) Those are his.

(那些是他的。)

有一些证据表明,至少有一些代词有未实现的补语名词。

这种证据来自于,如 SCALES(秤)之类的名词,其意义表达的数是"错的"[语法学家通常称为"pluralia tantum(只用复数的名词)",以纪念对应的拉丁语词,有关详细信息请参见 Huddleston and Pullum 2002: 340—344]。SCALES 的问题是,即使指单数,它也是用复数形式。浴室称重的设备通常被称为一"对"浴室"scales"(很奇怪)。因此,当 SCALES 和 THIS 合用时,通常使用 *these*:

(9) These scales are broken.
（这些秤坏了。）

现在,相关的问题是,*these* 的复数并不依存于词位 SCALES 的显性存在。我们所需要理解的是如例(10)所示 *scales* 的隐含所指。

I know you can invite Mary to the party, but who can I [invite to...]

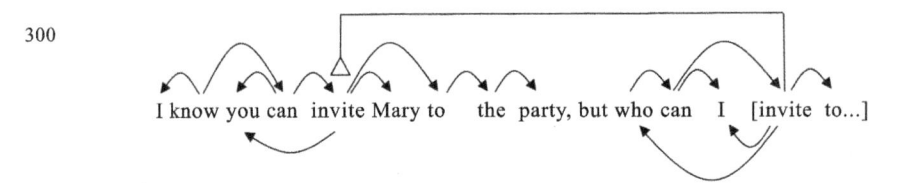

图 11.11　未实现词位的动词-补语省略

(10) Those scales are ok, but these are broken.
（那些秤是好的,但这些是坏的。）

这表明词位 SCALES 不仅已被激活,并且是限定词的未实现补语。进一步讲,未实现补语与通常的一致性规则合用时,其解释事实的方式能证明未实现补语的存在。

但是,如果 *these* 的复数解释是由未实现的 SCALES 充当,那么在指 IT 的情况下用 THEY,如何解释 THEY 的存在?

(11) The scales are broken, so they need to be repaired.
   （这些秤是坏的，因此它们需要维修。）

每个人称代词之后都会有未实现补语吗？还是因为解释例(11)中 they 复数性的任何机制，都可以解释类似例(10)的例子，因此应该否定所有未实现的补语名词？我不知道答案，但确定的是，一定要考虑未实现词位的影响。

另一种未实现的补语可以在类似例(12)的例子里找到：

(12) I know you can invite Mary to the party, but who can I?
   （我知道您能邀请玛丽来派对，但我能邀请谁呢？）

在例中很难解释 who can I 的结构。寥寥数词是如何表达"who can I invite to the party?"这么多的意义？且动词 CAN 除了主语（主语是 I）外，没有代词配价，那么 who 是如何与之搭配的？

未实现词位提供了一个比较满意的解释，即 can 有一个未实现的 invite 作为其补语——只需使用 isA 连接从早前显性的 invite 进行复制。因此，它继承了显性的 invite 的几乎所有的属性，包括"invite to the party"这个意义。按照缺省继承的惯例，除了重复的属性外，所有的属性都能被继承：主语是 I 而不是 you；宾语是 who 而不是 Mary。在图 11.11 对这一尝试性的分析做了简要概述，其中包括从未实现的 invite 到其源头，即实现的 invite 之间的 isA 连接。

这一分析尚未解决的一个问题是如何保证继承从属词，如 to the party，也未实现，但主要一点是，未实现的动词 invite 不但能解释 who can I?，意思是"who can I invite to the party"，也解释了 who 的句法适应性。这个例子可以引导我们到句法的一个大领域，即省略(8.6)。并且未实现词位也可能是理解整个省略的关键，而不仅局限于目前讨论的例子。

但这方面的讨论将会触及前沿研究，这里暂且不做讨论。

接下来阅读：

高级读者：返回到第一部分，第 3.4 章：关系分类的样例

初学者：探讨第二部分，第 7.3 章：形态句法特征，一致性及未实现的词

11.4　默认词序

7.4 节概括：

- 一般词的位置取决于它所依存的词〔它的**支配词**（parent）〕，因此支配词是其**界标词**（landmark）。界标关系是词通过依存关系而继承的属性。
- 这些继承的界标关系可能仅仅显示哪个词是界标词，或者也可以更具体地指出，该词是在界标词"**之前**（before）"或"**之后**（after）"。
- **自由词序**（free word order）语言对从属词与短语"中心词（head）"之间的词序并无具体限制，但很多其他语言倾向三种排序，称为 **中心词首位**（head-initial），**中心词末位**（head-final），或**中心词中位**（head-medial）。
- 界标关系是用来"黏合短语"的东西，因为最佳界标原则要求好的界标词是邻近的。这项一般原则在应用到词上时，变成了**非交集原则**（No-tangling principle）：一个词与其界标词的连接和其他词与其界标词连接一定不能交叉（"交集"）。
- 每个非句根词必须有一个依存关系联结到一个界标词，但也可以有其他没有联结界标词的**非界标依存关系**（non-landmark depenolency）。句法三角中，界标词通常是其他支配词依存的支配词；这种归纳称为**提高原则**（Raising Principle），描述的是缺省模式，但也允许例外情况，即一个词被"降低"从而以较低地位的支配词作为其界标词。

这些总体性的句法思想很适用于英语。

　　与很多其他语言相比，英语词序规则较为严格，因为词序承载大量的有关

依存关系的重要句法信息。英语倾向于"中心词中位"词序，要求某些从属词在支配词之前，其他从属词在支配词之后。这种一般性原则适用于每个主要词类，但不同的词类有不同种类的从属词，具体情况会因词类不同而存在差异，302 这一点我在 11.2 节中有解释。

通过 11.1 节介绍的以及图 11.1 总结的前置从属词和后置从属词的对比来看，语法展示了一个词的哪些从属词一般是在这个词之前，哪些从属词在这个词之后。从属词从这些一般的依存类型继承"之前"或"之后"作为其界标关系。例如，主语在动词之前是因为主语 isA 前置从属词，而宾语 isA 后置从属词，在动词之后。

在修饰语中，副词例如 NEVER isA 前置从属词，而更为典型的修饰语如 *in the morning* 是后置从属词。这解释了为什么例（1）是可行的，而例（2）则行不通。

    （1）He never works in the morning.

       （他从不在早上工作。）

    （2）*He in the morning works never.

       （* 他在早上工作从不。）

同样，名词的有些修饰语位于名词之前，而另一些则在其后：

    （3）a short book about linguistics

       （一本关于语言学的小书。）

    （4）*an about linguistics book short

       （* 一本关于语言学小书。）

这种规则是既明确又严格的，但也有一些特别的排序打乱了 11.6 节中的某些规则。

11.4.1 英语规则的认知益处

这些规则是任意性的，还是反映较普遍的原则？原则是存在的，并且我们可以从其背后看出一个普遍的主题：帮助语言使用者。原始语言发展了一种系统来尽力解决或避免这两个问题：

- 多重依存：心智中如何同时保持同一个词的两个或多个从属词。
- "重量级"从属词：心智中如何保持一长链的从属词。

每一种语言都面临着这两个问题，而日常交流带来的压力会逐步推动语言使用者找到某种解决方法，以下就是有关英语语言的解决方案。

我已经解释了英语中多个依存关系问题的解决方案（11.2）——中心词中位排序缩短依存距离。例如，通过把主语放在动词之前，宾语放在动词之后，如 *I love her*（我喜欢她），双方依存距离是 0。相比之下，不管是 *I her love 还是 *Love I her*，其中一个从属词始终是分隔另一个从属词和动词的。

"重量级"单词可能只有一个从属词，但这个从属词又有自己的从属词，以此往复。一个非常明显的重量级从属词的例子是，孩子们关于杰克所建房子的诗，其中句子是通过添加关系从句逐渐建立起来的。几行诗句之后，有下面例 (5)：

> (5) This is the cat that caught the rat that ate the malt that lay in the house that Jack built.
> （在杰克建的房子里，老鼠偷吃存储的麦芽，正是让这只猫抓了。）

[Wikipedia: "The house that Jack built". （维基百科："杰克建造的房子"。）] 单词 *is* 只有一个后置从属词，即第一个 *the*，这个词分量极重，因为它位于一个很长的从属词链条的顶部（这里有 18 个词，其在全诗中更长）。

重量隐喻有助于思考这种结构，因为重量隐喻易变成"负载"隐喻，即一个词在工作记忆中的载荷(4.2)。重量级词在工作记忆中停留时间长，因为其意义只有到整个依存词链被处理完后才能变得完整。例如，如果我告诉您寻找抓老鼠的猫(*the cat that caught the rat*)，您只有处理完老鼠(*rat*)后才明白我的意思，而且从属词联结得越长，句子越难理解。

在读例(5)时您肯定会注意到一点，它实际上很容易理解。这是因为我们可以把一切心智资源集中在 cat 上，而不必关注任何其他词——因为重量级的短语在句尾。要意识到这一点的重要性，想象一下您会怎么处理例(6)。

(6) The farmer gave the cat that caught the rat that ate the malt that lay in the house that Jack built some milk.

（在杰克建的房子里，这只猫抓住了偷吃麦芽的老鼠，农夫给它一些牛奶喝。）

在您所有花费在 cat 的时间里，您同时还必须记住 *gave* 要有一个直接宾语。毫无疑问，例(6)比例(5)更难理解。

在讨论这类例子时，语法学家提到"末尾重心"原则，鼓励我们要把重量级从属词放在句末。重量级的 cat 在例(5)中比较容易理解，因为它在末端，即它是 *is* 的最后一个从属词。但是，如果词序固定，我们该如何应用这一原则？

由于前人的创新与敢为，我们才有了一套解决办法，即 11.6 节讨论的特殊词序。其他解决方案仅仅是语言使用者的一种自由选择而已。总的结果是明显倾向于后置从属词，其在数量上远远超过前置从属词——一般是两个后置从属词有一个前置从属词。如果去做一般文本的句法分析，我们就会发现这一趋势很清楚。如果不是，很可能是分析出问题了。

自由选择当然是几乎完全无意识的，要表明其强大影响，来看主语选择，这一点很有趣。它之所以非常重要是因为主语可能是重量级词，正如语法允许重量级词在其他任何地方出现，语法也允许重量级的主语。实际上，在杰克所建房子的模型基础上很容易产生重量级主语：

(7) The cat that caught the rat that ate the malt that lay in the house that Jack built ran away.

（在杰克建的房子里，这只猫抓住了偷吃麦芽的老鼠，猫跑走了。）

304　　但事实上我们往往会极力避免重量级主语。一个证据是作为主语使用的两个代词，替代普通名词或专有名词，相对比的是另一个相反方向的总体趋向（Biber 等 1999: 236, 1067）。代词在本质上比名词轻了许多，因为代词通常没有从属词。因此，我们似乎在选词上很慎重，以使主语比其他从属词更轻。

缺省词序还有更多内容要解释。例如，完整的英语语法对支配词同一侧的并列从属词排序是有规则的，如例(8)和例(9)中动词的主语和前置修饰语，及例(10)和例(11)中的动词的直接和间接宾语：

(8) He never slept.

（他从不睡觉。）

(9) *Never he slept.

（* 从不他睡觉。）

(10) I gave John a present.

（我给了约翰一个礼物。）

(11) *I gave a present John.

（* 我给了一个礼物约翰。）

本章目的在于提供一个句法立足点，而并非一个完整语法，很多进一步的详细信息可在网站上查询。

接下来阅读：

高级读者：返回到第一部分，第 3.4.4 节：词块、系列排列和集合

初学者：探讨第二部分，第 7.4 节：缺省词序

11.5 并列

7.5 节概括：

- 我们对于复杂事件的记忆方式是记住**词串**(**word string**)，即词排序列表，其中可能会存在普通依存结构。词串还可作动词(如 SAY)的补语。
- 词串还出现在并列中，即由**并列连词**(**coordinating conjunction**)组合的单位(例如：and、or)。并列连词有两个或多个词串作为其从属词，但它没有支配词。
- 并列连词是**依存共享**(**dependency sharing**)的标记，其中词串内部的词与词串外的词共享依存关系。几个词通过组成一**组**(**set**)词(小圆标记)共享一个依存关系(无论是作为从属词或支配词)，其中每个都有依存关系，每个都属于不同的词串。
- 一个单独词串的成员词属于不止一个共享依存关系组，这个组产生**非成分并列**(**non-constituent coordination**)，其词串不对应于短语。
- 在**层级**(**layered**)并列中，一个并列包含另一个并列。

[She has good friends] but [she has no confidence].

She has good friends although she has no confidence.

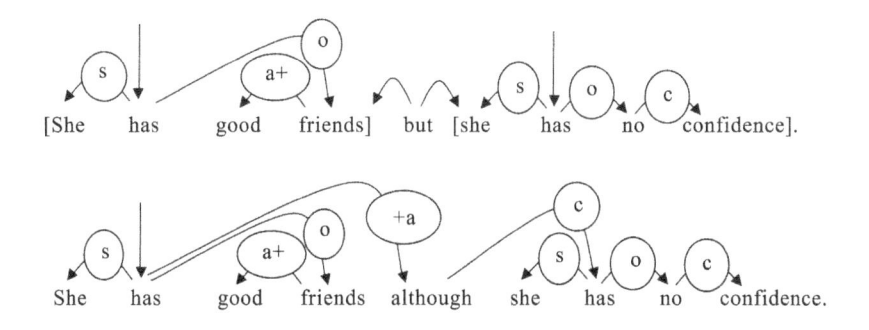

图 11.12 从属与并列比较

7.5 节中对并列的总体讨论只关乎英语语言，因此初学者应当先阅读这一部分。接下来要讨论的是分析普通英语句子时所出现的问题。

11.5.1 并列还是从属？

我们面临的一个问题是，如何从一般依存中区分并列与"从属"？两个从句同时出现在一个句子中就会出现这种问题，如例（1）和例（2）。

(1) She has good friends but she has no confidence.
（她有好朋友，但没有自信。）
(2) She has good friends although she has no confidence.
（尽管她没有自信，但她有好朋友。）

例（1）的并列结构与例（2）的从属结构同样明显，因此我们需要一种非常不同的结构，如图 11.12 所示。

例（1）有一个并列连词 but 连接两个词串，每一个词串碰巧由 has 打头的完全从句组成，而例（2）中的 although 使 has 从属于第一个从句。

这些看上去类似的例子为什么会有这样明显不同的结构呢？有多种不同的判断标准可以区分并列和从属（Aarts 2006），但有两个可以看作是主要差异。

并列的一个显著特征是依存关系共享，即并列词共享外部依存关系。并列属性给重复同一词和"共享"一个词之间提供了一个选择——即省略"内部"重复。在本示例中，she 这个词在两个从句中都是指同一人，所以第二个 she 可以省略，这个省略在例（1）中很正常，但在例（2）中不行。

(1a) She has good friends but ~~she~~ has no confidence.
(2a) *She has good friends although ~~she~~ has no confidence.

此外，重复的 has 有相同的选项，并再次出现例（1）允许共享但在例（2）中不行的情况：

(1b) She has good friends but ~~she has~~ no confidence.

(2b) *She has good friends although ~~she has~~ no confidence.

并列和从属的第二个区别在于并列缺乏从属的一个属性：位置的灵活性。由于 7.6 节所述的原因，后置从属句，如从属句 *although she has no confidence*，一般可移至整句前面，也就是说，它变成了前置从属句。并列中是不可能有这样的移动出现的，连词要严格地被困在两个词串之间。其结果是例（2）的一部分可以重新排序，但这在例（1）中是无法实现的：

(1c) *But she has no confidence, she has good friends.
（*但是她没有自信，她有好朋友。）
(2c) Although she has no confidence, she has good friends.
（尽管她没有自信，但她有好朋友。）

这些差异非常清楚地解释了并列和从属是完全不同的结构。

11.5.2 并列连词

那么，英语的并列连词是什么？最明确的例子是并列的代表：词位 AND 和 OR。因为它们也是最常用的连词，而且很方便使用。其他并列连词略微复杂一些：

- 例（1）中的 BUT 不能用在 *He eats nothing but bananas*（他除了香蕉什么都不吃）中。
- NOR 可用在例（3），但不能用在例（4）中。
    (3) She neither smokes nor drinks.
    （她既不吸烟也不喝酒。）
    (4) She doesn't smoke, but nor does she drink.
    （她不吸烟，也不喝酒。）
- THEN 可用于例（5），但不用于例（6）或例（7）中。

(5) She went out, then came back in again.

（她出去了，接着又再次回来。）

(6) She went out and then came back in again.

（她出去了，接着又再次回来。）

(7) She went out and she then came back in again.

（她出去了，接着又再次回来。）

- YET 在例(8)中可以，但例(9)中不行。

(8) She works hard yet achieves little.

（尽管她努力工作，但收效甚微。）

(9) She works hard and yet achieves little.

（尽管她努力工作，但收效甚微。）

这些候选词使用严格，每一个词都有自己特别的使用限制和特点。它们能共享的是依存关系，以及与并列相关的严格词序。

英语并列的另一个细节是，有一些并列连词可以通过（被称为）**关联连词**（**CORRELATIVE CONJUNCTION**）引出，即出现在第一个并列项的开始或附近。配对的词是：

- BOTH...AND...（两者都）
- EITHER...OR...（或……或……）
- NEITHER...NOR...（既不……也不……）
- NOT ONLY...BUT...（不仅……而且……）

但是，这种模式并不局限于并列，也有 IF...THEN... 组合这样的反例。关系连词很可能根本就不是真正的连词，而是自身具有复杂属性的副词。

并列也因几种省略形式而变得更为复杂，往往有或多或少的"文绉绉"的感觉。这不仅存在于并列关系中，也更加广泛地存在于对照或对比项的句法模式中。其中最熟知的省略模式或被称为**间隔**（**GAPPING**）（Crysmann

2006),例(10)和例(11)中有展示。

(10) John invited Jean and Bill ~~invited~~ Betty.
（约翰邀请了珍妮，比尔~~邀请了贝蒂~~。）
(11) John treats Jean better than Bill ~~treats~~ Betty.
（约翰待珍妮好，胜过比尔~~待贝蒂~~好。）

请注意，尽管例(10)合并间隔和并列，但这和例(11)在依存关系上的合并模式差异很大。

此类例子最简单的分析方法就是认同缺失的词存在，但其未实现(7.3)，这样一来这些例子与其未省略的句法形式就一样了，唯有形式层面存在差异而已。然而，这些问题十分复杂(Hudson 1976，Hudson 1988)，为此辩解的词语法分析有待更多的研究。

接下来阅读：

高级读者：返回到第一部分，第3.5节：网络的概念、属性和缺省继承
初学者：探讨第二部分，第7.5节：并列

11.6 特殊词序

7.6节概括：

- 缺省词序可能会被特殊规则允许的**特殊词序**(special word order)替代。在最简单的情况下，这些规则可以把缺省词序颠倒。但在较为复杂的情况下，需要一个**额外的依存关系**(extra dependency)汇集在普通依存关系所定义的词上。其所产生的冲突，依据复杂属性的通用规则，通过缺省继承得到解决。

- 另外一个依存关系是**析取词关系**(**extractee**)，这一关系介于从其缺省位置被"析取"走的词和某个早前的动词之间，即动词不在其支配词通常位置上。
- 一个词的析取词也可能是其一个补语的析取词，所以析取关系沿着依存链递归性"词跳"，产生了**长距离依存关系**(**long-distance dependency**)，但这种词跳会受到某些种类的依存——**析取岛**(**extraction island**)的阻止。
- 析取中发现的那些非缺省词序的多余复杂性带给我们的好处是，它允许如通过缩短依存距离来减少记忆要求的词序存在。

本部分旨在分析英语所提供的重置缺省词词序选项。

11.6.1 主语-助动词倒置

对我们来说，最简单的例子可能是主语-助动词倒置，这主要出现在疑问句或者其他结构中：

(1) **Have you** finished?

（您做完了吗？）

(2) What **have you** finished?

（您做完什么了？）

(3) Not only **has he** finished writing it, but it's actually been published.

（不仅他写完了它，实际上它已经出版了。）

(4) **Had I** known you were coming, I'd have made a cake.

（如果知道您要来，我会做好蛋糕的。）

这些句子只可能与助动词使用（这一点在 10.1 节中有定义）。因此，如果这句话的意思并不需要助动词，我们提供一个自身没有任何意义的助动词："虚拟助动词" DO。

(5) Did you finish?

（您完成了吗？）

(6) What did you finish?

（您完成了什么？）

由于助动词是句根，助动词必须承载整句话的意义，包括其"疑问"的意义。因此，我们可以认为"疑问助动词"是"助动词"的一个亚纲，不仅有特殊的意义，也有特别词序。图 11.13 显示了相关的语法部分，包括在"之前"和"之后"间强制性的选择。用语言表述就是，动词的前置从属词在其之前是缺省的，这种缺省通常由主语继承。但是如果动词是倒置助动词，主语的位置就在其后（其中"之前"和"之后"是互斥的）。

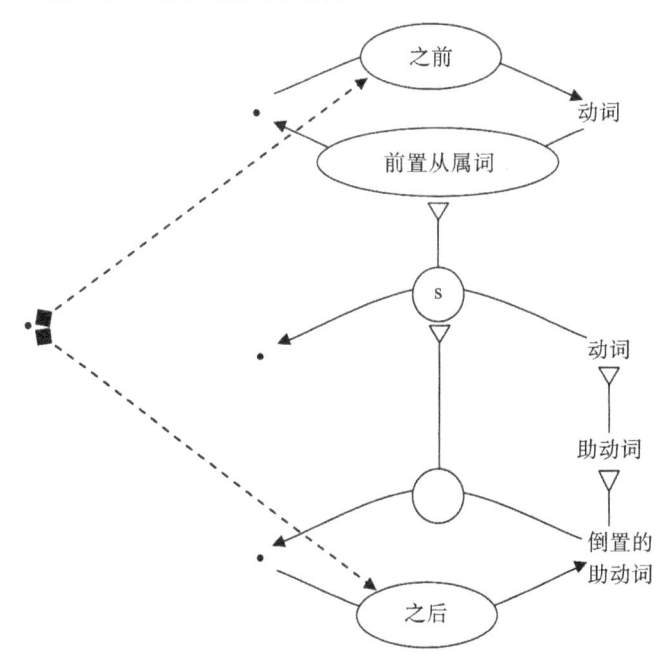

图 11.13　主语-助动词倒置语法

11.6.2 主题移前中的析取

复杂性级阶的另一端是**析取**（extraction），这个我在 7.6 节中已有讨论。析取最简单的方式是**主题移前**（topicalization），其中后置从属词移到从句的前面作为其"主题"（Sornicola 2006），即定义该从句内容的成分。主题移前最熟悉的例子涉及修饰语，例如时间表达：

(7) Yesterday I nearly missed the train.
（昨天我差点错过了火车。）

yesterday 其实是一个后置修饰语，相对于前置修饰语 *nearly*，其缺省位置在 *missed* 之后；但在本例中，*yesterday* 不仅被析取到 *missed* 之前，并且还在 *missed* 的主语和前置修饰语之前。

按照析取的一贯做法，沿着依存关系链的反复"词跳"产生如例（8）一类的长距离依存关系，其中 *yesterday* 仍旧是 *missed* 的后置修饰语，*yesterday* 通过 *don't*、*think*、*know* 和 *that* 的词链依附于 *missed*。

(8) Yesterday I don't think you know that I nearly missed the train.
（我想您不知道我昨天差点错过了火车。）

在主题移前中，析取是通过添加一个额外依存关系，即"析取词"而产生的。析取词连接主题移前项目到第一个动词，然后再相继地连接到依存关系链中的每个词，一直连接到析取词作为后置从属词所依存的支配词上。

11.6.3 Wh- 代词析取

大多数析取情况在结构上更为复杂，因为涉及 Wh- 代词，如例（9）中的 *Who*。

(9) Who did you see？

（您看到了什么？）

Wh- 代词之所以复杂，是因为其与随后的动词（11.2）——一个结构之间是相互依存关系，同样地，它只适用词语法的丰富依存结构来解释（Hudson 2003b）。

简而言之，一个明显简单的例子如 Who did you see? 除了要求添加特殊词序 did you 外，还要求三个额外的依存关系。这超出了类似 you saw Mary 的句子：

- who 是 did 和 see 的析取词。
- did 是 who 的补语。

该结构如图 11.14 所示（没有存在相互依存关系）。

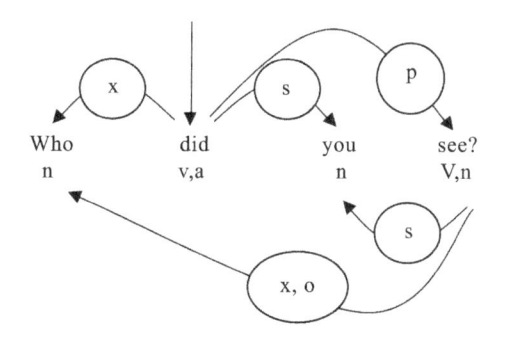

图 11.14　wh- 疑问句中的析取

如果析取要求这么多额外结构，那为什么还要去析取词呢？析取使得词移出其正常位置，挪移到句子前面，但这有什么帮助呢？通常，这一切都是为了使语言使用者更好地理解这句话。如果我对您讲话时，像例（7）和例（8）那样，以 yesterday 这个话题开始，会有助于您的心智准备其余信息。例如，通过激活"yesterday"，您可以准备对比昨天发生的事情和刚才讨论过的某件事情。同样，如果以 who 开始，您可以准备对人物进行提问。

11.6.4 从属疑问句的析取

析取的一个更明显的好处是，当相关词依存于另一个词时，析取可以缩短依存距离。假设使用疑问句 who you saw 作从属句，并更具体地假设其作动词 WONDER 的宾语。析取 who 到句前，便产生例（10）：

（1）I wonder who you saw.
（我想知道您看到了谁。）

但如果没有析取，则出现例（11）：

（2）*I wonder you saw who.
（*我想知道谁您看到了。）

现在，有关 WONDER 的事实是，其补语必须是疑问代词（或 WHETHER 或 IF，这里可以忽略）。那么，在这种情况下，其补语是 who，如图 11.15 中例（10）

（10） I wonder who you saw.

（11） *I wonder you saw who.

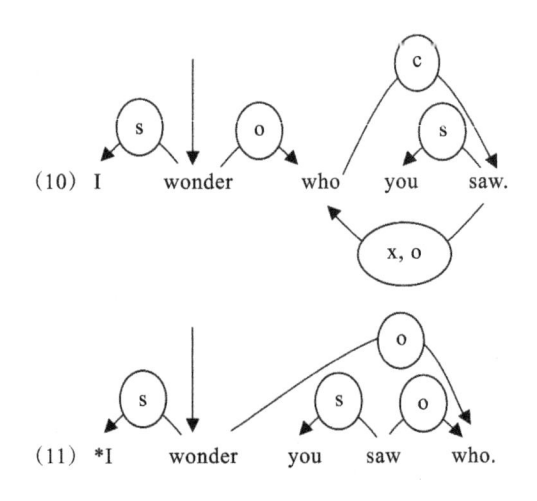

图 11.15 有无析取的从属疑问句

和例(11)的示意图所示。

在图 11.15 两个结构中，需要注意的主要是 wonder 和 who 的依存距离，其在例(10)中是 0，而在例(11)中是 2。很容易想象未析取的 who 与 wonder 中间被远远多于两个词隔开的情况，这样会给听话者对句子的处理带来诸多不便。

顺便提一下，您可能会注意到析取词实际上是一石两鸟之计，这一点在 7.6 节中有述。它不但能缩短依存距离，还可以避免例(11)中严重的词序问题，即 saw 没有界标词，而 who 有两个界标词。who 是以 wonder 还是以 saw 来确定自己的位置？saw 是以什么来定位的？与之对照，例(10)中的结构清晰：who 在 wonder 之后，saw 在 who 之后。

11.6.5　关系从句的析取

从属疑问句中的 Wh- 代词是疑问代词，与其紧密相关的一组代词是关系代词(请参阅 10.3 节中的表 10.3)。如例(12)，关系代词的功能是做名词后置修饰语。

(12) I recognized the man who she brought to the party.

（我认出了她带到派对上的那个男人。）

从传统角度看，关系从句 who she brought to the party 修饰 man (回答了"哪一个人？"这个问题)。但是，从依存视角看，who 既是 man 的修饰语，也是 man 的析取词，还是 brought 的宾语和支配词。图 11.16 展示了这种结构。

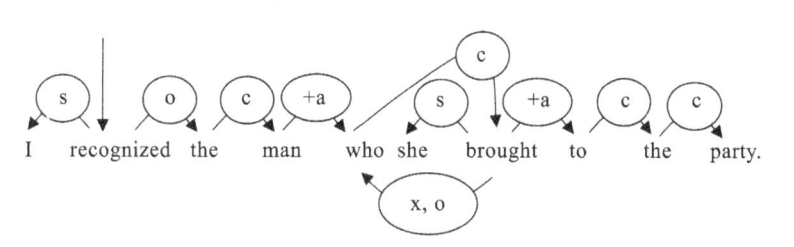

图 11.16　引导关系从句的关系代词

在这种结构中,应该特别注意,从 who 到 brought 的补语连接允许正确的界标结构的方式,每个词都有一个界标词使其最终连接到句根词 recognized。如果 brought 不依存于 who,那么它就没有正确的界标词。

11.6.6 自由关系从句和分裂句

然而另一种 Wh- 代词被称为自由关系代词。从传统角度来看,它引出了"自由关系从句"——"自由"指它们不依存于另一个名词。(请记住,代词本身都是名词,请参见第 10.1 节)。自由关系代词最明显的例子是 WHAT,如(13):

(13) I couldn't digest what I ate.
(我没法消化吃掉的东西。)

自由关系从句很难区别于从属疑问句。例如,what I ate 也可以是从属疑问句,如例(14):

(14) He wondered what I ate.
(他想知道我吃了什么。)

但这两种情况明显不同。一方面,what I ate 在例(13)中指具体的宾语,但在例(14)中指一个问题。这一事实的证据是例(13)中的 what I ate 可以用 it 替换,而在例(14)中则不能。从另一方面讲,可以用 everything (which)之类的代词替换例(13)中的 what,但在例(14)中则不能。然而就句法结构而言,两个示例中的 what I ate 的结构都是相同的。

在**分裂句**(**cleft sentence**)中,**使**用普通关系代词和自由关系代词对非缺省词序都是重要的,如例(15)和例(16)。

(15) What spoilt the picnic was the weather.

（是天气毁了这次野餐。）

(16) It was the picnic that the weather spoilt.

（天气毁了的是这次野餐。）

这两个例子为例(17)的基本词序提供了选择,这句话的意思与前两句所表达的意义相同:

(17) The weather spoilt the picnic.

（天气毁了这次野餐。）

在 8.7.3 节中作者已给出更充分的解释,类似的例子至少可以作为以 BE 为动词的关系从句直接分析(可进一步地在网站上查找详细信息)。

11.6.7 外位结构

如例(16)中的虚拟 *it* 存在于另一个非缺省词序结构中:外位结构是指把某种东西放在(句子主体的)外面。如例(18):

(18) It surprises me that you came to the meeting.

（让我惊讶的是,这次会议您来了。）

这和例(19)表达了相同的意义:

(19) That you came to the meeting surprises me.

（这次会议您来了,让我很惊讶。）

考虑到所涉及的依存距离,就可以很容易明白为什么我们更倾向于使用例(18)而不是例(19):例(18)的最大依存距离是 1,与之形成鲜明对比的例(19)的最大依存距离是 5。

```
        s
   c  s  +a  c   c            o
  That you came to the meeting surprises me.


           xpos
   s   o         c   s   +a   c    c
   It surprises me that you came to the meeting.
              c
```

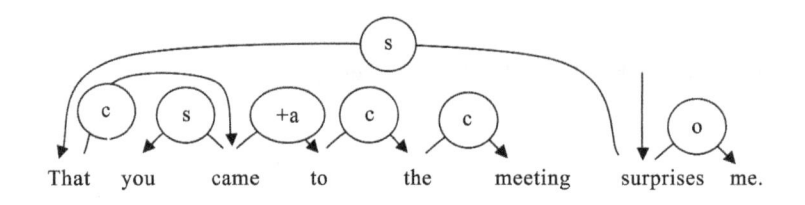

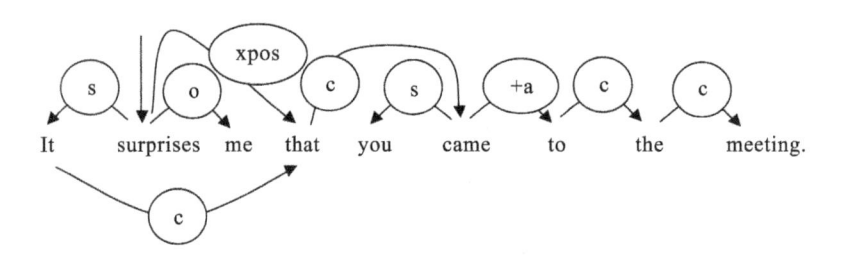

图 11.17　有无外位结构的长主语

这种优势的后果是结构更复杂，其中含有两个额外的依存关系。一个是从 is 到 that 的 "外位词"（简称 "xpos"）连接，其基本上把 that 变成后置从属词，这种方式如同析取把后置从属词变成前置从属词。另一个额外的依存关系是从 it 到 that 的补语连接，允许代词共享外位从句的所有意义。这两个句子的结构在图 11.17 中有显示。

11.6.8　拖延重量级从属词的其他方式

多种语法手段可以将 "重量级" 的从属词（11.4 节中有讨论）从其最常见的地方移到句末，外位结构便是其中一种。以下示例采用了其他方法，被移位的短语用粗体标出，无位置变化的简单句用括号括起来。

(20) There arise **a number of serious issues to do with the contract**.
　　(A number of issues ... arise.)
　　（出现了与这个合同相关的一些严重问题）（一些问题……出现）

(21) In the corner stands **an old oak tree with a heart carved in its trunk**.

（An old oak tree ... stands in the corner.）

（角落有**一棵老橡树**，树干上刻了一个心形。）（一棵老橡树……站在角落。）

(22) Books about the psychology of language are more expensive than are **those dealing with historical linguistics**. (... than those ...linguistics are.)

（有关语言心理学的书比**历史语言学的书**贵。）（……比那些……语言学。）

(23) She put on the table **a basket full of fruit, vegetables and other things she'd bought for the feast**. (She put a basket full ... feast on the table.)

（她在桌子上放了**一满篮水果、蔬菜和其他买的东西，以备宴请用**。）

（她放了一满篮……宴请桌子上。）

(24) All the students passed **who took the exam**. (All the students who took the exam passed.)

（**参加考试的学生**都通过了。）（参加考试的学生都通过了。）

每个例子的最佳分析方法可能都存在与析取相同的原理：额外依存关系——在例中，即额外的后置依存关系，如"外位词"。如在析取关系中，从属词 isA 某个其他从属词，因此继承它除位置外的所有属性。有些语境下需要一个额外词——*it* 放在外位结构，*there* 放在如例（20）的模式中——但它们所改变的是词序，而不是缺省依存关系。在每种语境下，非缺省词序的结果是缩短依存距离。

11.6.9 被动形式

我们对非缺省词序做了简要概述，但必须要提及一种非常特殊但又普遍存在、不可忽略的方法——被动词。

举一个简单的例子，请看例(25)。

(25) I was impressed by this essay.
　　（我被这篇文章感动了。）

这句话的意义和例(26)相同，但例(26)是"主动的"。

(26) This essay impressed me.
　　（这篇文章感动了我。）

两者不同之处完全在于句法结构，如图 11.18 所示。

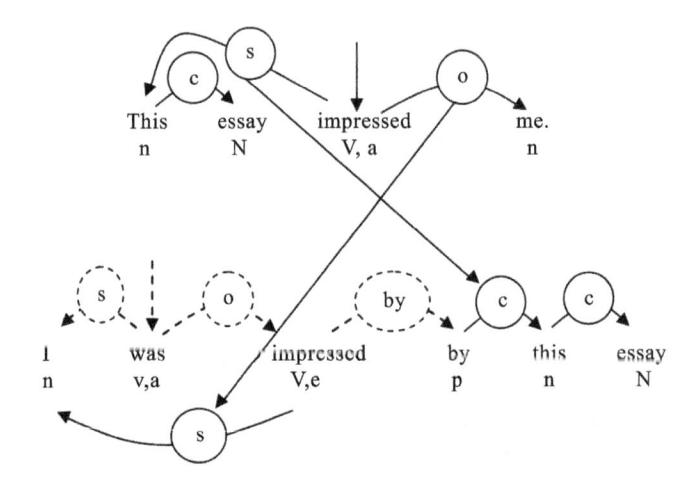

图 11.18　被动化

被动化所做的是把动词的缺省宾语变成动词主语，同时也把缺省主语变成后置从属词 by 的补语，这个 by 就是普通介词 BY，因为我尚未找到更好的标签，所以 BY 的依存关系标为 "b"。

被动化的第三个影响是把动词的屈折变化从过去变为被动（缩写为 "e"——请参阅 10.2 节中的表 10.1）。因为 IMPRESS 是规则动词，所以在这句话中其形式没有发生改变，但非规则动词形式会发生变化（例如 John took it > It was *taken by John*)。这同时会引发结构中的其他改变,因为一个被动分词不能是句根,它必须依存于某个其他词——在例中,依存于助动词 BE。图 11.18 显示了所创建的额外结构只是为了配合虚线所示的屈折形式。

被动化使所有额外结构都有意义,而且影响了词序。例如,主动形式的例(27)。

(27) **All the students who registered for the course** took the exam.
(所有注册这门课程的学生都来参加了这场考试。)

假设想要避免长主语及其长依存关系,其中一个办法是改主动的 *took* 为被动的 *was taken*。

(28) The exam was taken by **all the students who registered for the Course**.
(所有注册这门课程的学生都来参加这场考试。)

在英语中被动形式十分普遍,因为它有助于实现两个完全不同的目的:或拖延重量级主语,如例(28);或避免提到主语,如例(29)——有些人认为后者是被动词的主要功能(Blevins 2006)。

(29) The exam was taken in the Great Hall.
(考试在大厅举行。)

关于被动形式,语法学家还有很多内容要讲,本书暂且不深入讨论。这样一来,我在轻松地结束本书写作时仍意犹未尽。

有人可能认为语法除了规则什么都不是,而规则阻止了我们做可能想做的事情,这当然是规定性语法所关注的。但当我努力去了解语法真正的运作方式时,这一点就极为管用,而且让我一直印象深刻。语法是表达复杂意义的工具,就像任何其他的工具一样,其设计要与其使用环境搭配。

对于语法来说,环境指说话者和听话者的认知需要,我们不知有多少个不同的且相互冲突的需要,被动化就是一个很好的例子。作为说话者,我们要平衡惰性(用词少及小结构)和遵从性(遵循规则)、灵活性(使用不同的模式来满足不同的需求)和有限心智能力(使活性词符最少)。

该工具虽尚不完美但颇有益处,因此,我们应该感谢语言学前辈们。 316

接下来阅读:

高级读者:返回到第一部分,第3.6节:网络需要模块化吗

初学者:探讨第二部分,第7.6节,或决定您"已完成",并祝贺自己吧!

图 示 列 表

2.1 传统标记法下的菜单分类 ·············· 20
2.2 词语法标记法下的菜单分类 ············ 20
2.3 水画眉从"鸟"和"生物"继承属性 ········ 22
2.4 搜索者一层层向上攀爬而复制者直接传递复制的属性 ···· 25
2.5 只有样例继承属性 ················· 26
2.6 多重继承 ····················· 29
2.7 尼克松菱形图 ··················· 30
2.8 例外属性造成了继承矛盾 ············· 36
2.9 作为守门员的"我" ················ 40
3.1 奈克尔立方体(A)及其两个解释(B, C) ······ 45
3.2 一个概念如"cat(猫)"可能与认知、情绪和运动技能有关系 ···· 48
3.3 显示为连接的属性 ················ 51
3.4 显示为标记关系的属性 ·············· 51
3.5 带标记的连接表示社会关系 ············ 53
3.6 通过分类方式体现的关系 ············· 53
3.7 用现有的关系去定义新的关系 ··········· 56
3.8 在"男"和"女"中选择的性别 ·········· 58
3.9 男人、男孩、女人和女孩的定义 ·········· 60
3.10 家庭关系的分类 ················· 62
3.11 辛普森家三位成员的关联方式 ··········· 62
3.12 四种互动关系及其默认行为 ············ 65
3.13 图还是背景? ··················· 67

3.14 界标往往是就近的 …………………………………………… 69
3.15 "之前"和"之后"isA"界标" ……………………………… 70
3.16 典型汽车以汽油为燃料,马达在前 ……………………………… 76
3.17 祖父母是父母的父母,曾祖父母是祖父母的父母 ……………… 77
3.18 汽油是汽车默认燃油,柴油是例外 …………………………… 79
3.19 汽车的马达默认是在前面,特殊情况下是在后面 ……………… 80
3.20 从意义到声音的大脑构造 ………………………………………… 84
4.1 从激活一个节点到相邻其他所有节点随意扩散 ………………… 95
4.2 检索杰克生日的方式 ……………………………………………… 99
4.3 三种鸟类样例有翅膀和喙 ……………………………………… 108
4.4 由大量样例总结出来的"鸟"的图式 ………………………… 110
4.5 如何继承"母亲" ……………………………………………… 111
4.6 我们所知道的有关鸟的样例的知识 …………………………… 118
4.7 您知道的"鸟"的一切 ………………………………………… 121
4.8 关于鸟节点 E 的一切 …………………………………………… 121
4.9 确定 E isA "鸟" ………………………………………………… 122
6.1 类符和形符辨析 ………………………………………………… 141
6.2 传统词类分类法 ………………………………………………… 148
6.3 词类分类系统中的继承 ………………………………………… 150
6.4 词位 BOOK 与屈折形式"复数"的关联方式 ………………… 155
6.5 形式实现词,词形是其他形式的变体 ………………………… 168
6.6 两种形态例外形式 ……………………………………………… 169
6.7 屈折关系与词法关系是不同的 ………………………………… 171
6.8 语言的体系结构 ………………………………………………… 179
7.1 *Cows eat grass* 的两种语法分析 …………………………… 186
7.2 *Hungry cows eat grass* 的两种语法分析 ………………… 188
7.3 主语与修饰语之间差异的简单示例 …………………………… 192
7.4 依存关系的一般性分类 ………………………………………… 195

- 7.5 典型词需要支配词，但限定词不需要 …… 197
- 7.6 句法和亲属关系三角 …… 203
- 7.7 复数名词有例外的复数 …… 207
- 7.8 祈使句 *Hurry!* 的三种备选分析 …… 209
- 7.9 界标阴影依存关系 …… 214
- 7.10 交叉依存显示错误词序的方式 …… 215
- 7.11 *He keeps talking*（他一直在讲话）的三角形依存 …… 219
- 7.12 句法三角可以任意倍增 …… 220
- 7.13 并列词共享同一依存关系 …… 224
- 7.14 多个支配词或从属词共享的依存关系 …… 225
- 7.15 并列项目依存于连词 …… 225
- 7.16 并列连词有从属词但没有支配词 …… 226
- 7.17 词串适用于非组成并列 …… 228
- 7.18 一个并列中可能还会包含并列 …… 228
- 7.19 析取的宾语 …… 234
- 7.20 简单析取的语法图 …… 235
- 7.21 长距离依存 …… 236
- 7.22 有无析取的从属问题 …… 239
- 8.1 GOOD 的频次比 BAD 高 …… 249
- 8.2 在说话时想到 "cat" 激活了发音 /kæt/ …… 252
- 8.3 学习 CAT 词位的阶段 …… 263
- 8.4 识别 {cat} 和 CAT 的方式 …… 271
- 8.5 斯特鲁普效应 …… 272
- 8.6 简单句的句法分析方式 …… 274
- 8.7 动词和名词都有词义和所指对象 …… 285
- 8.8 复数及过去时屈折形式的语义图 …… 288
- 8.9 从属词指代对象影响支配词词义的最典型方式 …… 291
- 8.10 限定词及其补语之间的共指 …… 292

8.11 分裂句中的语法和语义 ………………………………… 293
8.12 *He is a linguist* 的意思是 "He isA linguist" ………… 295
8.13 *He can swim* 的意义 …………………………………… 296
8.14 成语 KICK THE BUCKET ………………………………… 297
8.15 四个指示词及其意义 …………………………………… 302
8.16 以 "母亲" 和 "父亲" 定义的英语亲属关系系统 …… 307
8.17 名只用于和说话者 "关系亲密的人" …………………… 309
10.1 更有效的英语词类分类 ………………………………… 320
10.2 英语动词的屈折形式 …………………………………… 325
10.3 "相反" 词法关系的形态和语义 ………………………… 349
11.1 英语四个基本依存范畴 ………………………………… 359
11.2 句子的句法结构 ………………………………………… 360
11.3 介词可有多种补语模式 ………………………………… 369
11.4 一个复杂名词短语的典型、简单的依存性分析 ……… 370
11.5 "撇号" 作为附着词 ……………………………………… 371
11.6 关系从句的相互依存关系 ……………………………… 372
11.7 典型双及物动词,有直接和间接宾语 ………………… 374
11.8 述谓链的递归依存关系 ………………………………… 376
11.9 限定词与其补语名词的数一致 ………………………… 380
11.10 英语的主语-动词一致 ………………………………… 381
11.11 未实现词位的动词-补语省略 ………………………… 384
11.12 从属与并列比较 ……………………………………… 391
11.13 主语-助动词倒置语法 ………………………………… 397
11.14 wh- 疑问句中的析取 ………………………………… 399
11.15 有无析取的从属疑问句 ……………………………… 400
11.16 引导关系从句的关系代词 …………………………… 401
11.17 有无外位结构的长主语 ……………………………… 404
11.18 被动化 ………………………………………………… 406

表 格 列 表

6.1 一些英语名词词位及其复数形式 ··· 156

6.2 两个拉丁语名词的数和格 ··· 156

6.3 法语动词 PORT（搬动）的现在时屈折形式 ································· 157

6.4 一些规则和非规则动词–名词对 ·· 170

10.1 英语动词的屈折形式 ·· 324

10.2 英语助动词 ··· 335

10.3 英语代词 ·· 338

10.4 主要英语词类的测试方式 ·· 343

10.5 本书所有词符的词类百分比与书面英语百万词语料库的比较 ········· 344

10.6 动词屈折形式测试 ·· 346

11.1 四个词类的前置从属词和后置从属词 ······································· 358

11.2 英语的主要依存关系类型 ··· 377

参 考 文 献

Aarts, Bas 2006. 'Subordination', in Brown (ed.), pp.248–254.
Abbott, Barbara 2006. 'Definite and Indefinite', in Brown (ed.), pp.392–399.
Allan, Keith 2006a. 'Lexicon: structure', in Brown (ed.), pp.148–151.
Allan, Keith 2006b. 'Metalanguage versus Object Language', in Brown (ed.), pp.31–32.
Allerton, David 2006. 'Valency Grammar', in Brown (ed.), pp.301–314.
Altmann, Gerry 2006. 'Psycholinguistics: history', in Brown (ed.), pp.257–265.
Anon. 1987. *Collins Cobuild English Language Dictionary*. London: Collins.
Anon. 2003. *Longman Dictionary of Contemporary English*. Harlow: Pearson Education.
Anward, Jan 2006. 'Word Classes/Parts of Speech: overview', in Brown (ed.), pp.628–632.
Aronoff, Mark and Volpe, Mark 2006. 'Morpheme', in Brown (ed.), pp.274–276.
Asher, Ronald (ed.) 1994. *Encyclopedia of Language and Linguistics*, 1st edn. Oxford: Pergamon.
Atkinson, Martin, Kilby, David and Roca, Iggy 1982. *Foundations of General Linguistics*. London: Allen and Unwin.
Ayto, John 2006 'Idioms', in Brown (ed.), pp.518–521.
Balota, David and Yap, Melvin 2006. 'Word Recognition, Written', in Brown (ed.), pp.649–654.
Barsalou, Lawrence 1992. *Cognitive Psychology: an overview for cognitive scientists*. Hillsdale, NJ: Erlbaum.
Bauer, Laurie 2006. 'Folk Etymology', in Brown (ed.), pp.520–521.
Beard, Roger, Myhill, Debra, Nystrand, Martin, and Riley, Jeni (eds) 2009. *SAGE Handbook of Writing Development*. London: Sage.
Biber, Douglas, Johansson, Stig, Leech, Geoffrey, Conrad, Susan and Finegan, Edward 1999. *Longman Grammar of Spoken and Written English*. London: Longman.
Blevins, James 2006. 'Passives and Impersonals', in Brown (ed.), pp.236–239.
Bloomfield, Leonard 1933. *Language*. New York: Holt, Rinehart and Winston.
Bock, Kathryn, Konopka, Agnieszka and Middleton, Erica 2006. 'Spoken Language

Production: psycholinguistic approach', in Brown (ed.), pp.103–112.

Bouma, Gosse 2006. 'Unification, Classical and Default', in Brown (ed.), pp.231–238.

Brown, Keith (ed.) 2006. *Encyclopedia of Language and Linguistics*, 2nd edn. Amsterdam: Elsevier.

Butler, Christopher 2006. 'Functionalist Theories of Language', in Brown (ed.), pp.696–704.

Carter, Ronald and McCarthy, Michael 2006. *Cambridge Grammar of English: a comprehensive guide. Spoken and writtenEnglish grammar and usage.* Cambridge University Press.

Coleman, John 2006. 'Design Features of Language', in Brown (ed.), pp.471–475.

Collinge, Neville 2006. 'Indo-European Languages', in Brown (ed.), pp.633–636.

Cornish, Francis 2006. 'Discourse Anaphora', in Brown (ed.), pp.631–638.

Cowie, Anthony 2006. 'Phraseology', in Brown (ed.), pp.579–585.

Creider, Chet and Hudson, Richard 1999. 'Inflectional Morphology in Word Grammar', *Lingua* 107: 163–187.

Creider, Chet and Hudson, Richard 2006. 'Case Agreement in Ancient Greek: implications for a theory of covert elements', in Sugayama and Hudson (eds), pp.35–53.

Crysmann, Berthold 2006. 'Coordination', in Brown (ed.), pp.183–196.

Dabrowska, Ewa 1997. 'The LAD Goes to School: a cautionary tale for nativists', *Linguistics* 35: 735–766.

De Houwer, Annick 2006. 'Bilingual Language Development: early years', in Brown (ed.), pp.780–786.

Dubinsky, Stanley and Davies, William 2006. 'Control and Raising', in Brown (ed.), pp.131–139.

Evans, Nicholas and Levinson, Stephen 2009. 'The Myth of Language Universals: language diversity and its importance for cognitive science', *Behavioral and Brain Sciences* 32: 429–448.

Falk, Yehuda 2006. 'Long-Distance Dependencies', in Brown (ed.), pp.316–323. Fillmore, Charles, Kempler, Daniel and Wang, William (eds) 1979. *Individual Differences in Language Ability and Language Behavior*. New York: Academic Press.

Fodor, Jerry 1998. 'The Trouble with Psychological Darwinism: review of *How the Mind Works* by Steven Pinker and *Evolution in Mind* by Henry Plotkin', *London Review of Books* 20: 11–13.

Frankish, Keith 2006. 'Nonmonotonic Inference', in Brown (ed.), pp.672–675.

Gleitman, Henry and Gleitman, Lila 1979. 'Language Use and Language Judgement', in Fillmore, Kempler and Wang (eds), pp.103–126.

Goddard, Cliff 2006. 'Natural Semantic Metalanguage', in Brown (ed.), pp.544–551.

Goldberg, Adele 1995. *Constructions: a construction grammar approach to argument structure*. University of Chicago Press.

Gragg, G. 1994. 'Babylonian Grammatical Texts', in Asher (ed.), pp.296–298.

Green, Keith 2006. 'Deixis and Anaphora: pragmatic approaches', in Brown (ed.), pp.415–417.

Gumperz, John and Levinson, Stephen (eds) 1996. *Rethinking Linguistic Relativity*. Cambridge University Press.

Hanks, Patrick 2006. 'English Lexicography', in Brown (ed.), pp.184–194.

Harley, Trevor 1995. *The Psychology of Language*. Hove: Psychology Press.

Harley, Trevor 2006. 'Speech Errors: psycholinguistic approach', in Brown (ed.), pp.739–745.

Hassler, Gerda 2006. 'Meaning: pre-20th century theories', in Brown (ed.), pp.590–596.

Heath, Jeffrey 2006. 'Kinship Expressions and Terms', in Brown (ed.), pp.214–217.

Herbst, Thomas, Heath, David, Roe, Ian and Götz, Dieter 2004. *A Valency Dictionary of English: a corpus-based analysis of the complementation patterns of English verbs, nouns and adjectives*. Berlin: Mouton de Gruyter.

Huang, Yan 2006. 'Anaphora, Cataphora, Exophora, Logophoricity', in Brown (ed.), pp.231–237.

Huddleston, Rodney and Pullum, Geoffrey 2002. *The Cambridge Grammar of the English Language*. Cambridge University Press.

Hudson, Richard 1976. 'Conjunction-Reduction, Gapping and Right-Node Raising', *Language* 52: 535–562.

Hudson, Richard 1984. *Word Grammar*. Oxford: Blackwell.

Hudson, Richard 1988. 'Coordination and Grammatical Relations', *Journal of Linguistics* 24: 303–342.

Hudson, Richard 1990. *English Word Grammar*. Oxford: Blackwell.

Hudson, Richard 1994. 'About 37% of Word-Tokens Are Nouns', *Language* 70: 331–339.

Hudson, Richard 1996. *Sociolinguistics*, 2nd edn. Cambridge University Press.

Hudson, Richard 1998. *English Grammar*. London: Routledge.

Hudson, Richard 1999. 'Subject–Verb Agreement in English', *English Language and Linguistics* 3: 173–207.

Hudson, Richard 2000. '*I Amn't', *Language* 76: 297–323.

Hudson, Richard 2003a. 'Gerunds without Phrase Structure', *Natural Language & Linguistic Theory* 21: 579–615.

Hudson, Richard 2003b. 'Trouble on the Left Periphery', *Lingua* 113: 607–642.

Hudson, Richard 2004. 'Are Determiners Heads?', *Functions of Language* 11: 7–43.

Hudson, Richard 2007a. 'English Dialect Syntax in Word Grammar', *English Language and Linguistics* 11: 383–405.

Hudson, Richard 2007b. 'Inherent Variability and Minimalism: comments on Adger's "Combinatorial variability"', *Journal of Linguistics* 43: 683–694.

Hudson, Richard 2007c. *Language Networks: the new Word Grammar*. Oxford University Press.

Hudson, Richard 2009. 'Measuring Maturity', in Beard, Myhill, Nystrand and Riley (eds), pp.349–362.

Hudson, Richard and Walmsley, John 2005. 'The English Patient: English grammar and teaching in the twentieth century', *Journal of Linguistics* 41: 593–622.

Iacobini, Claudio 2006. 'Morphological Typology', in Brown (ed.), pp.278–282.

Jacobson, Pauline 2006. 'Constituent Structure', in Brown (ed.), pp.58–71.

Joseph, John 2006. 'Identity and Language', in Brown (ed.), pp.486–492.

Julien, Marit 2006. 'Word', in Brown (ed.), pp.617–624.

Jun, Jong 2006. 'Lexical Conceptual Structure', in Brown (ed.), pp.69–77.

Koskela, Anu and Murphy, Lynne 2006. 'Polysemy and Homonymy', in Brown (ed.), pp.742–744.

Kruijff, Geert-Jan 2006. 'Dependency Grammar', in Brown (ed.), pp.444–450.

Kuiper, Koenraad 2006. 'Formulaic Speech', in Brown (ed.), pp.597–602.

Lamb, Sydney 1998. *Pathways of the Brain: the neurocognitive basis of language*. Amsterdam: Benjamins.

Langacker, Ronald 1987. *Foundations of Cognitive Grammar: theoretical prerequisites*. Stanford University Press.

Langacker, Ronald 2006. 'Cognitive Grammar', in Brown (ed.), pp.538–542.

Lasnik, Howard 2006. 'Minimalism', in Brown (ed.), pp.149–156.

Lieven, Elena 2006. 'Language Development: overview', in Brown (ed.), pp.376–391.

McCawley, James (ed.) 1976. *Notes from the Linguistic Underground*. London: Academic Press.

MacLeod, Colin 2006. 'Stroop Effect in Language', in Brown (ed.), pp.161–165.

McNeill, David 2006. 'Gesture and Communication', in Brown (ed.), pp.58–66.

Malouf, Robert 2006. 'Mixed Categories', in Brown (ed.), pp.175–184.

Marslen-Wilson, William 2006. 'Morphology and Language Processing', in Brown (ed.), pp.295–300.

Martin, Robert 2006. 'Meaning: overview of philosophical theories', in Brown (ed.), pp.584–

589.

Matthews, Peter 1981. *Syntax*. Cambridge University Press.

Mattys, Sven 2006. 'Speech Recognition: psychology approaches', in Brown (ed.), pp.819–828.

Mesthrie, Rajend 2006. 'Society and Language: overview', in Brown (ed.), pp.472–484.

Nippold, Marilyn 2006. 'Language Development in School-Age Children, Adolescents, and Adults', in Brown (ed.), pp.368–373.

Oakhill, Jane and Cain, Kate 2006. 'Reading Processes in Children', in Brown (ed.), pp.379–386.

Payne, John 2006. 'Noun Phrases', in Brown (ed.), pp.712–720.

Pensalfini, Rob 2006. 'Configurationality', in Brown (ed.), pp.23–27.

Percival, Keith 1976. 'On the Historical Source of Immediate Constituent Analysis', in McCawley (ed.), pp.229–242.

Pinker, Steven 1994. *The Language Instinct*. London: Penguin. Pinker, Steven 1998a. *How the Mind Works*. London: Allen Lane.

Pinker, Steven 1998b. 'Words and Rules', *Lingua* 106: 219–242.

Pustejovsky, James 2006. 'Lexical Semantics: overview', in Brown (ed.), pp.98–106.

Quirk, Randolph, Greenbaum, Sidney, Leech, Geoffrey and Svartvik, Jan 1972. *A Grammar of Contemporary English*. London: Longman.

Quirk, Randolph, Greenbaum, Sidney, Leech, Geoffrey and Svartvik, Jan 1985. *A Comprehensive Grammar of the English Language*. London: Longman.

Rayner, Keith and Juhasz, Barbara 2006. 'Reading Processes in Adults', in Brown (ed.), pp.373–378.

Reinhart, Tanya and Siloni, Tal 2006. 'Command Relations', in Brown (ed.), pp.635–642.

Reisberg, Daniel 2007. *Cognition: exploring the science of the mind*, 3rd media edn. New York: Norton.

Roelofs, Ardi 2008. 'Attention to Spoken Word Planning: chronometric and neu-roimaging evidence', *Language and Linguistics Compass* 2: 389–405.

Rudman, Joseph 2006. 'Authorship Attribution: statistical and computational methods', in Brown (ed.), pp.611–617.

Schütze, Carson 2006. 'Data and Evidence', in Brown (ed.), pp.356–363.

Siewierska, Anna 2006. 'Word Order and Linearization', in Brown (ed.), pp.642–649.

Slobin, Dan 1996. 'From "Thought and Language" to "Thinking for Siewierska Speaking"', in Gumperz and Levinson (eds), pp.70–96.

Smith, Neil 1999. *Chomsky: ideas and ideals*. Cambridge University Press.

Sornicola, Rosanna 2006. 'Topic and Comment', in Brown (ed.), pp.766–773.

Stemberger, J. P. 1985. *The Lexicon in a Model of Language Production*. New York: Garland Publishing.

Sugayama, Kensei and Hudson, Richard (eds) 2006. *Word Grammar: new perspectives on a theory of language structure*. London: Continuum.

Sullivan, Arthur 2006. 'Sense and Reference: philosophical aspects', in Brown (ed.), pp.238–241.

Taylor, John 2006. 'Cognitive Semantics', in Brown (ed.), pp.569–582.

Theakston, Anna 2006. 'CHILDES Database', in Brown (ed.), pp.310–313.

Touretzky, David 1986. *The Mathematics of Inheritance Systems*. Los Altos, CA: Morgan Kaufmann.

van Gompel, Roger 2006. 'Sentence Processing', in Brown (ed.), pp.251–255.

Van Valin, Robert 2006. 'Functional Relations', in Brown (ed.), pp.683–696.

Wetzel, Linda 2006. 'Type versus Token', in Brown (ed.), pp.199–202.

Winograd, Terry 1976. 'Towards a Procedural Understanding of Semantics', *Revue Internationale De Philosophie* 30: 260–303.

Wray, Alison 2006. 'Formulaic Language', in Brown (ed.), pp.590–597.

索 引

（索引页码为原书页码，即本书边码。）

Aarts, B.[①] 305
Abbott, B. 218
accessibility 可及性 70, 194
activation 激活，亦见 spreading activation 54
 background 背景激活 84
 and brain 激活与大脑 195
 converging 聚集 75
 direction 方向 201
 and experience 与体验 72
 and meaning 与意义 232
 and node building 与节点构建 88
 and retrieval 与检索 194
 spreading 与扩散 74
activation level 激活水平 72
 resting and current 静息与当前 73
active 主动的 314
addressee 听话者/受话者 115, 165, 166, 238
adjective 形容词 117, 251
 membership test 成员资格测试 266
adjunct 修饰语 152
 and valent 与价 282
adverb 副词 117, 251

membership test 成员资格测试 266
ad-word ad- 词类 254
agreement 一致性 46, 163
 in English 英语中的 296
Allan, K. 116, 221
Allerton, D. 154
alphabet 字母表 104
Altmann, G. 107
ambiguity 歧义
 in syntax 句法中 217
 removal 排除 35
analysis
 benefits of syntactic analysis 句法分析的好处 285
 grammatical 语法分析 255
anaphora 前指照应 219
 identity-of-sense and identity-of-reference 词义身份回指与指示身份回指 225
antecedent 先行词
 of pronoun 代词先行词 218
anthropology 人类学 243
anticipation 预期/预测 92, 98
 and parsing 与句法分析 216
Anward, J. 117

[①] 人名，以下人名无翻译。——译者

apposition 同位 191
    and meaning 与意义 230
Arabic 拉丁语 299
Architechture
    of language 语言的体系结构 142
argument 论元 39, 48
    as primitive 作为原始关系 42
article 冠词 117
    as word-class 作为词类 251
artificial intelligence 人工智能 7, 28, 39, 40, 44, 89, 105
association 联想 38, 145, 223
astronomy 天文学 105
attention 注意力 65, 76, 81
Autonomy
    of syntax 句法自治 190
auxiliary verb 助动词 120, 262
    and inversion 与倒置 308
    and meaning 与意义 230
Ayto, J. 234

Babylon 巴比伦 103, 105
background 背景 52
Balota, D. 201
Barsalou, L. 11, 115
base 词基，见 stem
Basque 巴斯克 125
Bauer, L. 141
being 是 233
Best Fit Principle 最佳匹配原则 94, 213
    in parsing 用于句法分析 217
best fit search 最佳匹配检索 94
best global candidate 整体最适候选项 79
Best Landmark Principle 最佳界标原则 53, 190

in syntax 用于句法 171
Biber, D. 249, 304
bilingualism "双语" 137
binding 约束/约束 91
    and ellipsis 与省略 219
    in linguistics, logic, psychology 用于语言学，逻辑学，心理学，见 binding problem 97
    by merger 通过合并 96
    and parsing 与句法分析 216
    of pronoun antecedents 与代词先行词 218
    and word recognition 与词语识别 213
binding problem 约束问题 86
Blevins, J. 315
blocking 阻塞 211
Bloomfield, L. 148
Bock, K. 198, 201
Bouma, G. 29
brain 大脑 36
    language centres 语言中心 64
    and mind 与心智 65, 71, 80
brain scan 脑部扫描 36
Broca's area 布洛卡区 64, 65
Brown, K. 50
Butler, C. 188

Cain, K. 201
Carter, R. 249
case 格 124, 158, 162
case agreement
    and unrealized lexemes 格一致与为实现的词位 167
categories
    and learning 范畴与学习 84
    linguistics 语言学 104

categorization 范畴化 9, 74, 80, 91, 113, 128
category 范畴 11, 110, 111
 classical theory 经典理论 25
 and exemplar 与范例 83
 as prototype 与原型 26, 27
 and sense 与词义 224
 target 目标 93
Chinese 中文 132, 256
choice 选择 44, 见 choice set
choice set 选择集 23, 46, 55, 62, 126, 165
 and word order 与词序 184
Chomsky, N. 33, 64, 107, 138, 148, 166
chunk 词块 56, 175
classification 分类, 见 categorization and recognition 213
 of words 关于词 255
clause 从句 305
cleft sentence 分裂句 231, 312
cliché 陈词滥调 176
clitic 附着词 290
cognate 同源词 116
cognition 认知 7
 and language 与语言 48
Cognitive grammar 认知语法 108
cognitive linguistics 认知语言学 1, 67, 108
cognitive network
 and mind/brain 认知网络与心智/大脑 72
cognitive science 认知科学 7
Coleman, J. 143
Collinge, N. 256
common noun 普通名词
 membership test 成员资格测试 264
communication 交流 188, 201, 222
comparative 比较
 as lexical relation 词法关系 259

competence 语言能力 107
competition 竞争 61
complement 补语 145, 159
 and adjunct 与修饰语 291
 and subject 与主语 282
computational theory of mind 心智计算理论 72
concept 概念 9, 58
 for co-occuring properties 对于同现的属性 26, 27
 entity 实体 40
 multi-modal and digital 多模态的和数字化的 35
 and neurons 与神经细胞 72
 relational 关系概念 40
concept formation 概念形成 26
Conceptual Graph 概念图 40
conceptual structure 概念结构 10, 44
 and language 与语言 109
conflict resolution
 in multiple inheritance 多重继承中的冲突解决 23
conformity 顺从性 30, 277, 315
conjugation 动词屈折形式 125
conjunction 连词 117, 251, 306
 coordinating conjunction
 membership test 并列名词成员资格测试 268
connectionism 联结主义 59
consistently mixed order 一贯混合词序 172
constituent 句子成分 148
constituent structure grammar 组成结构语法 148
constraint-based parsing 基于约束的句法分析 217

Construction grammar 建构语法 108
context 语境 79, 89
convergence 汇集 184
coordinating conjunction 连词 178, 见 conjunction
coordination 并列
    and dependency 与依存 176
    and subordination 与从属 176, 305
coreference 共指 228, 229
    and binding 与约束 230
Cornish, F. 218
correlative conjunction 关联连词 307
cortex 皮层，皮质
    motor 运动 36
Cowie, A. 176
Creider, C. 132, 167
cross-classification 交叉分类 47, 50, 163
Crysmann, B. 307
culture 文化 27, 241
    and language 与语言 240

Dabrowska, E. 211
Davies, W. 161
De Houwer, A. 137
declension 名词词尾变化 125
default 缺省 165
default inheritance 缺省继承 28, 107, 142
    and language 与语言 209
definite pronoun 指定代名词 218
    and identity-of-sense anaphora 与词义身份回指 225
definition 定义 25, 114, 127
    non-existence 不存在的 221
    and semantic analysis 与词义分析 236
deixis 指示词 237

dependency 依存 268
    and English grammar 与英语语法 279
    long-distance 长距离，见 long-distance dependency
    mutual 相互，见 mutual dependency
    non-landmark 非界标，见 non-landmark dependency
    syntactic 句法的 146
    tests 测试 283
    and word order 与词序 169, 170
dependency distance 依存举例 151, 182, 187, 302, 311, 313
    and extraction 与析取 187
    in parsing 用于句法分析 218
    and word order 与词序 281
dependency grammar 依存语法 146
dependency sharing
    in coordination 并列中的依存共享 305
dependency-structure 从属结构
    evidence 证据 151
dependent 依存的 145, 146
dependency-valency 从属词配价 158
    in English 英语中的 286
description 描写性
    in grammar 语法 250
determiner 限定词 163, 252
    and change of shape 与形式改变 289
    and meaning 与意义 230
    as pronoun 作为代词 253
determiner as head 限定词作为中心词 289
determiner as parent 限定词作为支配词, 见 determiner as head
dictionary 词典 25, 34, 116, 120, 123
difference
    individual 个体差异 130

displacement 挪移 313

distance 距离

    dependency 依存，见 dependency distance

distributed interpretation 分布式解释 235

ditransive verb 双及物动词 293

dot

    as notation "•" 标记法，见 notation: dot

dreaming 做梦 77

Dubinsky,S. 161

dummy auxiliary 虚拟助动词 308

education 教育

    and attention to syntax 与对句法的关注 210

    and English grammar 与英语语法 249

efficiency 效率 129

E-language 外在语言 33

ellipsis 省略 156

    and binding 与约束 219

    and identity-of-sense anaphora 与词义身份回指 226

    in coordination 与并列 307

    in English 在英语中 299

emotion 情感 36

    and accessibility 与可及性 70

    in language 在语言中 138

    and words 与词 115

empty category 空范畴 166

empty node 空节点 213, 218

encyclopaedia 百科全书 25

encyclopaedia of English grammar and Word Grammar 英语语法和词语法百科全书 3

Encyclopaedia of Language and linguistics《语言与语言学百科全书》3

end-weight 尾重 303

English 英语 120, 123, 182, 243, 249

    and I- or E- language 与内在外在语言 277

    Standard 标准 104

    word order 词序 172

    as world language 作为世界性语言 277

enrich 丰富 91

entity 实体，见 concept: entity or entity concept 40

environmental contamination 语境污染 199

episodic memory 情景记忆 56

E-society 外在社会 33

etymology 词源学 115, 196, 201

    folk 民俗，见 folk etymology

    and lexical morphology 与词法形态 271

Evans, N. 239

event 事件 11, 56

exception 例外 25, 127, 142, 156，见 inheritance: default

    in word order 在词序中 172

exceptions 例外 132

executive system 执行系统 77

exemplar 范例 11, 56, 61, 73, 111

    and categorization 与范畴化 74

    of an individual 个体范例 31

    as new category 作为新范畴 82

    and node building 与节点构建 80

exemplar node 范例节点 81

exemplars 范例 19

exophora 外指照应 219

experience curve 经验曲线，见 learning curve

experiment 202

    for priming 启动实验 75

    psychological 心理实验 193, 211

explanation

functional 功能性解释 157, 182
extractee 析取词 183, 309
extraction 析取 183, 308
extraction island 析取岛 186
extraposee 外位词 314
extraposition 外位结构 312

Falk, Y. 185, 186
feature 特征 45, 见 morpho-syntactic feature
    and comparison 与对比 163
    in English 在英语中 297
    and taxonomy 与分类法 164
features
    and taxonomy 特征与分类法 46
feed-back 反馈 143
    and language variation 与语言变体 277
figure 图 52
finite verb 限定动词 156
finiteness 限定
  finite and non-finite verbs 限定与非限定动词 257
firing 触发 74
flexibility 灵活性 315
folk-etymology 民俗词源学 141
forgetting 遗忘 81
forgetting curve 遗忘曲线 71
form 形式 115, 133
    as a level 作为层级 140
formality
    in English 英语中的正式度 278
formulaic word string 公式化词串 176
frame 框架
    in membership test 成员资格测试 264
Frankish 法兰克语 28
free relative 自由关系 312

French 法语 125, 157, 163, 166, 272
frequency 频率
    and recall 与回顾 193
    of words 词汇的 115
frequency effect 频率效应 70
functional explanation 功能性解释 187, 302, 310, 314
    and syntax 与句法 188

gapping 间隔 307
gender 性别 162
generalization 概括 16, 128
    and concept 与概念 146
    and levels 与层级 143
    and word-class 与词类 251
genetics 基因学, 见 nativism
German 德语 157, 162, 164, 182
gerund 动名词 258, 286
gesture 手势 192
Gleitman, H. and L., 211
global search 全面检索 94
goal 目标 78
Goddard, C. 237
Goldberg, A. 108
Gragg, G. 103
grammar 语法 120
    history 历史 103
    as a level 作为层级 139
    rule or tool 规则或工具 315
    traditional 传统的 117, 129, 146, 262
grammatical word 语法词
    and lexical word 与词汇词 230
grammaticality 语法性 120, 155
    and nonsense 与无意义 191
graph theory 图表理论 66

Greece 希腊 128
Greek 希腊语 104, 163, 167, 249, 251, 272
Greeks 希腊人 103, 117
Green, K. 237
greeting 问候 243, 278
ground 根据 52

Hanks, P. 249
Harley, T. 71, 194, 199
Hassler, G. 220
head 中心词 150
Head-Driven Phrase Structure Grammar 中心词驱动结构语法 107
head-final order 中心词后置词序 172
head-initial order 中心词前置词序 172
head-medial order 中心词中置词序 172, 280
head-word 中心词 34
hearing 听
  and word order 与词序 171
Heath, J. 243
heavy dependent 重量级从属词 313
Hebbian learning 赫布学习理论 86
Herbst, T. 286
hierarchy
  of levels 层级结构 139
homonymy 同音/同词异义现象 126
hopping 词跳 185
Huang, Y. 225
hub 枢纽 66
Huddleston, R. 249, 267, 273, 292
Huddleston R. and Pullum, G. 296, 299
Hudson, R. 30, 33, 36, 106, 108, 132, 135, 138, 140, 150, 167, 168, 172, 173, 186, 191, 208, 226, 235, 241, 243, 244, 249, 250, 253, 254, 259, 269, 277, 289, 307

humour 幽默 218

Iacobini, C. 132
identity 身份 97
identity-of-reference anaphora 指代身份回指 225
identity-of-sense anaphora 词义身份回指 226
idiom 成语 228, 234
I-language 内在语言 33, 107, 138
illocutionary force 施为用意 157, 286
imperative 祈使句 165
  and unrealized subject 与未实现的主语 297
Indian linguistics 印度语 117
Indians 印度 128
Indo-European language family 印欧语家族 256
induction 归纳 84, 206
inertia 惰性 315
inference 参考, 见 inheritance
inflection 屈折变化 122
  and English 与英语 256
  membership tests 成员资格测试 269
  and morphology 与形态学 134
  and paradigm 与范式 163
  and sense and referent 与词义和所指 226
  in valency 在配价中 158, 159
inflectional category 屈折类别, 见 inflection
inflectional morphology 屈折形态
  and lexical morphology 与词法形态 226
information 信息
  and mind 与心智 72
informationally encapsulated 信息封闭 64

inheritance 继承 10, 16, 80
    and adjunct/valent 与修饰语 / 价 152
    default inheritance and connectionism 缺省继承与联结主义 59
    and exemplars 与范例 29
    how it works 如何运作 61, 90
    and language 与语言 209
    multiple 多重的 122, 见 multiple inheritance
    multiple default 多重缺省 51
    normal 常态, 见 default inheritance
    only for exemplars 仅适用于范例 19
    searching and copying 搜寻与复制 90
    selective 选择性 89, 210
    or storage 或存储 18
    and valency 与配价 159
    from word-classes 来自词类 129
interest 兴趣 78, 210
interpersonal relation 人际关系, 见 social-interaction
intimacy 亲密, 见 solidarity
intimate relation 亲密关系 51, 243
intonation 语调 142
inversion 倒置
    and auxiliary verbs 与助动词 262
    of subject and auxiliary 主语与助动词的, 见 subject-auxiliary inversion
irregularity 非规则 133
    in morphology 在形态学中 132
isA isA 关系 12, 59
    between referent and sense 关于指代对象与词义 225
    for classifying exemplars 用于对范例进行分类 81
    in ellipsis 与省略 300
    used instead of labels 而非标签 41
island 岛, 见 extraction island
I-society I- 社会 33, 47, 50, 137, 241, 244
Italian 意大利语 152, 182, 299

Jacobson, P. 148
Japanese 日语 299
joint interpretation 联合式解释 235
Joseph, J. 244
Juhasz, B. 201
Julien, M. 122
Jun, J. 109

kinship 亲属关系 241
knowledge 知识 10, 见 memory: long-term
    declarative or procedural 陈述性或程序性 12
    of language 语言的
    declarative or procedural 陈述性或程序性语言 110
    as long-term memory 作为长期记忆 73
    as network 作为网络 39, 67
Koskela, A. 126
Kruijff, G.-J. 146
Kuiper, K. 176

label 标签 58
Lamb, S. 59
landmark 界标 53, 59, 302, 311
    in coordination 在并列中 177
    and parent 与支配词 169
Langacker, R. ,140
language 语言 28, 30
    of a community 与社群 107
    and conceptual structure 与概念结构 109

and emotion 与情感 36
lack of boundaries 缺乏边界 64
as ordinary cognition 作为普通认知 8
and percepts 与知觉 36
as procedural knowledge 作为程序性知识 12
and social interaction 与社会交往 50
of a word 作为一个单词 115
language instinct 语言本能 1
Language Networks: the new Word Grammar 语言网络：新词语法 3
Lasnik, H. 140
Latin 拉丁语 104, 117, 124, 158, 163, 216, 249, 252, 262, 272
Latinate grammar 拉丁语语法 250
layering 层级
 in coordination 并列 180
learning 学习 129, 见 induction
 and exemplars 与范例 82
 of generalizations 总结的 205
 of syntax 句法的 207
 of taxonomies 分类法的 84
 of words 词汇的 204
learning curve 学习曲线 71
letter 字母 115
levels of analysis 分析层级 139, 222
Levinson, S. 239
lexeme 词位 122, 135
 and membership tests 与成员资格测试 261
 recognizing 词位辨别 131
 unrealizable or unrealized 不可或未实现的词位 166
 unrealized 未实现的词位, 见 unrealized lexeme

in valency 词位与配价 158
and word string 词位与词串 176
lexical category 词汇范畴, 见 word-class
lexical decision 词汇决定 194
lexical diversity 词汇多样性 111
Lexical Functional Grammar 词汇功能语法 107
lexical identity 拼写方式 113
lexical morphology 词汇形态 135
 in English 英语中 271
lexical relation 词汇关系, 见 relation: lexical
and sense 227
Lieven, E. 206
linguistics 语言学 7, 8, 39, 40, 44, 103
 cognitive 认知的, 见 cognitive linguistics
 description not prescription 描述性的而非规定性的 103
 and detail 与详细信息 104, 106, 114
 and modularity 与模块化 67
 structural or structuralist 结构的或结构学派 107
linguists 语言学家 211
listening 听 79, 200
logic 逻辑 28
 cold or warm 严密逻辑或非严密逻辑 210
 and inheritance 继承逻辑 20
long-distance dependency 长距离依存 184, 309
longest word 最长的单词 275

MaCarthy, M. 249
MacLeod, C. 214
McNeill, D. 192
main verb 主动词 262

Malapropism 词语荒唐误用 199
Malouf, R. 259
markedness 标记 124, 165
Marslen-Wilson, W. 141
Martin, R. 220
mass noun 物质名词 252, 263
mathematics 数学 39, 105
Matthew, P. 149
Mattys, S. 201
maturity 成熟期
  in grammar 语法中 269
meaning 意义 11, 109, 114, 140, 147, 220
  and association 和联系 223
  described by properties 用属性描述 222
  and learning 与学习 207
  as a level 作为一层级 139
  and motor skill 与运动技能 36
  as relation, not entity 作为关系，而非实体 221
  of sentence 句子的，见 sentence meaning
  social and referential 社会的与所指的，见 social meaning
  and syntax 与句法 227
  and valency 与配价 158
member definition 成员定义 57
membership test 成员测试 130, 260
memory 记忆
  associative 联想 38
  and experience 与体验 70
  long-term 长期 76
  long-term and short-term 长期与短期 73
  selective 选择性 83
  semantic or episodic 语义或场景 11
  short-term and working 短期与工作 73
  and word string 与词串 176
  working 工作 74, 151
  working and activation 工作与激活 76
  working and syntax 工作与句法 188
memory load 记忆荷载 151
mental capacity 心智能力
  limited 有限的 315
Mesthrie, R. 241
metalanguage 元语言 104, 221
metaphor 隐喻 139
methods 研究方法 105
mind 心智
  and brain 与大脑 65
  coordinated by meaning 由意义协调 223
minimalism 最简方案 107
Modern Greek 现代希腊语 299
modification 修饰
  of meaning by dependent 从属词修饰语义 228
modifier 修饰语 145
modularity 模块化 63, 98, 108
  and syntax 与句法 189
monotonic logic 单调逻辑 28, 29
mood 情感 125
  in meaning 情感在意义表达中，见 illocutionary force 235
morph 形素 132
  and cognition 与认 141
  and meaning 与意义 274
morphology 形态学 113, 132, 276
  inflectional and lexical 屈折的与词汇的 276
  as a level 作为一层级 143
  lexical 词汇的，见 lexical morphology
  and morpho-syntax 与形态句法 163
morpho-syntactic feature 形态句法特征 47,

163
morpho-syntax 形态句法 163
motor skill 动作技能 36, 142
 and procedural knowledge 与程序性知识 12
multiple inheritance 多重继承 22, 159
 and gerunds 与动名词 259
 and language 与语言 210
multi-word sequence 多词序列
 and learning 与学习 204
Murphy, L. 126
mutual dependency 相互依存 187, 291, 310

name 名字 243
 and referent 与所指 224
naming 命名
 in experiments 实验 214
nativism 先天论 64
 and syntax 与句法 189
Natural Semantic Metalanguage 自然语义元语言 237
nearness 就近 53
Necker cube 奈克尔立方体 35
negation 否定
 and auxiliary verbs 与助动词 262
network 网络 59
 and activation 与激活 195
 conceptual 概念的 66
 and inheritance 与集成 59
 in social relations 与社会关系 243
 in syntax 句法中 154
network notion 网络概念 57
 and working memory 与工作记忆 74
networks 网络
 of brain and mind 大脑与心智的 71

neuroscience 神经科学 7, 105
next 下一步 57, 175
Nippold, M. 207
Nixon diamond 尼克松菱形图 23, 32, 123
node 点
 empty 空节 93
node-building 建立节点 80, 93, 203
 and activation 与激活 88
 in inheritance 在继承中 87
node-creation 建立节点 74, 见 node-building
non-constituent coordination 非组合并列 179
non-landmark dependency 非界标依存 173
non-monotonic logic 非单调逻辑 29
non-word 非词
 and syntax 与句法 191
notation 标记法
 abbreviated name for pre- or post-adjunct 前置或后置修饰词的缩写 282
 abbreviated names for inflections 屈折变化的缩写 256
 activation 激活 75, 195
 for activation 为了激活 75
 binding in syntax 句法中约束 216
 choice sets 选择集 45
 coordination 并列 177
 dot 点 43
 empty node 空节点 93
 identity 身份 97
 isA isA 13
 landmark 界标 170
 language 语言
 writing 书写 104
 lexemes 词位 122

links 联结 38
non-landmark dependencies 非界标依存 170
optionality in examples 例子中的可选性 287
or 或者 46
phrase structure 短语结构 149
relation 关系 39, 41, 42
set in coordination 并列集 177
super-isA 超 isA 93
ungrammaticality 不合语法性 120
value 值 39
vertical arrow 垂直箭头 156
noun 名词 117, 251
common, proper and pronoun 普通名词，专有名词和代词 254
and valency 和配价 288
noun phrase 名词短语 149
null-subject language 零主语语言 299
number 数量 124, 162

Oakhill, J. 201
object 宾语 125, 145, 146
direct and indirect 直接的与间接的 292
order of direct and indirect 直接的与间接的语序 304
Old English 古英语 256, 272
Optimality Theory 最优方案 107
or 或者 45, 55
ordering 排列
serial 系列 56
other 其他 51
overriding 重置 28, 29, 126, 182

paradigm 范式 163

parallel distributed processing 并行分布处理 72
parent 支配词 147
potential 潜在的 169
in valency 配价中，见 parent-valency
parent-sense 支配词意义 229, 234
parent-valency 支配词配价 155, 157, 285
parsing 句法分析 216
part 部分 57
part of speech 词性，见 word-class
participle 分词
present and passive 现在的与被动的 258
particle 小品词
as type of complement 作为补语的一种 294
part-whole 部分-整体
as relation 作为关系 151
passive verb 被动词 134, 295, 314
pattern matching 模式匹配 94
Payne, J. 289
Pensalfini, R. 172
percept 知觉 34, 52, 142
and exemplar node 与范例节点 80
Percival, K. 148
perfect 完成 134
and past participle 与过去的分词 258
performance 语言运用 107
person 人称
in grammar 语法中 105, 125
philosophy 哲学 7, 8, 105
Phoenicians 腓尼基人 104
phonology 音位学
and generalization 与归纳 143
phrasal verb 短语动词 294
phrase 短语 148

continuity 连续性 170
    as informal term 作为非正式术语 149
    and word string 和词串 179
phrase structure 短语结构 147
    in semantics, not syntax 在语义学中，而非句法学中 235
    and word order 与词序 170
phrase structure grammar 短语结构语法 148
phrasing 措辞
    semantic 语义的，见 semantic phrasing
Pinker, S. 1, 64, 66, 200, 207, 211, 223
place 地点 238
planning 计划 82, 92
plural 复数 122
    joint or distributed 联合式或分布式 235
    and semantics 与语义学 226
pluralia tantum 只用复数的名词 ,299
plural-number 复数 165
poetry 诗歌 201
politeness 礼貌 243
polysemy 多义词 126
possessive pronoun 物主代词 291
possessive's 物主的 290
post-adjunct 后置修饰语
    and pre-adjunct 与前置修饰语 309
post-dependent 后置从属词 183, 250, 281, 302
    and pre-dependents 与前置从属词 282
power 权势 50
    in language 语言中 243
pragmatics 语用学
    and activation 与激活 232
    in parsing 句法分析中 217
pre-adjunct 前置修饰语
    and post-adjunct 与后置修饰语 309

pre-dependent 前置从属词 183, 250, 281, 302
    and post-dependent 与后置从属词 282
predicate 谓词
    and subject 与主语 293
predicate calculus 谓词循环 21
predicative 述谓 228, 233, 293
    and meaning 与意义 232
    of preposition 介词的 287
prefix 前缀 133
prejudices 偏见 32
preposition 介词 117, 251
    and meaning 与语义 230
    membership test 成员资格测试 267
    and valency 与配价 287
prescription 规定性
    in grammar 语法中 250, 315
priming 启动 75, 141, 201
PRO 代词 166
problem solving 解决问题 92, 98
prominence 显著 53
pronoun 代词 117, 251
    and membership test 与成员资格测试 265
    as noun 作为名词 254
    polite 礼貌 166
pronunciation 发音 138
proper noun 专有名词
    membership test 成员资格测试 264
property 属性 9, 16, 34, 57, 58
    and activation 与激活 195
    conceptual 概念的 38
    and feature 与特征 164
    linguistic and non-linguistic 语言学的与非语言学的 137
    not static 并非静态的 206

semantic 语义学的 236
simple and complex 简单的与复杂的 59
of subcategory and supercategory of words 词汇子类与超类的 114
prototype 原型 26, 127
prototype effect 原型效应 27, 90
psycholinguistics 心理语言学 107
psychology 心理学 7, 39, 44, 89
Pullum G. 249, 267, 273, 292
punctuation 停顿 113, 142
Pustejovsky, J. 237

quantifier 数量词 235
quantity 数量
  as primitive 作为原始关系 43
  in valency 配价中 158
Quirk, R. 249

raising 提高 161
  and lowering 与降低 173
Raising Principle 提高原则 185
Rayner, K. 201
reading 阅读 194, 201
realization 实现 114, 132, 140
  and unrealized words 与未实现的词 168
recognizing 辨认 91
  words 词汇 213
recursion 递归 44, 90
  and extraction 与析取 185
  in morphology 形态学中 275
  and predicatives 与述谓 294
  in syntax and cognition 句法学与认知中的 161
  and triangles 与三角 174
recycling 循环 226

in kinship 亲属关系中的 241
in semantics 语义学中的 236
Recycling Principle 循环原则 61, 83
  and semantic roles 与语义角色 237
redundancy 冗余 130
  and inheritance 与继承 19
referent 所指 224
  and deixis 与指示词 238
  and token 与形符 224
referential meaning 所指意义 224
referring 指称
  and referent 与所指 224
register 语域 278
rehearsing 排练 81
Reinhart, T. 235
Reisberg, D. 18
relation 关系 38, 见 concept: relational
  conceptual 概念的 68
  interpersonal 人际的 52
  isA isA 40
  lexical 词法的, 同见 relation: lexical
  primitive 原始的 40, 42, 见 identity; super-isA
  social 社会的 41
  social and syntactic 社会的与句法的 154
  syntactic 句法的 145
relational concept 关系概念
  and activation 与激活 196
relations 关系
  among relations 关系中的 48
  free 自由关系, 见 free relative
  interpersonal 人际的 50
relative clauses 关系从句 311
relevance 关联 89
remembering 记忆 91, 98

respect 尊重, 见 power
response time 反应时间 8, 18, 27
retrieval 检索 194
   and activation 与激活 74, 77
   slow 慢速 84
Roelofs, A. 65
role 角色 32
root 词根 133
root word 根词 235
   and meaning 与意义 228
Rudman, J. 111
rule 规则
   word order 词序 172
Russian 俄罗斯语 299

scale-free 无标度 66
schema 图式, 见 category
school 学派 2
   grammar 语法的 104
Schütze 106
script 脚本 56
searcher 搜索者 29
selection 选择
   lexical 词汇的 150
self 自我 30
semantic analysis 语义分析
   and definition 与定义 236
semantic phrasing 语义释义 235
   with multiple dependents 与多重从属词 235
semantic role 语义角色 237
   in valency 配价中的 158
semantics 语义学 218
   as level 作为一层级 222
sense 词义 224

and lexeme 与词位 224
   and referent 与所指, 见 meaning: and syntax
sensory system 64
sentence 句子 305
   as complete 作为完整的 156
   definition 定义 286
   and finite verb 与限定动词 258
   in phrase structure 短语结构中的 149
sentence meaning 句子意义 235
sentence-root 句根
   in English 英语中的 286
   and finiteness 与限定 257
set 集 45, 47, 见 choice set
   and plural 与复数 226
set size 集大小 57
Siewierska, A. 172
Siloni, T. 235
singular 单数的 123
singular-number 单数 165
Slobin, D. 239
Smith, N. 64
social concepts 社会概念 30
   richness 丰富性 31
social facts 社会事实
   about words 关于词的 137
social identity 社会身份
   and language 与语言 244
social interaction 社会交往 137, 243
social meaning 社会意义 241
   and English words 与英语词 276
social relation 社会关系 167
   and language 与语言 115
sociolinguistics 社会语言学 30, 36, 138, 241
   quantitative 计量的 244
solidarity 亲密度 50

in language 语言中的 243
Sornicola, R. 308
sound 声响 115
space 空间 52
Spanish 西班牙语 152, 182, 299
speaker 说话者 115, 166, 238
 in Word Grammar 词语法中的 243
speaker type 说话者类型 115
speaking 讲话 37, 79, 198
 and word order 与词序 171
speech 话语 169
speech error 口误 141, 199
spelling 拼写 210
Spoonerism 首音误置 199
spreading activation 扩散激活 94, 95, 107, 见 activation: spreading
Standard English 标准英语
 and adverbs 与副词 286
state 状态 234
stem 词干 122, 132
Stemberger, J. P. 141
stereotype 定势 32
strength 牢固度
 as activation 激活 72
 of memory 记忆的 71
stroke 笔画 64
Stroop effect 斯特鲁普效应 214
style level 问题层级 115
subclass 亚纲 13
subclassification 次级分类 126
subject 主语 125, 145, 146, 165
 and complement 与补语 282
 English and other languages 英语和其他语言 152
 and inversion 与倒置 262

and predicative 与述谓 293
 in interrogative 在疑问中 183
subject-auxiliary inversion 主语-助动词倒置 308
sublexeme 次级词位 126
 in idioms 在成语中 234
 and learning 与学习 204
subordinate clause 从属句 267, 310
subordinating conjunction 从属连词
 as preposition 作为介词 267
subordination 从属 150, 见 dependency
 and coordination 与并列 176, 305
suffix 后缀 133
Sullivan, A. 224
superclass 超纲 13, 14, 225
 in inflections 在屈折中 257
superior 上级 51
super-isA 超 isA 93, 156
swooping 词跳 186
syllogism 三段论 20
synonym 同义词
 and valency 与配价 286
syntax 句法 132, 145
 and generalization 与归纳 143
 and morpho-syntax 与形态句法 163
 and non-language 与非语言 190
 and working memory 与工作记忆 76

tangling 交叉 171
taxonomies 分类法
 only for concepts 仅针对概念的 35
taxonomy 分类 12
 of dependents 从属词的 152
 and feature 与特征 46, 164
 of forms 形态的 133

of inflections 屈折变化的 257
in language 语言中的 206
and multiple inheritance 与多重继承 22
and other properties 与其他属性 38
relation 关系 40
of semantic roles 语义角色的 237
of word-classes 词类的 254
of words 词汇的 117
Taylor, J. 240
tense 时态 125, 162
and deixis 与指示词 238
as membership test 作为成员资格测试 261
and semantics 与语义学 226
terminology 术语
linguistic 语言学的 104
Thai 泰语 256
Theakston, A. 111
theme 主题, 见 stem
thinking 思考
in taxonomies 用分类法 13
thinking for speaking 说话思维 239, 241
thought 思维
and language 与语言 223
and meaning 与意义 239
threshold 阈值 74
time 时间 52
of a word 词的 115
token 形符 203
and deixis 与指示词 237
as exemplar 作为范例 111
and meaning 与意义 228
and speaker 与说话者 243
topic 主题 308
topicalization 主题前移 308

Touretzky, D. 23
traditional grammar 传统语法
and finite verbs 与限定动词 258
transitivity 及物性 292
translation 翻译 116, 202
'travelling salesman problem' "货郎担问题" 95
tree 树 149
triangle 三角 60, 287
in dependency grammar 依存语法中的 162
and extraction 与析取 185
and meaning 与意义 232
and predicative 与述谓 294
in syntax 句法中的 159
of relations 关系的 44
and word order 与词序 170, 173
Turkish 土耳其语 132
Type 类符
as category 作为范畴 111
type–token ratio 类符–形符比 111

unary branching 一分支 149
unbounded dependency 未约束依存, 见 long-distance dependency
understood element 被理解的成分 165
Universal Grammar 普遍语法 189
unmarked 未标记的, 见 markedness
unrealized lexeme 未实现的词 166
in English 在英语中 297

valency 配价 115, 153
dependent 从属词, 见 dependent valency
in determiners 限定词 253
in English 英语中的 285

of prepositions 介词的 267
valent 价 152, 153
 and adjunct 与修饰语 282
value 值 39
 and feature 与特征 163
 as primitive 作为原始关系 42
van Gompel, R. 201, 217
Van Valin, R. 280
variant 变体 122, 132, 133, 134
variation 变化
 between languages 语言间 280
 in language learning 语言学习中的 207
 social 社会的 277
verb 动词 117, 119, 251
 auxiliary and main 助动词与主动词，见 auxiliary verb
 and membership tests 与成员资格测试 261
 verb inflection in English 英语动词屈折变化 256
verb phrase 动词词组 149
verb valency 动词配价 292
Vietnamese 越南语 256
vocabulary 词汇 111
 and borrowing 与外来词 272
Volpe, M. 140

Walmsley, J. 249
website 网站 2, 3
weight 权重 72
 in syntax 句法中的 303
well-formedness 组成合理 155
Wernicke's area 韦尼克区 64, 65
wh-movement wh- 移动 183
wh-pronoun wh- 代词 309

Wikipedia 维基百科 3
Williams Syndrome 威廉姆斯综合征 64
word 词
 and generalization 与归纳 , 143
 and morphology/syntax 与形态学 / 句法学 132
 not defined 未定义的 114
 and phrase 与短语 175

word-class 词类 115, 117
 and generalizing 与归纳 128
 and non-linguistic categories 与非语言学类别 190
 and sense and referent 与意义和所指 225
 in valency 配价中的 158
word-form 词形 133
word-formation rule 构词法 273
Word Grammar 词语法 3, 19, 67, 108
 and English grammar 与英语语法 250
 and morphology 与形态学 132
 name 命名 155
 and other theories 与其他理论 164
 and semantics 与语义学 236
 and sociolinguistics 与社会语言学 241
 and unrealized lexemes 与未实现的词位 166
 and words 与词 113, 143
word order 词序 55
 default 缺省的 169
 in English 英语中的 280, 301
 free or fixed 自由的或固定的 172
 head-final, -initial or -medial 中心词前置的、中置的与后置的 172
 non-default 非缺省的 182
 in valency 配价中的 158

word string 词串 175
working memory 工作记忆，见 memory: working
Wray, A. 176
writing 书写 37, 112, 138, 169, 201

as a level 作为一层级 139
as notation 作为标记法 104
Wundt, W. 105

Yap, M. 201

图书在版编目(CIP)数据

词语法导论/(英)理查德·哈德森著;刘建鹏译. —北京:商务印书馆,2023
(应用语言学译丛)
ISBN 978-7-100-21767-5

Ⅰ. ①词… Ⅱ. ①理… ②刘… Ⅲ. ①词法—研究 Ⅳ. ①H041

中国版本图书馆 CIP 数据核字(2022)第187134号

权利保留,侵权必究。

应用语言学译丛
词语法导论
〔英〕理查德·哈德森 著
刘建鹏 译
杨炳钧 审校

商 务 印 书 馆 出 版
(北京王府井大街36号 邮政编码100710)
商 务 印 书 馆 发 行
北京虎彩文化传播有限公司印刷
ISBN 978-7-100-21767-5

2023年1月第1版　　　开本710×1000　1/16
2023年1月北京第1次印刷　印张28¼
定价:168.00元